中国广播电视大学教育统计年鉴

EDUCATION STATISTICS YEARBOOK OF RADIO & TV UNIVERSITIES IN CHINA

（2009）

中央广播电视大学出版社

Central Radio and TV University Press

北京

图书在版编目（CIP）数据

中国广播电视大学教育统计年鉴．2009/《中国广播电视大学教育统计年鉴》编委会编．—北京：中央广播电视大学出版社，2010.6

ISBN 978-7-304-04510-4

Ⅰ.①中…　Ⅱ.①中…　Ⅲ.①电视大学-教育统计-中国-2009-年鉴　Ⅳ.①G728.8-66

中国版本图书馆 CIP 数据核字（2010）第 108556 号

中国广播电视大学教育统计年鉴
EDUCATION STATISTICS YEARBOOK
OF RADIO & TV UNIVERSITIES IN CHINA
（2009）

出版·发行：中央广播电视大学出版社
电话：营销中心：010-58840200　　总编室：010-68182524
网址：http://www.crtvup.com.cn
地址：北京市海淀区西四环中路 45 号
邮编：100039
经销：新华书店北京发行所

印刷：北京云浩印刷有限责任公司　　**印数**：0001～1500
版本：2010 年 6 月第 1 版　　2010 年 6 月第 1 次印刷
开本：850×1168　1/16　　**印张**：21.25　　**字数**：552 千字

书号：ISBN 978-7-304-04510-4
定价：70.00 元

（如有缺页或倒装，本社负责退换）

编 者 说 明

《中国广播电视大学教育统计年鉴（2009）》是一部反映全国广播电视大学教育发展情况的资料性工具书。本年鉴由中央广播电视大学发展规划办公室根据中央广播电视大学、全国各省、自治区、直辖市、计划单列市和独立设置的44所省级广播电视大学及其下属分校、直接管理的工作站和中央电大的6所直属学院等，填报的2009学年度基层统计报表的统计数据和资料，经汇总、编辑而成。2009学年度全国广播电视大学填报的统计报表，是教育部颁发的“2009/2010学年初《高等教育基层统计报表》”，统计时点为2009年9月1日，统计时期为2008年9月1日至2009年8月31日，统计数据的汇总时间为2009年10月30日。

年鉴全书分为七部分，从广播电视大学的学历与非学历教育、教师、职工、学校资产、校舍、教学资源等方面，以省级电大、地市级电大以及部分县级电大为单位，全面反映全国电大系统在2009学年度的办学情况。全书各部分都附有“简要说明”，对数据的统计指标、统计范围、统计方法、历史变动情况等作了必要的解释。

本年鉴引用的有关全国普通高校、成人高校的数据，来自当年教育部发展规划司印发的《中国教育事业发展统计简况》；全国高等网络教育的有关数据引自教育部教育管理信息中心；有关全国人口的数据引自《中国统计年鉴2009》。

本年鉴力求内容详实，形式简洁，易读易查，以便更好地为电大教育系统的教学管理、学科建设、教育研究和发展规划以及其他国内外远程教育、成人继续教育的研究者提供参考和服务。

本年鉴已出版了20年，得到了教育部发展规划司和教育部教育管理信息中心的指导和支持，承蒙全国各级电大同仁的鼎力相助，在此对他们表示诚挚的谢意！由于数据编辑量大，且时间紧、人员少，难免舛误之处，敬请读者及时指正。

中央广播电视大学发展规划办公室

二〇一〇年五月

《中国广播电视大学教育统计年鉴2009》

编　委　会

主要工作人员

序号	学 校 名 称	信息部门负责人	填表人
1	北京广播电视大学	张　钧	胡少燕
2	天津广播电视大学	王晓光	李芸婷
3	河北广播电视大学	张志刚	王林娜
4	山西广播电视大学	周崇信	李雅玲
5	内蒙古广播电视大学	范治光	陈　慧
6	辽宁广播电视大学	吴文彩	王一飞
7	沈阳广播电视大学	王　威	王学峰
8	大连广播电视大学	王龙伟	张怡玲
9	吉林广播电视大学	毛春辉	张修休
10	长春市广播电视大学	张海昶	李　丽
11	黑龙江广播电视大学	金时穆	陈　旭
12	哈尔滨广播电视大学	李岩峰	孟　军
13	上海电视大学	范　军	陆　星
14	江苏广播电视大学	王爱国	游　惠
15	南京市广播电视大学	金　燕	张　雯
16	浙江广播电视大学	王正东	顾建华
17	宁波广播电视大学	陈晓红	卢慧军
18	安徽广播电视大学	张　勇	丁　中
19	福建广播电视大学	沈光辉	刘海波
20	厦门市广播电视大学	吴小健	林龙禾
21	江西广播电视大学	杨近铭	黄培清
22	山东广播电视大学	殷炳芳	姚树静
23	青岛广播电视大学	姜俊杰	王　毅
24	河南广播电视大学	朱铁年	杨大伟
25	湖北广播电视大学	万小震	熊　婷
26	武汉市广播电视大学	吴祖村	夏利红
27	湖南广播电视大学	刘建宏	孙建云
28	广东广播电视大学	梁瑞明	郑　链
29	广州市广播电视大学	于　燕	温　颖
30	深圳广播电视大学	谢江田	艾岁翰
31	广西广播电视大学	黄全胜	唐　娟
32	海南广播电视大学	张君玉	汤　倩
33	四川广播电视大学	刘　强	高　燕
34	成都广播电视大学	李黎勇	阎传银
35	重庆广播电视大学	冉　红	任华英
36	贵州广播电视大学	袁亚波	张　杰
37	云南广播电视大学	郭永琴	田建秋
38	陕西广播电视大学	李海宁	张　翼
39	西安市广播电视大学	付河新	赖小艳
40	甘肃广播电视大学	曹向东	张小军
41	青海广播电视大学	傅学彬	王惠玲
42	宁夏广播电视大学	马忠国	沈玉洁
43	新疆广播电视大学	何新夏	赵　霞
44	新疆兵团广播电视大学	翁淑英	汪　芳

目　录

编者说明

I 基本情况

SUMMARY

本章反映全国广播电视大学办学的基本情况。

主要内容包括：

中国广播电视大学系统综述；

全国各级广播电视大学学校设置；

全国广播电视大学开放教育本科（专科起点）、专科和“一村一名大学生计划”的学生情况；

全国广播电视大学高职、成招专科以及成招专升本教育的学生情况；

全国广播电视大学非学历教育的学生情况；

全国广播电视大学教师、职工和聘请校外教师情况；

全国广播电视大学学校固定资产和校舍建筑等基本情况。

指标解释

• 省级电大：指各省、自治区、直辖市、计划单列市及独立设置的广播电视大学。

• 独立设置的广播电视大学：指沈阳、长春、哈尔滨、南京、武汉、广州、成都、西安 8 所省会城市和新疆生产建设兵团广播电视大学。

• 计划单列市广播电视大学：指大连、青岛、宁波、深圳、厦门 5 所城市设置的广播电视大学。

• 地（市）级分校：指各地教育行政部门批准建立的广播电视大学分校。

• 开放教育：即 1999 年 4 月教育部批准实施的“中央广播电视大学人才培养模式改革和开放教育试点”项目。2007 年试点项目已通过教育部总结性评估，成为电大的常规办学形式。开放教育实施本科（专科起点）和专科教育，实行学分制，课程成绩和获得的相应学分在学籍注册后 8 年内有效。学生报名并参加电大统一组织的入学水平测试，合格者可正式注册学习。

• 开放教育本科：注册对象为具有国民教育系列高等专科毕业及以上学历者（相同或相近专业）。

• 开放教育专科：注册对象为普通高中、职业高中、技工学校和中等专业学校毕业者。

•“一村一名大学生计划”（以下简称“一村一”）：招收对象为高中毕业或同等学历（职高、中专、技校等）的农村青年，鼓励复员退伍军人、农业科技示范户、村干部，以及乡镇企业或龙头企业带头人、科技致富能手参加学习，实施高等专科职业教育。初中毕业生可注册学习开放课程。

• 高职：即高等职业教育，指通过全国普通高等教育统一招生考试，招收高中毕业生为主要培养对象，实施全日制的高等职业技术教育，属于高等专科学历层次。全国电大高等职业教育包括：高中起点专科（高职）；五年制高职转入；对口招收中职生等类型的学生。

• 成招专科：即“成人专科”，指广播电视大学通过全国成人高等教育统一招生考试，招收具有高中毕业或同等学历的人员为主要培养对象，利用业余等形式实施的高等专科学历教育。

• 第二专科学历教育：指已修完一个专科专业后，不需要参加全国成人高等教育统一招生考试，攻读第二专科专业的教育。

简要说明

1. 表 1.2.1“全国电大高等学历教育学生”中，（1）“开放教育”包括“开放教育本科”、“开放教育专科”和“一村一”的学生数；（2）“统招高等学历”教育包括“高职”、“成招专科”和成招“专升本”的学生数。其中“成招专科”中包含第二专科学历教育的学生数（以下各表同）。
2. 表 1.4“全国电大学校资产及校舍情况”的数据为“学校产权”和“非学校产权”两项统计数据的合计。

1.1.1 中国广播电视大学系统综述

中国广播电视大学是采用计算机网络、卫星电视等现代传媒技术，运用文字教材、音像教材、多媒体课件、网络课程等多种媒体进行远程教育的开放性高等学校。它是由中央广播电视大学，省级广播电视大学，地市级、县级广播电视大学分校和工作站组成的覆盖中国大陆的远程教育系统。

中国的广播电视大学（以下简称电大）是邓小平同志在 1978 年亲自倡导并批准创办的。1979 年 2 月 6 日，中央电大与全国 28 所省级电大同时开学，2 月 8 日由中央电视台首次向全国播出课程。经过 30 多年的发展，目前已有 1 所中央电大和 44 所省级电大、933 所地市级电大分校（工作站）、1829 所县级电大工作站，由此组成了统筹规划、分级管理、分工协作的现代远程开放教育和教学管理系统。

电大教育努力适应我国改革开放和社会主义现代化建设的需要，适应广大求学者的需要，面向基层、面向行业、面向农村、面向边远和民族地区办学，充分地应用现代化教学手段，多层次、多规格、多功能、多形式办学，发挥投资少、见效快、覆盖面广的现代远程教育优势，开展以高等教育为基础的学历教育和各种非学历教育，培养适应社会和经济发展需要的、重点面向基层的各类应用型专门人才，为提高我国从业人员和国民素质提供各种教育服务。

30 多年来，电大举办了高等本科（专科起点）、专科（含高职）和中等专业等学历教育。从 1979 年的首次招生至 2009 年秋，高等学历教育累计招生 1126.61 万人，从 1982 年的首批高等学历教育毕业生至今，累计高等学历教育毕业生 756.87 万人；开展了岗位培训、证书教育、继续教育，包括大规模社会化和再就业培训，师范教育和中小学教师继续教育，从 1990 年至今累计结业生 2243 万人次；在历年面向农业、农村和农民进行实用技术培训的基础上，2004 年组织实施了教育部“一村一名大学生计划”，将高等教育延伸到农村第一线；与部队合作办学，面向在职士官开展高等学历和中等专业教育，为科技强军、军地两用人才的培养服务；与中国残疾人联合会合作，面向我国残疾人开展远程教育，为残疾人的自强自立提供教育服务；同时为高校网络学院和其他教育机构开展远程教育提供学习支持服务等。

在现代远程开放教育的实践中，中国广播电视大学逐步形成了自己的办学特色和优势。电大综合利用和优化配置国内外优质的教育资源，开发、建设了一大批适应远程教学需要的多种媒体教学资源，并建立了远程教学资源建设的流程和规范；形成了一支熟悉远程教育、具有较高业务水平的教学、教学管理、技术研发和理论研究的专职队伍，并聘请数万名教授、专家等担任兼职教师以保证教学质量，仅中央电大已先后选聘1000多位著名学者担任教材主编和课程主讲；中国电大充分利用国家提供的规模宏大、工作可靠的地球卫星、数字广播电视和计算机网络系统等宽带多媒体信息传输平台开展远程教学；建立了较为完善的远程学习支持服务系统和教学质量保证体系，严格考核、考试和教学评价，注重教学全过程的管理和检查，为学生提供学习全过程的服务和指导。

1999年4月，教育部决定实施“中央广播电视大学人才培养模式改革和开放教育试点”项目，全国电大的改革和发展进入了全新的阶段。在教育部的领导和地方教育行政部门的支持下，开放教育试点由中央电大统一组织，全国电大共同参与，合作高校和有关部委积极配合，经过2002－2003年教育部组织的试点项目中期评估的推动，至2006年12月，实现了试点预期目标，完成了既定任务，取得了丰盛成果，通过了教育部的总结性评估。开放教育试点项目极大地促进了电大的改革和发展，形成了体现中国远程开放大学特色的开放式人才培养模式、学导结合的教学模式、系统运作的教学管理模式和一体化运行机制，对我国现代远程教育工程的实施，产生了重大影响。

在教育部组织的对开放教育试点项目的总结性评估过程中，评估专家认为，中央电大人才培养模式改革和开放教育试点项目实施8年来，指导思想明确，思路清晰，措施有力，成效显著，是一次成功的教育改革，人才培养的质量得到社会的认可。试点所取得的丰硕成果和所形成的一系列鲜明特色，为国家现代远程教育的发展积累了宝贵的经验，为我国构建终身教育体系和建设学习型社会打下了坚实的基础。

“发展远程教育和继续教育，建设全民学习、终身学习的学习型社会”是中共“十七”大提出的新要求，是广播电视大学发展建设的新使命。电大将以科学发展观为指导，着眼国家构建终身教育体系和建设学习型社会的全局，努力汇聚更优质的学习资源，提供更体贴的支持服务，运行更高效的办学网络，开展更鲜活的科学研究，做强做大电大教育事业，搭建全民终身学习大平台，使广播电视大学成为更具鲜明中国特色的现代远程开放大学。

1.1.2 全国电大各级学校设置情况

	学校简码	省级学校数	省级学校下设		分校下设工作站数	教学班(点)数
			分校数	工作站数		
总　　计	–	44	774	159	1829	66398
中央电大	01000000	–	119	–	–	1445
北　　京	11000000	1	21	26	–	1662
天　　津	12000000	1	22	24	–	1641
河　　北	13000000	1	13	–	143	1426
山　　西	14000000	1	14	–	98	1160
内 蒙 古	15000000	1	15	–	60	978
辽　　宁	21000000	1	16	2	41	1486
沈　　阳	21100000	1	8	–	–	316
大　　连	21200000	1	8	–	–	712
吉　　林	22000000	1	8	3	43	479
长　　春	22100000	1	7	1	–	410
黑 龙 江	23000000	1	15	–	72	844
哈 尔 滨	23100000	1	12	2	–	234
上　　海	31000000	1	30	2	–	1752
江　　苏	32000000	1	24	–	54	3322
南　　京	32100000	1	13	–	–	533
浙　　江	33000000	1	14	–	52	4457
宁　　波	33100000	1	8	3	–	854
安　　徽	34000000	1	18	–	68	2463
福　　建	35000000	1	16	–	65	954
厦　　门	35100000	1	–	5	–	235
江　　西	36000000	1	13	–	91	3574
山　　东	37000000	1	20	–	105	2218
青　　岛	37100000	1	9	–	–	606
河　　南	41000000	1	22	–	108	2866
湖　　北	42000000	1	16	–	60	1119
武　　汉	42100000	1	15	–	–	355
湖　　南	43000000	1	19	–	119	2511
广　　东	44000000	1	25	–	96	4051
广　　州	44100000	1	16	4	–	1324
深　　圳	44200000	1	7	1	–	1002
广　　西	45000000	1	16	1	63	989
海　　南	46000000	1	–	–	–	351
四　　川	51000000	1	22	11	106	3244
成　　都	51100000	1	15	–	–	503
重　　庆	51200000	1	31	16	–	1749
贵　　州	52000000	1	14	–	72	1754
云　　南	53000000	1	23	–	76	773
陕　　西	61000000	1	10	24	102	2010
西　　安	61100000	1	3	10	–	611
甘　　肃	62000000	1	22	7	80	4693
青　　海	63000000	1	20	–	6	418
宁　　夏	64000000	1	7	11	–	727
新　　疆	65000000	1	15	5	48	1213
新疆兵团	65100000	1	13	1	1	374

1.2.1 全国电大高等学历教育学生

单位：人

	合计			开放教育			统招高等学历			注册视听生	
	毕业生	招　生	在校生	毕业生	招　生	在校生	毕业生	招　生	在校生	毕业生	在册生
总　计	**617975**	**1014362**	**2846062**	**543396**	**943833**	**2663515**	**73726**	**70529**	**181255**	**853**	**1292**
中央电大直属院校	12105	32600	85724	12105	32600	85724					
北　京	17022	29013	111886	16353	28428	110084	635	585	1798	34	4
天　津	14450	21044	60625	13466	20740	58761	984	304	1864		
河　北	19629	37655	96710	18420	37119	95130	1209	536	1580		
山　西	12641	27702	72205	11331	27031	70256	1310	671	1949		
内蒙古	13387	19370	48075	12808	18702	46570	579	668	1505		
辽　宁	12857	18157	52052	12857	18157	52052					
沈　阳	7505	7829	27875	7289	7491	27391	216	338	484		
大　连	9261	10413	29215	8342	9783	27862	919	630	1353		
吉　林	5928	14838	37683	3275	13109	33120	2653	1729	4563		
长　春	2254	5668	15904	1133	5143	14578	1121	525	1322		4
黑龙江	8996	14462	49438	8426	13463	45567	570	999	3871		
哈尔滨	2772	6975	23427	2593	6668	22859	179	307	568		
上　海	6732	11286	28201	6619	11286	28201	20			93	
江　苏	39909	54654	179643	27709	44285	157088	12200	10369	22555		
南　京	5126	8509	42101	3376	7436	36535	1750	1073	5566		
浙　江	38923	54951	150210	35535	50455	139974	3380	4496	10236	8	
宁　波	9576	11334	41096	7658	9817	36654	1917	1517	4431	1	11
安　徽	31089	39535	102799	30677	37869	100277	412	1666	2522		
福　建	11802	21528	73744	11539	20331	71088	155	1197	2286	108	370
厦　门	1128	3136	10309	1109	3101	10208	19	35	101		
江　西	12606	30059	63185	12227	27571	60484	379	2488	2701		
山　东	23024	40525	95626	22015	40258	93317	1009	267	2309		
青　岛	2722	4031	15265	2629	3967	15175	93	64	90		
河　南	25088	33157	101577	21917	30680	96144	3170	2477	5423	1	10
湖　北	12867	49274	86198	9528	47255	79477	3339	2019	6721		
武　汉	4252	13142	28854	3360	12885	28074	892	257	780		
湖　南	19775	53162	111282	15616	49951	100421	4140	3211	9968	19	893
广　东	50070	63780	159216	48888	63503	158271	1182	277	945		
广　州	14929	20719	63051	14736	20235	62247	193	484	804		
深　圳	7902	10996	37183	7712	10907	36433	190	89	750		
广　西	19401	11694	68370	19210	11398	67880	191	296	490		
海　南	2061	2920	8107	856	2735	6532	1205	185	1575		
四　川	25514	42051	122555	19153	34512	102917	6361	7539	19638		
成　都	7315	13065	38063	4690	9607	30228	2625	3458	7835		
重　庆	23391	36787	92266	13095	27821	66840	10296	8966	25426		
贵　州	12118	22352	67770	11316	20959	64146	802	1393	3624		
云　南	9283	11458	51946	6899	10629	46655	2384	829	5291		
陕　西	19432	31694	101582	17919	29087	96267	1513	2607	5315		
西　安	5797	14350	40070	5109	13619	38361	688	731	1709		
甘　肃	17703	22891	63645	15702	19813	57794	1412	3078	5851	589	
青　海	2880	3881	9972	2880	3835	9826		46	146		
宁　夏	5034	7838	20044	3830	6708	16954	1204	1130	3090		
新　疆	9413	18382	46353	9217	17719	44669	196	663	1684		
新疆兵团	2306	5495	14960	2272	5165	14424	34	330	536		

1.2.2 中央电大开放教育学生

单位：人

	合计			本科(专科起点)			专科			一村一名大学生计划		
	毕业生	招生	在校生	毕业生	招生	在校生	毕业生	招生	在校生	毕业生	招生	在校生
总计	**543396**	**943833**	**2663515**	**186217**	**244047**	**791052**	**339873**	**628153**	**1710518**	**17306**	**71633**	**161945**
中央电大直属院校	12105	32600	85724	2237	2176	11892	9868	30424	73832			
北京	16353	28428	110084	5465	8562	35628	10435	18890	71248	453	976	3208
天津	13466	20740	58761	6909	8121	24959	6532	10576	31230	25	2043	2572
河北	18420	37119	95130	6034	11416	29532	9967	20414	51924	2419	5289	13674
山西	11331	27031	70256	4734	8773	26994	6092	17390	40851	505	868	2411
内蒙古	12808	18702	46570	3985	4899	13918	8480	12743	30475	343	1060	2177
辽宁	12857	18157	52052	3710	4778	18274	9140	13093	33467	7	286	311
沈阳	7289	7491	27391	2610	2318	9672	4536	5107	17100	143	66	619
大连	8342	9783	27862	2655	2709	8737	5672	6948	18921	15	126	204
吉林	3275	13109	33120	1115	1696	6066	2160	11413	27054			
长春	1133	5143	14578	440	492	3060	693	4651	11518			
黑龙江	8426	13463	45567	2409	2429	11493	5896	9556	31574	121	1478	2500
哈尔滨	2593	6668	22859	932	1566	7572	1661	4981	15138		121	149
上海	6619	11286	28201	6619	11286	28201						
江苏	27709	44285	157088	11455	12631	45363	13441	26109	90125	2813	5545	21600
南京	3376	7436	36535	998	1645	8914	2040	4967	24722	338	824	2899
浙江	35535	50455	139974	12709	16404	45407	21928	30190	84758	898	3861	9809
宁波	7658	9817	36654	2845	3487	13334	4813	5940	22014		390	1306
安徽	30677	37869	100277	11678	11691	33297	18401	23671	59571	598	2507	7409
福建	11539	20331	71088	4169	6326	22380	7317	13110	45807	53	895	2901
厦门	1109	3101	10208	492	477	2928	617	2400	6764		224	516
江西	12227	27571	60484	4422	7742	18234	6694	19564	39653	1111	265	2597
山东	22015	40258	93317	8947	7696	27134	11172	23063	48411	1896	9499	17772
青岛	2629	3967	15175	890	1074	4725	1524	2381	8953	215	512	1497
河南	21917	30680	96144	7053	6425	26201	14267	21545	62554	597	2710	7389
湖北	9528	47255	79477	3799	7812	20166	5657	32693	51314	72	6750	7997
武汉	3360	12885	28074	854	1195	3308	2506	11368	24209		322	557
湖南	15616	49951	100421	5111	7161	23829	9307	29509	56442	1198	13281	20150
广东	48888	63503	158271	11499	13319	32608	37389	49912	125391		272	272
广州	14736	20235	62247	4251	5024	16922	10485	15211	45325			
深圳	7712	10907	36433	2127	2176	10306	5585	8731	26127			
广西	19210	11398	67880	3228	2250	14519	15653	8547	51916	329	601	1445
海南	856	2735	6532	347	494	1735	509	1861	4417		380	380
四川	19153	34512	102917	7285	10245	33800	11679	22852	66252	189	1415	2865
成都	4690	9607	30228	1933	3140	10867	2739	6302	19112	18	165	249
重庆	13095	27821	66840	3359	6548	16369	9593	20916	49438	143	357	1033
贵州	11316	20959	64146	3796	6670	21221	6809	11693	34995	711	2596	7930
云南	6899	10629	46655	2104	2226	11607	4309	5515	27394	486	2888	7654
陕西	17919	29087	96267	6453	7306	28327	10545	20181	63419	921	1600	4521
西安	5109	13619	38361	1708	3635	10807	3401	9944	27514		40	40
甘肃	15702	19813	57794	5811	6643	20328	9741	12904	36902	150	266	564
青海	2880	3835	9826	1102	1428	4196	1761	2403	5602	17	4	28
宁夏	3830	6708	16954	1729	2674	6081	2027	3989	10783	74	45	90
新疆	9217	17719	44669	3573	5785	15768	5630	11479	28274	14	455	627
新疆兵团	2272	5165	14424	636	1497	4373	1202	3017	8028	434	651	2023

1.2.3 全国电大统招高等学历教育学生

单位：人

	合计			高职			成招专科			成招专升本		
	毕业生	招生	在校生	毕业生	招生	在校生	毕业生	招生	在校生	毕业生	招生	在校生
总计	**73726**	**70529**	**181255**	**18480**	**12579**	**36151**	**54984**	**57716**	**144045**	**262**	**234**	**1059**
北京	635	585	1798				635	585	1798			
天津	984	304	1864	537	304	1186	447		678			
河北	1209	536	1580				1209	536	1580			
山西	1310	671	1949	73			1237	671	1949			
内蒙古	579	668	1505				579	668	1505			
辽宁												
沈阳	216	338	484				216	338	484			
大连	919	630	1353				919	630	1353			
吉林	2653	1729	4563				2653	1729	4563			
长春	1121	525	1322				1121	525	1322			
黑龙江	570	999	3871				570	999	3871			
哈尔滨	179	307	568				179	307	568			
上海	20						20					
江苏	12200	10369	22555	11453	8286	17244	746	1956	4868	1	127	443
南京	1750	1073	5566	1385		3075	365	1073	2491			
浙江	3380	4496	10236				3380	4496	10236			
宁波	1917	1517	4431				1917	1517	4431			
安徽	412	1666	2522			226	400	1633	2251	12	33	45
福建	155	1197	2286				155	1197	2286			
厦门	19	35	101				19	35	101			
江西	379	2488	2701		1648	1648	379	840	1053			
山东	1009	267	2309	951	76	1675	58	191	634			
青岛	93	64	90	1			92	64	90			
河南	3170	2477	5423				3142	2461	5405	28	16	18
湖北	3339	2019	6721				3118	1961	6168	221	58	553
武汉	892	257	780				892	257	780			
湖南	4140	3211	9968				4140	3211	9968			
广东	1182	277	945				1182	277	945			
广州	193	484	804				193	484	804			
深圳	190	89	750				190	89	750			
广西	191	296	490				191	296	490			
海南	1205	185	1575				1205	185	1575			
四川	6361	7539	19638				6361	7539	19638			
成都	2625	3458	7835				2625	3458	7835			
重庆	10296	8966	25426	2070	2265	6864	8226	6701	18562			
贵州	802	1393	3624	96		69	706	1393	3555			
云南	2384	829	5291	1869		4140	515	829	1151			
陕西	1513	2607	5315				1513	2607	5315			
西安	688	731	1709				688	731	1709			
甘肃	1412	3078	5851	45		24	1367	3078	5827			
青海		46	146					46	146			
宁夏	1204	1130	3090				1204	1130	3090			
新疆	196	663	1684				196	663	1684			
新疆兵团	34	330	536				34	330	536			

1.2.4 全国电大高等学历教育在校生年龄情况

单位：人

	总　计	≤20 岁		21 岁～25 岁		26 岁～30 岁		≥31 岁	
		学生数	%	学生数	%	学生数	%	学生数	%
总　计	**2846062**	**377485**	**13.26**	**1100573**	**38.67**	**893738**	**31.40**	**474266**	**16.66**
开放教育本科	791052	22265	2.81	276863	35.00	323362	40.88	168562	21.31
开放教育专科	1710518	266524	15.58	703693	41.14	491046	28.71	249255	14.57
一村一计划	161945	16499	10.19	46757	28.87	52477	32.40	46212	28.54
注册视听生	1292	170	13.16	301	23.30	494	38.24	327	25.31
高　职	36151	26613	73.62	9536	26.38	2	0.01		
统招成人本、专科	145104	45414	31.30	63423	43.71	26357	18.16	9910	6.83
中央电大直属院校	**85724**	**17251**	**20.12**	**41902**	**48.88**	**16552**	**19.31**	**10019**	**11.69**
开放教育本科	11892	109	0.92	3113	26.18	4804	40.40	3866	32.51
开放教育专科	73832	17142	23.22	38789	52.54	11748	15.91	6153	8.33
一村一计划									
注册视听生									
高　职									
统招成人本、专科									
北　京	**111886**	**17713**	**15.83**	**42183**	**37.70**	**32311**	**28.88**	**19679**	**17.59**
开放教育本科	35628	755	2.12	13177	36.98	13610	38.20	8086	22.70
开放教育专科	71248	15662	21.98	27495	38.59	17538	24.62	10553	14.81
一村一计划	3208	213	6.64	963	30.02	1018	31.73	1014	31.61
注册视听生	4					4	100.00		
高　职									
统招成人本、专科	1798	1083	60.23	548	30.48	141	7.84	26	1.45
天　津	**60625**	**9218**	**15.20**	**22656**	**37.37**	**18986**	**31.32**	**9765**	**16.11**
开放教育本科	24959	677	2.71	9188	36.81	9841	39.43	5253	21.05
开放教育专科	31230	7486	23.97	12003	38.43	8434	27.01	3307	10.59
一村一计划	2572	175	6.80	640	24.88	654	25.43	1103	42.88
注册视听生									
高　职	1186	680	57.34	506	42.66				
统招成人本、专科	678	200	29.50	319	47.05	57	8.41	102	15.04
河　北	**96710**	**8507**	**8.80**	**49323**	**51.00**	**29756**	**30.77**	**9124**	**9.43**
开放教育本科	29532	2394	8.11	13540	45.85	10585	35.84	3013	10.20
开放教育专科	51924	5055	9.74	27580	53.12	15503	29.86	3786	7.29
一村一计划	13674	947	6.93	7120	52.07	3345	24.46	2262	16.54
注册视听生									
高　职									
统招成人本、专科	1580	111	7.03	1083	68.54	323	20.44	63	3.99
山　西	**72205**	**5250**	**7.27**	**27604**	**38.23**	**21180**	**29.33**	**18171**	**25.17**
开放教育本科	26994	1605	5.95	8629	31.97	8781	32.53	7979	29.56
开放教育专科	40851	3299	8.08	17087	41.83	10811	26.46	9654	23.63
一村一计划	2411	258	10.70	1102	45.71	860	35.67	191	7.92
注册视听生									
高　职									
统招成人本、专科	1949	88	4.52	786	40.33	728	37.35	347	17.80
内蒙古	**48075**	**3417**	**7.11**	**17911**	**37.26**	**15727**	**32.71**	**11020**	**22.92**
开放教育本科	13918	626	4.50	4282	30.77	5596	40.21	3414	24.53
开放教育专科	30475	2130	6.99	12294	40.34	9518	31.23	6533	21.44
一村一计划	2177	36	1.65	708	32.52	386	17.73	1047	48.09
注册视听生									
高　职									
统招成人本、专科	1505	625	41.53	627	41.66	227	15.08	26	1.73

1.2.4 全国电大高等学历教育在校生年龄情况（续表1）

单位：人

	总 计	≤20 岁		21 岁～25 岁		26 岁～30 岁		≥31 岁	
		学生数	%	学生数	%	学生数	%	学生数	%
辽 宁	**52052**	**7667**	**14.73**	**20779**	**39.92**	**15794**	**30.34**	**7812**	**15.01**
开放教育本科	18274	468	2.56	7105	38.88	7201	39.41	3500	19.15
开放教育专科	33467	7192	21.49	13566	40.54	8470	25.31	4239	12.67
一村一计划	311	7	2.25	108	34.73	123	39.55	73	23.47
注册视听生									
高 职									
统招成人本、专科									
沈 阳	**27875**	**1804**	**6.47**	**12269**	**44.01**	**7055**	**25.31**	**6747**	**24.20**
开放教育本科	9672	297	3.07	4333	44.80	3105	32.10	1937	20.03
开放教育专科	17100	1045	6.11	7745	45.29	3705	21.67	4605	26.93
一村一计划	619	5	0.81	164	26.49	245	39.58	205	33.12
注册视听生									
高 职									
统招成人本、专科	484	457	94.42	27	5.58				
大 连	**29215**	**6573**	**22.50**	**11645**	**39.86**	**7151**	**24.48**	**3846**	**13.16**
开放教育本科	8737	158	1.81	3814	43.65	3127	35.79	1638	18.75
开放教育专科	18921	5059	26.74	7802	41.23	3944	20.84	2116	11.18
一村一计划	204	3	1.47	29	14.22	80	39.22	92	45.10
注册视听生									
高 职									
统招成人本、专科	1353	1353	100.00						
吉 林	**37683**	**5446**	**14.45**	**13104**	**34.77**	**12980**	**34.45**	**6153**	**16.33**
开放教育本科	6066	615	10.14	2020	33.30	2591	42.71	840	13.85
开放教育专科	27054	4328	16.00	9113	33.68	9184	33.95	4429	16.37
一村一计划									
注册视听生									
高 职									
统招成人本、专科	4563	503	11.02	1971	43.20	1205	26.41	884	19.37
长 春	**15904**	**1990**	**12.51**	**4197**	**26.39**	**4492**	**28.24**	**5225**	**32.85**
开放教育本科	3060	23	0.75	434	14.18	898	29.35	1705	55.72
开放教育专科	11518	1492	12.95	3135	27.22	3463	30.07	3428	29.76
一村一计划									
注册视听生	4			3	75.00	1	25.00		
高 职									
统招成人本、专科	1322	475	35.93	625	47.28	130	9.83	92	6.96
黑 龙 江	**49438**	**1877**	**3.80**	**14661**	**29.66**	**20500**	**41.47**	**12400**	**25.08**
开放教育本科	11493	110	0.96	2456	21.37	5383	46.84	3544	30.84
开放教育专科	31574	1601	5.07	9339	29.58	12851	40.70	7783	24.65
一村一计划	2500	68	2.72	1035	41.40	913	36.52	484	19.36
注册视听生									
高 职									
统招成人本、专科	3871	98	2.53	1831	47.30	1353	34.95	589	15.22
哈 尔 滨	**23427**	**1607**	**6.86**	**11456**	**48.90**	**7983**	**34.08**	**2381**	**10.16**
开放教育本科	7572	56	0.74	2741	36.20	3643	48.11	1132	14.95
开放教育专科	15138	1452	9.59	8362	55.24	4135	27.32	1189	7.85
一村一计划	149			45	30.20	62	41.61	42	28.19
注册视听生									
高 职									
统招成人本、专科	568	99	17.43	308	54.23	143	25.18	18	3.17

1.2.4 全国电大高等学历教育在校生年龄情况（续表2）

单位：人

	总计	⩽20岁		21岁～25岁		26岁～30岁		⩾31岁	
		学生数	%	学生数	%	学生数	%	学生数	%
上海	**28201**	**209**	**0.74**	**10560**	**37.45**	**11800**	**41.84**	**5632**	**19.97**
开放教育本科	28201	209	0.74	10560	37.45	11800	41.84	5632	19.97
开放教育专科									
一村一计划									
注册视听生									
高职									
统招成人本、专科									
江苏	**179643**	**32360**	**18.01**	**54859**	**30.54**	**55840**	**31.08**	**36584**	**20.36**
开放教育本科	45363	726	1.60	11268	24.84	21891	48.26	11478	25.30
开放教育专科	90125	9911	11.00	32631	36.21	30242	33.56	17341	19.24
一村一计划	21600	7379	34.16	3892	18.02	2860	13.24	7469	34.58
注册视听生									
高职	17244	13118	76.07	4126	23.93				
统招成人本、专科	5311	1226	23.08	2942	55.39	847	15.95	296	5.57
南京	**42101**	**5869**	**13.94**	**22302**	**52.97**	**11387**	**27.05**	**2543**	**6.04**
开放教育本科	8914	156	1.75	3928	44.07	3323	37.28	1507	16.91
开放教育专科	24722	2328	9.42	15079	60.99	6593	26.67	722	2.92
一村一计划	2899	520	17.94	1566	54.02	512	17.66	301	10.38
注册视听生									
高职	3075	2484	80.78	591	19.22				
统招成人本、专科	2491	381	15.30	1138	45.68	959	38.50	13	0.52
浙江	**150210**	**19100**	**12.72**	**58476**	**38.93**	**43150**	**28.73**	**29484**	**19.63**
开放教育本科	45407	627	1.38	18653	41.08	14986	33.00	11141	24.54
开放教育专科	84758	13230	15.61	33922	40.02	24207	28.56	13399	15.81
一村一计划	9809	552	5.63	1981	20.20	2776	28.30	4500	45.88
注册视听生									
高职									
统招成人本、专科	10236	4691	45.83	3920	38.30	1181	11.54	444	4.34
宁波	**41096**	**3291**	**8.01**	**12868**	**31.31**	**13664**	**33.25**	**11273**	**27.43**
开放教育本科	13334	159	1.19	3528	26.46	5349	40.12	4298	32.23
开放教育专科	22014	2231	10.13	7357	33.42	6718	30.52	5708	25.93
一村一计划	1306	14	1.07	96	7.35	382	29.25	814	62.33
注册视听生	11					6	54.55	5	45.45
高职									
统招成人本、专科	4431	887	20.02	1887	42.59	1209	27.29	448	10.11
安徽	**102799**	**11484**	**11.17**	**39858**	**38.77**	**36057**	**35.08**	**15400**	**14.98**
开放教育本科	33297	1589	4.77	12445	37.38	14438	43.36	4825	14.49
开放教育专科	59571	8091	13.58	25552	42.89	18638	31.29	7290	12.24
一村一计划	7409	260	3.51	883	11.92	2981	40.23	3285	44.34
注册视听生									
高职	226	109	48.23	117	51.77				
统招成人本、专科	2296	1435	62.50	861	37.50				
福建	**73744**	**7115**	**9.65**	**30789**	**41.75**	**26531**	**35.98**	**9309**	**12.62**
开放教育本科	22380	249	1.11	7838	35.02	11018	49.23	3275	14.63
开放教育专科	45807	5950	12.99	20975	45.79	13944	30.44	4938	10.78
一村一计划	2901	180	6.20	614	21.17	1168	40.26	939	32.37
注册视听生	370					249	67.30	121	32.70
高职									
统招成人本、专科	2286	736	32.20	1362	59.58	152	6.65	36	1.57

1.2.4 全国电大高等学历教育在校生年龄情况（续表 3）

单位：人

	总 计	≤20 岁		21 岁～25 岁		26 岁～30 岁		≥31 岁	
		学生数	%	学生数	%	学生数	%	学生数	%
厦 门	**10309**	**981**	**9.52**	**4983**	**48.34**	**3415**	**33.13**	**930**	**9.02**
开放教育本科	2928	92	3.14	1257	42.93	1372	46.86	207	7.07
开放教育专科	6764	860	12.71	3575	52.85	1867	27.60	462	6.83
一村一计划	516	19	3.68	125	24.22	143	27.71	229	44.38
注册视听生									
高 职									
统招成人本、专科	101	10	9.90	26	25.74	33	32.67	32	31.68
江 西	**63185**	**10594**	**16.77**	**20370**	**32.24**	**19217**	**30.41**	**13004**	**20.58**
开放教育本科	18234	311	1.71	6289	34.49	7091	38.89	4543	24.91
开放教育专科	39653	7925	19.99	13255	33.43	10994	27.73	7479	18.86
一村一计划	2597	12	0.46	499	19.21	1104	42.51	982	37.81
注册视听生									
高 职	1648	1648	100.00						
统招成人本、专科	1053	698	66.29	327	31.05	28	2.66		
山 东	**95626**	**11314**	**11.83**	**32039**	**33.50**	**33362**	**34.89**	**18911**	**19.78**
开放教育本科	27134	775	2.86	8495	31.31	12520	46.14	5344	19.69
开放教育专科	48411	5904	12.20	15720	32.47	17446	36.04	9341	19.30
一村一计划	17772	2621	14.75	7530	42.37	3395	19.10	4226	23.78
注册视听生									
高 职	1675	1496	89.31	179	10.69				
统招成人本、专科	634	518	81.70	115	18.14	1	0.16		
青 岛	**15265**	**1435**	**9.40**	**6214**	**40.71**	**5439**	**35.63**	**2177**	**14.26**
开放教育本科	4725	88	1.86	1435	30.37	2513	53.19	689	14.58
开放教育专科	8953	1262	14.10	4590	51.27	2505	27.98	596	6.66
一村一计划	1497	43	2.87	145	9.69	417	27.86	892	59.59
注册视听生									
高 职									
统招成人本、专科	90	42	46.67	44	48.89	4	4.44		
河 南	**101577**	**9157**	**9.01**	**46912**	**46.18**	**34665**	**34.13**	**10843**	**10.67**
开放教育本科	26201	1204	4.60	10502	40.08	10273	39.21	4222	16.11
开放教育专科	62554	6701	10.71	30631	48.97	19924	31.85	5298	8.47
一村一计划	7389	416	5.63	2752	37.24	2970	40.19	1251	16.93
注册视听生	10							10	100.00
高 职									
统招成人本、专科	5423	836	15.42	3027	55.82	1498	27.62	62	1.14
湖 北	**86198**	**6277**	**7.28**	**36750**	**42.63**	**32493**	**37.70**	**10678**	**12.39**
开放教育本科	20166	112	0.56	4217	20.91	11505	57.05	4332	21.48
开放教育专科	51314	4761	9.28	27015	52.65	15458	30.12	4080	7.95
一村一计划	7997	247	3.09	2022	25.28	4268	53.37	1460	18.26
注册视听生									
高 职									
统招成人本、专科	6721	1157	17.21	3496	52.02	1262	18.78	806	11.99
武 汉	**28854**	**5951**	**20.62**	**11203**	**38.83**	**9315**	**32.28**	**2385**	**8.27**
开放教育本科	3308	145	4.38	1477	44.65	1339	40.48	347	10.49
开放教育专科	24209	5542	22.89	9231	38.13	7755	32.03	1681	6.94
一村一计划	557			121	21.72	88	15.80	348	62.48
注册视听生									
高 职									
统招成人本、专科	780	264	33.85	374	47.95	133	17.05	9	1.15

1.2.4 全国电大高等学历教育在校生年龄情况（续表 4）

单位：人

	总 计	≤20 岁		21 岁～25 岁		26 岁～30 岁		≥31 岁	
		学生数	%	学生数	%	学生数	%	学生数	%
湖　南	**111282**	**14917**	**13.40**	**45158**	**40.58**	**36948**	**33.20**	**14259**	**12.81**
开放教育本科	23829	1985	8.33	10029	42.09	8386	35.19	3429	14.39
开放教育专科	56442	7433	13.17	24029	42.57	19289	34.17	5691	10.08
一村一计划	20150	1467	7.28	5675	28.16	8255	40.97	4753	23.59
注册视听生	893	170	19.04	298	33.37	234	26.20	191	21.39
高　职									
统招成人本、专科	9968	3862	38.74	5127	51.43	784	7.87	195	1.96
广　东	**159216**	**23734**	**14.91**	**68439**	**42.99**	**47996**	**30.15**	**19047**	**11.96**
开放教育本科	32608	643	1.97	11902	36.50	14257	43.72	5806	17.81
开放教育专科	125391	22714	18.11	56035	44.69	33539	26.75	13103	10.45
一村一计划	272	5	1.84	84	30.88	89	32.72	94	34.56
注册视听生									
高　职									
统招成人本、专科	945	372	39.37	418	44.23	111	11.75	44	4.66
广　州	**63051**	**18250**	**28.94**	**25110**	**39.82**	**11351**	**18.00**	**8340**	**13.23**
开放教育本科	16922	560	3.31	8393	49.60	4554	26.91	3415	20.18
开放教育专科	45325	17458	38.52	16273	35.90	6705	14.79	4889	10.79
一村一计划									
注册视听生									
高　职									
统招成人本、专科	804	232	28.86	444	55.22	92	11.44	36	4.48
深　圳	**37183**	**5069**	**13.63**	**12840**	**34.53**	**12859**	**34.58**	**6415**	**17.25**
开放教育本科	10306	417	4.05	2911	28.25	4124	40.02	2854	27.69
开放教育专科	26127	4639	17.76	9742	37.29	8291	31.73	3455	13.22
一村一计划									
注册视听生									
高　职									
统招成人本、专科	750	13	1.73	187	24.93	444	59.20	106	14.13
广　西	**68370**	**7427**	**10.86**	**24261**	**35.48**	**27498**	**40.22**	**9184**	**13.43**
开放教育本科	14519	75	0.52	3636	25.04	9005	62.02	1803	12.42
开放教育专科	51916	7316	14.09	20175	38.86	17504	33.72	6921	13.33
一村一计划	1445	23	1.59	354	24.50	702	48.58	366	25.33
注册视听生									
高　职									
统招成人本、专科	490	13	2.65	96	19.59	287	58.57	94	19.18
海　南	**8107**	**256**	**3.16**	**2076**	**25.61**	**4612**	**56.89**	**1163**	**14.35**
开放教育本科	1735			313	18.04	1052	60.63	370	21.33
开放教育专科	4417	244	5.52	1427	32.31	2480	56.15	266	6.02
一村一计划	380	12	3.16	48	12.63	74	19.47	246	64.74
注册视听生									
高　职									
统招成人本、专科	1575			288	18.29	1006	63.87	281	17.84
四　川	**122555**	**12394**	**10.11**	**41786**	**34.10**	**38787**	**31.65**	**29588**	**24.14**
开放教育本科	33800	634	1.88	11333	33.53	12636	37.38	9197	27.21
开放教育专科	66252	6267	9.46	22420	33.84	20284	30.62	17281	26.08
一村一计划	2865	11	0.38	312	10.89	1128	39.37	1414	49.35
注册视听生									
高　职									
统招成人本、专科	19638	5482	27.92	7721	39.32	4739	24.13	1696	8.64

1.2.4 全国电大高等学历教育在校生年龄情况（续表 5）

单位：人

	总 计	≤20 岁		21 岁～25 岁		26 岁～30 岁		≥31 岁	
		学生数	%	学生数	%	学生数	%	学生数	%
成 都	**38063**	**2281**	**5.99**	**14896**	**39.14**	**13833**	**36.34**	**7053**	**18.53**
开放教育本科	10867	31	0.29	4251	39.12	4621	42.52	1964	18.07
开放教育专科	19112	1274	6.67	7579	39.66	6778	35.46	3481	18.21
一村一计划	249	20	8.03	69	27.71	107	42.97	53	21.29
注册视听生									
高 职									
统招成人本、专科	7835	956	12.20	2997	38.25	2327	29.70	1555	19.85
重 庆	**92266**	**21278**	**23.06**	**36536**	**39.60**	**23364**	**25.32**	**11088**	**12.02**
开放教育本科	16369	380	2.32	6019	36.77	6846	41.82	3124	19.08
开放教育专科	49438	9421	19.06	20347	41.16	13000	26.30	6670	13.49
一村一计划	1033	121	11.71	360	34.85	309	29.91	243	23.52
注册视听生									
高 职	6864	4401	64.12	2461	35.85	2	0.03		
统招成人本、专科	18562	6955	37.47	7349	39.59	3207	17.28	1051	5.66
贵 州	**67770**	**6814**	**10.05**	**24495**	**36.14**	**21455**	**31.66**	**15006**	**22.14**
开放教育本科	21221	395	1.86	8690	40.95	6416	30.23	5720	26.95
开放教育专科	34995	5003	14.30	13226	37.79	9853	28.16	6913	19.75
一村一计划	7930	87	1.10	1134	14.30	4566	57.58	2143	27.02
注册视听生									
高 职	69	64	92.75	5	7.25				
统招成人本、专科	3555	1265	35.58	1440	40.51	620	17.44	230	6.47
云 南	**51946**	**6082**	**11.71**	**15970**	**30.74**	**18151**	**34.94**	**11743**	**22.61**
开放教育本科	11607	224	1.93	2582	22.25	5396	46.49	3405	29.34
开放教育专科	27394	2399	8.76	8887	32.44	9469	34.57	6639	24.24
一村一计划	7654	268	3.50	2401	31.37	3286	42.93	1699	22.20
注册视听生									
高 职	4140	2613	63.12	1527	36.88				
统招成人本、专科	1151	578	50.22	573	49.78				
陕 西	**101582**	**19927**	**19.62**	**38039**	**37.45**	**30702**	**30.22**	**12914**	**12.71**
开放教育本科	28327	684	2.41	8509	30.04	13614	48.06	5520	19.49
开放教育专科	63419	16609	26.19	25557	40.30	14616	23.05	6637	10.47
一村一计划	4521	254	5.62	1463	32.36	2192	48.48	612	13.54
注册视听生									
高 职									
统招成人本、专科	5315	2380	44.78	2510	47.22	280	5.27	145	2.73
西 安	**40070**	**7286**	**18.18**	**16783**	**41.88**	**11115**	**27.74**	**4886**	**12.19**
开放教育本科	10807	593	5.49	4500	41.64	4070	37.66	1644	15.21
开放教育专科	27514	6225	22.62	11331	41.18	6777	24.63	3181	11.56
一村一计划	40					1	2.50	39	97.50
注册视听生									
高 职									
统招成人本、专科	1709	468	27.38	952	55.71	267	15.62	22	1.29
甘 肃	**63645**	**8676**	**13.63**	**20778**	**32.65**	**18316**	**28.78**	**15875**	**24.94**
开放教育本科	20328	531	2.61	5959	29.31	8092	39.81	5746	28.27
开放教育专科	36902	4979	13.49	12239	33.17	10032	27.19	9652	26.16
一村一计划	564	46	8.16	98	17.38	45	7.98	375	66.49
注册视听生									
高 职	24			24	100.00				
统招成人本、专科	5827	3120	53.54	2458	42.18	147	2.52	102	1.75

1.2.4 全国电大高等学历教育在校生年龄情况（续表6）

单位：人

	总　计	≤20岁		21岁～25岁		26岁～30岁		≥31岁	
		学生数	%	学生数	%	学生数	%	学生数	%
青　　海	**9972**	**1092**	**10.95**	**3584**	**35.94**	**2795**	**28.03**	**2501**	**25.08**
开放教育本科	4196	221	5.27	1522	36.27	1439	34.29	1014	24.17
开放教育专科	5602	837	14.94	1996	35.63	1320	23.56	1449	25.87
一村一计划	28					3	10.71	25	89.29
注册视听生									
高　　职									
统招成人本、专科	146	34	23.29	66	45.21	33	22.60	13	8.90
宁　　夏	**20044**	**2058**	**10.27**	**13854**	**69.12**	**3655**	**18.23**	**477**	**2.38**
开放教育本科	6081	18	0.30	3905	64.22	1812	29.80	346	5.69
开放教育专科	10783	1774	16.45	7443	69.03	1464	13.58	102	0.95
一村一计划	90	33	36.67	57	63.33				
注册视听生									
高　　职									
统招成人本、专科	3090	233	7.54	2449	79.26	379	12.27	29	0.94
新　　疆	**46353**	**4838**	**10.44**	**14032**	**30.27**	**18232**	**39.33**	**9251**	**19.96**
开放教育本科	15768	461	2.92	4321	27.40	6862	43.52	4124	26.15
开放教育专科	28274	3312	11.71	8861	31.34	11128	39.36	4973	17.59
一村一计划	627	75	11.96	194	30.94	222	35.41	136	21.69
注册视听生									
高　　职									
统招成人本、专科	1684	990	58.79	656	38.95	20	1.19	18	1.07
新疆兵团	**14960**	**1649**	**11.02**	**4063**	**27.16**	**5267**	**35.21**	**3981**	**26.61**
开放教育本科	4373	78	1.78	1364	31.19	1597	36.52	1334	30.51
开放教育专科	8028	981	12.22	2283	28.44	2922	36.40	1842	22.94
一村一计划	2023	102	5.04	368	18.19	748	36.97	805	39.79
注册视听生									
高　　职									
统招成人本、专科	536	488	91.04	48	8.96				

1.2.5 全国电大高等学历教育在校生其他情况

单位：人

	中央电大开放教育在校生中							统招高等学历教育在校生中						
	共产党员	共青团员	民主党派	华侨	港澳台	少数民族	残疾人	共产党员	共青团员	民主党派	华侨	港澳台	少数民族	残疾人
总计	**343364**	**764240**	**3555**	**233**	**53**	**119309**	**841**	**13006**	**89757**	**104**		**1**	**8342**	**19**
中央电大直属院校	17192	60068	1			2413								
北京	10121	45324	21			3695	18	109	1351				132	
天津	4206	22899	18			956	1	344	2574				112	1
河北	17106	21003	419	19		2895	17	387	268	2			98	
山西	9613	28142	21			96		285	629	4				
内蒙古	3990	11624	21			6699	216	48	874				389	
辽宁	4926	19438	119			7559	17	412	942				233	
沈阳	3514	18125	7			1737			484				15	
大连	2114	15338	21			3820	2		1600				155	
吉林	2936	5092				1383		383	442				462	
长春	2352	2840				180		110	613				31	
黑龙江	4465	12864	67			1498	3	373	1288				93	
哈尔滨	907	9025				51		31	405					
上海	2764	11312	53		1	47	6							
江苏	12966	34119	116			953		232	16279	1			21	
南京	1113	6341	8			64		40	2656				11	
浙江	15990	48252	270	19		305	36	156	5565	1			4	
宁波	9414	12218	3			96	54	633	1469	2			4	
安徽	9725	22805	11	10		782	26	19	609				19	
福建	10507	24486	341	94		599	4	120	1665	5			5	
厦门	1790	6410	510					6	69	26				
江西	11551	11513	140			52	4	52	2251				2	1
山东	11610	17461	77			503	1	3	790				12	
青岛	3650	5077	1					3	2					
河南	12891	18480	17			1033	5	854	1129				140	1
湖北	11124	10841	16			771	2	954	1131				290	
武汉	1478	5387	2			8	70							
湖南	12002	22990	70		1	5798	2	1427	5162	9			475	
广东	24394	45285	143	7	7	745	13	168	590					
广州	4317	25408			43	110	2	12	592	2		1	15	
深圳	1315	6884		58	1	113	3	21	9					
广西	10723	10277	125	17		14165	64	120	62	3			132	
海南	3058	1829				1923		751	520				610	
四川	10618	22469	108			2718	5	2111	9004	17			489	
成都	2455	5683	36			68	7	204	2856	2			44	
重庆	8927	19773	61			5739	7	1220	10359	28			841	6
贵州	9728	16024	127			20889	102	298	2706				989	
云南	7912	8548	12			11043		195	2667				1535	1
陕西	16981	28074	187	9		1509	29	346	3197	2			55	
西安	3180	15091	5			370	3	35	926				6	
甘肃	9654	14239	99			1530		87	4838				197	
青海	2453	2458	302			3610		21	3				98	
宁夏	2564	145				2163	121	417	14				393	9
新疆	9529	9983				7927	1	13	1081				218	
新疆兵团	3539	2596				694		6	86				17	

1.2.6 全国电大非学历教育(进修及培训)结业生

单位：人次

	进修及培训											
	合计	一月以内	一月至半年内	半年至一年内	一年以上	在进修及培训中			在进修及培训中			
						计	资格证书培训	岗位证书培训	计	外语	会计	计算机
总计	**1616654**	**757231**	**701175**	**115140**	**43108**	**837518**	**316950**	**520568**	**252577**	**37615**	**90613**	**124349**
中央电大	30503	26378	4125			27995	4995	23000	1758	1758		
中央电大直属院校	4274			4274		156	156		4274	2315	1381	578
北京	30464	23826	5824	814		3868	1869	1999	3783	2089	1138	556
天津	18578	7915	5017	2194	3452	7764	4867	2897	5331	655	2697	1979
河北	55164	7175	46889	1100		4829	4681	148	478			478
山西	6533	6533				6260	6260		375	103		272
内蒙古	22570	16136	66	6368		18570	16275	2295	167			167
辽宁	24927		1097		23830	24910	1030	23880				
沈阳	56050	31000	17050	8000		40900	17900	23000	27800	2800	12000	13000
大连	826		826			478	86	392	348	256	92	
吉林	25702	25599	103			18359	2156	16203				
长春	727	183	544						87			87
黑龙江	7624	1732	5892			5732	4814	918	471			471
哈尔滨	248	248				248	20	228				
上海	338087	48743	281210	6361	1773	272551	12810	259741	37628	6907	22492	8229
江苏	43897	28923	13462	1249	263	30085	11958	18127	26184	2635	10212	13337
南京	10437	6793	2294	1350		7277	4962	2315	4703	2105	2080	518
浙江	122291	48364	72024	1691	212	24892	8072	16820	17898	2453	12059	3386
宁波	586	375	211			516	336	180				
安徽	91408	24450	550	66408		19461	18528	933	4527	200	700	3627
福建	22237	18518	3495	174	50	5824	1561	4263	5848	1432	1908	2508
厦门	491	223	268									
江西	1889	978	855	56		1236	920	316	636		57	579
山东	72131	61793	7458	2880		61707	45735	15972	17250			17250
青岛	8479	7068	527	884		7564	813	6751	1322	31	1166	125
河南	35166	32316	2850			15430	5700	9730	5921	5921		
湖北	14508	9641	4867			14508	10022	4486	198	30		168
武汉	12839	10046	2263	256	274	5720	377	5343	3052	40		3012
湖南	56871	41675	3023	2060	10113	29928	19206	10722	2761		300	2461
广东	19879	9977	5424	4478		9261	4528	4733	10355	2622	6261	1472
广州	7021	1514	3713	1794		4561	2809	1752	3696	57	2967	672
深圳	1155	663	492			1109	662	447	964	89	845	30
广西	366	366				366	128	238	366		128	238
海南	286	144	142			286		286	144		144	
四川	62959	48964	11400	2250	345	18763	6796	11967	14049	50	633	13366
成都	3816	3486	330			3471	1044	2427	2807	610	2007	190
重庆	182704	9160	171898		1646	7441	2098	5343	176	91	85	
贵州	5297	5270	27			927	927					
云南	300		300			300		300				
陕西	36713	34036	2677			35536	35216	320	1300		100	1200
西安	11265	2936	7249	280	800	6200	4380	1820	8339	1300	691	6348
甘肃	132658	128792	3758		108	74656	36258	38398	28803	723	2802	25278
青海												
宁夏	7965	7753	212			2090	1328	762	1913	7		1906
新疆	26661	15671	10723	219	48	15589	14473	1116	6865	336	5668	861
新疆兵团	2102	1868	40		194	194	194					

1.3 全国电大教职工情况

单位：人

	教职工数								聘请校外教师
	计	校本部教职工						校办企业等人员	
		计	专任教师	行政人员	科研人员	教辅人员	工勤人员		
总计	**86260**	**85183**	**50951**	**16374**	**1411**	**9894**	**6553**	**1077**	**34283**
中央电大	464	464	153	96	7	170	38		41
中央电大直属院校	398	398	180	191		26	1		2856
北京	2168	2137	971	702	36	284	144	31	1892
天津	2952	2898	1531	666	93	378	230	54	1041
河北	1600	1598	686	448	39	239	186	2	552
山西	854	854	390	217	12	161	74		349
内蒙古	1028	1028	458	292	21	162	95		196
辽宁	2291	2274	1271	491	55	315	142	17	643
沈阳	714	714	462	128	5	70	49		274
大连	512	512	285	139	11	31	46		411
吉林	1408	1408	912	211	51	167	67		170
长春	513	479	316	93	10	37	23	34	25
黑龙江	2561	2488	1225	580	12	371	300	73	598
哈尔滨	433	433	210	81	15	82	45		303
上海	2180	2126	1200	319	28	365	214	54	1419
江苏	9664	9650	6807	1136	89	892	726	14	974
南京	588	588	345	110	4	110	19		598
浙江	4352	4322	2894	589	99	511	229	30	1713
宁波	485	483	363	51	2	51	16	2	432
安徽	1869	1770	1073	311	14	279	93	99	1258
福建	1624	1624	850	459	20	199	96		1034
厦门	175	173	85	48	6	24	10	2	125
江西	1013	1013	716	161	18	53	65		619
山东	3777	3730	2214	808	53	345	310	47	162
青岛	808	786	535	101	18	86	46	22	85
河南	3048	2985	1868	614	96	271	136	63	509
湖北	2883	2876	1787	549	26	313	201	7	458
武汉	2204	2204	1375	360	17	315	137		507
湖南	2610	2493	1372	591	34	306	190	117	1162
广东	5045	4967	3109	831	20	473	534	78	1839
广州	1530	1520	952	255	16	217	80	10	797
深圳	659	614	315	102	17	106	74	45	373
广西	1065	1065	595	222	17	114	117		436
海南	115	115	50	50		2	13		9
四川	3428	3347	2000	673	42	298	334	81	2451
成都	935	935	456	361	9	65	44		610
重庆	2466	2459	1464	408	78	270	239	7	1205
贵州	1141	1141	634	296	3	131	77		614
云南	3775	3755	2446	633	39	314	323	20	719
陕西	2734	2726	1628	509	91	319	179	8	1274
西安	653	647	242	137	31	210	27	6	1044
甘肃	2616	2490	1656	434	38	194	168	126	914
青海	511	509	320	80	22	61	26	2	195
宁夏	1076	1076	766	144	7	98	61		345
新疆	2663	2640	1445	559	73	304	259	23	751
新疆兵团	672	669	339	138	17	105	70	3	301

1.4 全国电大学校资产及校舍情况

	固定资产总值(万元)		图书、资料	计算机(台)		语音实验室座位数(个)	多媒体教室座位数(个)	占地面积(万平方米)	建筑面积(万平方米)
	计	其中:教学科研仪器设备		计	其中:教学用				
总　计	**2850723.8**	**680251.9**	**10269.6**	**409806**	**302313**	**94299**	**623638**	**5583.2**	**2495.2**
中央电大	26700.0	4923.0	8.1	1087	806	109	93	0.3	4.5
中央电大直属院校	5566.0	5351.2	54.5	9045	107	3145	6039	20.8	1.7
北　京	91336.2	40923.4	240.6	16151	12525	2886	44772	97.7	67.8
天　津	91109.6	26946.3	304.4	13784	11352	3071	15193	200.8	86.3
河　北	55467.0	14237.7	116.0	7002	5113	2899	13784	71.7	50.1
山　西	11469.1	4244.1	44.8	3374	2093	394	1823	18.7	17.3
内蒙古	26407.3	5724.9	90.0	3691	2475	830	2516	51.2	21.8
辽　宁	75591.0	21225.6	227.1	8630	5984	1448	11943	95.0	41.7
沈　阳	18682.8	2538.0	36.8	3351	2766	553	4630	28.4	14.9
大　连	15033.9	4932.5	31.7	3636	2431	560	5153	19.3	8.9
吉　林	21969.1	7035.2	62.6	3619	2679	940	1895	42.1	30.0
长　春	19326.5	2811.5	53.2	1984	1538	246	932	30.5	15.8
黑龙江	63143.7	16155.4	226.9	8081	6620	2937	9040	166.8	98.2
哈尔滨	9119.7	3231.3	26.4	2005	1614	560	3250	21.5	4.8
上　海	161671.4	40582.8	215.5	22839	16727	3680	44805	77.4	79.3
江　苏	383082.3	64289.2	571.7	39735	28709	9089	45875	517.3	286.3
南　京	51668.2	6986.0	58.4	5349	4392	774	9365	35.1	24.9
浙　江	156460.3	38206.2	286.5	21983	15913	4228	54454	292.8	115.7
宁　波	48982.4	10882.6	31.6	4504	3672	878	10157	72.6	20.3
安　徽	41683.4	12229.7	153.3	8952	7638	2221	12781	184.2	50.7
福　建	54084.5	15432.5	137.7	10955	7245	2586	15030	108.5	46.8
厦　门	8650.7	2211.3	8.5	1481	1265	477	2826	9.3	3.2
江　西	31612.8	7871.7	157.1	4889	3789	1584	6181	41.6	29.0
山　东	109663.4	25845.9	256.8	14319	10980	3080	19863	387.0	137.0
青　岛	20064.2	6390.6	36.8	4698	2867	733	1825	47.2	18.8
河　南	116445.6	26538.7	3988.5	13590	10498	3431	31121	284.8	174.3
湖　北	53811.3	8872.9	180.4	6703	5160	2256	10152	108.2	72.4
武　汉	67963.9	13649.3	134.9	9688	8165	1610	17487	170.0	67.2
湖　南	70661.3	18576.8	128.8	11197	7952	2096	13615	118.6	60.4
广　东	147471.1	38676.9	356.5	26462	20950	5965	51275	214.7	116.3
广　州	84660.4	27938.6	142.7	15853	10551	2211	39603	79.9	63.5
深　圳	34237.9	11175.2	44.1	6631	4141	612	7789	17.8	12.6
广　西	32010.1	7125.5	96.1	5568	4398	1612	6712	36.7	28.0
海　南	2781.8	1443.0	10.4	296	210	48	500	6.1	2.3
四　川	55864.9	13917.4	185.5	15150	11105	3096	13679	165.5	69.2
成　都	15007.4	6722.0	52.2	3720	2735	722	2359	34.1	23.9
重　庆	73193.2	11772.1	127.5	10167	7407	2282	14287	177.0	61.7
贵　州	18859.5	6208.4	122.3	3818	2888	702	4516	70.1	18.9
云　南	196116.9	27727.1	436.5	10416	8165	6349	26973	609.7	155.4
陕　西	62783.0	14236.4	266.1	9623	8209	3379	8479	203.6	72.9
西　安	6549.5	4297.1	33.9	2719	1729	588	2872	12.6	7.3
甘　肃	104280.0	25193.5	259.0	15940	13461	2817	10234	261.7	98.7
青　海	9281.7	2440.7	67.1	3104	2018	679	2625	100.2	15.8
宁　夏	46606.8	10075.6	68.1	4487	4053	1006	5710	101.1	25.9
新　疆	34892.8	5730.0	93.7	7150	5375	2475	5661	142.9	57.7
新疆兵团	18699.5	6726.5	38.8	2380	1843	455	3764	30.4	15.1

II 学历教育

DIPLOMA EDUCATION

本章反映全国电大学历教育的办学情况。

主要内容包括：

中央电大开放教育本科(专科起点)、专科和“一村一”学生数与专业开设等情况；

全国电大高职和成招专科的办学情况分别按三部分列出：（1）各级办学学校与学生，（2）地区与学科，（3）专业与地区；

全国电大注册视听生教育专业与毕业生情况；

全国电大成招专升本教育专业与学生情况；

全国电大中等专业学历教育毕业生、招生、在校生情况。

指标解释

• 学年：指教育年度，即从当年的 9 月 1 日到第二年的 8 月 31 日。每学年分为春、秋季两个学期。

• 统招高等专科：分为“高职”和“成招专科”两部分。指全国电大通过全国普通高等教育统一招生考试和通过全国成人高等教育统一招生考试，招收的实施高等专科学历层次教育的办学形式。

• 毕业生数：指上学年具有学籍的学生，完成教学计划规定的全部课程，考试及格，取得毕业证书，实际毕业的学生数。

• 招生数：指通过国家统一招生考试，按照国家招生计划实际招收入学的新生数。包括春、秋两季招收的学生。中央电大开放教育招生，学生应具备相应的学历，报名并参加电大统一组织的入学水平测试，合格者可正式注册学习。

• 在校学生数：指本学年初，具有学籍的注册学生数。

• 预计毕业生数：指本学年末将毕业的学生数。

简要说明

1. 中央电大开放教育实行学分制。本科（专科起点）各专业最低毕业学分为 71 学分，专科各专业最低毕业学分不等，为 76－114 学分。学生注册后学籍 8 年内有效。中央电大根据开放教育本科（专科起点）、专科和“一村一”各专业课程设置的不同，按二年制、三年制、业余等学习形式安排教学计划。
2. 2009 年，中央电大开放教育在经济学、法学、文学、教育学、理学、工学、医学、农学、管理学 9 个学科中，开设本科、专科、“一村一”专业共计 83 个。其中本科专业 23 个，新设专业 5 个；专科专业 43 个，新设专业 5 个；“一村一”专业 17 个，新设专业 1 个。
3. 2009 年，全国电大“成招专科”和成招“专升本”学历教育在 10 个学科、49 个二级类中设置了 311 个专业；“高职”在 15 个学科大类（普通高职高专专业目录），33 个二级类中开设了 101 个专业。
4. 全国电大中等专业学历教育由“成人中专”和“电视中专”等办学形式组成。

2.1.1 中央电大开放教育学校与学生情况

单位：人

	本科(专科起点)				专科				一村一名大学生计划			
	毕业生	招生		在校生	毕业生	招生		在校生	毕业生	招生		在校生
		计	其中春季			计	其中春季			计	其中春季	
总　　计	**186217**	**244047**	**119247**	**791052**	**339873**	**628153**	**296903**	**1710518**	**17306**	**71633**	**32740**	**161945**
中央电大直属院校	**2237**	**2176**	**1142**	**11892**	**9868**	**30424**	**19148**	**73832**				
中央电大西藏学院	56	122	122	824	130	104	104	1165				
中央电大八一学院	83	503	273	1388	5406	17624	12688	38990				
中央电大总参学院	423	597	451	6758	2976	6465	5205	21953				
中央电大北京学习中心	896	80	40	765		213	83	342				
中央电大太原学习中心	234	322	104	740	55	343	43	440				
中央电大南海学习中心	298	314	146	708	1136	1488	348	3583				
中央电大TCL学习中心	17			118	35	67	43	481				
中央电大北大医学部教学点	215	12		283								
中央电大中国政法大学教学点	15	10	6	92		1	1	144				
中央电大残疾人教育学院		216		216	130	1508	633	4123				
中央电大空军学院						2611		2611				
北　　京	**5465**	**8562**	**3864**	**35628**	**10435**	**18890**	**10062**	**71248**	**453**	**976**	**589**	**3208**
北京广播电视大学	400	676	459	3152	1040	3296	2285	9065				
东城分校	254	400	196	1310	452	603	304	2409				
西城分校	265	307	117	1698	270	399	218	1945				
崇文分校	158	204	132	1065	265	296	170	1602				
宣武分校	235	263	146	1446	312	520	277	2619				
朝阳区分校	245	377	157	2252	372	569	246	2997				
海淀工作站	118	155	88	793	223	414	209	1546	9	70	34	168
丰台区分校	116	139	74	792	125	253	120	1428	3	78	38	159
石景山分校	205	683	315	1801	367	726	397	2172				
通州区分校	201	317	165	1279	605	655	342	2524	20	9		77
房山分校	131	220	106	570	244	439	242	1277	8	62	31	237
昌平分校	118	129	72	663	247	240	114	1407	55			219
平谷分校	246	303	127	1046	187	252	116	1321	9			172
怀柔分校	170	225	90	1212	140	189	90	1390	62	151	80	466
密云分校	305	372	144	1404	322	422	193	1644	14	131	78	356
延庆分校	285	369	147	1192	209	1158	954	1843	58	68	68	226
大兴分校	315	382	183	1524	532	547	291	2426	8	121	61	331
顺义分校	326	548	242	1644	523	1276	530	3429	38	148	148	441
门头沟分校	288	244	95	1105	223	320	123	1753	51	138	51	328
航天部三院工作站	62			148	158	114	41	603				
首钢工作站	18	11		186	52	80	51	409				
燕山分校	93	81	54	387	103	165	117	337				
一商干校工作站						104		104				
文化局工作站	29	26	11	153	9	51	28	160				
水务局工作站	54	91		387	211	152		1079				
北京市园林局工作站					133	94		1601				
医药分校					265	146	77	1353				
供销合作总社分校	21	294	92	773	407	1003	387	4155				
矿山工作站	35			102	26	64	64	181				
国家统计局教学点	292	325	134	1789	364	420	279	1918				
人行电教中心教学点	345	602	296	3580	214	194	113	1342				
北京卫校教学点		363		363	200	723	434	1817				
崇文卫校工作站					125	92	38	546				
海淀卫校工作站		61		61	51	224	34	570				
联大商务学院教学点	65	74	50	333	90	126	59	531				

2.1.1 中央电大开放教育学校与学生情况（续表 1）

单位：人

	本科(专科起点)				专科				一村一名大学生计划			
	毕业生	招生		在校生	毕业生	招生		在校生	毕业生	招生		在校生
		计	其中春季			计	其中春季			计	其中春季	
市公务员培训中心工作站	21	19	19	190	85	27	27	415				
电子科技学院工作站	12	13	6	182	29	14	6	285				
纺织工作站	30	108	49	408	113	250	116	1214				
中德中心教学点					217	510		1406				
汽修学校工作站		52	26	140	313	495	151	2071				
市建职大工作站	7			58	21	94		429				
市工干院工作站		88	53	399	61	216	101	1003				
市农职院工作站					265			516	118			28
供销学校工作站		19	19	19	154	249	249	800				
金融学院工作站						66	66	66				
北京电大工贸技师学院工作站					58	524	341	1250				
仪表学校工作站		22		22	43	91	50	200				
联大特教学院教学点					10	28	12	90				
天　津	**6909**	**8121**	**4391**	**24959**	**6532**	**10576**	**6202**	**31230**	**25**	**2043**	**917**	**2572**
新华分校	446	339	224	1541	266	315	162	872				
南开分校	409	297	160	1180	199	408	310	1034				
河东区工作站	100	154	107	673	61	281	223	974				
河西区工作站	366	912	733	1885	325	742	372	1943				
河北区工作站	413	256	89	860	303	243	101	843				
红桥区工作站	198	195	90	621	271	357	121	799				
塘沽分校	182	142	85	692	199	204	98	668		7	7	7
汉沽分校	229	370	95	947	267	375	139	1019		34	17	34
大港分校	205	334	206	695	193	264	130	724		282	152	282
东丽分校	196	520	238	1877	239	1017	474	2426		29	29	29
津南区分校	446	405	176	856	493	421	257	1255		177	100	177
西青区工作站	177	307	190	682	147	691	515	1450		228	19	228
北辰分校	296	398	174	1113	390	535	313	1500	23	450	373	724
武清分校	283	235	150	671	395	194	91	1055		55	32	79
静海分校	245	166	89	589	133	285	184	883		55	29	55
宝坻分校	452	578	313	1303	415	399	232	1232	2	621	117	779
宁河县工作站	294	487	206	1076	315	555	301	1405		11	11	11
化工局工作站	46	51	22	196	48	33	14	158				
纺织局工作站	7			4	75	28	28	105				
机械工业局工作站	98	22	15	92	56	536	535	586				
渤海化工集团公司工作站	95	123	78	394	120	253	141	699				
财政局工作站	1			2	5			21				
劳动局工作站						30	30	48				
物资集团公司工作站						137	84	256				
房管局工作站	12				55							
建工局工作站	268	322	154	1315	223	297	158	1021				
一商集团有限公司工作站	12	16	11	74	184	258	135	773				
公用局工作站	2	81	81	86	3	249	249	364				
铁路分局工作站				20	14			51				
天港务局工作站	2			21	7			29				
财贸分校	171	156	59	639	104	313	128	1133				
政法管理干部学院工作站	643	221	93	666	353	80	33	313				
台盟工作站				62		38	38	38				
经委直属工作站	21	17		84				25				
蓟县分校	221	454	211	1627	307	459	304	1820		94	31	167

2.1.1 中央电大开放教育学校与学生情况 (续表 2)

单位：人

	本科(专科起点)				专科				一村一名大学生计划			
	毕业生	招生		在校生	毕业生	招生		在校生	毕业生	招生		在校生
		计	其中春季			计	其中春季			计	其中春季	
旅游分校	5			28	17			182				
天津铁路工程分校	1			18								
天津市劳动局旅游服务学校						10		10				
天津广播电视大学经管学院	245	251	139	1375	178	126	54	974				
天津广播电视大学文法学院	42	189	112	548	111	59	28	808				
天津市工程技工学校					3	47	24	659				
天津广播电视大学外语学院	46	40	40	137		22	22	62				
天津广播电视大学滨海分院		29	17	95		249	155	733				
天津广播电视大学理工学院	34	54	34	215	58	66	19	280				
河　北	**6034**	**11416**	**5356**	**29532**	**9967**	**20414**	**9712**	**51924**	**2419**	**5289**	**2957**	**13674**
河北广播电视大学	224	693	68	2974	65	1320	228	4968	206	799	408	4665
石家庄广播电视大学	248	380	135	707	632	1315	471	3320	13	28		114
唐山广播电视大学	1460	2237	1336	6042	1479	3877	2081	10200	1752	2530	1538	3732
秦皇岛广播电视大学	115	310	117	1910	76	565	207	1990	65	213	59	677
邯郸广播电视大学	707	1382	729	2983	2087	2470	1135	4944	144	187	62	280
承德广播电视大学	59	490	286	1836	48	460	181	2690	16	34	24	51
邢台广播电视大学	289	1318	406	2411	516	1064	386	2199	5	120	45	219
保定广播电视大学	587	1964	1014	4617	1571	3085	1409	7765	155	425	208	853
张家口广播电视大学	206	427	210	1122	298	583	311	1539	58	54	28	205
沧州广播电视大学	886	877	408	1934	1615	1879	935	4950				
廊坊广播电视大学	236	322	143	1081	807	1176	887	3275	5	421	107	950
衡水广播电视大学	1017	1016	504	1915	773	1148	531	2487		478	478	1928
省直分校						1472	950	1597				
山　西	**4734**	**8773**	**4037**	**26994**	**6092**	**17390**	**8254**	**40851**	**505**	**868**	**531**	**2411**
山西广播电视大学	838	1252	493	5048	1254	2951	1448	6690	89	158	70	428
太原广播电视大学	268	812	373	3289	326	1336	567	3780	137	88	63	332
大同分校	202	128	63	691	208	232	163	722	44			57
阳泉分校	157	252	122	713	432	648	328	1225				
长治分校	363	1064	521	2805	670	3104	1496	7471				
晋城分校	197	264	131	1581	168	861	449	2791				
忻州分校	179	862	344	1840	187	1184	370	2100				
晋中分校	970	1033	523	2600	749	1464	681	3511	88	79	55	197
吕梁分校	204	881	407	2581	268	1523	767	3440	46	226	226	469
临汾分校		403	202	977		1183	619	2156				
运城分校	575	820	401	2295	596	1278	579	2832	101	317	117	928
朔州分校	503	668	293	1718	818	1027	531	2645				
中条山有色分校	40	146	76	383	108	292	123	580				
公路系统分校	238	188	88	473	308	307	133	908				
内蒙古	**3985**	**4899**	**1976**	**13918**	**8480**	**12743**	**5760**	**30475**	**343**	**1060**	**500**	**2177**
内蒙古广播电视大学	391	723	326	2625	1183	2687	1245	6363	246	499	214	1235
呼和浩特市分校	657	515	218	2015	1280	1194	601	4314				
包头分校	326	484	163	1105	727	1047	397	1805		9		9
赤峰市分校	196	316	111	1334	283	811	324	2472		169	123	376
呼伦贝尔盟分校	118	120	40	330	603	576	217	1355		193	93	353
兴安盟分校	259	592	254	1150	580	1385	689	2769		64	51	78
哲里木盟分校	215	51	16	289	242	593	224	1169				
锡林郭勒盟分校	66	158	29	216	88	351	125	400	20			
乌兰察布盟分校	230	330	144	835	863	967	561	2153		13		13
鄂尔多斯市分校	591	560	241	1477	669	1089	596	1913	77	113	19	113

2.1.1 中央电大开放教育学校与学生情况（续表 3）

单位：人

	本科(专科起点)				专科				一村一名大学生计划			
	毕业生	招生		在校生	毕业生	招生		在校生	毕业生	招生		在校生
		计	其中春季			计	其中春季			计	其中春季	
巴盟广播电视大学	526	594	229	1243	910	1327	456	2938				
乌海市分校	201	211	111	718	619	444	219	1953				
内蒙古阿拉善盟广播电视大学	100	125	66	338	145	177	82	464				
哲盟霍林河矿区电大	31	37	28	101	66	44	24	94				
扎矿电大	54			47	160			236				
大雁电大分校	24	83		95	62	51		77				
辽　宁	**3710**	**4778**	**2301**	**18274**	**9140**	**13093**	**5909**	**33467**	**7**	**286**	**241**	**311**
辽宁广播电视大学	424	1133	546	4586	4382	5436	2265	10899		22	2	22
鞍山广播电视大学	282	201	104	604	676	660	303	2284				
抚顺广播电视大学	411	384	169	1174	570	932	472	2384				
本溪广播电视大学	231	368	172	1214	403	770	352	2645				
锦州分校	258	388	173	1374	467	827	382	2423				
丹东分校	522	458	222	2734	533	875	364	2761	7	135	110	146
营口分校	279	248	81	776	197	473	208	1312		1	1	15
辽阳分校	202	264	146	1117	316	360	180	1105				
朝阳广播电视大学	102	158	87	475	176	542	178	1295				
阜新分校	5	51	23	171	127	97	44	309				
铁岭广播电视大学	144	240	114	705	213	598	323	1452				
盘锦分校	151	171	44	532	55	123	58	495				
辽河石油勘探局广播电视大学	45	48	33	192	224	97	53	584				
葫芦岛市电大分校	219	174	114	574	371	566	377	1558				
辽宁省水利厅工作站	101	136	49	486	62	95	26	260				
辽宁广播电视大学新民学院	180	180	119	887	71	124	62	283				
辽宁广播电视大学海城学院	84	82	41	338	75	263	114	578				
辽宁广播电视大学东港学院	70	94	64	335	222	255	148	840		128	128	128
沈　阳	**2610**	**2318**	**1059**	**9672**	**4536**	**5107**	**2344**	**17100**	**143**	**66**	**2**	**619**
沈阳广播电视大学	1863	1863	803	7490	3692	4111	1916	13778				
新城子分校	36	19	10	49	80	25	10	109	41			44
康平分校	71	67	43	341	36	109	40	328	14			65
法库分校	131	64	34	273	67	97	51	347	13			96
苏家屯分校	90	65	39	298	139	163	82	725	30			58
东陵分校	79	5	5	46	187	215	62	542		15		90
新民分校	101	79	39	208	131	217	130	527	45			84
于洪分校	191	88	37	267	185	148	41	474		41		79
辽中分校	48	68	49	700	19	22	12	270		10	2	103
大　连	**2655**	**2709**	**1643**	**8737**	**5672**	**6948**	**3265**	**18921**	**15**	**126**	**60**	**204**
大连广播电视大学	1417	1691	1097	5654	3279	4387	1974	11520				
庄河分校	155	121	71	388	154	238	140	642				
普兰店分校	51	110	68	291	62	76	47	263	15	126	60	204
瓦房店分校	264	179	94	502	471	688	366	1530				
金州分校	234	265	150	788	745	755	304	2219				
旅顺分校	152	132	56	360	175	179	70	663				
长海分校	31	27	10	77	157	90	56	305				
甘井子分校	296	118	74	515	459	258	135	1022				
大连开发区分校	55	66	23	162	170	277	173	757				
吉　林	**1115**	**1696**	**695**	**6066**	**2160**	**11413**	**4940**	**27054**				
吉林广播电视大学	184			761	471			3015				
吉林市分校	186	395	160	1486	347	2900	980	6736				
四平分校	52	185	111	613	65	2234	1237	3550				

2.1.1 中央电大开放教育学校与学生情况（续表 4）

单位：人

	本科(专科起点)				专科				一村一名大学生计划			
	毕业生	招生		在校生	毕业生	招生		在校生	毕业生	招生		在校生
		计	其中春季			计	其中春季			计	其中春季	
延边分校	119	199	75	589	67	855	310	1335				
通化分校	171	185	58	626	176	753	334	1609				
辽源分校	61	321	160	486	137	335	142	2480				
白山分校	271			330	754	778	380	2041				
白城分校	60	56	30	415	127	418	167	2017				
松原分校	3	334	95	698	16	2845	1361	3814				
长春市建筑职工大学	8	21	6	62		295	29	457				
长　　春	**440**	**492**	**228**	**3060**	**693**	**4651**	**2262**	**11518**				
长春市广播电视大学	328	422	189	2833	652	4295	2129	11086				
榆树市分校						109		109				
九台市分校	45	20	20	91								
德惠分校						1		1				
农安县工作站	16	11	3	39		53	50	72				
双阳区工作站	51	39	16	97	41	193	83	250				
黑 龙 江	**2409**	**2429**	**967**	**11493**	**5896**	**9556**	**2738**	**31574**	**121**	**1478**	**525**	**2500**
黑龙江广播电视大学	919	271	82	2368	2396	1821	437	6446		779	300	1262
齐齐哈尔市广播电视大学	76	257	103	1219	101	634	331	5288		72		72
牡丹江市广播电视大学	37	28	11	805	34	113	51	1317	14			
佳木斯广播电视大学	19	5	4	48	5	3	2	13				
绥化地区广播电视大学	102	191	52	1088	663	1740	281	4568	17	140	73	284
黑河市广播电视大学	287	246	130	885	316	674	147	1963	33	374	122	656
大兴安岭广播电视大学	65	65	23	192	119	133	36	374				
伊春市广播电视大学	45	145	70	639	87	685	248	1449				
大庆广播电视大学	263	338	110	907	1027	666	205	2392	25	113	30	150
鸡西广播电视大学	76	174	85	831	104	320	149	1187	32			76
鹤岗广播电视大学	196	115	63	205	186	390	194	700				
双鸭山市广播电视大学	13	146	37	650	83	427	125	1054				
七台河广播电视大学	62	98	55	473	187	340	145	1262				
省农垦广播电视大学	6	23	8	126	18	48	5	135				
牡丹江林区广播电视大学	73	108	45	315	255	516	169	1003				
松花江林区广播电视大学	170	219	89	742	315	1046	213	2423				
哈 尔 滨	**932**	**1566**	**877**	**7572**	**1661**	**4981**	**2570**	**15138**		**121**	**108**	**149**
哈尔滨广播电视大学	417	1016	553	4408	913	3130	1570	9681				
阿城电大分校	59	80	57	553	80	233	140	765		51	51	51
呼兰分校	27	67	43	266	45	140	62	393				
宾县分校	65	64	28	432	48	93	34	357				
方正分校	11	19	12	157	19	71	39	288				
依兰分校	51	53	29	196	173	255	128	798		57	57	85
双城分校	65	37	18	234	75	241	137	575				
通河分校	3	23	13	119	11	100	43	251				
木兰分校	13	29	18	138	22	58	37	261				
延寿分校					22	58	32	157				
巴彦分校	66	71	33	196	70	102	40	303				
五常分校	73	64	49	541	62	211	132	629		13		13
尚志分校	82	43	24	332	121	289	176	680				
上　　海	**6619**	**11286**	**4951**	**28201**								
上海电视大学	602	803	342	2336								
虹口区分校	117	165	58	563								
闵行二分校	189	374	176	931								

2.1.1 中央电大开放教育学校与学生情况（续表5）

单位：人

	本科(专科起点)	本科(专科起点)	本科(专科起点)	本科(专科起点)	专科	专科	专科	专科	一村一名大学生计划	一村一名大学生计划	一村一名大学生计划	一村一名大学生计划
	毕业生	招生	招生	在校生	毕业生	招生	招生	在校生	毕业生	招生	招生	在校生
		计	其中春季			计	其中春季			计	其中春季	
宝山分校	358	492	235	1198								
浦东新区分校	461	768	369	1812								
闵行一分校	411	1129	503	2225								
金山分校	197	363	145	967								
松江分校	440	777	294	1855								
南汇分校	447	944	445	2209								
奉贤分校	405	619	245	1533								
青浦分校	275	452	186	1006								
崇明分校	300	460	169	1097								
嘉定分校	320	612	280	1424								
区县工业管理局分校	16	17	17	79								
农工商集团分校	43	77		240								
物资（集团）总公司分校	16	69	35	197								
商业分校		114	62	253								
黄浦区经贸委分校	222	229	125	672								
长宁区分校	138	200	123	544								
闸北区分校	201	336	171	742								
卢湾区分校	140	107	50	384								
杨浦分校	67	161	56	311								
黄浦分校	370	467	230	1327								
普陀分校	230	577	276	1355								
静安区分校	136	222	103	689								
西区分部	99	83	30	312								
工程大中山分校	5	45	17	100								
石化分校	51	59		167								
邮电分校	14			58								
徐汇财贸分校	219	335	137	1059								
徐汇分校	130	135	72	461								
浦东新区农校教学点		57		57								
闵行农广校教学点		38		38								
江　　苏	**11455**	**12631**	**7133**	**45363**	**13441**	**26109**	**13535**	**90125**	**2813**	**5545**	**2784**	**21600**
江苏广播电视大学	170	301		2094	455	541	266	5080	1870	3580	1511	17023
镇江市广播电视大学	164	180	180	1162	200	250	250	1291		49	49	61
常州市广播电视大学	873	1557	737	4894	769	2155	910	5102	93	181	62	403
无锡市广播电视大学	1757	1639	848	4908	2735	6767	3896	20010	445	378	175	1911
苏州市广播电视大学	481	725	352	3633	535	620	317	6326				
南通市广播电视大学	884	796	433	3706	1011	1580	728	8101				
扬州市广播电视大学	374	326	126	1068	879	1436	785	3480				
徐州市广播电视大学	375	170	170	2330	488	313	313	5586	14			
淮安市广播电视大学	1527	881	479	3289	906	2503	1210	6032				29
盐城市广播电视大学	636	1092		3860	1006	2490		7950	58	66	66	66
连云港广播电视大学	452	635	421	2268	987	1632	836	4451				
泰州市广播电视大学	690	487	298	2952	370	375	212	2999		293	293	293
宿迁市广播电视大学	1777	1888	1888	3660	1522	2222	2222	3834		14		34
化工分校	40	58	26	154	105	141	73	316				
江苏城市职业学院武进办学点	268	393	393	770	36	155	155	200	104	279	279	557
江苏电大张家港学院	2	151	106	287	78	85	44	321	182	265	128	575
江苏电大昆山学院	196	153	54	643	528	418	241	1550				
江苏电大常熟学院	97	75	75	338	56	169	169	887		113	113	174

2.1.1 中央电大开放教育学校与学生情况（续表 6）

单位：人

	本科(专科起点)				专科				一村一名大学生计划			
	毕业生	招生		在校生	毕业生	招生		在校生	毕业生	招生		在校生
		计	其中春季			计	其中春季			计	其中春季	
江苏电大吴中学院	104	424	199	941	54	209	79	464		152	88	152
江苏广播电视大学大丰学院	208	174	92	651	271	544	150	2193				
江苏广播电视大学江都学院	36	97	46	675	96	296	189	1332	47	175	20	322
江苏广播电视大学沛县学院	102	271	154	729	237	831	373	1875				
江苏电大靖江学院	62	71	33	176	34	107	60	193				
江苏电大通州学院	180	87	23	175	83	270	57	552				
南　京	**998**	**1645**	**770**	**8914**	**2040**	**4967**	**2155**	**24722**	**338**	**824**	**469**	**2899**
南京市广播电视大学	414	301	174	3250	788	1453	725	11874	3	151	99	335
江宁区分校	103	455	204	1320	198	697	306	2894	157	337	104	1350
六合县分校		58	19	111	1	144	54	310	54			83
高淳县分校	99	83	50	385	15	116	61	331	23	39	9	113
溧水县分校	76	158	69	471	78	192	96	767	57	208	196	674
浦口分校	18	83	36	198	78	257	118	975		69	41	147
玄武区分校		7	7	26	60	223	66	640				
白下区分校	75	85	48	667	87	293	154	1039				
秦淮区分校	27	45	10	152	85	163	89	1020				
建邺区分校	68	42	16	546	68	195	100	870	44			109
鼓楼区分校	64	111	51	1114	177	392	116	1209				
下关区分校	7	24	15	74	101	319	105	1190				
栖霞区分校	47	193	71	600	304	523	165	1603		20	20	88
浙　江	**12709**	**16404**	**8110**	**45407**	**21928**	**30190**	**14744**	**84758**	**898**	**3861**	**956**	**9809**
浙江广播电视大学	388	609	313	2558	386	1010	514	2902				
杭州广播电视大学	385	523	333	3392	446	840	552	3712				
萧山学院	99	226	226	944	113	323	323	839		121	121	270
余杭分校	5	58	28	173	107	209	81	593				
富阳学院	274	263	112	733	394	833	316	2331				
临安分校	1	10		10	308	285	109	866		84		84
桐庐分校	131	148	75	608	274	469	255	1659	11	76		362
建德分校		73		73	387	383	201	1326				
淳安学院	129	140	71	264	536	521	220	1066	73	25	25	43
嘉兴广播电视大学	294	508	287	1293	755	891	408	2602	70	115	60	335
嘉善学院	285	276	102	732	572	577	292	1850	110	232	83	839
平湖学院	189	293	154	807	461	543	308	1522	111	208	98	534
海盐学院	232	244	127	627	328	322	173	937	213	268	206	822
海宁学院	29	92	40	211	440	686	342	2086				
桐乡学院	336	332	165	821	479	469	178	1210				54
湖州广播电视大学	436	562	291	1580	677	784	372	2451		163		474
长兴学院	298	436	201	1140	300	1369	590	2807		100		166
德清学院	294	308	155	788	503	671	294	1594		94	5	206
安吉分校	99	296	173	688	193	457	196	1030		19	19	77
绍兴分校	112	395	179	1145	143	536	216	1605		86		86
绍兴学院	257	204	115	647	297	664	354	1626				
诸暨学院	242	200	79	649	443	357	255	940				
上虞学院	195	237	165	516	474	419	185	1164		57		57
嵊州学院	332	187	86	355	323	346	155	770				
新昌分校	155	115	64	274	192	345	184	858		115	54	196
舟山广播电视大学	344	549	267	1270	603	537	296	1674		5		112
普陀工作站	120			13	286	270	104	839				
岱山工作站	21	50	23	144	113	153	67	362				

2.1.1 中央电大开放教育学校与学生情况（续表 7）

单位：人

	本科(专科起点)				专科				一村一名大学生计划			
	毕业生	招生		在校生	毕业生	招生		在校生	毕业生	招生		在校生
		计	其中春季			计	其中春季			计	其中春季	
嵊泗工作站	69	52		217	43	53		244				
金华广播电视大学	613	661	299	1611	1181	1078	519	2832				
兰溪分校		24	17	43	236	185	90	448				
武义分校	51	66	45	168	230	204	119	496				
永康学院	143	198	114	536	143	258	143	668		26		26
义乌学院	217	163	88	417	198	252	131	623		53		193
东阳学院	236	145	80	486	191	176	68	569				
浦江分校		25	16	48	161	128	68	314				
磐安工作站		60	34	94	125	153	94	342				
衢州广播电视大学	913	947	522	2468	1499	1467	675	4903		90		243
柯城分校	42	72	43	238	124	143	90	617		20		118
江山分校	202	236	125	735	432	459	260	1430	51	50	21	284
常山分校	88	196	68	343	84	300	96	484		114	17	138
开化分校	122	143	62	373	223	202	103	592		61		118
龙游分校	356	178	99	456	259	289	145	638	10	79	8	181
台州广播电视大学	455	643	316	2145	615	891	536	3913		138		374
临海学院	130	341	173	745	398	600	275	1718	22	39		156
黄岩分校	92	179	89	564	130	226	99	695				
温岭分校	306	316	181	904	370	296	160	1147		93		259
仙居学院	104	543	88	919	127	288	91	883				
玉环学院	102	131	82	253	240	264	128	632		73		73
三门学院	78	232	96	580	128	353	174	997				
天台学院	70	196	111	417	168	400	180	1123		48		168
丽水广播电视大学	575	624	317	1493	700	595	300	1799		50	50	149
缙云分校	34	84		274	204	322	159	934		67		180
遂昌分校	228	190	68	302	342	224	92	377	71	71		102
松阳电大	117	113	64	372	131	389	115	778	38	72		226
景宁分校	64	170	94	284	130	156	64	346		43	26	43
云和分校	54	127		308	63	108		330		46		96
龙泉分校	50	115	62	331	259	168	66	601		37		174
庆元工作站	162	123	60	340	125	122	57	382		58	58	116
青田分校	188	244	126	525	208	250	139	479		52		67
温州广播电视大学	430	529	221	1432	507	732	310	1835		59		89
永嘉学院	167	143	102	432	114	379	262	707	22	49	38	90
瓯海分校	6	31	18	73	56	132	62	643	63	50	5	246
平阳分校	29	9	9	52	146	275	120	571		122	21	336
瑞安分校	46	352	185	641	209	564	253	1417		67	5	140
乐清分校		70		70	166	331	106	701	33	130	36	411
文成分校	39	43	21	78	78	131	62	336		45		45
学洞头分校					79	101	51	266				
泰顺工作站					55	84	13	155				
苍南分校					85	639	439	958		191		251
衢化分校	68	45	28	123	72	92	40	241				
经贸分校						15	15	73				
工商学院	381	311	156	1062	315	426	214	1279				
特教学院					46	21	21	21				
宁　波	**2845**	**3487**	**1656**	**13334**	**4813**	**5940**	**2879**	**22014**		**390**	**113**	**1306**
宁波广播电视大学	791	1013	461	6463	1688	1845	799	11181				112
鄞县分校	425	564	287	1791	573	702	361	2269		36		172

2.1.1 中央电大开放教育学校与学生情况（续表8）

单位：人

	本科(专科起点)				专科				一村一名大学生计划			
	毕业生	招生		在校生	毕业生	招生		在校生	毕业生	招生		在校生
		计	其中春季			计	其中春季			计	其中春季	
余姚学院	267	322	149	971	443	555	287	1798		42		143
慈溪学院	338	339	162	954	351	510	245	1273		65	65	144
宁海学院	209	260	133	700	308	394	188	888				198
象山分校	172	293	136	663	332	574	222	1137		77		167
奉化分校	266	237	136	560	435	558	326	1106		88		193
镇海工作站	77	126	57	352	90	15	15	110		25		63
江北工作站	51	57	29	192	250	262	142	738		9		66
北仑工作站	249	276	106	688	343	525	294	1514		48	48	48
安　　徽	**11678**	**11691**	**5681**	**33297**	**18401**	**23671**	**11265**	**59571**	**598**	**2507**	**1200**	**7409**
安徽广播电视大学	981	1033	454	2098	2745	2791	1316	5431				
合肥分校	560	389	180	859	742	908	441	1993				
蚌埠分校	623	732	368	3591	760	1419	707	6005		484	484	994
芜湖市分校	552	973	469	2677	832	1735	761	4252	149	120		585
淮南分校	626	249	142	657	447	538	242	1056				
淮北分校	717	533	344	1696	489	711	374	1794		96	41	678
马鞍山分校	425	622	248	1737	705	1055	473	2484	61	103	49	357
铜陵分校	390	523	244	1301	868	1064	439	2185		136		278
黄山市分校	406	468	226	1318	676	1043	568	2465	113	337	2	886
安庆市分校	750	754	373	2262	1160	1577	724	4083				
六安分校	639	363	204	1433	714	1173	589	3200				78
阜阳分校	979	640	338	1601	1431	1388	673	3577		55		259
宣城分校	590	508	296	1706	1352	1573	892	4137	68	49		111
巢湖分校	453	453	123	933	729	524	270	1580				
滁州市分校	491	858	540	1863	1141	813	282	2094				
池州分校	347	347	161	849	579	869	444	2207		338	211	812
宿州分校	920	842	356	2143	1186	1986	927	4566		427	244	1193
省直分校	231	475	235	1019	556	1180	428	2358				
亳州分校	998	929	380	3554	1289	1324	715	4104	207	362	169	1178
福　　建	**4169**	**6326**	**3185**	**22380**	**7317**	**13110**	**6580**	**45807**	**53**	**895**	**458**	**2901**
福州分校	634	780	420	3140	1107	1205	580	5204		132	100	241
三明分校	450	519	249	1840	788	1382	645	4288		88	14	145
宁德分校	450	838	433	2470	672	1199	653	5766	12	53		588
南平分校	215	415	213	1522	369	1156	592	3208		101	97	228
漳州分校	379	919	524	2323	861	1436	787	3558		84	17	159
泉州分校	686	745	399	4531	1233	1958	979	7683		223	109	858
龙岩分校	333	580	195	1009	621	869	393	2272		168	105	301
莆田分校	101	230	148	893	252	476	267	1704		3	2	32
农业银行分校				21	4			14				
检察院分校	26			24	1							
永安分校	182	171	89	398	210	339	157	828		22	10	141
邵武分校	33	132	64	278	103	323	163	886	38	15		25
漳浦分校	129	134	58	378	301	449	211	1152				11
开放教育学院	551	863	393	3553	795	2318	1153	9244	3	6	4	172
厦　　门	**492**	**477**	**239**	**2928**	**617**	**2400**	**1024**	**6764**		**224**	**105**	**516**
厦门市广播电视大学	121	217	95	1535	184	1779	787	4440				
厦门电大同安区工作站	123	136	80	364	108	254	97	654		142	62	317
厦门市杏林区电大工作站	22	10	10	138	64	51	32	292		82	43	199
厦门市湖里区电大工作站	100				20	108		108				
厦门市司法局电大工作站	46	14	14	691	41	8	8	670				

2.1.1 中央电大开放教育学校与学生情况（续表 9）

单位：人

	本 科(专科起点)				专 科				一村一名大学生计划			
	毕业生	招 生		在校生	毕业生	招 生		在校生	毕业生	招 生		在校生
		计	其中春季			计	其中春季			计	其中春季	
厦门市思明区电大工作站	80	100	40	200	200	200	100	600				
江 西	**4422**	**7742**	**4174**	**18234**	**6694**	**19564**	**10682**	**39653**	**1111**	**265**	**182**	**2597**
江西广播电视大学	353	951	448	1745	420	3691	1120	5581				
南昌市分校	487	916	447	2252	616	2085	1042	4706				
景德镇市分校	86	125	59	397	133	388	204	994				
九江市分校	763	987	459	2204	1169	1358	793	2929				
萍乡市分校	146	324	324	890	257	1607	1607	3570				
新余市分校	159	501	259	1333	162	694	317	2163		85	85	451
鹰潭市分校	203	335	167	815	332	764	338	1229				
赣州广播电视大学	349	1058	620	2082	431	2281	1304	3604	1047			1678
宜春广播电视大学	531	747	426	2196	776	1852	1075	4966		11	8	173
电大吉安市分校	473	650	368	1979	894	1481	950	4018	18	89	43	144
上饶广播电视大学	527	661	360	1462	910	2045	1314	3759	46	80	46	151
抚州广播电视大学	295	487	237	879	565	1318	618	2134				
九江船舶工业公司分校	23				29							
省检察分校	27											
山 东	**8947**	**7696**	**4810**	**27134**	**11172**	**23063**	**14011**	**48411**	**1896**	**9499**	**4623**	**17772**
山东广播电视大学									1167	5047	1969	9538
济南广播电视大学	689	780	373	2085	723	2123	918	3402	170	974	367	1739
烟台广播电视大学	344	351	192	1051	1077	2020	1181	4391	142	62	62	513
潍坊广播电视大学	1132	1244	887	5187	829	3246	2373	7961	11	572	189	1085
淄博广播电视大学	699	380	204	2248	513	1240	753	2686	28	83	56	125
威海市广播电视大学	98	144	56	400	420	726	290	1513		9	8	9
临沂广播电视大学	794	244	122	1271	740	435	242	1651		155	96	978
德州广播电视大学	318	580	360	1300	1129	4600	2530	7046	62	428	107	647
滨州广播电视大学	546	639	639	2569	536	1396	1396	3603	112	1332	1332	1501
菏泽广播电视大学	1145	614	404	2391	1534	1592	1292	2162		21	21	22
聊城广播电视大学	174	78	78	251	106	453	65	757		13	1	46
泰安广播电视大学	393	337	176	1085	306	806	473	1577	83	185	23	278
枣庄广播电视大学	410	331	243	1505	251	623	359	1353				
济宁广播电视大学	909	514	341	1485	818	691	410	1700	94	358	242	730
东营广播电视大学	81	75	40	119	91	276	157	486				
胜利油田广播电视大学	17	71	39	146	75	98	34	220				
莱芜钢铁总厂广播电视大学	287	172	78	581	496	244	133	685				
省直工作处	254	319	143	849	255	329	230	751				
日照广播电视大学	577	638	302	2225	874	1844	1027	5170	27	86	32	109
荣成市广播电视大学	80	185	133	386	399	321	148	1297		174	118	452
青 岛	**890**	**1074**	**587**	**4725**	**1524**	**2381**	**1388**	**8953**	**215**	**512**	**177**	**1497**
青岛广播电视大学	109	365	166	1804	285	1021	569	4272	11	37		205
莱西分校	126	106	52	276	296	220	117	517	59	70	70	242
平度分校	31	22	16	155	87	92	48	320	55	71		198
胶州分校	83	62	28	200	85	161	119	292		85		140
胶南分校	183	120	83	606	134	239	183	735	36	70	70	266
即墨分校	200	143	64	540	215	178	95	699		101		242
黄岛分校	36			40	112			104	47	37	37	91
城阳分校	40	18	18	181	165	200	110	700	7	41		113
李沧区分校	82	238	160	923	145	270	147	1314				
河 南	**7053**	**6425**	**3197**	**26201**	**14267**	**21545**	**8119**	**62554**	**597**	**2710**	**1636**	**7389**
河南广播电视大学	435	307	114	2049	621	5526	286	8327	597	2710	1636	7389

2.1.1 中央电大开放教育学校与学生情况（续表 10）

单位：人

	本科(专科起点)				专科				一村一名大学生计划			
	毕业生	招生		在校生	毕业生	招生		在校生	毕业生	招生		在校生
		计	其中春季			计	其中春季			计	其中春季	
省直分校	234	421	169	2573	1195	2654	1315	8888				
郑州广播电视大学	411	540	233	1670	1184	1785	763	6573				
开封市广播电视大学	128	128	88	795	190	90	60	1669				
洛阳市广播电视大学	549	398	172	2473	589	1060	421	3312				
新乡广播电视大学	626	447	227	1065	2727	1190	696	3876				
焦作广播电视大学	695	702	341	1523	928	1462	667	3154				
安阳广播电视大学	360	173	85	829	399	410	155	1657				
濮阳广播电视大学	640	368	157	919	939	712	298	1964				
鹤壁广播电视大学	54	60	29	187	346	449	206	1249				
商丘广播电视大学	131			351	178	58	23	931				
三门峡广播电视大学	139	316	181	1224	309	521	259	1704				
平顶山广播电视大学	412	468	225	1481	420	516	267	2837				
驻马店广播电视大学	246	194	130	1439	363	413	295	2675				
许昌广播电视大学	548	478	219	784	1465	1350	629	2846				
信阳广播电视大学	12	156	156	713	20	335	335	547				
南阳广播电视大学	198	146	57	1047	621	715	351	2895				
周口广播电视大学	490	541	351	3175	368	954	418	3595				
漯河广播电视大学	178	133	43	270	391	269	125	660				
郑州铁路局广播电视大学	53	75	32	201	312	178	90	483				
中原油田广播电视大学	73	61	26	191	206	224	128	657				
济源广播电视大学	206	183	106	642	256	427	213	1387				
河南省工商行政管理分校	235	130	56	600	240	247	119	668				
湖　北	**3799**	**7812**	**2686**	**20166**	**5657**	**32693**	**9965**	**51314**	**72**	**6750**	**1531**	**7997**
湖北广播电视大学	131	911	202	1381	2424	9267	1978	11030				
黄冈广播电视大学	742	962	341	4823	409	4475	1392	9282		2192	808	2192
孝感市广播电视大学	241	1170	466	2030	216	2766	729	3537		1777		2128
咸宁地区广播电视大学	262	592	208	1188	132	1909	483	3354		285	121	393
荆州地区广播电视大学	171	589	177	1164	126	1892	631	2629		1370	596	1879
宜昌市广播电视大学	272	349	83	560	875	2423	605	4298				
黄石广播电视大学	140	161	75	1185	59	491	224	2206	72	70		347
十堰市广播电视大学	537	664	222	1297	335	1861	612	2914		1045		1045
襄樊广播电视大学	715	1135	436	3901	812	4533	1807	7716		11	6	13
恩施自治州广播电视大学	304	327	142	658	141	1295	960	1574				
大冶有色金属公司分校	40	63	46	112		112	39	148				
天门市广播电视大学		21	7	165	24	255	24	684				
潜江市广播电视大学	25	201	59	244		135	35	135				
仙桃广播电视大学	57	243	78	340	9	247	101	336				
江汉油田分校	29	139	63	175	85	320	91	443				
湖北广播电视大学钟祥分校	121	239	48	428		381	69	439				
随州广播电视大学	12	46	33	515	10	331	185	589				
武　汉	**854**	**1195**	**492**	**3308**	**2506**	**11368**	**4800**	**24209**		**322**	**322**	**557**
武汉市广播电视大学	128	465	145	1372	1143	5399	2297	12259		155	155	155
江岸区分校	155	63	17	221	239	542	218	1221				
武昌区分校	22				12	512	192	1044				
桥口区分校	35	21	7	110	135	311	40	984				
汉阳区分校	27	38	20	106	139	423	149	809				
青山区分校	62	50	22	159	132	595	147	1556				
洪山区工作站	27	66	41	153	67	267	167	527				
东西湖区分校					72	1602	670	2268				

2.1.1 中央电大开放教育学校与学生情况（续表11）

单位：人

	本 科(专科起点)				专 科				一村一名大学生计划			
	毕业生	招生		在校生	毕业生	招生		在校生	毕业生	招生		在校生
		计	其中春季			计	其中春季			计	其中春季	
汉南区分校	4	4	2	19		23	9	68				
江夏区分校	70	87	40	153	113	437	242	885				
蔡甸区分校	71	83	37	197	95	264	142	593				
黄陂区分校	116	50	50	189	85	253	253	419				
新洲区分校	122	188	60	487	176	609	228	1220		167	167	402
武汉钢铁公司分校	9	33	14	53	44	80	19	193				
江汉区电大分校	6	47	37	89	54	51	27	163				
湖　　南	**5111**	**7161**	**3536**	**23829**	**9307**	**29509**	**15096**	**56442**	**1198**	**13281**	**5710**	**20150**
湖南广播电视大学	440	733	247	2868	565	2716	1040	6117				
长沙广播电视大学	391	422	228	2151	952	2256	1222	6717	151	952	828	2259
株洲广播电视大学	217	436	212	1012	348	2322	1127	3439	54	949	281	1492
湘潭广播电视大学	695	769	419	4052	1125	3441	1895	5670	36	459	270	663
衡阳市广播电视大学	550	555	278	1052	850	3413	1711	5225	171	765	90	1319
邵阳广播电视大学	376	602	303	1275	754	2371	1189	3376	423	713	310	908
岳阳广播电视大学	350	500	229	2032	840	2039	1004	4510	65	2026	154	2184
娄底广播电视大学	348	486	277	1712	757	1795	926	3554	2	1227		2544
零陵分校	129	143	65	1113	289	567	308	1601	10	1553	973	1650
郴州广播电视大学	289	236	101	676	495	1032	527	2055	70	2233	1814	3975
益阳广播电视大学	328	490	206	1188	725	1465	803	3032	120	937	342	1603
常德广播电视大学	244	473	290	1306	270	1931	1123	3129		216	26	246
怀化广播电视大学	198	488	267	835	421	1293	797	1531	96	1146	518	1200
湘西民族广播电视大学	285	520	294	1431	484	1485	776	3230		101	101	101
张家界市广播电视大学	153	164	93	693	251	489	262	1967		4	3	6
津市分校	56	68	27	310		506	262	757				
岳阳石化总厂广播电视大学	16			17	22			23				
卫生分校					113	269	71	269				
涟钢分校	46	76		106	46	66		187				
药学分校						53	53	53				
广　　东	**11499**	**13319**	**6117**	**32608**	**37389**	**49912**	**22270**	**125391**		**272**		**272**
广东广播电视大学	320	213	97	552	487	480	235	1232				
法律分校	224	91	60	690	55	227	192	389				
省电力局分校	78											
省公路局分校	15	17	17	53	27	42	42	124				
广东电大深圳拱北海关分校	85			99								
珠海市广播电视大学	53	494		1099	476	2336		6624				
斗门广播电视大学					319	365	201	1269				
汕头广播电视大学	414	340	189	814	838	1676	704	3378				
汕头广播电视大学潮阳电大		234	234	628	399	1117	660	2195				
汕头广播电视大学澄海电大	62	42		165	116	257		534				
韶关市广播电视大学	364	480	236	1186	702	1021	385	2460				
韶关市曲江区广播电视大学		43	13	96	409	318	125	878				
仁化广播电视大学	109	101	55	224	158	222	114	566				
新丰县广播电视大学		113	57	259	182	137	54	324				
始兴县广播电视大学	105	61	33	154	72	171	67	409				
南雄市广播电视大学	164	86	39	237	146	225	100	533				
乐昌市广播电视大学	100	77	45	212	154	139	35	372				
乳源瑶族自治县广播电视大学	66	82	82	114	73	105	105	267				
汕尾市广播电视大学	157	324	130	721	283	721	289	1565				
海丰县广播电视大学	175	192	81	474	404	558	261	1127				

2.1.1 中央电大开放教育学校与学生情况（续表12）

单位：人

	本　科(专科起点)				专　科				一村一名大学生计划			
	毕业生	招生		在校生	毕业生	招生		在校生	毕业生	招生		在校生
		计	其中春季			计	其中春季			计	其中春季	
陆丰市广播电视大学	100	86	40	304	243	363	176	929				
陆河县广播电视大学	62	123	60	206	320	614	297	1452				
梅州市广播电视大学	351	228	90	810	740	714	321	1580				
梅江区广播电视大学	188	160	68	341		600	313	2273				
蕉岭县广播电视大学	55	265	146	265	193	639	364	639				
大埔县广播电视大学	16	74	19	176	145	339	136	856				
丰顺县广播电视大学		31	31	135	125	172	172	724				
五华县广播电视大学	337	245	245	576	502	664	664	1144				
广东省兴宁市广播电视大学	186	231	98	503	264	387	196	852				
平远县广播电视大学	137	140	61	288	259	304	159	641				
惠州市广播电视大学	199	269	140	672	1312	1707	685	4319		70		70
惠阳区广播电视大学	141	253	122	560	803	960	435	2190		72		72
惠东县广播电视大学	245	280	128	535	915	919	429	2317		60		60
博罗县广播电视大学	101	201	74	383	358	570	271	1606		70		70
龙门县广播电视大学		176	70	350	201	152	133	678				
东莞市广播电视大学	255	390	156	1116	1494	2701	1258	6000				
中山市广播电视大学	327	334	153	832	1721	1722	798	4883				
江门市广播电视大学	565	422	207	1345	1502	1596	659	4973				
新会市广播电视大学	195	144	55	406	700	657	229	2156				
台山磐石电视大学	178	225	122	508	571	748	499	1783				
开平市广播电视大学	281	150	73	502	505	673	236	1769				
恩平市广播电视大学	110	104	42	241	251	265	89	808				
鹤山市广播电视大学	90	86	20	205	314	349	80	782				
佛山广播电视大学	124	284	146	753	342	1661	736	3795				
三水广播电视大学					196	246	119	773				
高明广播电视大学					134	267	127	746				
阳江市广播电视大学	585	725	366	1935	663	1647	682	4802				
阳春市广播电视大学	179	189	86	535	526	427	185	1616				
湛江市广播电视大学	430	284	154	897	1003	946	478	2642				
雷州市广播电视大学	125	141	71	360	388	389	213	952				
徐闻县广播电视大学	142	139	40	382	316	373	162	804				
遂溪县广播电视大学	23	47	29	135	466	282	154	746				
吴川市广播电视大学					182	210	105	442				
廉江市广播电视大学					546	218	91	1059				
茂名广播电视大学	359	320	160	848	1026	1340	628	3149				
高州市广播电视大学	36	22	22	94	355	463	266	831				
信宜市广播电视大学					220	410	264	867				
电白广播电视大学	89	51	18	51	712	315	196	315				
化州市广播电视大学		45	21	59	774	408	229	1018				
肇庆广播电视大学	456	249	81	596	2202	989	307	2486				
高要市广播电视大学	26	59	25	180	275	260	133	931				
四会市广播电视大学		59	35	169		369	124	1145				
广宁县广播电视大学	208	101	48	289	345	273	108	654				
德庆县广播电视大学	37	65	31	178	198	227	132	493				
封开县广播电视大学		88	37	125	271	297	139	688				
怀集县广播电视大学	157	245	105	485	409	434	221	1288				
清远市广播电视大学	125	95	95	483	240	478	478	1943				
英德电大		106	58	201	442	716	248	1725				
佛冈县广播电视大学					60	204	44	590				

2.1.1 中央电大开放教育学校与学生情况（续表 13）

单位：人

	本科(专科起点)				专科				一村一名大学生计划			
	毕业生	招生		在校生	毕业生	招生		在校生	毕业生	招生		在校生
		计	其中春季			计	其中春季			计	其中春季	
阳山县广播电视大学		337		337	131	77	77	211				
连山壮族瑶族自治县广播电视大学					49	43		97				
连南瑶族自治县广播电视大学					120	143	71	340				
连州市广播电视大学	40	92	61	235	83	179	94	672				
潮州广播电视大学	423	367	187	796	518	623	286	1505				
饶平县广播电视大学	20	26	16	163	191	195	89	457				
潮安广播电视大学	65	178	113	178	89	174	67	332				
揭阳广播电视大学	299	320	157	766	452	644	257	1444				
普宁市广播电视大学					597	731	410	1435				
广东省揭西县广播电视大学					445	503	308	1169				
惠来县广播电视大学					308	429	185	967				
揭东县广播电视大学	147	173		252	293	408	143	804				
河源广播电视大学	387	383	186	899	962	1365	435	2869				
和平县广播电视大学					399	243	102	319				
龙川广播电视大学	68	162	92	339	271	340	216	646				
紫金县广播电视大学					302	435	235	1860				
连平县广播电视大学		120		120	196	320	139	774				
云浮市广播电视大学	276	169	80	536	440	521	255	1186				
云硫电大					43			25				
罗定市广播电视大学					75	84	37	174				
新兴电大		50		129	130	400		1212				
郁南电大	63	21	9	67	172	167	78	511				
顺德广播电视大学					94	107	49	282				
广　州	**4251**	**5024**	**2594**	**16922**	**10485**	**15211**	**5434**	**45325**				
广州市广播电视大学	898	1086	536	3114	1129	2891	686	8325				
东山区分校	142	82	28	273	346	209	123	660				
海珠区分校	362	261	147	651	517	1081	333	2553				
荔湾分校	156	184	60	507	352	573	239	1573				
越秀区分校	48	44	24	122	95	208	174	508				
天河区分校	104	180	93	596	469	470	258	1506				
开发区分校	61	142	76	236	304	786	360	1910				
侨光分校	651	730	432	2094	1897	1720	847	5916				
机电局分校	66	41	38	165	81	74	65	316				
法律专业工作站	159	74		458	1323	807		2942				
市二轻局工作站					96	183	53	236				
番禺区广播电视大学	115	287	137	992	827	1062	406	2842				
从化市分校	202	303	166	691	491	939	419	2083				
花都区广播电视大学	106	304	142	744	891	1490	420	4032				
增城市广播电视大学	340	550	291	1252	765	1348	423	3296				
市银行学校电大工作站	110			935	133			375				
东方教学点	103	132	46	1021	477	698	138	4813				
金融分校	498	403	233	2073	213	293	255	634				
广东科学技术职业学院电大工作站	106	80	80	700								
广州市广播电视大学广大人文学院工作站	24	141	65	298	79	379	235	805				
深　圳	**2127**	**2176**	**1272**	**10306**	**5585**	**8731**	**4562**	**26127**				
深圳市广播电视大学	1261	1271	667	7750	3308	5442	2353	18027				
蛇口分校	117	150	51	398	355	405	180	1068				
宝安分校	82	62	28	289	215	382	187	1180				
沙头角分校	174	140	67	388	433	484	209	1222				

2.1.1 中央电大开放教育学校与学生情况（续表 14）

单位：人

	本　科(专科起点)				专　科				一村一名大学生计划			
	毕业生	招　生		在校生	毕业生	招　生		在校生	毕业生	招　生		在校生
		计	其中春季			计	其中春季			计	其中春季	
南山分校	191	129	60	464	330	280	139	1314				
龙岗分校	302	384	384	932	781	1394	1394	2306				
罗湖分校		40	15	85	36	114	54	333				
福田分校					94	96		331				
深圳广播电视大学光明教学点					33	134	46	346				
广　西	**3228**	**2250**	**1280**	**14519**	**15653**	**8547**	**4666**	**51916**	**329**	**601**	**270**	**1445**
广西广播电视大学	1513	251	166	8301	8200	841	410	31249	40	143	68	555
区直分校	9	40	23	111	822	327	175	1523				
南宁广播电视大学	180	202	110	825	432	914	484	2530				
柳州市广播电视大学	81	63	63	403	135	152	152	757				
桂林市分校	109	98	49	240	219	361	111	851	21	22	13	63
梧州市分校	4				561	118	90	265	2	7	7	7
南宁地区分校	7			45	94			305	12			
柳州地区分校	215	185	90	643	600	498	196	1453		34		34
梧州地区分校	7	24	10	41	47	80	43	147				
百色民族分校	237	234	108	742	474	697	326	1271	161	323	134	491
钦州市分校	22	420	300	914	1425	1728	1264	4168				
北海市分校	157	134	89	485	578	650	343	1832	35	16	9	41
检察分校	16	11		558								
贵港市电大分校	628	484	234	976	1084	1237	646	2413		37	37	37
防城港市工作站	16	88	29	162	261	390	202	1159	58	16	2	214
玉林商校工作站	13			1	258	204	107	622		3		3
广西电大工商分校	14	16	9	72	96	120	75	544				
广西银行学校电大工作站					367	230	42	827				
海　南	**347**	**494**	**226**	**1735**	**509**	**1861**	**643**	**4417**		**380**	**267**	**380**
海南广播电视大学	347	494	226	1735	509	1861	643	4417		380	267	380
四　川	**7285**	**10245**	**4989**	**33800**	**11679**	**22852**	**11398**	**66252**	**189**	**1415**	**429**	**2865**
四川广播电视大学	1273	1971	744	6852	2287	4086	1764	12599	15	7	1	251
省建委分校	31	25	11	139	463	1212	314	2867				
省级机关分校	442	436	193	1455	517	839	374	2449				
德阳广播电视大学	121	459	256	1360	427	1133	620	2696	36	32		63
绵阳广播电视大学	341	603	334	1945	539	1234	696	3733	136	512	159	1347
广元广播电视大学	298	751	503	1852	430	1095	631	3253		281		281
四川电大遂宁应用职业技术学校教学点	286	493	283	2574	277	598	341	2515		56	38	102
雅安分校	124	177	48	511	119	245	116	880				
乐山广播电视大学	213	206	96	884	419	578	261	2048		182	12	189
内江广播电视大学	419	431	222	1197	438	685	339	1840				
自贡广播电视大学	295	323	169	1327	674	821	410	2992		1	1	1
宜宾广播电视大学	372	736	426	2514	1140	2262	1224	6877		4		31
泸州广播电视大学	311	322	135	1390	561	708	357	2592		28	7	60
南充广播电视大学	433	540	234	2010	752	1291	682	3577		29	25	99
达州广播电视大学	202	270	159	1039	297	584	294	1962				
甘孜分校	32	105	41	210	45	256	113	329				
凉山广播电视大学	160	166	81	348	152	213	125	509		110	66	110
攀枝花广播电视大学	234	351	202	1034	292	999	633	1813				
巴中广播电视大学	141	172	87	564	222	515	284	1347		45	35	66
广安广播电视大学	571	210	107	885	345	679	424	1727		11		11
眉山广播电视大学	326	445	209	1199	473	890	431	2461				
资阳广播电视大学	332	343	163	1017	265	841	487	2000		7		48

2.1.1 中央电大开放教育学校与学生情况（续表 15）

单位：人

	本科(专科起点)				专科				一村一名大学生计划			
	毕业生	招生		在校生	毕业生	招生		在校生	毕业生	招生		在校生
		计	其中春季			计	其中春季			计	其中春季	
阿坝广播电视大学	91	255	53	598	246	391	176	1394	2	7	7	16
四川广播电视大学直属学院蓬溪分校	10	9	4	13	27	54	46	69				
四川广播电视大学直属学院射洪分校	84	128	46	259	102	176	87	376				
四川广播电视大学直属学院大英分校	39	43	11	67	29	41	15	125		4		24
四川广播电视大学直属学院西昌分院	48	80	62	250	60	126	42	481				
四川广播电视大学直属学院雷波工作站	6											
四川广播电视大学直属学院宁南工作站	17	82	54	159	39	150	31	540		61	40	128
四川广播电视大学直属学院甘洛工作站	17	82	54	90	12	67	31	73				
四川广播电视大学直属学院越西工作站		8	2	19	5	53	50	53		38	38	38
四川广播电视大学直属学院昭觉工作站	16	23		39	25	30		75				
成　都	**1933**	**3140**	**1515**	**10867**	**2739**	**6302**	**2651**	**19112**	**18**	**165**	**136**	**249**
成都广播电视大学	907	1611	759	6732	1534	3775	1449	12842				
龙泉分校	128	229	109	745	197	427	225	1373		8	6	38
彭州分校	151	238	121	724	218	317	159	742				
新都分校	42	80	31	158	106	230	93	586		46	40	76
双流分校	90	171	46	560	142	378	74	1146				
崇州分校	91	145	79	363	51	126	54	332		108	87	130
邛崃分校	66	11	9	53	33	39	22	62	18			
郫县分校	64	102	60	208	134	177	90	366				
温江分校	127	79	38	259	111	158	74	402				
金堂分校	53	171	90	245	27	173	106	213				
五冶分校	11	20	6	122		27	9	83				
蒲江分校	32	58	23	108	18	84	44	141				
电子工业分校	53	42	42	171	84	178	178	377				
新津分校	45	99	59	231	15	68	33	104		3	3	5
青羊分校	60	71	40	162	32	76	27	203				
旅游分校	13	13	3	26	37	69	14	140				
重　庆	**3359**	**6548**	**3139**	**16369**	**9593**	**20916**	**9576**	**49438**	**143**	**357**	**141**	**1033**
重庆广播电视大学	167	316	101	616	261	659	260	1388				
渝中区分校	109	92	26	124	455	559	175	1157				
重庆钢铁公司分校	8	25	16	81	52	198	95	420				
南岸分校	49	48	25	73	981	1319	451	1817				
九龙坡分校	21	153	43	217	133	709	283	1338				
江北区工作站	26	91	91	123	89	84	84	148				
沙坪坝区电大分校	71	178	38	260	487	413	195	1074				
永川市广播电视大学	111	242	117	435	119	1021	254	1503		26		47
北碚区工作站		78	36	121		223	127	449				
荣昌分校	71	267	99	574	96	850	280	1641				
綦江县工作站		40		40	93	160	92	435				
合川广播电视大学	282	228	94	670	458	662	258	1258				
长寿分校	49	177	74	407	135	670	158	2076				
渝北分校	62	113	53	481	226	584	309	1662	48	50	50	251
潼南县工作站	80	152	80	433	144	463	145	980				
大足县工作站	30	127	51	243	167	381	66	649				
巴南分校	103	28	28	236	379	1233	1233	2339				
江津广播电视大学	181	131	86	686	249	481	333	1396				
大渡口分校	83	153	68	343	355	546	246	1348				
璧山分校	214	143	97	507	403	509	286	1441				
万州广播电视大学	217	268	103	576	514	998	444	2090				

2.1.1 中央电大开放教育学校与学生情况（续表16）

单位：人

	本科(专科起点)				专科				一村一名大学生计划			
	毕业生	招生		在校生	毕业生	招生		在校生	毕业生	招生		在校生
		计	其中春季			计	其中春季			计	其中春季	
涪陵广播电视大学	167	361	171	1265	403	1538	689	3756				
黔江广播电视大学	156	242	94	573	329	518	213	1598	14	158		388
南川分校	70	198	81	361	130	458	184	951				
垫江分校	46	26	26	140	22	59	59	259				
丰都县电大工作站	18	85	26	197	158	167	85	360				
武隆分校	81	131	66	253	107	380	236	723				
梁平县电大工作站	49	104	67	297	41	210	142	538				
重庆电大经贸学院	92	102	80	301	691	520	92	1537				
重庆电大物流学院					129	47	47	148				
重庆电大建筑工程学院	111	188	60	632	165	406	155	1620				
酉阳分校	40	253	109	706	190	575	133	1419	1	15	2	27
秀山分校	55	304	150	533	136	256	101	1129				
石柱分校	119	263	130	676	121	286	156	802		37	33	93
彭水分校	66	183	132	548	127	232	130	1303	22			125
奉节县电大工作站		151	61	353	36	152	78	437		2		2
云阳县电大工作站		13	3	48	50	138	39	262	51			13
巫山分校	51	188	93	508	112	375	190	973				
巫溪电大工作站	22	58	21	110	147	111	50	230		3		3
城口电大工作站		117	88	181	80	157	80	323	7			6
开县电大工作站	175	302	161	836	224	424	165	1109		12	2	24
忠县电大工作站	71	66	31	168	93	219	98	482				
铜梁分校		107	107	167		113	113	243		54	54	54
重庆电大企业管理学院	36	56	56	270	201	538	538	1924				
市药监局电大工作站					105	315	29	703				
贵　州	**3796**	**6670**	**3294**	**21221**	**6809**	**11693**	**4943**	**34995**	**711**	**2596**	**950**	**7930**
贵州广播电视大学		128	107	156	475			706				
省直分校	891	1574	730	5527	1060	2832	1141	8847				
贵阳市分校	177	174	73	1046	305	383	171	1374	70	302	102	849
遵义地区分校	851	818	427	2575	1484	2178	961	5350	101	422	148	1032
安顺地区分校	273	422	207	1040	562	568	270	1397	17	100	100	440
黔南州分校	206	374	179	1670	317	882	312	2765		362	31	1030
黔东南州分校	195	581	247	1558	721	1220	540	3131	19	293	135	685
黔西南州分校	296	531	238	1717	602	866	282	2575	139	380	180	825
毕节地区分校	264	474	218	1932	566	1150	409	4439	316	100		1714
六盘水市分校	99	467	227	1330	238	339	181	1366		160	88	453
铜仁分校	331	939	453	2248	293	926	353	2426	49	477	166	902
水城钢铁公司分校	159	188	188	256	186	323	323	556				
航天管理局工作站	54			156								
黎阳机械公司工作站				10		26		63				
云　南	**2104**	**2226**	**752**	**11607**	**4309**	**5515**	**1997**	**27394**	**486**	**2888**	**1930**	**7654**
云南广播电视大学	384	560	12	2262	774	896	152	5738	440	210	85	1861
昆明广播电视大学	6	16	8	236	15	150	13	353		387		730
玉溪广播电视大学	60			130	13			169		51	51	199
思茅广播电视大学	259	147	33	708	247	512	89	1875		217	175	423
西双版纳广播电视大学	201	201	105	733	174	298	149	1251		51	51	77
红河分校	27	104	46	568	617	632	268	2176		113	104	384
文山分校	157	108	30	382	15	181	88	791	2	179	179	230
曲靖分校	293	318	135	1934	840	884	334	4084		339	248	567
昭通分校	31			177	120			540		373	373	593

2.1.1 中央电大开放教育学校与学生情况（续表 17）

单位：人

	本科(专科起点)				专科				一村一名大学生计划			
	毕业生	招生		在校生	毕业生	招生		在校生	毕业生	招生		在校生
		计	其中春季			计	其中春季			计	其中春季	
楚雄广播电视大学	172	134	79	792	340	267	113	1481	18	196	139	990
大理分校	82	28	28	376	162	69	69	971		217	217	440
保山分校	192	405	159	1389	374	1049	413	3175		155	62	453
临沧分校	52	105	67	807	147	107	51	1464	26	149	83	166
德宏广播电视大学	82			101	25	6		251		38		105
丽江分校								92		163	163	163
文山州民族干部学校	7	53	28	164	176	139	73	673				
怒江电大分校					19	19	9	145		50		100
个旧分校								114				
煤炭分校								53				
省检察分校				185				38				
昆明市总工会分校	17	27	15	118	162	239	132	994				173
昆钢分校	24			44				43				
云南省电大政法分校	58	20	7	501	89	67	44	923				
陕　西	**6453**	**7306**	**3580**	**28327**	**10545**	**20181**	**8157**	**63419**	**921**	**1600**	**902**	**4521**
陕西省广播电视大学	849	420	300	8149	948	4364	1457	19858	233			1043
延安分校	605	565	330	1241	1231	1709	733	4504		15	1	15
榆林地区分校	356	698	250	1734	826	1469	549	2464	480	1002	576	2660
咸阳市分校	494	944	416	1719	959	2203	1084	4195				
宝鸡市分校	472	384	174	954	691	965	407	2401		278	165	287
安康分校	421	852	455	2837	487	1090	534	2919		78	40	78
汉中分校	831	978	582	2540	1272	1655	859	4585		130	62	133
渭南分校	719	179	96	523	572	690	249	920		4	3	7
商洛地区分校	534	566	247	2244	405	663	297	1978		39	24	102
铜川市分校	328	28	28	350	388	72	72	331	155	5	5	36
航空工业局工作站	172	79	56	210	424	372	66	545				
省电子工业局工作站	28	66	16	95	71	232	72	559				
兵器工业管理局工作站	6				30	39	39	135				
省冶金局工作站		8		60								
省石油化学工业局工作站						33		33				
陕西省纺织公司工作站	69	38	19	251	134	97	34	614				
省水利厅工作站		110	18	641		140		602				
高新分校		158	81	605		313	156	1026				
省电大商务厅工作站						108	36	147				
新城分校	427	1001	401	3254	1336	2846	1256	10787				
工运学院电大	129	223	102	866	161	299	146	1125				
西安艺师教育中心						82	82	215				
陕西广播电视大学宝鸡农校教育中心					52	56	13	374	53	49	26	160
陕西银行学校	12	9	9	54	72	187		573				
陕西省机电工程学校					462	332	16	1916				
陕西通信技术学院								267				
陕西广播电视大学镇安财校教学点	1				24	69		102				
陕西外国语培训学院								91				
西安铁路高级工学校						59		116				
陕西航天技术学院						37		37				
西　安	**1708**	**3635**	**1670**	**10807**	**3401**	**9944**	**4182**	**27514**		**40**		**40**
西安市广播电视大学	845	2830	1376	7766	2476	8074	3506	21103		40		40
西安电大现代教育培训学院	11	14	4	28	36	147	68	398				
莲湖区工作站	54	145		403	63	451		1249				

2.1.1 中央电大开放教育学校与学生情况（续表 18）

单位：人

	本科(专科起点)				专科				一村一名大学生计划			
	毕业生	招生		在校生	毕业生	招生		在校生	毕业生	招生		在校生
		计	其中春季			计	其中春季			计	其中春季	
长安分校	373	330	137	945	301	390	174	1357				
临潼分校	244	124	57	749	253	251	134	1041				
西电公司工作站	6			75	32			303				
西安电大北洋工作站	13	1	1	26	26	82	45	274				
翠华培训学院工作站	76	106	65	431	95	359	174	1093				
蓝田分校	23	45	9	158	74	63	25	283				
高陵分校	63	40	21	226	45	127	56	413				
甘　肃	**5811**	**6643**	**3099**	**20328**	**9741**	**12904**	**5755**	**36902**	**150**	**266**	**261**	**564**
兰州市分校	505	554	268	1356	947	1025	535	2819	29	21	16	185
天水市分校	1327	502	198	1507	824	436	210	1119				
白银市分校	434	517	310	1874	450	651	358	2076		196	196	196
金昌分校	102	75	43	173	217	300	177	789				
嘉峪关市分校	71	164	80	380	479	619	284	1784				
庆阳市分校	461	425	126	1322	909	719	252	2314		14	14	14
平凉市分校	379	557	276	1860	499	560	257	1839				
陇南市分校	291	335	140	1052	745	684	316	2060				
定西市分校	630	992	349	1900	619	873	261	1746	82	1	1	133
武威市分校	312	433	198	1645	232	434	180	1674				
张掖市分校	118	198	76	453	656	470	205	1130				
酒泉市分校	233	594	366	2205	211	1076	437	3218				
甘南分校	36	121	62	205	208	460	192	851	39	34	34	36
临夏分校	179	232	139	614	474	609	364	1637				
四O四厂分校	27	36	28	55	3	9		26				
省农垦分校	260	229	104	1246	533	1166	432	3471				
农垦河西分校	120	174	104	510	651	754	398	1749				
滨河集团分校	43	17	11	69	67	90	42	344				
直属学院	207	434	221	1834	391	1076	532	3749				
水电部五局工作站	8	9		9	115	227		922				
武威卫生学校电大工作站					92	472	278	886				
陇南农校直属工作站					171	13	6	282				
兰州石油化工公司工作站	46			2	193	57	39	125				
五零四厂电大工作站	22	45		57	19							
城建教学点						22		90				
中德培训中心教学点					36			100				
甘肃电大兰州铁路技工学校教学点						102		102				
青　海	**1102**	**1428**	**700**	**4196**	**1761**	**2403**	**943**	**5602**	**17**	**4**	**2**	**28**
海西州广播电视大学	295	303	174	507	460	376	197	515				
海北州广播电视大学	51	38	16	163	89	119	57	349				
海南州广播电视大学	50	38	17	146	91	56	27	168				
玉树州广播电视大学	27	65	3	335	16	148	24	304				
果洛州广播电视大学	21	48		349	5	113		429				
平安县广播电视大学		4	4	40		6	6	27				
乐都广播电视大学	37	27	17	120	47	22	8	68				
互助县广播电视大学	87	64	24	153	55	57	16	109				
湟源县广播电视大学	20	30	17	153	29	33	16	97				
民和县广播电视大学	37	49	23	100	43	46	17	113				
青海黎明电大	50	16	16	106	120	40		185				
大通师范电大	43	41	38	93	60	45	23	152	17	4	2	28
湟中县广播电视大学	20	21	12	56	54	43	16	182				

2.1.1 中央电大开放教育学校与学生情况（续表 19）

单位：人

	本科(专科起点)				专科				一村一名大学生计划			
	毕业生	招生		在校生	毕业生	招生		在校生	毕业生	招生		在校生
		计	其中春季			计	其中春季			计	其中春季	
化隆县广播电视大学	16	24	20	129	18	20	7	65				
循化县广播电视大学	7	36	21	58	8	37	21	62				
海西州格尔木工作站		42		137	68	130		330				
省直属分校	171	329	183	832	283	695	301	1419				
黄南州工作站	33	61	14	228	45	93	29	284				
统计局电大	48	65	33	245	39	94	54	274				
青海省人事厅人才交流中心	89	127	68	246	231	230	124	470				
宁　夏	**1729**	**2674**	**1009**	**6081**	**2027**	**3989**	**1785**	**10783**	**74**	**45**	**36**	**90**
宁夏广播电视大学	493	715	380	1735	567	1360	600	3820				
石嘴山分校	396	528	183	1160	400	780	337	1959				
银川市工作站		8	8	8								
吴忠市分校	86	319	62	564	142	262	122	723				
工业职业学院电大分校	72	30		51	10	73		73				
青铜峡市工作站	57	54	30	174	39	151	83	319				
盐池县工作站		32	23	32	12	96	56	238				
同心县工作站	33	83	39	201	46	123	68	332				
中卫分校	101	122	49	278	310	273	102	749				
永宁县工作站	92	161	58	414	165	235	119	827	74	45	36	90
贺兰县工作站	79	106	23	381	97	147	66	627				
平罗电大工作站	53	128	44	195	54	198	98	328				
铁路分局分校	73				107							
西吉电大工作站	54	12	7	50	33	12	8	23				
隆德县电大工作站	45	33	21	69	13	24	18	56				
海原县电大工作站	7				17							
宁夏广播电视大学中宁教学点		249	61	445		189	96	528				
原州区电大工作站	88	94	21	324	15	66	12	181				
新　疆	**3573**	**5785**	**3536**	**15768**	**5630**	**11479**	**6931**	**28274**	**14**	**455**	**268**	**627**
新疆广播电视大学	24	162	22	281	2	324	170	393				
乌鲁木齐广播电视大学	59	79	40	209		66	30	87				
哈密广播电视大学	142	253	110	510	169	385	209	713				
昌吉广播电视大学	521	951	715	3015	1009	1855	1316	4944	14	61	37	137
克拉玛依广播电视大学	57	61	22	190	40	117	69	357				
阿勒泰广播电视大学	246	471	279	1122	291	906	481	2336		296	176	296
塔城广播电视大学	126	413	230	1148	178	879	462	2202		38	25	120
巴音郭楞蒙古自治州电大	738	701	701	1392	1168	1153	1153	2273				
阿克苏分校	98	533	201	1269	265	840	307	1940				
博尔塔拉蒙古自治州电大	310	459	261	1973	258	790	388	3071		11	7	25
奎屯市广播电视大学	100	74	33	279	94	144	92	478				
克孜勒苏广播电视大学	47	95	56	259	68	241	160	647				
喀什广播电视大学	115	85	55	364	163	121	85	566				
和田广播电视大学	96	417	213	984	156	991	590	1836				
伊犁州广播电视大学	739	678	408	1627	1135	1606	801	3450		49	23	49
石河子广播电视大学	67	126	60	342	94	231	97	821				
吐鲁番分校	61	159	126	678	129	262	184	881				
乌石化广播电视大学	22	13	4	62		39	22	77				
司法厅工作站					411	315	315	988				
哈煤集团广播电视大学	5	55		64		214		214				
新疆兵团	**636**	**1497**	**732**	**4373**	**1202**	**3017**	**1601**	**8028**	**434**	**651**	**452**	**2023**
新疆兵团广播电视大学	51	336	119	1232	73	865	349	2184				

2.1.1 中央电大开放教育学校与学生情况（续表 20）

单位：人

	本科(专科起点)				专科				一村一名大学生计划			
	毕业生	招生		在校生	毕业生	招生		在校生	毕业生	招生		在校生
		计	其中春季			计	其中春季			计	其中春季	
农一师分校	39	127	78	310	61	165	92	386	21	65	50	271
农二师分校	76	98	67	290	144	274	156	985	133	68	41	428
农三师分校	112	87	87	197	229	240	240	557	193	115	115	324
农四师分校	13	39	20	98	4	51	18	144	46	30	30	101
农五师分校	48	86	15	160	79	75	18	183	13	32	3	45
农六师分校	40	180	93	511	97	291	163	757	17	12	6	83
农七师分校	32	65	39	190	85	197	99	603		42	18	185
农八师分校	90	149	70	487	90	339	195	791		5	5	5
农九师分校	10	77	43	145	34	143	86	258	11	137	95	428
农十师分校	77	81	47	185	200	112	62	349		145	89	145
农十三师分校	15	41	17	69	33	74	35	162				
农十二师分校	13	86	16	215	29	48	19	157				
乌市岗培中心	20	45	21	268	44	143	69	511				
农十四师分校				16				1				8

2.1.2 中央电大开放教育本科(专科起点)专业分布

单位：人

专业与学校	毕业生	招生		在校生
		计	其中:春季	
总　　计	**186217**	**244047**	**119247**	**791052**
经济学	**357**	**535**	**233**	**2001**
北　　京	75	161	56	879
天　　津	4			
内 蒙 古	4	14		22
吉　　林				1
黑 龙 江		15	9	15
上　　海	30			7
江　　苏	9			26
浙　　江	53	24	20	172
安　　徽	22	4	4	45
山　　东	34	58	30	127
青　　岛		3	2	9
河　　南	3	2	2	21
湖　　北	2	54	21	71
湖　　南	1	5	1	10
广　　东	26	20	6	73
广　　州		1		1
深　　圳	2			30
广　　西	4			39
四　　川				1
贵　　州	10	24	11	96
云　　南	32	55	23	92
甘　　肃	20	16	3	41
青　　海	23	51	24	147
新　　疆	3	25	18	72
新疆兵团		3	3	4
金融学	**8393**	**12759**	**6392**	**46567**
中央电大直属院校	260	37	18	269
北　　京	429	931	522	4859
天　　津	378	344	150	1456
河　　北	440	400	199	1764
山　　西	298	262	104	930
内 蒙 古	312	453	172	1702
辽　　宁	124	272	143	1122
沈　　阳	126	144	75	528
大　　连	97	97	47	432
吉　　林	35	69	32	439
长　　春	71	17	9	317
黑 龙 江	135	149	58	711
哈 尔 滨	42	235	135	775
上　　海	136	132	18	395
江　　苏	352	387	285	1660
南　　京	47	16		291
浙　　江	335	865	424	2178
宁　　波	141	222	113	816
安　　徽	545	937	507	2411
福　　建	144	488	233	1591
厦　　门	13			90
江　　西	262	855	444	1648
山　　东	230	572	300	1040
青　　岛	25	33	9	276
河　　南	248	460	255	1754
湖　　北	203	389	131	1293
武　　汉	56	63	22	265
湖　　南	314	561	259	1664
广　　东	168	309	199	714
广　　州	425	386	214	2258
深　　圳	45	202	126	975
广　　西	93	61	41	372
海　　南	17			57
四　　川	395	682	365	2419
成　　都	160	136	65	910
重　　庆	90	235	137	652
贵　　州	124	110	60	371
云　　南	107	108	22	479
陕　　西	347	353	153	2099
西　　安	18	79	44	323
甘　　肃	383	411	133	1354
青　　海	44	46	26	109
宁　　夏	69	53	21	241
新　　疆	110	197	121	553
新疆兵团		1	1	5
法学	**39945**	**43847**	**22074**	**146663**
中央电大直属院校	496	435	288	2754
北　　京	780	766	420	3486
天　　津	1755	1348	626	4202
河　　北	1426	2702	1383	7203
山　　西	600	1276	595	4296
内 蒙 古	1171	1238	532	3465
辽　　宁	863	1081	560	3915
沈　　阳	499	394	196	1572
大　　连	597	472	265	1490
吉　　林	411	586	208	1982
长　　春	129	56	30	666
黑 龙 江	700	516	200	2583
哈 尔 滨	234	269	150	1810
上　　海	476	281	136	1119
江　　苏	1894	1996	1184	7178
南　　京	198	240	145	1230
浙　　江	2943	2949	1505	7739
宁　　波	424	402	228	1534
安　　徽	1826	2474	1177	7203
福　　建	1832	2267	1227	7599
厦　　门	145	83	58	1054
江　　西	946	1158	630	3297
山　　东	971	1003	560	2688
青　　岛	146	203	125	775
河　　南	1468	1354	584	4926
湖　　北	699	804	270	2221

2.1.2 中央电大开放教育本科(专科起点)专业分布（续表 1）

单位：人

专业与学校	毕业生	招生		在校生
		计	其中:春季	
武　汉	79	101	57	272
湖　南	1219	1264	666	3903
广　东	3649	2584	1212	7555
广　州	678	630	261	2300
深　圳	319	120	65	929
广　西	1028	480	256	4087
海　南	85	101	38	365
四　川	1639	2004	976	6815
成　都	484	565	263	2114
重　庆	808	1180	596	3177
贵　州	1262	1999	1093	6400
云　南	635	878	322	3949
陕　西	868	1024	512	3689
西　安	169	291	128	907
甘　肃	808	1006	502	2725
青　海	331	406	214	1156
宁　夏	397	336	139	980
新　疆	1543	2127	1256	5898
新疆兵团	315	398	236	1455
社会工作		**599**	**56**	**895**
中央电大直属院校		206		206
北　京		35		35
内蒙古		32	19	32
上　海		130		130
宁　波		37		37
福　建				224
湖　北		52		52
深　圳		31		31
广　西		33	21	33
重　庆		3		5
西　安		24		24
新　疆		16	16	86
教育技术学		**181**	**126**	**181**
天　津		181	126	181
小学教育	**4673**	**4959**	**2866**	**17220**
北　京	178	50	19	672
天　津	67	679	583	1096
河　北	621	646	276	1412
山　西	92	103	57	600
内蒙古	26	94	34	322
辽　宁	63	67	39	305
大　连	1			7
吉　林	28	19	9	152
长　春		1	1	1
黑龙江	66	21	6	153
上　海	75	46	17	158
江　苏	1526	1452	963	4902
南　京		50	24	756
浙　江	351	278	98	731
宁　波	146	82	53	366
安　徽	292	133	81	543
福　建	67	102	66	350
山　东	244	110	86	526
青　岛		2	2	2
河　南	101	191	92	594
湖　北	21	94	35	130
武　汉	55	17	7	77
湖　南	32	74	32	282
广　东	20	17	9	46
广　州	2			
广　西	2	33	23	61
海　南				4
四　川	103	90	39	479
成　都	7	27	3	146
重　庆	1	2		6
贵　州		37	16	56
云　南	53	7	4	259
陕　西	68	57	18	183
西　安	5	18	13	53
甘　肃	189	172	75	1153
青　海	34	51	7	289
宁　夏	57	38	24	106
新　疆	80	98	55	233
新疆兵团		1		9
汉语言文学	**32650**	**28092**	**15318**	**103580**
中央电大直属院校	120	34	17	114
北　京	656	78	46	1235
天　津	706	312	234	1273
河　北	921	2052	980	5512
山　西	1096	1508	700	4783
内蒙古	288	335	126	1113
辽　宁	629	287	162	1915
沈　阳	272	131	71	1134
大　连	71	15	12	159
吉　林	111	129	71	591
长　春	41	22	5	220
黑龙江	394	199	95	1866
哈尔滨	225	100	76	1220
上　海	26			21
江　苏	2459	1283	1043	4830
南　京	106	47	7	481
浙　江	1621	1088	457	2896
宁　波	152	84	46	384
安　徽	3827	1999	1171	6316
福　建	401	283	170	1361
厦　门	4	30	13	265
江　西	552	597	380	1407
山　东	2658	1401	998	7163
青　岛	108	46	30	274
河　南	2651	1399	817	8125

2.1.2 中央电大开放教育本科(专科起点)专业分布（续表 2）

单位：人

专业与学校	毕业生	招生 计	其中:春季	在校生
湖　北	1089	1619	621	5088
武　汉	264	96	48	464
湖　南	712	842	464	3496
广　东	731	859	371	1868
广　州	63	54	39	105
深　圳	39			79
广　西	1098	743	427	4501
海　南	9	30	16	95
四　川	1396	1237	658	4592
成　都	157	69	34	356
重　庆	714	1474	771	3858
贵　州	716	1450	781	4548
云　南	186	280	67	1591
陕　西	2005	2221	1312	7080
西　安	424	214	96	1061
甘　肃	1519	1545	827	4485
青　海	291	334	163	1114
宁　夏	328	220	94	843
新　疆	701	1097	683	3035
新疆兵团	113	249	119	663
英语	**6801**	**6319**	**3190**	**29100**
中央电大直属院校		23	15	76
北　京	297	164	90	1541
天　津	105	87	77	354
河　北	168	200	99	809
山　西	92	184	76	559
内蒙古	74	72	36	287
辽　宁	95	87	22	442
沈　阳	52	37	20	235
大　连	65	28	16	172
吉　林	20	30	14	171
长　春	4	11	3	161
黑龙江	58	25	12	443
哈尔滨	46	43	25	354
上　海	271	568	267	1486
江　苏	188	144	111	911
南　京	3			36
浙　江	199	142	78	1087
宁　波	161	179	79	1490
安　徽	795	298	160	1318
福　建	17	36	11	300
厦　门	10	30		405
江　西	180	167	86	558
山　东	354	200	126	882
青　岛	24	31	15	292
河　南	271	145	96	997
湖　北	292	351	138	1075
武　汉	52	70	41	122
湖　南	249	287	146	1097
广　东	345	410	132	1057
广　州	154	208	125	783
深　圳	138	179	88	1399
广　西	127	69	56	415
海　南	2			
四　川	297	294	165	1739
成　都	46	31	9	224
重　庆	80	210	100	628
贵　州	49	119	49	483
云　南	57	10	1	156
陕　西	297	159	89	1166
西　安	52	58	35	261
甘　肃	803	660	282	2312
青　海	2	3	1	9
宁　夏	87	89	59	224
新　疆	109	157	123	506
新疆兵团	14	24	17	78
广告学	**73**	**697**	**297**	**1808**
中央电大直属院校		19		19
北　京	13	151	86	414
天　津	7	54	37	65
山　西				85
内蒙古	2	5	1	11
沈　阳		6		6
大　连		31	21	69
吉　林				9
长　春		7	1	19
哈尔滨	1	14	7	56
浙　江		30	13	137
宁　波	10	27	8	111
安　徽	15	55	22	90
江　西		1		12
山　东	3	10	5	19
河　南		9	3	56
湖　北		63	9	69
武　汉		7	1	9
湖　南		39	10	82
广　东		3		3
广　州	16	94	49	203
深　圳	4	20		59
广　西				10
四　川		5	5	67
成　都		2		2
重　庆				17
陕　西		4		4
西　安	2	27	16	76
甘　肃		2		6
宁　夏		9	3	20
新　疆		3		3
数学与应用数学	**2835**	**1443**	**778**	**7174**
河　北	11			47

2.1.2 中央电大开放教育本科(专科起点)专业分布 (续表 3)

单位：人

专业与学校	毕业生	招生		在校生
		计	其中:春季	
内蒙古	14	15	2	50
辽宁	29	7	4	157
沈阳				50
吉林	6			2
黑龙江	243	5	1	294
哈尔滨	20	1	1	69
江苏	33			14
南京				33
安徽	335	68	46	470
江西	83	49	28	135
山东	169	69	57	594
青岛				3
河南	451	186	119	891
湖北	251	281	78	932
武汉	16	7	5	29
湖南	75	47	39	268
广东	30	56	39	118
广西	88	36	13	240
海南				36
四川	310	178	107	1029
成都	1			5
重庆				2
贵州	87	159	71	500
云南	1	13		84
陕西	195	75	56	323
西安	63	6	5	48
甘肃	280	159	88	671
宁夏	1	1	1	13
新疆	43	25	18	63
新疆兵团				4
机械设计制造及其自动化	**1391**	**3258**	**1500**	**8894**
北京	31	103	55	247
天津	98	92	46	273
山西	212	157	88	490
内蒙古	8	115	66	163
辽宁	37	153	53	363
沈阳	90	100	40	352
大连	7	111	74	207
吉林	4			50
长春		23	12	29
黑龙江		30	9	38
哈尔滨	5	30	18	67
上海	26	110		334
江苏	89	320	134	817
南京		20		20
浙江	63	85	48	221
安徽	63	112	49	300
江西		12	4	12
山东	165	277	181	641
青岛		7	7	12
河南	46	75	38	235
湖北	32	176	34	373
武汉	1	33	15	48
湖南	76	152	36	532
广东		40	18	135
广州		12	11	12
广西		3		23
四川	78	193	132	769
成都	54	55	23	370
重庆		35	14	67
贵州	1	16		64
云南		2		2
陕西	80	119	28	550
西安	52	252	159	609
甘肃	23	105	42	184
宁夏	22	99	39	201
新疆	28	29	25	69
新疆兵团		5	2	15
计算机科学与技术	**4532**	**5126**	**2457**	**19995**
中央电大直属院校				10
北京	210	115	55	823
天津	127	134	64	496
河北				8
山西	83	95	35	398
内蒙古	188	256	100	731
辽宁	214	199	111	803
沈阳	81	119	54	516
大连	16	90	63	372
吉林	66	64	28	307
长春	30	64	42	275
黑龙江	107	187	83	831
哈尔滨	70	77	37	421
上海	121	275	103	617
江苏	356	273	170	1241
南京	22	24	24	343
浙江	264	174	80	601
宁波	56	50	29	466
安徽	357	309	134	1017
福建	18	96	40	251
江西	86	158	80	461
山东	307	156	99	622
青岛	14	6	6	73
河南	137	118	57	673
湖北	67	276	85	624
武汉	17	38	13	200
湖南	308	302	155	1305
广东	240	245	122	527
广州	56	46	40	275
深圳	27	75		526
广西	25	20	9	229

2.1.2 中央电大开放教育本科(专科起点)专业分布（续表 4）

单位：人

专业与学校	毕业生	招生		在校生
		计	其中:春季	
海　　南	6	21	8	38
四　　川	168	194	97	930
成　　都	12	36	22	129
重　　庆	64	95	34	306
贵　　州	72	132	70	403
云　　南	7	28	9	140
陕　　西	162	143	72	499
西　　安	39	74	39	239
甘　　肃	164	135	47	548
宁　　夏	59	40	20	123
新　　疆	109	179	117	547
新疆兵团		8	4	51
软件工程		**150**	**73**	**1365**
吉　　林				1
哈 尔 滨				4
湖　　北		56	26	56
广　　州		3		3
重　　庆				28
陕　　西		91	47	1210
甘　　肃				63
土木工程	**4417**	**8729**	**3772**	**24215**
北　　京	115	219	105	787
天　　津	313	433	211	1529
河　　北	115	230	113	584
山　　西	334	470	219	1362
内 蒙 古	123	311	83	609
辽　　宁	104	204	47	663
沈　　阳	61	84	30	400
大　　连	52	151	78	334
吉　　林	94	126	54	402
长　　春	52	38	16	164
黑 龙 江	76	169	83	566
哈 尔 滨	25	62	32	153
上　　海	1			12
江　　苏	322	588	281	2123
南　　京		60	31	96
浙　　江	441	861	360	2510
宁　　波	13	37	15	212
安　　徽	371	546	227	1363
江　　西	135	427	187	809
山　　东	231	263	125	726
青　　岛	19	45	21	115
河　　南	278	261	134	947
湖　　北	7	373	93	676
武　　汉	13	50	16	101
湖　　南	134	262	103	697
广　　东	106	196	96	466
深　　圳	34	85	47	279
广　　西	1	14	9	63
海　　南	3	39	7	43
四　　川	219	372	158	1134
成　　都	31	178	81	360
重　　庆	224	378	142	1043
贵　　州	56	223	66	560
云　　南		6	2	91
陕　　西	115	150	72	448
西　　安	13	266	101	501
甘　　肃	103	190	94	442
宁　　夏	49	96	50	205
新　　疆	26	160	113	455
新疆兵团	8	106	70	185
水利水电工程	**1261**	**1808**	**794**	**6191**
北　　京	36	41		206
天　　津		44	20	90
河　　北	37	55	31	119
山　　西	2	16	16	64
内 蒙 古	34	90	44	111
辽　　宁	154	117	42	514
大　　连		9	5	32
吉　　林	55	140	47	324
黑 龙 江	107	124	48	508
哈 尔 滨		7	4	7
江　　苏		19		124
浙　　江	96	111	52	380
安　　徽	42	14	12	78
山　　东	1	37	19	62
河　　南	200	133	87	946
湖　　北	87	104	27	199
湖　　南	22	26	7	145
广　　东	50	124	77	146
广　　西	13	9	3	50
海　　南				16
四　　川	116	71	46	439
重　　庆		2	2	3
贵　　州	52	55	29	145
云　　南		45	2	72
陕　　西	100	173	43	830
西　　安		12	5	13
甘　　肃	48	91	51	205
青　　海		17		17
宁　　夏	3	17	10	52
新　　疆	2	78	42	215
新疆兵团	4	27	23	79
园艺		**18**	**4**	**21**
内 蒙 古		2		2
黑 龙 江		4	2	4
山　　东		4	2	7
湖　　北		8		8
护理学		**3920**	**223**	**3960**
北　　京		624		624

2.1.2 中央电大开放教育本科(专科起点)专业分布（续表 5）

单位：人

专业与学校	毕业生	招生		在校生
		计	其中:春季	
内蒙古		7	3	7
长春		8		8
黑龙江		63	2	63
江苏		6	6	6
安徽		454	57	454
江西		359		359
河南		82		82
湖北		186	49	186
湖南		19		26
广东		9		9
四川		425	2	427
重庆		364		364
贵州		110		125
陕西		376		376
西安		97		97
甘肃				6
宁夏		587	104	597
新疆兵团		144		144
工商管理	**17702**	**22686**	**11077**	**79045**
中央电大直属院校	209	102	57	522
北京	691	1139	527	5097
天津	941	858	398	3387
河北	220	493	170	1412
山西	120	402	174	1647
内蒙古	521	193	90	713
辽宁	632	835	431	3336
沈阳	741	590	261	2494
大连	858	614	381	2275
吉林	84	150	71	530
长春	61	89	43	471
黑龙江	62	180	44	643
哈尔滨	63	173	78	674
上海	1395	2308	1145	5744
江苏	1049	1190	539	4498
南京	264	401	170	2052
浙江	799	1104	579	3215
宁波	189	215	88	1016
安徽	956	1092	538	3221
福建	87	147	63	792
厦门	120	127	70	514
江西	293	650	332	1542
山东	400	575	351	1703
青岛	78	109	71	479
河南	273	538	230	1418
湖北	251	562	180	1301
武汉	118	156	66	525
湖南	614	757	363	2915
广东	714	784	327	2110
广州	798	719	383	2551
深圳	217	148	85	1109
广西	149	110	79	689
海南	120	101	55	464
四川	783	1006	531	3934
成都	373	718	355	2341
重庆	582	889	506	2308
贵州	312	396	213	1297
云南	189	88	42	857
陕西	489	586	303	2819
西安	207	499	230	1810
甘肃	329	241	94	893
青海	50	51	38	145
宁夏	103	251	119	487
新疆	182	272	174	752
新疆兵团	16	78	33	343
会计学	**27365**	**40009**	**19152**	**126875**
中央电大直属院校	552	222	84	705
北京	1419	1917	888	8300
天津	1353	1728	798	5617
河北	733	1431	601	3517
山西	343	835	402	2960
内蒙古	633	601	246	1807
辽宁	540	777	374	2807
沈阳	327	275	126	1083
大连	249	499	326	1361
吉林	163	261	112	850
长春	36	84	46	480
黑龙江	317	326	158	1648
哈尔滨	85	161	94	916
上海	1951	2612	1211	7252
江苏	1684	2891	1431	10392
南京	277	417	195	2377
浙江	3148	5175	2625	13838
宁波	909	1230	536	3908
安徽	1445	2279	1051	6038
福建	631	1478	657	4667
厦门	200	207	98	600
江西	540	1270	694	2794
山东	932	1204	637	3226
青岛	163	241	111	918
河南	549	805	361	2671
湖北	323	635	224	1928
武汉	80	119	54	323
湖南	777	1102	512	3672
广东	1485	1989	869	5025
广州	804	917	484	2927
深圳	426	496	330	2104
广西	341	247	119	1610
海南	100	101	54	305
四川	600	895	400	2997
成都	167	402	219	1330

2.1.2 中央电大开放教育本科(专科起点)专业分布（续表6）

单位：人

专业与学校	毕业生	招生		在校生
		计	其中:春季	
重　　庆	349	560	292	1397
贵　　州	251	397	177	1286
云　　南	99	113	38	541
陕　　西	873	698	328	3775
西　　安	232	643	324	1805
甘　　肃	255	362	147	1164
青　　海	148	102	60	291
宁　　夏	308	315	115	927
新　　疆	452	711	413	1797
新疆兵团	116	279	131	939
物流管理	**844**	**2839**	**1408**	**7534**
北　　京		55	39	148
天　　津	103	193	122	578
内 蒙 古		3		3
沈　　阳		28	13	67
大　　连		125	106	349
长　　春		1		1
黑 龙 江				9
哈 尔 滨		11	9	42
上　　海	414	1196	504	2781
江　　苏	7	121	60	480
浙　　江	85	85	51	334
宁　　波	65	107	51	358
安　　徽		78	44	100
福　　建				28
山　　东		41	18	77
青　　岛	1	14	8	31
河　　南		3	3	9
湖　　北		58	7	60
武　　汉		8	5	15
湖　　南		5	1	7
广　　东	103	200	88	464
广　　州	31	210	136	594
深　　圳	35	110	50	497
广　　西		14	9	53
四　　川		63	34	204
成　　都		13		28
重　　庆		20	11	26
陕　　西		10	1	20
西　　安		36	21	82
甘　　肃		3	3	3
宁　　夏		9	4	11
新　　疆		3	3	59
新疆兵团		16	7	16
行政管理	**18631**	**43505**	**20685**	**110380**
中央电大直属院校	314	1029	637	6782
北　　京	535	1985	941	6202
天　　津	506	1332	655	3282
河　　北	421	2109	914	4111
山　　西	696	2687	1232	6063
内 蒙 古	518	918	376	2409
辽　　宁	19	458	216	929
沈　　阳	113	304	108	711
大　　连	281	339	174	912
吉　　林	13	92	44	195
长　　春	3	53	9	155
黑 龙 江	142	377	131	1017
哈 尔 滨	116	383	211	1004
上　　海	1461	3554	1550	7734
江　　苏	506	1476	619	3643
南　　京	81	370	174	1199
浙　　江	1872	2683	1475	7549
宁　　波	577	815	410	2599
安　　徽	235	565	256	1279
福　　建	306	1100	552	2627
江　　西	131	506	308	1112
山　　东	250	717	426	1724
青　　岛	38	126	63	415
河　　南	348	663	319	1796
湖　　北	187	1033	362	1990
武　　汉	98	419	138	793
湖　　南	501	1157	596	2888
广　　东	3436	5116	2334	11369
广　　州	939	1568	744	4363
深　　圳	841	710	481	2289
广　　西	121	283	163	1435
海　　南	5	101	48	312
四　　川	562	1771	886	3546
成　　都	161	515	231	1114
重　　庆	343	1000	486	2171
贵　　州	336	893	382	2651
云　　南	226	442	192	1119
陕　　西	372	862	436	2063
西　　安	133	757	300	1677
甘　　肃	393	892	419	2101
青　　海	175	358	160	850
宁　　夏	132	299	121	604
新　　疆	163	547	323	1283
新疆兵团	25	141	83	313
公共事业管理(卫生事业管理方向)	**944**	**742**	**348**	**3510**
中央电大直属院校	286	69	26	435
北　　京		28	15	73
天　　津	2			2
河　　北				20
山　　西		38	19	352
内 蒙 古		7	2	14
辽　　宁	11	46	16	190
大　　连	41	8	8	38
吉　　林	1			2
长　　春		2	1	6

2.1.2 中央电大开放教育本科(专科起点)专业分布 (续表 7)

单位：人

专业与学校	毕业生	招生		在校生
		计	其中:春季	
黑 龙 江		2	2	9
江　　苏				20
安　　徽		3		3
福　　建	82	10	9	95
江　　西	1			36
山　　东	48	64	52	133
河　　南	10	1		22
湖　　北		1		1
武　　汉				20
湖　　南		3	1	5
广　　州	66			32
广　　西	1	38	18	46
四　　川	87	128	57	551
成　　都		12	10	12
重　　庆	13			3
贵　　州	83	47	9	363
云　　南	44			161
陕　　西	18	34	17	64
西　　安	13	20	5	76
甘　　肃	40	64	24	350
青　　海	4	9	7	69
宁　　夏	56	72	38	197
新　　疆	12	19	9	40
新疆兵团	25	17	3	70
公共事业管理(教育管理方向)	**13403**	**11826**	**6424**	**43878**
天　　津	444	302	244	1078
河　　北	921	1098	590	3014
山　　西	766	740	320	2405
内 蒙 古	69	138	44	345
辽　　宁	196	188	81	813
沈　　阳	248	106	65	524
大　　连	320	120	67	528
吉　　林	24	30	5	58
长　　春	13	16	10	87
黑 龙 江	2	37	24	92
上　　海	236	74		411
江　　苏	981	485	307	2498
浙　　江	439	750	245	1819
宁　　波	2			37
安　　徽	552	271	145	1048
福　　建	584	319	157	2495
江　　西	1213	1533	1001	4052
山　　东	1950	935	738	5174
青　　岛	274	208	117	1051
河　　南	19			38
湖　　北	288	637	296	1833
武　　汉	5	11	4	45
湖　　南	77	257	145	835
广　　东	396	358	218	923
广　　州	219	176	108	515
广　　西	137	57	34	563
四　　川	532	637	331	1728
成　　都	280	381	200	1426
重　　庆	91	101	48	308
贵　　州	385	503	267	1873
云　　南	468	151	28	2014
陕　　西	464	171	93	1129
西　　安	286	262	149	1145
甘　　肃	454	589	268	1622
宁　　夏	58	143	48	250
新　　疆	10	42	27	102

2.1.3 中央电大开放教育专科专业分布

单位：人

专业与学校	毕业生	招生		在校生
		计	其中:春季	
总　　计	**339873**	**628153**	**296903**	**1710518**
国际经济与贸易	**5**	**425**	**135**	**696**
天　　津		18	18	35
大　　连		10		10
江　　苏	5	15	15	18
宁　　波		216	69	369
山　　东		70	33	70
武　　汉		96		192
广　　东				2
信用管理		**104**	**41**	**551**
天　　津		104	41	551
金融	**7220**	**16004**	**8475**	**46079**
北　　京	462	751	540	3463
天　　津	93	13	6	155
河　　北	400	556	252	1749
山　　西	122	134	70	452
内 蒙 古	626	743	302	2212
辽　　宁	334	636	359	2109
沈　　阳	151	191	120	874
大　　连	40	107	56	294
吉　　林	28	114	62	502
长　　春	10	82	71	226
黑 龙 江	232	523	257	1418
哈 尔 滨	110	413	239	1442
江　　苏	65	21	21	204
浙　　江	158	190	78	536
宁　　波	88	71	37	543
安　　徽	301	749	504	1479
福　　建	71	195	97	1269
厦　　门	1	55	5	189
江　　西	338	1239	861	1861
山　　东	188	1842	1275	2553
青　　岛	6	33	24	114
河　　南	460	1001	408	2316
湖　　北	181	992	286	1692
武　　汉	242	345	112	1029
湖　　南	226	1463	707	2450
广　　东	84	266	88	579
广　　州	118	263	77	1063
深　　圳	31	173	76	718
广　　西	226	238	62	1466
四　　川	366	935	659	2869
成　　都	145	44	25	1046
重　　庆	111	231	119	870
贵　　州	154	85	39	215
云　　南	61	42	15	656
陕　　西	617	498	170	2937
西　　安	54	84	29	262
甘　　肃	219	466	222	1572
宁　　夏	35	26	14	105
新　　疆	62	170	115	562
新疆兵团	4	24	16	28
农村金融	**34**	**165**	**163**	**434**
北　　京		162	162	321
浙　　江				20
安　　徽				49
河　　南	34			
成　　都		3	1	5
贵　　州				39
法学	**51485**	**68728**	**35577**	**198337**
中央电大直属院校	3226	5628	4360	15529
北　　京	770	724	505	3291
天　　津	1053	868	398	2648
河　　北	2437	4188	2076	11821
山　　西	578	1616	741	4048
内 蒙 古	2042	2710	1407	6437
辽　　宁	1569	1765	827	5668
沈　　阳	804	594	268	2157
大　　连	499	403	184	1177
吉　　林	616	1677	703	4024
长　　春	60	156	14	635
黑 龙 江	669	1559	519	4774
哈 尔 滨	240	545	276	1838
江　　苏	1496	1991	1276	6766
南　　京	120	81	62	949
浙　　江	2652	2231	1112	6572
宁　　波	151	125	65	513
安　　徽	2969	3682	1816	9632
福　　建	1761	2144	1253	8250
厦　　门	71	136	86	914
江　　西	1411	2545	1352	5177
山　　东	1070	1380	849	3853
青　　岛	214	208	103	806
河　　南	2929	2864	1325	9841
湖　　北	377	1636	588	3029
武　　汉	44	199	72	413
湖　　南	1355	3136	1556	6701
广　　东	3838	2695	1353	7156
广　　州	1622	1041	82	3742
深　　圳	108	67	37	431
广　　西	1856	725	357	4437
海　　南	59	57	16	253
四　　川	2221	3323	1773	9288
成　　都	418	687	307	1976
重　　庆	1067	2254	1052	5243
贵　　州	1709	2607	1280	7633

2.1.3 中央电大开放教育专科专业分布 (续表1)

单位: 人

专业与学校	毕业生	招生		在校生
		计	其中:春季	
云南	1030	1096	406	5441
陕西	1258	1735	873	4799
西安	91	186	106	580
甘肃	1213	1659	802	4610
青海	628	505	190	1427
宁夏	454	617	317	1579
新疆	2306	4146	2478	10487
新疆兵团	424	537	355	1792
社会工作	**192**	**2215**	**888**	**3897**
中央电大直属院校		795	304	1253
北京		45		45
山西		3		3
内蒙古		58	20	113
大连	5	9	8	67
黑龙江		16	10	16
南京		34	30	158
浙江		33	21	39
宁波		27		45
安徽		130	49	159
福建	156	153	38	260
厦门		29	14	29
湖北		224	24	224
武汉		99	29	239
广东		16	6	16
广州		1	1	25
深圳	31	448	332	1064
广西		46		91
重庆		3		3
西安		46	2	48
学前教育	**1216**	**14045**	**6071**	**25046**
北京		95		258
天津		90	28	424
河北		480	191	1133
山西		74	43	122
内蒙古		69		69
辽宁	20	169	99	372
沈阳		401	124	738
大连		39	25	63
吉林		207	70	362
长春		6	5	12
黑龙江		46	28	69
哈尔滨		33		85
江苏	16	999	377	2260
浙江	1045	3049	1482	6157
宁波	52	253	147	913
安徽		623	330	969
福建		674	347	805
厦门	4	69		95
专业与学校	**毕业生**	**招生 计**	**其中:春季**	**在校生**
江西		149	78	171
山东	10	1683	1049	1962
青岛		16	6	32
河南	4	231	65	569
湖北	29	993	215	1151
武汉		243	67	336
湖南		1073	407	1211
广东	35	381	190	612
广州		172	8	190
广西		306	69	1315
四川		392	222	1006
成都		244	155	274
重庆	1	179	109	218
贵州		63	11	89
陕西		343	88	615
西安		161	27	343
甘肃		3	3	3
新疆兵团		37	6	43
小学教育	**18817**	**17897**	**9258**	**65127**
北京	10			79
天津	86	179	156	316
河北	415	703	345	2433
山西	346	422	204	1282
内蒙古	308	567	220	1195
辽宁	254	199	99	1058
沈阳	186	61	30	537
吉林	56	268	97	746
长春	4	3	2	38
黑龙江	316	134	68	2252
哈尔滨	76	13	6	599
江苏	1320	1036	835	3938
南京	4			
浙江	256	91	44	515
宁波	72			107
安徽	3008	1414	707	4924
福建	268	258	112	1740
江西	378	230	110	553
山东	995	731	342	1762
青岛		2	1	2
河南	1392	1600	742	6248
湖北	173	939	416	1850
武汉	232	209	73	450
湖南	353	831	462	1879
广东	1009	1753	1073	3683
广西	2580	1492	1012	7043
海南	55	24	8	127
四川	954	744	390	3909
成都	69	228	112	767

2.1.3 中央电大开放教育专科专业分布（续表 2）

单位：人

专业与学校	毕业生	招生		在校生
		计	其中:春季	
重庆	208	194	83	1312
贵州	473	769	232	3090
云南	487	311	72	2269
陕西	453	295	114	2095
西安	254	44	19	544
甘肃	912	846	412	2560
青海	35	99	11	328
宁夏	157	224	100	519
新疆	583	825	462	1955
新疆兵团	80	159	87	423
音乐教育	**64**	**291**	**176**	**424**
黑龙江		58	11	58
四川	8			
陕西		193	129	205
甘肃	56	36	36	157
新疆		4		4
美术教育		**8**		**49**
中央电大直属院校		7		12
南京				31
陕西		1		6
汉语言文学	**13360**	**18595**	**9828**	**50962**
北京	78	17	5	193
天津	156	39	35	295
河北		256	122	532
山西	239	833	389	1633
内蒙古	247	163	66	391
辽宁	123	116	82	294
吉林	60	256	89	701
长春	13	134	65	193
黑龙江	66	280	110	645
哈尔滨		98	58	248
江苏	24	99	89	296
浙江	125	154	64	434
宁波				35
安徽	248	263	153	922
福建	10	8	3	47
厦门	6			13
江西	24	307	169	607
山东	855	724	471	1353
青岛	9	47	44	232
河南	2733	2171	1071	6874
湖北	73	1697	798	2473
湖南	613	1644	933	3083
广东	1386	1834	1254	3836
广州		17		17
深圳	20			37
广西	2830	1038	672	7189
海南		37	15	52

专业与学校	毕业生	招生		在校生
		计	其中:春季	
四川	544	994	569	2804
重庆	638	832	415	4317
贵州	302	820	352	1986
云南	54	251	29	330
陕西	943	1186	587	2956
西安	28	196	86	532
甘肃	390	633	306	2154
青海	207	339	135	765
宁夏	5	77	24	196
新疆	311	996	550	2227
新疆兵团		39	18	70
现代文员	**1944**	**2421**	**977**	**9093**
中央电大直属院校	11			45
北京	9			23
天津	13			15
内蒙古	50	19	5	53
辽宁	187	86	52	344
沈阳	109	27	14	244
大连				2
吉林	1			72
长春	4	65	37	104
黑龙江	31	3	3	58
哈尔滨	45	32	17	246
江苏	84	15	6	431
南京	67	53	18	634
浙江	39	17	13	100
宁波	47	75	42	336
安徽	437	334	138	975
福建	16			76
厦门	103			415
山东	25	14	8	65
青岛	6	5	4	77
河南	94	85	26	475
湖北	125	735	273	1343
武汉	35	28	22	178
湖南	71	209	66	426
广东	2	75	43	120
广州	23			31
深圳	2			13
广西	1	3	2	62
海南	3			33
四川	44	57	21	520
成都		7	1	17
重庆	84	158	87	298
贵州	3			
云南		5	3	5
陕西	62	211	22	614
西安		1		1

2.1.3 中央电大开放教育专科专业分布（续表 3）

单位：人

专业与学校	毕业生	招生		在校生
		计	其中:春季	
甘肃	29	57	21	508
宁夏	19			20
新疆	63	38	31	107
新疆兵团		7	2	7
现代文秘		**255**	**29**	**387**
内蒙古		13		13
吉林				2
哈尔滨		3	2	25
江苏				18
宁波				1
山东		5		5
湖北		55	1	55
湖南		116		116
深圳		31		31
广西				1
四川		15	12	79
陕西		3		3
新疆		14	14	38
英语	**6097**	**8162**	**3774**	**30665**
中央电大直属院校	241	173	55	611
北京	337	461	326	2223
天津	8	22	22	90
河北	20	32	20	109
内蒙古	336	67	21	204
辽宁	87	50	5	72
沈阳	36	43	18	185
大连	94	23	6	150
吉林	10	169	125	247
长春	3	25	11	130
黑龙江	71	72	9	447
哈尔滨	49	56	33	251
江苏	91	35	15	545
南京	43			782
浙江	348	345	152	1693
宁波	324	268	157	2184
安徽	256	226	123	627
福建	30	84	39	540
厦门	18	96	50	343
江西	56	110	77	320
山东	113	202	116	419
青岛	48	33	20	267
河南	126	192	102	693
湖北	38	596	183	734
武汉	22	150	89	305
湖南	184	480	240	1056
广东	1568	2063	789	5864
广州	584	812	332	2973
深圳	357	753	383	3014
广西	174	35	27	229
四川	75	84	37	1084
成都	8	55	23	140
重庆	23	10	5	102
贵州	53	30	17	96
云南	1	2	1	66
陕西	67	26	15	671
西安	42	81	33	368
甘肃	73	126	49	661
宁夏	27	2		7
新疆	54	70	46	129
新疆兵团	2	3	3	34
广告学	**1630**	**4230**	**1968**	**11916**
北京	94	143	72	576
天津	43	53	14	189
山西		47	11	107
内蒙古		55	13	77
沈阳	64	23	9	100
大连	141	31	19	156
吉林	5	44	44	70
长春	213	128	81	1961
黑龙江		12	8	180
哈尔滨	55	76	34	444
江苏	7			8
南京	28	201	90	370
浙江	33	177	114	382
宁波	100	90	48	498
安徽	110	252	113	485
福建	40	92	51	300
厦门		137	137	137
江西	1	21	18	64
山东	22	223	101	286
河南	88	209	110	479
湖北	16	402	116	416
武汉	83	278	114	813
湖南	136	450	239	907
广东	118	285	86	583
广州	82	178	82	697
深圳	14	108	61	357
广西	53	9	5	192
四川	18	45	19	226
成都	1	7		21
重庆		92	7	92
陕西	12	174	90	320
西安	31	112	36	222
甘肃	7	38	8	86
宁夏	15	24	8	96
新疆		14	10	19

2.1.3 中央电大开放教育专科专业分布（续表 4）

单位：人

专业与学校	毕业生	招生		在校生	专业与学校	毕业生	招生		在校生
		计	其中:春季				计	其中:春季	
室内设计技术	**17**			**122**	内蒙古	106			461
北京				31	辽宁	54			151
天津				14	沈阳	45			178
安徽	17				大连	14			66
深圳				77	吉林	16			42
电子信息技术		**100**		**100**	长春	89			426
中央电大直属院校		100		100	黑龙江	262			735
汽车	**836**	**4057**	**939**	**9758**	哈尔滨	44			591
中央电大直属院校		694		694	江苏	290			2339
北京	559	1163	151	3749	南京	19			589
天津		38	14	81	浙江	106			210
河北		36	30	287	宁波				8
山西		140	52	207	安徽	143			207
内蒙古		24	18	30	福建	29			400
辽宁		213		213	厦门	8			203
沈阳		17	12	39	江西	40			28
大连				30	山东	307			116
吉林		73	53	189	青岛	6			151
长春		21	2	21	河南	274			542
黑龙江	1	45	7	77	湖北	54			136
哈尔滨		11	8	117	武汉	5			3
江苏		68	45	134	湖南	55			298
南京		87	69	504	广东	329			86
浙江	7	188	4	421	广州	16			9
安徽	31	187	30	338	深圳	26			271
山东		94	54	98	广西	115			76
湖北		53	16	304	海南				47
武汉	40	159	48	375	四川	112			596
湖南	16	77	43	97	成都				174
广东				53	重庆	27			7
广州	25	97	19	321	贵州	6			32
广西	14	3	2	99	云南	68			1203
海南		64	38	95	陕西	195			389
四川		15		15	西安	97			131
成都		64	35	77	甘肃	333			499
重庆				13	宁夏	1			
云南		90	90	347	新疆	71			159
陕西	32	268	75	486	新疆兵团				1
西安		64	23	132	**软件开发与应用**	**65**			**1032**
甘肃	111	3	1	114	北京	18			178
新疆兵团		1		1	天津	3			21
计算机软件		**54**	**36**	**54**	河北				50
深圳		54	36	54	内蒙古				4
计算机应用	**3481**			**12451**	辽宁	3			153
北京	46			594	沈阳	2			33
天津	19			103	大连	6			4
河北	30			190	黑龙江	2			19
山西	24			4	南京	2			48

2.1.3 中央电大开放教育专科专业分布（续表5）

单位：人

专业与学校	毕业生	招生		在校生
		计	其中:春季	
浙江	1			29
宁波	4			69
山东	1			
河南	15			99
湖北				123
武汉				22
湖南	3			34
广东	2			
深圳	1			62
四川	2			63
成都				21
数字媒体设计与制作	**929**	**3868**	**1644**	**9688**
中央电大直属院校	106	544	251	1950
北京	45	460	361	829
天津	39	34	10	94
山西	5			
内蒙古		47	24	112
辽宁	16	337	48	375
大连		37	37	53
长春		114	23	114
黑龙江	65			26
哈尔滨		95	37	300
江苏		140	102	169
南京		62	55	244
浙江		5	5	5
安徽	72	47	23	159
福建		22		86
厦门	18	303	229	863
山东	70	20	9	254
湖北	56	516	89	553
武汉	150	140	28	343
湖南		61	22	153
广东	56	353	133	1101
广州	27	149	41	522
深圳	48	275	69	768
广西	146	40	11	301
四川	1	13	6	29
贵州	8	14	14	77
云南	1			112
陕西		15	4	70
西安		2	1	2
宁夏		3	3	4
新疆		20	9	20
计算机网络技术	**4258**	**12051**	**5373**	**29710**
中央电大直属院校	116	62	25	226
北京	9	615	491	1123
天津	91	148	49	609
河北		55	23	165
山西	68	471	207	812
内蒙古	229	241	105	760
辽宁	136	437	209	774
沈阳	85	249	81	587
大连	38	122	57	546
吉林	220	361	124	1058
长春	20	162	54	367
黑龙江	131	377	100	961
哈尔滨		68	38	83
江苏	291	535	392	1390
南京	7	2	2	257
浙江	92	184	68	484
宁波	21	41	20	157
安徽	767	994	586	2430
福建	41	272	155	1108
山东	72	289	224	576
青岛	31	90	56	217
河南	171	298	151	823
湖北	176	1265	404	1833
武汉	102	546	155	1976
湖南	289	860	544	1639
广东	215	812	208	1986
广州	110	453	117	1419
深圳	23	104	43	413
广西	306	75	40	901
四川	31	203	83	664
成都	5	33	14	67
重庆	3	10	9	28
贵州	16	129	10	250
云南	65	156	25	502
陕西	84	957	353	1697
西安		6	5	32
甘肃	116	66	27	129
青海		147	45	211
宁夏	76	85	34	295
新疆	5	62	37	129
新疆兵团		9	3	26
信息系统开发与维护	**1235**	**798**	**319**	**3071**
北京	264	40	18	530
天津	30			19
辽宁	209	117	67	453
沈阳	37	55	27	195
大连	183	112	45	267
哈尔滨	54	42	22	234
江苏	18			65
浙江	210	163	66	477
宁波	2			15
福建	7			18

2.1.3 中央电大开放教育专科专业分布（续表6）

单位：人

专业与学校	毕业生	招生		在校生
		计	其中:春季	
厦　门		66	10	117
山　东		3	3	9
湖　南	41	131	34	228
广　东	91	25		140
深　圳	9			16
广　西				1
四　川	31	14	9	142
成　都	10	13	5	51
重　庆	11			1
甘　肃	15			
宁　夏	5	9	5	74
新　疆		8	8	17
新疆兵团	8			2
网站编程	**102**			**286**
北　京	37			124
山　西				7
辽　宁	1			
黑龙江				1
江　苏				18
南　京	8			16
浙　江	3			10
福　建				22
山　东	24			45
广　东	11			
广　州	18			13
四　川				30
计算机及应用	**457**	**1279**	**681**	**2906**
中央电大直属院校	457	1279	681	2906
数控技术	**5178**	**20253**	**8831**	**50825**
中央电大直属院校		61		61
北　京	175	601	352	1662
天　津	60	286	164	1287
河　北	17	764	251	1662
山　西		194	89	671
内蒙古	10	286	142	357
辽　宁	102	822	358	1630
沈　阳	133	301	159	662
大　连	275	306	176	839
吉　林	8	1120	461	2513
长　春		490	340	490
黑龙江	133	284	24	522
哈尔滨	102	141	68	275
江　苏	227	2986	1487	7871
南　京	36	167	45	1956
浙　江	254	455	255	1327
安　徽	412	637	247	1535
福　建	44	24	13	258
厦　门		105	19	105
江　西		64	51	103
山　东	209	964	588	1911
青　岛		89	82	96
河　南	8	86	64	360
湖　北	1399	2700	929	4611
武　汉	34	1288	573	2821
湖　南	159	962	544	1480
广　东	102	252	96	633
广　州	1	587	124	1405
广　西	275	17	13	1241
四　川		125	46	147
成　都		100	68	245
重　庆	206	404	120	683
贵　州	14	117	12	607
云　南		61	5	132
陕　西	648	1547	558	6478
西　安		461	156	1424
甘　肃	135	136	60	261
宁　夏		137	57	342
新　疆		111	28	116
新疆兵团		15	7	46
应用化工技术		**133**		**133**
山　西		13		13
陕　西		120		120
道路桥梁工程施工与管理	**51**	**1155**	**289**	**2636**
内蒙古		109	63	190
辽　宁		10	2	39
吉　林		145	35	197
长　春		40		40
浙　江	9	26	11	82
宁　波	11			
安　徽		13		13
山　东		6	2	34
青　岛		9	5	14
河　南	16	39	19	66
湖　北	14	445	40	629
武　汉		2		2
湖　南		14	7	14
广　西				272
四　川		61	24	159
重　庆		98	42	115
贵　州		12		28
云　南	1			456
陕　西		23	6	43
西　安		80	24	204
甘　肃		19	6	27
新　疆		4	3	12
建筑施工与管理	**10029**	**23669**	**9986**	**57971**

2.1.3 中央电大开放教育专科专业分布（续表 7）

单位：人

专业与学校	毕业生	招生		在校生
		计	其中:春季	
北京	482	762	388	2616
天津	227	149	32	709
河北	291	585	231	1357
山西	246	358	183	706
内蒙古	97	439	175	812
辽宁	127	367	170	811
沈阳	59	178	61	303
大连	409	510	254	1382
吉林	66	515	201	1071
长春	3	104	68	212
黑龙江	91	349	62	1067
哈尔滨	23	125	57	285
江苏	1165	1916	815	6516
南京	4	180	62	1111
浙江	837	1349	633	3877
宁波	13	343	72	410
安徽	1085	1545	597	3705
厦门		124	22	216
江西	305	1001	450	2435
山东	588	1359	777	2566
青岛	34	96	46	331
河南	628	1061	659	2983
湖北	26	1285	422	1744
武汉	10	475	182	776
湖南	323	962	512	1954
广东	577	729	256	1645
广州	111	48	9	125
深圳	33			24
广西	80	100	44	414
海南		98	30	111
四川	953	2045	707	4704
成都	69	525	238	1305
重庆	292	997	378	2771
贵州	256	407	136	901
云南	14	74	34	266
陕西	79	998	439	2360
西安	147	645	253	1346
甘肃	216	444	138	1046
宁夏	36	133	51	365
新疆	8	122	47	274
新疆兵团	19	167	95	359
水利水电工程与管理	**2422**	**5031**	**1487**	**12740**
北京	141	70		591
天津		46	24	154
山西				3
内蒙古	50	104	44	175
辽宁	87	95	26	326
大连		10	7	27
吉林	63	283	97	613
长春		7		7
黑龙江	123	226	89	443
哈尔滨		7		11
江苏		18	18	25
浙江	68	146	63	427
宁波	1			
安徽	69	77	29	164
福建	127	67	52	463
江西	8	47	24	119
山东	142	136	78	358
河南	346	1403	91	2056
湖北	44	220	103	320
武汉		1		1
湖南	40	170	74	282
广东	108	125	43	203
广西	13	44	18	207
海南	13			95
四川	82	282	129	970
重庆	2			
贵州	76	252	61	495
云南	194	98	15	620
陕西	242	304	65	1056
西安		8	2	62
甘肃	347	549	162	1856
宁夏	13	31	18	68
新疆	1	129	105	283
新疆兵团	22	76	50	260
园艺	**2741**	**3952**	**776**	**11097**
北京	136	94		1622
河北	270	375	89	1239
山西	517	121	61	330
内蒙古	299	94	35	274
辽宁	4	12	12	66
吉林		14	14	14
黑龙江	428	54	14	825
哈尔滨	5	29	7	87
浙江	6			13
宁波	20	2	2	35
福建	6	6	6	197
山东	12	11	9	46
河南	38	1884		2065
湖北	3	12	3	17
武汉		30	28	72
湖南				2
深圳				22
广西	1			7
四川	21	32	9	93

2.1.3 中央电大开放教育专科专业分布（续表 8）

单位：人

专业与学校	毕业生	招生 计	招生 其中:春季	在校生
贵　州	17	13		82
云　南	92	8	1	530
陕　西	64	46	22	410
甘　肃	801	1040	423	2818
宁　夏				22
新　疆	1	75	41	209
动物生产	**37**			**392**
河　北				15
山　西	5			
内蒙古	1			
辽　宁	23			7
黑龙江				37
哈尔滨				30
河　南				1
湖　南				3
四　川				90
云　南				156
陕　西	6			50
甘　肃	2			3
护理学	**9485**	**17446**	**7437**	**45222**
北　京	758	926	401	3489
天　津				4
河　北	424	248	71	1246
山　西	99	85	55	434
内蒙古	113	180	119	495
辽　宁		12		12
吉　林	54	221	112	776
长　春	81	322	134	824
黑龙江	326	1216	212	2676
江　苏				3
宁　波	265	115	49	702
安　徽	609	1210	466	2843
江　西	410	1140	776	2555
山　东	405	534	265	1018
青　岛	68	29	20	153
河　南	87	183	102	1059
湖　北		198		198
武　汉	66	123	59	329
湖　南	293	693	236	825
广　东		10	10	10
广　西	750	159	91	1115
四　川	200	753	255	1840
成　都	4	7	1	48
重　庆	718	3385	1610	5994
贵　州	146	615	184	2016
云　南	236	23	23	485
陕　西	1194	1762	719	5125
西　安	200	606	201	1856
甘　肃	1260	1656	793	4223
青　海	111	65	39	227
宁　夏	268	350	130	994
新疆兵团	340	620	304	1648
药学	**3201**	**6334**	**2314**	**16058**
北　京	330	648	490	2200
河　北	138	129	28	412
山　西	23	13	9	82
内蒙古	60	69	16	97
辽　宁	179	1098	454	1550
沈　阳	371	126	63	372
黑龙江	131	61	31	549
江　苏	47	500	233	760
南　京		67	27	316
浙　江	26	26	26	227
宁　波	58	154	46	753
江　西	146	285	140	946
山　东	129	88	39	341
青　岛	14	6	6	36
河　南	95	929	76	1116
武　汉		23	16	197
湖　南	49	284	171	514
广　西	130	19	10	121
海　南	15	371		410
四　川	140	248	84	1166
成　都	16	1	1	13
重　庆	199	497	80	1158
贵　州	231	39	10	465
云　南	36			152
陕　西	169	229	56	698
西　安	58	92	39	273
甘　肃	295	248	119	844
宁　夏	109	79	42	259
新疆兵团	7	5	2	31
药品经营与管理		**11**		**13**
河　南		6		6
湖　南		5		7
市政公用工程管理	**130**			**116**
辽　宁	114			3
江　苏				8
浙　江	10			41
四　川				4
陕　西	6			15
西　安				34
甘　肃				11
工程造价管理	**774**	**4034**	**1762**	**9483**
北　京		206	91	336
天　津	19	115	19	453

2.1.3 中央电大开放教育专科专业分布（续表 9）

单位：人

专业与学校	毕业生	招生		在校生
		计	其中:春季	
内蒙古	45	74	29	207
辽宁	21	77	35	215
吉林				7
黑龙江	11	35	9	94
哈尔滨		36	17	47
江苏	15	190	95	572
南京				92
浙江	66	163	114	404
宁波	62	12		104
安徽	64	276	123	451
江西		4		4
山东	5	124	75	334
河南	59	77	36	216
湖北	12	316	81	337
武汉	19	38	23	228
湖南		108	41	146
广东		205	78	505
深圳	9	163	74	312
广西		14	8	48
四川	145	612	213	1535
成都		23	10	122
重庆	130	329	160	867
贵州		68	25	152
云南	11	1		12
陕西	66	102	45	341
西安		382	167	711
甘肃	15	112	63	300
宁夏		35	16	121
新疆		112	104	170
新疆兵团		25	11	40
计算机信息管理	**3990**	**14605**	**6507**	**32771**
中央电大直属院校		120		120
北京	122	408	139	1832
天津	204	265	115	808
河北	23	682	261	1212
山西				12
内蒙古	168	568	274	1251
辽宁	55	79	21	260
大连		103	15	118
吉林	75	739	359	1503
长春		143	58	143
黑龙江	22	224	44	480
哈尔滨		135	58	295
江苏	130	1513	734	3441
南京		5	5	281
浙江	358	840	458	2110
宁波	1	39	24	75
安徽	556	387	131	854
福建		24	17	48
江西	85	496	263	1243
山东	109	788	392	1058
河南	58	179	83	549
湖北	140	1876	500	2760
武汉	63	1189	707	1449
湖南	48	531	395	751
广东	351	718	330	1773
广州	3	47		74
深圳	35	210	39	394
广西	141	62	36	736
海南	33	58	16	90
四川	57	320	171	944
成都				14
重庆	244	241	116	554
贵州	129	186	92	538
云南	64	121	36	321
陕西	127	281	122	1828
西安	184	308	171	1077
甘肃	282	319	121	789
新疆	123	385	197	941
新疆兵团		16	7	45
工商管理	**37702**	**77593**	**38567**	**214525**
中央电大直属院校	1948	4946	3719	14725
北京	1012	1887	1061	8773
天津	668	1855	1387	4525
河北	18	1231	657	2432
山西	364	1257	569	2688
内蒙古	1031	841	527	2551
辽宁	2879	2690	1286	7136
沈阳	1120	809	390	4020
大连	1120	1414	650	3475
吉林	285	2647	1204	5953
长春	112	1453	612	3020
黑龙江	298	971	220	2668
哈尔滨	148	538	268	1580
江苏	2279	2967	1328	13726
南京	476	998	464	5056
浙江	2256	3392	1688	9964
宁波	324	407	188	1895
安徽	2214	3824	1985	9446
福建	206	714	346	2038
厦门	19	301	122	779
江西	810	3540	1875	7004
山东	1478	3884	2398	8308
青岛	330	523	308	1968
河南	1485	1855	816	6798
湖北	610	4272	1087	6339

2.1.3 中央电大开放教育专科专业分布（续表10）

单位：人

专业与学校	毕业生	招生		在校生
		计	其中:春季	
武汉	261	1446	705	2412
湖南	1388	4275	2346	8577
广东	1485	3508	1404	8092
广州	1124	1913	784	5494
深圳	232	686	317	2461
广西	904	567	308	3390
海南	131	404	184	1091
四川	1777	3658	1849	10449
成都	756	1468	549	4673
重庆	2297	3493	1916	9427
贵州	469	535	200	1763
云南	577	604	206	3282
陕西	848	1741	709	5773
西安	296	1265	580	3576
甘肃	878	887	382	2293
青海	154	276	144	643
宁夏	195	591	225	1525
新疆	390	848	500	2127
新疆兵团	50	212	104	610
会计学	**61612**	**98163**	**44387**	**282711**
中央电大直属院校	532	1132	280	3032
北京	1954	2780	1478	12949
天津	1500	1730	834	5678
河北	1596	2947	1325	7130
山西	785	2174	1051	5215
内蒙古	1009	2003	718	4265
辽宁	1532	1657	765	4802
沈阳	404	345	139	1529
大连	774	840	277	2525
吉林	293	1063	582	3102
长春	28	183	71	389
黑龙江	690	864	269	3485
哈尔滨	238	589	271	1679
江苏	3424	5180	2457	20551
南京	477	1048	458	4141
浙江	7398	10132	4757	28657
宁波	1349	1542	769	5379
安徽	3977	4798	2235	12327
福建	2165	3961	1909	12112
厦门	295	678	232	1847
江西	1365	4687	2207	8861
山东	2241	3677	2448	8917
青岛	416	542	307	2029
河南	1969	2529	1011	8800
湖北	511	2807	760	4513
武汉	321	1242	411	2595
湖南	1757	4402	2091	9615
广东	8278	11180	4578	30865
广州	2295	3413	1251	10028
深圳	1364	2004	1155	5543
广西	2454	1355	607	8156
海南	99	279	134	850
四川	1280	2161	1080	6180
成都	483	922	372	2688
重庆	1130	1833	833	4691
贵州	615	1122	450	3412
云南	144	535	179	2216
陕西	1396	2068	710	7378
西安	619	1406	601	3508
甘肃	671	996	434	2324
青海	187	220	103	610
宁夏	363	581	267	1709
新疆	1016	1835	1167	4534
新疆兵团	218	721	354	1895
电子商务	**6776**	**8662**	**3893**	**29615**
中央电大直属院校	64	49		87
北京	240	251	186	1237
天津	580	347	213	1639
河北	7	362	213	642
内蒙古	20	180	103	447
辽宁	318	172	114	321
沈阳	113	54	24	245
大连	38	22	22	156
吉林	197	210	98	588
长春	20	25	11	406
黑龙江	653	12	2	487
哈尔滨	29	23	12	251
江苏	391	1274	838	4922
南京	184	539	160	2602
浙江	269	212	131	1106
宁波	121	38	19	624
安徽	213	169	70	530
福建	99	4	4	714
厦门	74	60	30	119
山东	98	198	116	333
青岛	3	15	10	114
河南	37	134	51	554
湖北	181	999	295	1680
武汉	27	170	36	439
湖南	249	780	393	1199
广东	820	623	126	2214
广州	477	468	137	1260
深圳	106	245	49	787
广西	414	69	58	1083
四川	97	48	22	317
成都	13	68	22	224

2.1.3 中央电大开放教育专科专业分布（续表 11）

单位：人

专业与学校	毕业生	招生		在校生
		计	其中:春季	
重庆	389	522	184	867
贵州	29	97	32	270
陕西	78	57	21	565
西安	63	59	26	213
甘肃	52	85	56	267
宁夏	8	5	2	16
新疆		5	1	11
新疆兵团	5	12	6	79
物流管理	**7124**	**14164**	**6804**	**40652**
中央电大直属院校		1042	703	1042
北京	208	1045	640	2364
天津	532	1064	577	2836
内蒙古		7	4	63
辽宁	129	172	78	500
沈阳	114	120	65	249
大连	627	795	440	2265
吉林				36
长春	8	35	15	237
黑龙江	13	178	23	628
哈尔滨	34	58	30	189
江苏	328	1243	666	3701
南京	55	229	107	909
浙江	245	331	148	1026
宁波	219	288	156	976
安徽	119	262	92	488
福建	102	158	65	795
厦门		212	59	351
江西				4
山东	153	530	278	908
青岛	23	111	87	484
河南	20	51	20	442
湖北	196	704	316	1294
武汉	85	402	199	1065
湖南	71	383	168	776
广东	989	1111	339	3808
广州	994	962	393	4230
深圳	1116	977	448	2928
广西	221	264	135	2061
四川	160	222	128	1017
成都	41	169	72	398
重庆	163	292	138	544
云南		49	12	148
陕西	45	242	26	641
西安	63	178	73	425
甘肃	51	176	55	622
青海		11		11
宁夏		23	11	60
新疆		22	10	31
新疆兵团		46	28	100
物业管理	**2719**	**3999**	**1813**	**11667**
中央电大直属院校	68	798	630	1230
北京	388	202	107	1254
河北		7		7
内蒙古	16	16	4	59
辽宁	165	38	23	83
沈阳	85	33	13	191
大连	23			60
吉林		97	14	123
长春		3		3
黑龙江	73	32	15	153
哈尔滨	50	36	15	228
江苏				171
南京	17	8	4	78
浙江	32	46	35	75
安徽	126	97	55	278
福建	18	12	7	83
江西	6	6	3	90
山东	61	44	26	194
青岛	7	10	5	78
河南	147	113	14	251
湖北	21	700	130	735
武汉	17	9	6	64
湖南	61	149	40	383
广东	229	127	31	436
广州	260	240	73	729
深圳	124	286	194	841
广西	96	26	19	342
海南	13	25	9	68
四川	173	132	65	704
成都	47	120	10	453
重庆	48	86	58	346
贵州	4			23
云南		5		79
陕西	50	105	17	647
西安	108	176	75	595
甘肃	106	113	38	344
青海		15	11	15
宁夏	18	30	13	76
新疆	52	53	51	65
新疆兵团	10	4	3	33
旅游	**646**	**5067**	**2332**	**10423**
北京	4	322	189	394
天津		29	12	136
河北	281	527	498	1264
山西		57	31	99
内蒙古		37	16	96

2.1.3 中央电大开放教育专科专业分布（续表 12）

单位：人

专业与学校	毕业生	招生		在校生
		计	其中:春季	
辽　　宁	14	97	37	202
沈　　阳	8	22	12	36
大　　连	24	153	114	329
吉　　林		356	59	411
长　　春		81	41	81
黑 龙 江	5	143	34	227
哈 尔 滨	9	73	33	152
江　　苏	9	134	85	492
南　　京		49	2	190
浙　　江	88	163	79	448
宁　　波		54		54
安　　徽	12	185	78	359
福　　建		12	6	33
厦　　门		29	9	29
江　　西	4	2		26
山　　东	7	95	40	202
青　　岛		8	2	8
河　　南	33	39	17	138
湖　　北	15	435	55	460
武　　汉	12	138	65	260
湖　　南	15	549	278	864
广　　东		102	72	243
广　　州	55	108	9	472
深　　圳	20	73	38	201
广　　西		9	4	68
海　　南	3	51	29	83
四　　川	10	102	47	349
成　　都	1	15	6	30
重　　庆	3	218	55	235
贵　　州		13		36
云　　南		195	144	678
陕　　西	2	227	80	484
西　　安	7	51	15	117
甘　　肃	2	60	16	159
宁　　夏		38	15	195
新　　疆	3	16	10	29
新疆兵团				54
城市轨道交通运营管理		**288**	**30**	**288**
深　　圳		288	30	288
行政管理	**64338**	**139524**	**68782**	**338379**
中央电大直属院校	3099	12994	8140	30209
北　　京	1747	4012	1909	12299
天　　津	1088	2897	1885	7032
河　　北	2651	5505	2645	12138
山　　西	2219	8891	4286	20267
内 蒙 古	1603	2915	1273	6941
辽　　宁	398	1570	681	3468
沈　　阳	610	1458	715	3626
大　　连	1254	1867	859	4733
吉　　林	107	834	337	2088
长　　春	25	865	544	1435
黑 龙 江	963	1780	559	5183
哈 尔 滨	350	1706	964	3526
江　　苏	1571	3234	1606	8567
南　　京	493	1157	495	3408
浙　　江	4859	5993	3079	16636
宁　　波	1506	1780	969	5207
安　　徽	531	1235	555	2690
福　　建	1586	3728	1830	10962
江　　西	416	2175	1322	4341
山　　东	1179	2971	1686	5795
青　　岛	232	401	201	1287
河　　南	911	2305	1048	6058
湖　　北	1006	5100	1709	8319
武　　汉	633	2200	905	4672
湖　　南	1447	4484	2419	8325
广　　东	14456	19349	8830	46749
广　　州	2322	3983	1771	9783
深　　圳	1876	1786	1181	5000
广　　西	1346	1473	755	7745
海　　南	85	393	164	1012
四　　川	1951	4969	2637	10704
成　　都	614	1437	601	3961
重　　庆	1529	4418	1920	8282
贵　　州	1857	3270	1575	9152
云　　南	1017	1665	666	4937
陕　　西	1694	4373	2014	10967
西　　安	961	3071	1383	8347
甘　　肃	921	2003	934	5067
青　　海	439	726	265	1365
宁　　夏	223	889	433	2123
新　　疆	550	1380	892	3572
新疆兵团	13	282	140	401
公共事业管理(教育管理方向)	**7234**	**8318**	**4554**	**29814**
天　　津	20	187	149	310
河　　北	949	746	384	2699
山　　西	452	487	203	1654
内 蒙 古	8	45	17	64
大　　连	108	35	14	127
吉　　林				44
长　　春		4	3	4
黑 龙 江	90	2	1	314
江　　苏	148			146
浙　　江	72	89	44	254
宁　　波	2			7
安　　徽	55	55	30	533

2.1.3 中央电大开放教育专科专业分布（续表 13）

单位：人

专业与学校	毕业生	招生 计	招生 其中:春季	在校生	专业与学校	毕业生	招生 计	招生 其中:春季	在校生
江　西	891	1516	906	3141					
山　东	604	374	260	2662					
青　岛	77	108	51	457					
河　南	10	21	12	75					
湖　北	181	521	126	1442					
武　汉	3	100	76	153					
湖　南	65	227	128	447					
广　东	1250	1315	854	2398					
广　州	218	259	124	703					
广　西	301	359	301	1507					
四　川	226	248	132	1555					
成　都	39	62	23	302					
重　庆	70	140	80	400					
贵　州	242	430	211	1548					
云　南	156	123	35	1904					
陕　西	108	51	28	577					
西　安	98	173	49	549					
甘　肃	229	128	68	595					
宁　夏				13					
新　疆	31	15	15	47					
乡镇管理	**240**			**146**					
内蒙古	6								
江　苏				54					
福　建	4								
河　南				2					
广　西	226								
四　川				1					
云　南				89					
甘　肃	4								

2.1.4 一村一名大学生计划专业分布

单位：人

专业与学校	毕业生	招生		在校生
		计	其中:春季	
总　计	**17306**	**71633**	**32740**	**161945**
作物生产技术	**62**	**185**	**95**	**200**
山　东	62	35	24	35
湖　北		45		45
湖　南		3	3	3
贵　州		42	20	42
云　南		38	38	38
陕　西		21	9	33
新　疆		1	1	4
种子生产与经营	**4**	**241**	**20**	**337**
黑龙江				17
浙　江				33
山　东	4	14	9	50
湖　南		225	11	229
四　川				4
陕　西		2		2
新疆兵团				2
设施农业技术	**645**	**3169**	**742**	**5898**
天　津		11	11	20
河　北		45	44	133
内蒙古	6	25	15	152
黑龙江	8	43		77
哈尔滨		3	3	9
安　徽	55	146		462
江　西	230			327
山　东	10	8	4	153
河　南	1	463	431	660
湖　北		2026	4	2219
湖　南		138	125	138
广　西	36	10	3	62
四　川	1			
贵　州	178	80		929
云　南		8	5	73
陕　西	11	44	22	58
甘　肃	52			8
青　海	17	4	2	28
新　疆		4	1	19
新疆兵团	40	111	72	371
园艺技术	**828**	**1097**	**335**	**3108**
北　京	23			12
天　津				1
河　北	67	60	20	355
内蒙古		9	7	11
黑龙江	7	9	2	67
浙　江		209		694
安　徽	33			
福　建		17	17	17
江　西	334	1		575
山　东	11	51	24	101
河　南	26	18		49
湖　北		94	23	96
湖　南	137	429	141	511
广　西	3			1
四　川		1	1	28
贵　州	109			71
云　南	30	61	25	340
陕　西	41	120	63	154
宁　夏	5	10	10	10
新　疆	2	4	2	11
新疆兵团		4		4
茶叶生产加工技术		**434**	**89**	**736**
浙　江		99	19	181
福　建				69
湖　北		119		119
湖　南		10		23
广　西		8	5	20
贵　州		198	65	324
中草药栽培技术		**103**	**30**	**206**
贵　州		103	30	206
烟草栽培技术	**2**	**430**	**306**	**629**
福　建		42	27	42
山　东		13	1	13
湖　南		22	2	23
广　西		21	12	21
四　川		205	144	272
贵　州		20	20	20
云　南	2	107	100	238
林业技术	**300**	**1173**	**378**	**2442**
天　津		7		23
河　北	17	2	2	4
山　西	4	9	2	10
内蒙古	27	177	79	410
辽　宁	5	22	4	22
黑龙江	7	74	42	186
哈尔滨		9		9
江　苏	15	14	14	14
浙　江	24	178		509
安　徽	31	3	2	61
福　建	12	37	10	132
山　东	15	16	6	40
河　南				3
湖　北	41	7		7
湖　南	18	359	91	419
广　西	30	14		16
四　川		49	37	73
重　庆	8	7	1	23

2.1.4 一村一名大学生计划专业分布（续表 1）

单位：人

专业与学校	毕业生	招生		在校生	专业与学校	毕业生	招生		在校生
		计	其中:春季				计	其中:春季	
贵州		39		79	甘肃	27	14	14	14
云南				70	新疆	12	56	33	100
陕西	46	124	66	273	新疆兵团	11	31	16	96
新疆		18	14	48	**畜牧**	**174**	**271**	**109**	**1152**
新疆兵团		8	8	11	天津		5	4	10
园林技术	**204**	**1346**	**316**	**2709**	河北				7
河北	9	64	47	107	山西	5			
山西	7	11		26	内蒙古		12		66
内蒙古	22	12		16	黑龙江		6	4	94
辽宁		21		21	浙江		62	10	266
黑龙江	1			13	山东	5	4	2	10
江苏	34	133	56	415	湖北		16		16
浙江	2	589	85	1109	湖南	7	107	54	184
福建				11	广西	9			
江西	66	9	5	88	四川		11		11
山东	15	100	55	184	贵州	144	30	30	424
河南	2	43	10	119	陕西		14	2	40
湖北		2		2	甘肃	3	1	1	6
湖南	1	264	28	297	新疆兵团	1	3	2	18
广西		3		3	**特种动物养殖**	**20**	**226**	**47**	**367**
贵州				40	河北	16			2
云南	2	39		59	江苏	3			
陕西		9		12	安徽		74		74
甘肃	12	20	20	22	山东		6	6	6
新疆		11	1	36	湖南		87	12	88
新疆兵团	31	16	9	129	广西		59	29	125
畜牧兽医	**1340**	**5311**	**1917**	**10485**	四川				39
北京	48			4	贵州	1			33
天津		60	11	141	**农业经济管理**	**2344**	**15370**	**7323**	**29435**
河北	162	215	99	540	北京	62	213	111	600
山西	106	4	1	69	天津		347	304	347
内蒙古	31	112	90	135	河北	161	600	360	1135
辽宁		243	237	257	山西	102	187	129	882
黑龙江	40	115	23	277	内蒙古	53	217	73	305
哈尔滨		8	8	30	辽宁	2			11
江苏	42	68	46	186	黑龙江	9	84	32	307
浙江	43	156	24	354	江苏	9	332	332	393
江西	127	10	8	471	南京	119	141	65	591
山东	48	1235	433	1986	浙江	88	711	93	1491
河南	31	287	207	473	宁波		6	6	166
湖北	27	747	3	1041	安徽	356	1150	624	3447
湖南	256	824	283	1078	福建		100	30	409
广西		15	9	66	江西		86	85	86
四川	63	556	117	987	山东	267	1719	674	2264
重庆	52	52	1	140	青岛	87	282	72	817
贵州	84	265	132	1295	河南	79	435	366	1096
云南	30	91	31	377	湖北		3313	1382	3986
陕西	100	147	91	368	武汉		167	167	402

2.1.4 一村一名大学生计划专业分布（续表 2）

单位：人

专业与学校	毕业生	招生		在校生
		计	其中:春季	
湖　　南	129	2472	965	3413
广　　西	85	248	91	394
四　　川	31	249	114	673
成　　都		41	39	69
重　　庆	11	101	54	256
贵　　州	118	706	346	2153
云　　南	180	1061	554	2635
陕　　西	71	80	46	234
新　　疆		29	10	45
新疆兵团	325	293	199	828
农村行政管理	**3627**	**21998**	**10717**	**48606**
北　　京	265	685	400	2057
天　　津	23	1044	376	1360
河　　北	150	769	474	3000
山　　西	33	226	127	335
内 蒙 古	181	433	217	928
沈　　阳	143	66	2	619
大　　连	15			48
黑 龙 江	29	483	186	678
哈 尔 滨		101	97	101
江　　苏	218	589	317	1648
南　　京	115	162	89	633
浙　　江	269	636	189	2179
宁　　波		384	107	1140
安　　徽	123	1086	574	3317
福　　建	38	599	309	1369
厦　　门		224	105	516
江　　西	237	53	22	771
山　　东	346	2716	1494	4803
青　　岛	128	230	105	680
河　　南	143	758	315	2739
湖　　北	3	381	119	466
武　　汉		155	155	155
湖　　南	392	5547	2392	9489
广　　东		272		272
广　　西	98	129	72	191
海　　南		380	267	380
四　　川	85	320	11	663
成　　都	18	124	97	180
重　　庆	32	147	35	363
贵　　州	77	947	264	2058
云　　南	242	1384	1114	3470
陕　　西	94	180	108	567
西　　安		40		40
甘　　肃	56	216	211	498
宁　　夏	69	35	26	80
新　　疆		329	204	361
新疆兵团	5	168	137	452
乡镇企业管理	**7734**	**19356**	**10098**	**54218**
北　　京	55	78	78	395
天　　津	2	550	211	651
河　　北	1826	3510	1911	8294
山　　西	248	431	272	1089
内 蒙 古	23	63	19	154
大　　连		126	60	156
黑 龙 江	20	664	236	784
江　　苏	2492	4409	2019	18944
南　　京	104	521	315	1675
浙　　江	472	1179	536	2898
福　　建	3	100	65	852
江　　西	117	106	62	279
山　　东	1113	2867	1700	7399
河　　南	315	683	307	2227
湖　　北	1			
湖　　南	258	2790	1603	4251
广　　西	57	46	22	291
四　　川	9	24	5	115
重　　庆	40	50	50	251
贵　　州		166	43	256
云　　南		99	63	354
陕　　西	558	859	495	2772
甘　　肃		15	15	16
新　　疆		3	2	3
新疆兵团	21	17	9	112
农村信息管理	**22**	**866**	**200**	**1286**
北　　京				140
天　　津		19		19
河　　北	11	24		97
浙　　江		42		95
安　　徽		48		48
山　　东		715	191	728
河　　南		2		2
湖　　南		4		4
广　　西	11	12	9	145
陕　　西				8
食品加工技术		**57**	**18**	**131**
河　　南		21		21
广　　西		36	18	110

2.1.5 全国电大注册视听生专业与毕业生情况

单位：人

	专业									
	计	财务会计	市场营销	会计与统计核算	法律	英语	小学师资教育理科	小学师资教育文科	应用电子技术	乡镇管理
总计										
毕业生	853	207	13	1	413	58	2	154		5
在册生	1292	273	96	25	302	45		458	58	35
北京										
毕业生	34	27	1		1	5				
在册生	4					4				
长春										
毕业生										
在册生	4	3		1						
上海										
毕业生	93	65	9		10	9				
在册生										
浙江										
毕业生	8	2	3		3					
在册生										
宁波										
毕业生	1			1						
在册生	11	3		5	3					
福建										
毕业生	108	27			11	37		33		
在册生	370	72		19	240	2		37		
河南										
毕业生	1	1								
在册生	10	10								
湖南										
毕业生	19	3						11		5
在册生	893	185	96		59	39		421	58	35
甘肃										
毕业生	589	82			388	7	2	110		
在册生										

2.2.1 全国电大统招高等专科学生情况

单位：人

	毕业生数			招生数			在校生数		
	计	高职	成招专科	计	高职	成招专科	计	高职	成招专科
总　计	**73464**	**18480**	**54984**	**70295**	**12579**	**57716**	**180196**	**36151**	**144045**
北　京	**635**		**635**	**585**		**585**	**1798**		**1798**
北京广播电视大学									
东城分校	7		7				8		8
西城分校	6		6				9		9
宣武分校	36		36				68		68
石景山分校	5		5				2		2
通州区分校	40		40				11		11
房山分校	6		6				1		1
昌平分校	3		3				42		42
平谷分校	31		31				49		49
怀柔分校	16		16				30		30
密云分校	23		23				23		23
延庆分校	6		6				1		1
大兴分校	49		49				57		57
顺义分校	18		18				104		104
门头沟分校	10		10				21		21
一商干校工作站	76		76	205		205	379		379
文化局工作站	18		18	16		16	49		49
纺织工作站	6		6				3		3
金融学院工作站	279		279	364		364	941		941
天　津	**984**	**537**	**447**	**304**	**304**		**1864**	**1186**	**678**
天津广播电视大学	554	537	17	304	304		1186	1186	
南开分校							3		3
河东区工作站							49		49
塘沽分校	15		15						
汉沽分校	11		11						
东丽分校	162		162				87		87
津南区分校	1		1						
西青区工作站							2		2
北辰分校							48		48
宝坻分校	1		1						
宁河县工作站	1		1						
天津铁厂工作站	73		73						
财政局工作站	2		2				6		6
建工局工作站							11		11
一商集团有限公司工作站	14		14				70		70
铁路分局工作站	2		2				3		3
天港务局工作站							8		8
政法管理干部学院工作站	10		10				8		8
台盟工作站	3		3						
蓟县分校	3		3				2		2
旅游分校	2		2				28		28
天津铁路工程分校							17		17
市政分校	130		130				336		336
河　北	**1209**		**1209**	**536**		**536**	**1580**		**1580**
河北广播电视大学	22		22				81		81
石家庄广播电视大学	20		20	34		34	43		43
唐山广播电视大学	535		535	68		68	503		503

2.2.1 全国电大统招高等专科学生情况（续表 1）

单位：人

	毕业生数			招生数			在校生数		
	计	高职	成招专科	计	高职	成招专科	计	高职	成招专科
秦皇岛广播电视大学	4		4	4		4	27		27
邯郸广播电视大学	2		2	12		12	19		19
承德广播电视大学	58		58				41		41
邢台广播电视大学				82		82	82		82
保定广播电视大学	79		79				61		61
张家口广播电视大学	134		134	74		74	340		340
沧州广播电视大学	193		193	97		97	149		149
廊坊广播电视大学	1		1	54		54	65		65
衡水广播电视大学	5		5				5		5
省直分校	156		156	111		111	164		164
山　西	**1310**	**73**	**1237**	**671**		**671**	**1949**		**1949**
山西广播电视大学	134	73	61						
太原广播电视大学	13		13						
大同分校							39		39
晋城分校	6		6						
晋中分校	103		103				32		32
吕梁分校	195		195	68		68	415		415
运城分校	152		152	66		66	145		145
中条山有色分校	203		203	201		201	487		487
公路系统分校	504		504	336		336	831		831
内蒙古	**579**		**579**	**668**		**668**	**1505**		**1505**
内蒙古广播电视大学	157		157	340		340	702		702
包头分校	109		109	176		176	295		295
赤峰市分校	163		163	121		121	314		314
哲里木盟分校	99		99	15		15	105		105
锡林郭勒盟分校	12		12				12		12
乌兰察布盟分校				3		3	3		3
巴盟广播电视大学	39		39	13		13	51		51
哲盟霍林河矿区电大							23		23
辽　宁									
辽宁广播电视大学									
沈　阳	**216**		**216**	**338**		**338**	**484**		**484**
沈阳广播电视大学	216		216	338		338	484		484
大　连	**919**		**919**	**630**		**630**	**1353**		**1353**
大连广播电视大学	890		890	630		630	1353		1353
大连开发区分校	29		29						
吉　林	**2653**		**2653**	**1729**		**1729**	**4563**		**4563**
吉林广播电视大学	1178		1178	852		852	1995		1995
中国科学院长春分校电大工作站	220		220				39		39
法律分校	7		7	3		3	16		16
吉林市分校	237		237	46		46	340		340
四平分校	144		144	160		160	558		558
延边分校	393		393	223		223	563		563
通化分校	90		90	39		39	171		171
白山分校	57		57	35		35	81		81
白城分校	49		49	39		39	101		101
松原分校	278		278	332		332	699		699
长　春	**1121**		**1121**	**525**		**525**	**1322**		**1322**
长春市广播电视大学	648		648	247		247	670		670
榆树市分校	93		93	45		45	105		105

2.2.1 全国电大统招高等专科学生情况（续表 2）

单位：人

	毕业生数			招生数			在校生数		
	计	高职	成招专科	计	高职	成招专科	计	高职	成招专科
九台市分校	116		116	94		94	249		249
农安县工作站	4		4	62		62	76		76
双阳区工作站	146		146	62		62	149		149
长影影视艺术学校	43		43	15		15	32		32
长春电大交通学校工作站	63		63				38		38
长春电大民进分校	8		8				3		3
黑 龙 江	**570**		**570**	**999**		**999**	**3871**		**3871**
黑龙江广播电视大学	25		25	820		820	3162		3162
牡丹江市广播电视大学	10		10				26		26
佳木斯广播电视大学	50		50	12		12	51		51
绥化地区广播电视大学	15		15	4		4	8		8
伊春市广播电视大学	55		55	26		26	102		102
大庆广播电视大学	157		157	122		122	395		395
七台河广播电视大学	67		67	4		4	43		43
省农垦广播电视大学	190		190	7		7	80		80
牡丹江林区广播电视大学	1		1	4		4	4		4
哈 尔 滨	**179**		**179**	**307**		**307**	**568**		**568**
哈尔滨广播电视大学	133		133	298		298	542		542
哈尔滨文艺干校电大站	41		41	3		3	11		11
哈工大工会电视大学	5		5	6		6	15		15
上 海	**20**		**20**						
上海电视大学									
虹口区分校	1		1						
闵行二分校	5		5						
宝山分校	1		1						
松江分校	4		4						
奉贤分校	1		1						
青浦分校	2		2						
黄浦区经贸委分校	2		2						
闸北区分校	2		2						
石化分校	2		2						
江 苏	**12199**	**11453**	**746**	**10242**	**8286**	**1956**	**22112**	**17244**	**4868**
江苏广播电视大学	1754	1750	4	354	329	25	760	712	48
镇江市广播电视大学	210	210		144	144		243	243	
常州市广播电视大学	1116	1116		842	842		2233	2233	
无锡市广播电视大学	1139	1139		978	859	119	1867	1622	245
苏州市广播电视大学	1725	1194	531	1411	686	725	3173	1404	1769
南通市广播电视大学	937	937		1396	1396		2405	2405	
扬州市广播电视大学	1335	1335		852	852		1805	1805	
徐州市广播电视大学							27	27	
淮安市广播电视大学	253	253		384	384		739	739	
盐城市广播电视大学	257	257		366	189	177	612	435	177
连云港广播电视大学	177	125	52	241	215	26	432	376	56
泰州市广播电视大学	163	163		141	141		251	251	
宿迁市广播电视大学	42	42							
化工分校	296	296					89	89	
江苏城市职业学院武进办学点				585		585	1129		1129
江苏电大宜兴学院	117	117		17	17		41	41	
江苏电大张家港学院	746	746		519	519		1012	1012	

2.2.1 全国电大统招高等专科学生情况（续表 3）

单位：人

	毕业生数			招生数			在校生数		
	计	高职	成招专科	计	高职	成招专科	计	高职	成招专科
江苏电大昆山学院	320	320		297	279	18	656	588	68
江苏电大常熟学院	516	357	159	623	342	281	2103	727	1376
江苏电大吴中学院	419	419		371	371		786	786	
江苏广播电视大学大丰学院	232	232		338	338		628	628	
江苏广播电视大学江都学院	335	335					388	388	
江苏广播电视大学沛县学院	10	10		8	8		8	8	
江苏电大靖江学院	100	100		115	115		189	189	
江苏电大通州学院				260	260		536	536	
南　　京	**1750**	**1385**	**365**	**1073**		**1073**	**5566**	**3075**	**2491**
南京市广播电视大学	720	635	85	900		900	2605	726	1879
江宁区分校	414	167	247	136		136	877	365	512
六合县分校	62	62					139	139	
高淳县分校				10		10	90	80	10
溧水县分校	46	38	8	20		20	192	110	82
浦口分校	107	106	1				236	236	
玄武区分校				7		7	227	220	7
秦淮区分校	134	110	24				177	176	1
建邺区分校	18	18					122	122	
鼓楼区分校	30	30							
下关区分校	108	108					458	458	
雨花台区分校	48	48					136	136	
栖霞区分校	63	63					307	307	
浙　　江	**3380**		**3380**	**4496**		**4496**	**10236**		**10236**
浙江广播电视大学	221		221	213		213	584		584
杭州广播电视大学	845		845	392		392	1595		1595
萧山学院	421		421	582		582	2237		2237
余杭分校	85		85	219		219	356		356
富阳学院	2		2				3		3
嘉兴广播电视大学	3		3	248		248	306		306
嘉善学院	35		35				63		63
德清学院	2		2				1		1
金华广播电视大学	519		519	899		899	1373		1373
义乌学院	3		3						
衢州广播电视大学				79		79	79		79
开化分校	1		1						
台州广播电视大学	447		447	817		817	1767		1767
玉环学院	41		41				52		52
丽水广播电视大学	23		23	189		189	224		224
温州广播电视大学	503		503	485		485	850		850
永嘉学院	134		134	135		135	285		285
瑞安分校	43		43				18		18
乐清分校	5		5						
衢化分校	23		23						
经贸分校	12		12	30		30	55		55
工商学院	12		12	208		208	388		388
宁　　波	**1917**		**1917**	**1517**		**1517**	**4431**		**4431**
宁波广播电视大学	305		305	251		251	1033		1033
鄞县分校	120		120	52		52	86		86
余姚学院	327		327	337		337	675		675
慈溪学院	90		90	118		118	333		333

2.2.1 全国电大统招高等专科学生情况（续表 4）

单位：人

	毕业生数			招生数			在校生数		
	计	高职	成招专科	计	高职	成招专科	计	高职	成招专科
宁海学院	79		79	92		92	219		219
象山分校	122		122	99		99	261		261
奉化分校	174		174	103		103	489		489
镇海工作站	144		144	247		247	493		493
镇海炼油化工公司工作站	54		54	27		27	105		105
江北工作站	65		65	38		38	94		94
北仑工作站	213		213	35		35	149		149
宁波东钱湖旅游度假区电大工作站	224		224	118		118	494		494
安　徽	**400**		**400**	**1633**		**1633**	**2477**	**226**	**2251**
安徽广播电视大学	400		400	1231		1231	1849		1849
蚌埠分校				77		77	77		77
马鞍山分校				194		194	391	197	194
安庆市分校				102		102	131	29	102
阜阳分校				29		29	29		29
福　建	**155**		**155**	**1197**		**1197**	**2286**		**2286**
福建广播电视大学									
福州分校	66		66	63		63	239		239
南平分校	1		1	107		107	143		143
漳州分校	50		50				42		42
泉州分校				41		41	100		100
莆田分校	8		8	22		22	33		33
高等职业技术学院	30		30	964		964	1729		1729
厦　门	**19**		**19**	**35**		**35**	**101**		**101**
厦门市广播电视大学									
厦门电大同安区工作站	19		19	35		35	101		101
江　西	**379**		**379**	**2488**	**1648**	**840**	**2701**	**1648**	**1053**
江西广播电视大学	82		82	1698	1648	50	1784	1648	136
南昌市分校	82		82	42		42	132		132
新余市分校	153		153	748		748	785		785
抚州广播电视大学	62		62						
山　东	**1009**	**951**	**58**	**267**	**76**	**191**	**2309**	**1675**	**634**
山东广播电视大学	656	656					1092	1092	
烟台广播电视大学				191		191	191		191
潍坊广播电视大学	6		6				434		434
德州广播电视大学	10		10						
聊城广播电视大学	52	52							
济宁广播电视大学	63	21	42				44	35	9
莱芜钢铁总厂广播电视大学				76	76		165	165	
日照广播电视大学	222	222					383	383	
青　岛	**93**	**1**	**92**	**64**		**64**	**90**		**90**
青岛广播电视大学	89		89	64		64	83		83
胶南分校	3		3				7		7
黄岛分校	1	1							
河　南	**3142**		**3142**	**2461**		**2461**	**5405**		**5405**
河南广播电视大学	860		860	37		37	121		121
开封市广播电视大学	40		40						
洛阳市广播电视大学	29		29	153		153	210		210
新乡广播电视大学	4		4	478		478	1237		1237
焦作广播电视大学	13		13	118		118	286		286
安阳广播电视大学	300		300	7		7	55		55

2.2.1 全国电大统招高等专科学生情况（续表 5）

单位：人

	毕业生数			招生数			在校生数		
	计	高职	成招专科	计	高职	成招专科	计	高职	成招专科
鹤壁广播电视大学				87		87	100		100
商丘广播电视大学	807		807	564		564	838		838
三门峡广播电视大学	99		99	42		42	78		78
平顶山广播电视大学	439		439	16		16	66		66
驻马店广播电视大学	134		134	14		14	19		19
信阳广播电视大学	51		51	109		109	186		186
南阳广播电视大学	292		292	551		551	1459		1459
漯河广播电视大学	27		27				140		140
郑州铁路局广播电视大学				285		285	584		584
济源广播电视大学	47		47				26		26
湖　北	**3118**		**3118**	**1961**		**1961**	**6168**		**6168**
湖北广播电视大学									
黄冈广播电视大学	703		703	473		473	1410		1410
孝感市广播电视大学	109		109				15		15
咸宁地区广播电视大学	444		444	446		446	1616		1616
荆州地区广播电视大学	388		388	156		156	370		370
宜昌市广播电视大学	173		173	32		32	130		130
黄石广播电视大学	37		37	14		14	635		635
十堰市广播电视大学				8		8	8		8
襄樊广播电视大学	484		484	293		293	580		580
恩施自治州广播电视大学	172		172	193		193	472		472
大冶有色金属公司分校	123		123	6		6	88		88
天门市广播电视大学	17		17				28		28
潜江市广播电视大学	36		36	30		30	97		97
仙桃广播电视大学	157		157	83		83	228		228
江汉油田分校	10		10	11		11	42		42
湖北广播电视大学钟祥分校	61		61	81		81	197		197
随州广播电视大学	204		204	135		135	252		252
武　汉	**892**		**892**	**257**		**257**	**780**		**780**
武汉市广播电视大学	863		863	257		257	780		780
3303 分校	29		29						
湖　南	**4140**		**4140**	**3211**		**3211**	**9968**		**9968**
湖南广播电视大学	282		282	566		566	1419		1419
长沙广播电视大学	61		61	117		117	453		453
株洲广播电视大学	379		379	233		233	762		762
湘潭广播电视大学	585		585	501		501	1337		1337
衡阳市广播电视大学	346		346	393		393	1285		1285
岳阳广播电视大学	423		423	225		225	865		865
娄底广播电视大学	189		189	52		52	118		118
零陵分校	8		8						
郴州广播电视大学	24		24						
益阳广播电视大学	120		120	297		297	985		985
常德广播电视大学	457		457	85		85	681		681
怀化广播电视大学	239		239				210		210
湘西民族广播电视大学	85		85	127		127	127		127
张家界市广播电视大学	35		35				34		34
津市分校	269		269				269		269
卫生分校	396		396	210		210	713		713
涟钢分校	26		26				15		15

2.2.1 全国电大统招高等专科学生情况（续表 6）

单位：人

	毕业生数			招生数			在校生数		
	计	高职	成招专科	计	高职	成招专科	计	高职	成招专科
药学分校	216		216	405		405	695		695
广　东	**1182**		**1182**	**277**		**277**	**945**		**945**
广东广播电视大学	44		44	13		13	63		63
省电力局分校	70		70	13		13	29		29
珠海市广播电视大学	100		100				31		31
斗门广播电视大学	39		39				8		8
汕头广播电视大学	229		229	40		40	240		240
汕头广播电视大学潮阳电大	40		40						
东莞市广播电视大学	113		113	80		80	288		288
中山市广播电视大学	156		156						
江门市广播电视大学	168		168				43		43
新会市广播电视大学	35		35						
佛山广播电视大学	33		33				12		12
阳春市广播电视大学				31		31	31		31
怀集县广播电视大学	155		155	100		100	200		200
广　州	**193**		**193**	**484**		**484**	**804**		**804**
广州市广播电视大学	193		193	389		389	709		709
市二轻局工作站				95		95	95		95
深　圳	**190**		**190**	**89**		**89**	**750**		**750**
深圳市广播电视大学	142		142	89		89	719		719
蛇口分校	14		14				7		7
宝安分校	2		2				3		3
沙头角分校	12		12						
南山分校	11		11						
龙岗分校	9		9				21		21
广　西	**191**		**191**	**296**		**296**	**490**		**490**
广西广播电视大学	88		88	259		259	443		443
区直分校	24		24				10		10
南宁广播电视大学	58		58						
柳州市广播电视大学	21		21	37		37	37		37
海　南	**1205**		**1205**	**185**		**185**	**1575**		**1575**
海南广播电视大学	1205		1205	185		185	1575		1575
四　川	**6361**		**6361**	**7539**		**7539**	**19638**		**19638**
四川广播电视大学	1704		1704	1382		1382	3700		3700
省建委分校	217		217	146		146	485		485
省级机关分校	197		197	187		187	514		514
成都铁路局分校	616		616	1083		1083	2249		2249
德阳广播电视大学	565		565	773		773	1596		1596
绵阳广播电视大学	279		279	674		674	1440		1440
广元广播电视大学	375		375	121		121	735		735
四川电大遂宁应用职业技术学校教学点	385		385	362		362	1434		1434
雅安分校	91		91	19		19	111		111
乐山广播电视大学	430		430	427		427	1381		1381
内江广播电视大学	47		47	145		145	282		282
自贡广播电视大学	240		240	153		153	491		491
宜宾广播电视大学	205		205	252		252	758		758
泸州广播电视大学	105		105	105		105	393		393
南充广播电视大学	79		79	214		214	687		687
达州广播电视大学	165		165	568		568	1301		1301
甘孜分校	36		36	33		33	77		77

2.2.1 全国电大统招高等专科学生情况（续表7）

单位：人

	毕业生数			招生数			在校生数		
	计	高职	成招专科	计	高职	成招专科	计	高职	成招专科
凉山广播电视大学	31		31	2		2	8		8
攀枝花广播电视大学	52		52	520		520	612		612
巴中广播电视大学	171		171	70		70	243		243
广安广播电视大学	14		14	79		79	148		148
眉山广播电视大学	54		54	90		90	386		386
资阳广播电视大学	190		190	61		61	349		349
阿坝广播电视大学	73		73	9		9	111		111
四川广播电视大学直属学院蓬溪分校	5		5	10		10	12		12
四川广播电视大学直属学院射洪分校	3		3	1		1	5		5
四川广播电视大学直属学院大英分校	3		3	5		5	22		22
四川广播电视大学直属学院雷波工作站	3		3	19		19	34		34
四川广播电视大学直属学院越西工作站				13		13	13		13
四川广播电视大学直属学院美姑工作站	26		26	16		16	61		61
成　都	**2625**		**2625**	**3458**		**3458**	**7835**		**7835**
成都广播电视大学	2536		2536	3434		3434	7784		7784
龙泉分校	9		9	10		10	11		11
邛崃分校	20		20				9		9
五冶分校	22		22				5		5
蒲江分校	11		11	13		13	21		21
电子工业分校	27		27	1		1	5		5
重　庆	**10296**	**2070**	**8226**	**8966**	**2265**	**6701**	**25426**	**6864**	**18562**
重庆广播电视大学	2566	2070	496	3166	2265	901	9566	6864	2702
渝中区分校	375		375	726		726	2304		2304
重庆铁路分校							20		20
南岸分校	444		444	151		151	400		400
九龙坡分校	683		683	407		407	1248		1248
江北区工作站	410		410	452		452	700		700
沙坪坝区电大分校	423		423	382		382	921		921
永川市广播电视大学	436		436	497		497	1115		1115
北碚区工作站	817		817	1423		1423	2579		2579
万盛区工作站	61		61	106		106	195		195
荣昌分校	85		85	3		3	84		84
綦江县工作站	136		136	102		102	285		285
合川广播电视大学	678		678	63		63	426		426
长寿分校	355		355				87		87
铜梁县工作站	377		377	431		431	1032		1032
渝北分校	62		62						
巴南分校	64		64				312		312
江津广播电视大学	50		50	80		80	687		687
大渡口分校	6		6				50		50
万州广播电视大学	341		341	292		292	545		545
涪陵广播电视大学	12		12	85		85	129		129
南川分校	116		116	37		37	351		351
垫江分校	234		234	4		4	28		28
丰都县电大工作站	15		15	4		4	9		9
武隆分校	24		24	10		10	37		37
梁平县电大工作站	40		40	1		1	48		48
重庆电大经贸学院	332		332	52		52	973		973
重庆电大物流学院	166		166						
秀山分校	85		85	46		46	115		115

2.2.1 全国电大统招高等专科学生情况（续表8）

单位：人

	毕业生数			招生数			在校生数		
	计	高职	成招专科	计	高职	成招专科	计	高职	成招专科
石柱分校	20		20	3		3	21		21
彭水分校	32		32				14		14
奉节县电大工作站	7		7				51		51
云阳县电大工作站	102		102				74		74
巫山分校	15		15				8		8
巫溪电大工作站	12		12				10		10
城口电大工作站	4		4	2		2	6		6
开县电大工作站	5		5	10		10	14		14
铜梁分校	88		88	41		41	126		126
重庆电大企业管理学院	153		153	390		390	660		660
市药监局电大工作站	465		465				196		196
贵　州	**802**	**96**	**706**	**1393**		**1393**	**3624**	**69**	**3555**
贵州广播电视大学	96	96					69	69	
省直分校	236		236	484		484	1252		1252
贵阳市分校	51		51	249		249	623		623
遵义地区分校	99		99	187		187	565		565
黔南州分校	21		21	35		35	103		103
黔东南州分校	7		7				36		36
黔西南州分校	26		26				74		74
毕节地区分校	44		44	78		78	214		214
六盘水市分校							20		20
铜仁分校	181		181	160		160	332		332
贵航技校电大工作站	41		41	200		200	336		336
云　南	**2384**	**1869**	**515**	**829**		**829**	**5291**	**4140**	**1151**
云南广播电视大学	698	334	364	404		404	1661	935	726
昆明广播电视大学	63	63		250		250	551	301	250
玉溪广播电视大学							331	331	
思茅广播电视大学							32	32	
红河分校	111	111		45		45	146	101	45
文山分校	110	110		17		17	284	267	17
曲靖分校	602	602					1072	1072	
楚雄广播电视大学	90	90		55		55	162	107	55
大理分校	229	229					433	433	
保山分校	49	49					66	66	
临沧分校	122	122		58		58	94	36	58
德宏广播电视大学							226	226	
丽江分校							64	64	
怒江电大分校	159	159					169	169	
烟草分校	151		151						
陕　西	**1513**		**1513**	**2607**		**2607**	**5315**		**5315**
陕西省广播电视大学	148		148	1530		1530	2420		2420
榆林地区分校	57		57	3		3	30		30
咸阳市分校	30		30				261		261
宝鸡市分校	12		12				2		2
安康分校	168		168	14		14	37		37
汉中分校	31		31				13		13
铜川市分校	17		17	3		3	23		23
航空工业局工作站							74		74
省电子工业局工作站	26		26	31		31	67		67

2.2.1 全国电大统招高等专科学生情况（续表 9）

单位：人

	毕业生数			招生数			在校生数		
	计	高职	成招专科	计	高职	成招专科	计	高职	成招专科
兵器工业管理局工作站	1		1						
省冶金局工作站	67		67	184		184	401		401
省石油化学工业局工作站				24		24	24		24
省文化厅工作站	11		11	63		63	101		101
新城分校	516		516	521		521	1037		1037
西安艺师教育中心	87		87	4		4	25		25
西安国际文化培训学院	19		19						
西安工程技术学院	323		323	200		200	770		770
陕西省理工学校				30		30	30		30
西　安	**688**		**688**	**731**		**731**	**1709**		**1709**
西安市广播电视大学	464		464	573		573	1156		1156
西安电大现代教育培训学院	57		57	43		43	121		121
长安分校	14		14						
莲湖科技学校工作站	68		68	73		73	148		148
西安交通大学卫校教学班	3		3				4		4
西安电大北洋工作站	28		28	5		5	87		87
富士日本语专修学院工作站	28		28	37		37	93		93
西安培明进修学院教学班	22		22				99		99
高陵分校	4		4				1		1
甘　肃	**1412**	**45**	**1367**	**3078**		**3078**	**5851**	**24**	**5827**
甘肃广播电视大学									
兰州市分校	99		99	35		35	81		81
白银市分校	147		147	15		15	57		57
嘉峪关市分校	6		6	7		7	10		10
定西市分校	30		30	72		72	212		212
武威市分校	31		31	65		65	108		108
酒泉市分校	22		22						
甘南分校				9		9	9		9
省农垦分校	1		1				2		2
农垦河西分校	23		23	21		21	40		40
直属学院	32		32	129		129	160		160
水电部五局工作站	115		115				184		184
省财贸学校电大工作站	231		231	153		153	210		210
职业技术学院	675	45	630	2572		2572	4778	24	4754
青　海				**46**		**46**	**146**		**146**
青海广播电视大学									
省直属分校				5		5	37		37
黄南州工作站				41		41	109		109
宁　夏	**1204**		**1204**	**1130**		**1130**	**3090**		**3090**
宁夏广播电视大学	1078		1078	1005		1005	2534		2534
吴忠市分校	11		11						
青铜峡市工作站	14		14				16		16
盐池县工作站	15		15	2		2	9		9
永宁县工作站	33		33	10		10	279		279
贺兰县工作站	31		31						
平罗电大工作站				79		79	79		79
灵武县电大工作站	22		22	34		34	173		173
新　疆	**196**		**196**	**663**		**663**	**1684**		**1684**
新疆广播电视大学									
昌吉广播电视大学							27		27

2.2.1 全国电大统招高等专科学生情况（续表 10）

单位：人

	毕业生数			招生数			在校生数		
	计	高职	成招专科	计	高职	成招专科	计	高职	成招专科
克拉玛依广播电视大学	7		7				8		8
阿勒泰广播电视大学							17		17
阿克苏分校	28		28						
博尔塔拉蒙古自治州电大	3		3						
石河子广播电视大学	109		109	500		500	1341		1341
乌石化广播电视大学	15		15				18		18
广电厅广播电视大学	34		34	163		163	273		273
新疆兵团	**34**		**34**	**330**		**330**	**536**		**536**
新疆兵团广播电视大学				273		273	326		326
农七师分校							74		74
农八师分校	12		12	57		57	136		136
农十师分校	22		22						

2.2.2 全国电大高职教育地区与学科大类分布

单位：人

	毕业生	招　生	在校生	预计毕业生
总　计	**18480**	**12579**	**36151**	**16059**
农林牧渔	23			
交通运输	283	493	938	336
生化与药品	216	108	341	195
土建	1126	1645	3412	1063
水利			1	1
制造	2536	2849	6154	2555
电子信息	4393	1953	6576	3477
环保、气象与安全	23	21	37	16
轻纺食品	34	19	37	18
财经	4922	3412	10898	4900
医药卫生	16			
旅游	446	285	854	326
文化教育	3434	1126	4347	2224
艺术设计传媒	850	625	2196	881
法律	178	43	360	67
天　津	**537**	**304**	**1186**	**506**
电子信息	67	20	159	59
财经	398	265	903	366
文化教育	41	19	75	39
艺术设计传媒			26	19
法律	31		23	23
山　西	**73**			
制造	57			
电子信息	16			
江　苏	**11453**	**8286**	**17244**	**8749**
交通运输	283	493	828	335
生化与药品	129	108	208	100
土建	587	467	978	511
制造	2266	2314	4393	2009
电子信息	3373	1556	3860	2275
环保、气象与安全	23	21	37	16
轻纺食品	34	19	37	18
财经	2301	2152	4286	2053
医药卫生	16			
旅游	121	52	136	84
文化教育	1714	940	2063	1094
艺术设计传媒	526	164	418	254
法律	80			
南　京	**1385**		**3075**	**1430**
生化与药品	87		133	95
土建	33			
制造	126		453	199
电子信息	182		607	303
财经	703		1529	717
旅游	30		51	15
文化教育	197		107	62
艺术设计传媒			195	39
法律	27			
安　徽			**226**	**226**
土建			32	32
制造			29	29
电子信息			56	56
财经			94	94
旅游			9	9
艺术设计传媒			6	6
江　西		**1648**	**1648**	
土建		576	576	
制造		181	181	
电子信息		137	137	
财经		440	440	
旅游		43	43	
文化教育		118	118	
艺术设计传媒		132	132	
法律		21	21	
山　东	**951**	**76**	**1675**	**917**
交通运输			109	
制造		76	458	188
电子信息	530		294	210
财经	252		645	376
文化教育	169		169	143
青　岛	**1**			
财经	1			
重　庆	**2070**	**2265**	**6864**	**2188**
土建	506	602	1822	516
制造	87	278	609	130
电子信息	166	240	668	181
财经	658	555	1964	749

2.2.2 全国电大高职教育地区与学科大类分布（续表 1）

单位：人

	毕业生	招　生	在校生	预计毕业生		毕业生	招　生	在校生	预计毕业生
旅游	254	190	613	216					
文化教育	35	49	148	45					
艺术设计传媒	324	329	931	307					
法律	40	22	109	44					
贵　州	**96**		**69**	**69**					
电子信息	44		46	46					
文化教育	52		23	23					
云　南	**1869**		**4140**	**1950**					
农林牧渔	23								
制造			31						
电子信息	1		744	342					
财经	607		1033	541					
旅游	41								
文化教育	1197		1637	811					
艺术设计传媒			488	256					
法律			207						
甘　肃	**45**		**24**	**24**					
交通运输			1	1					
土建			4	4					
水利			1	1					
电子信息	14		5	5					
财经	2		4	4					
旅游			2	2					
文化教育	29		7	7					

2.2.3 全国电大高职教育专业与地区分布

单位：人

专业／地区	毕业生数	招生数	在校生数
总 计	**18480**	**12579**	**36151**
农林牧渔大类	**23**		
农业技术类	23		
园艺技术	23		
云 南	23		
交通运输大类	**283**	**493**	**938**
公路运输类	13	85	86
汽车运用技术	13	85	85
江 苏	13	85	85
道路桥梁工程技术			1
甘 肃			1
港口运输类	270	408	852
报关与国际货运	270	408	852
江 苏	270	408	743
山 东			109
生化与药品大类	**216**	**108**	**341**
生物技术类	21		16
生物化工工艺	21		16
南 京	21		16
化工技术类	170	108	277
应用化工技术	83		117
江 苏	17		
南 京	66		117
精细化学品生产技术	87	108	160
江 苏	87	108	160
制药技术类	25		48
生物制药技术	25		48
江 苏	25		48
土建大类	**1126**	**1645**	**3412**
建筑设计类	187	327	825
建筑装饰工程技术	52	110	284
重 庆	52	110	284
环境艺术设计	135	158	482
重 庆	135	158	482
园林工程技术		59	59
江 西		59	59
土建施工类	288	414	785
建筑工程技术	249	414	785
江 苏	126	104	234
安 徽			8
江 西		206	206
重 庆	123	104	336
甘 肃			1
基础工程技术	39		
江 苏	39		
工程管理类	608	869	1651
建筑工程管理	119	37	131
江 苏	46		
安 徽			24
重 庆	73	37	107
工程造价	489	738	1426
江 苏	376	328	709
南 京	33		
江 西		252	252
重 庆	80	158	465
工程监理		94	94
江 苏		35	35
江 西		59	59
房地产类	43	35	151
房地产经营与估价	43	35	150
重 庆	43	35	148
甘 肃			2
物业管理			1
甘 肃			1
水利大类			**1**
水利工程与管理类			1
水利水电工程管理			1
甘 肃			1
制造大类	**2536**	**2849**	**6154**
机械设计制造类	146	618	1443
机械设计与制造	70	114	114
江 苏	70		
江 西		114	114
机械制造与自动化	1	76	446
江 苏	1		
山 东		76	446
数控技术	74	428	855
江 苏	2	361	494
南 京	72		294
江 西		67	67
模具设计与制造	1		28
江 苏			28
南 京	1		
自动化类	2298	1902	4041
机电一体化技术	2298	1867	3964
山 西	57		
江 苏	2102	1747	3459
南 京	52		159
安 徽			29
山 东			12
重 庆	87	120	305
电气自动化技术		35	77
重 庆		35	77
机电设备类	22	89	133
数控设备应用与维护	22	89	133
江 苏	22	89	133
汽车类	70	240	537
汽车检测与维修技术	51	181	432
江 苏	51	91	238
重 庆		90	194
汽车电子技术	18	26	41
江 苏	18	26	41
汽车技术服务与营销	1	33	33
南 京	1		

2.2.3 全国电大高职教育专业与地区分布（续表 1）

单位：人

专业／地区	毕业生数	招生数	在校生数
重庆		33	33
汽车运用与维修			31
云南			31
电子信息大类	**4393**	**1953**	**6576**
计算机类	3174	1165	4124
计算机应用技术	1413	928	2602
江苏	713	775	1123
南京	111		41
安徽			56
江西		33	33
山东	505		294
重庆	69	120	306
云南	1		744
甘肃	14		5
计算机网络技术	291	82	494
天津	35		69
山西	16		
江苏	187		100
南京	28		243
江西		82	82
山东	25		
计算机多媒体技术	32	20	90
天津	32	20	90
计算机系统维护	44		46
贵州	44		46
计算机信息管理	1367	135	892
江苏	1366	135	779
南京	1		113
数据通信与网络系统	27		
江苏	27		
电子信息类	1174	733	2293
电子信息工程技术	655	70	1052
江苏	617	58	830
南京	38		210
重庆		12	12
应用电子技术	319	645	1146
江苏	263	588	951
南京	4		
江西		22	22
重庆	52	35	173
图文信息技术			41
江苏			41
微电子技术		18	18
重庆		18	18
信息技术应用	175		
江苏	175		
信息技术应用	11		36
江苏	11		36
电子信息技术及产品营销	14		
江苏	14		
通信类	45	55	159
通信技术	45	55	159
重庆	45	55	159
环保、气象与安全大类	**23**	**21**	**37**
环保类	23	21	37
环境监测与治理技术	23	21	37
江苏	23	21	37
轻纺食品大类	**34**	**19**	**37**
纺织服装类	34	19	37
服装设计	20	19	37
江苏	20	19	37
服装工艺技术	14		
江苏	14		
财经大类	**4922**	**3412**	**10898**
财政金融类	414	147	723
金融管理与实务	368	109	557
天津	80	79	258
江苏	208		51
南京	80		218
江西		30	30
金融与证券	46	38	166
重庆	46	38	166
财务会计类	2312	1788	5549
财务管理	108	39	444
江苏	31		
南京	77		405
江西		39	39
会计	1351	1266	2784
天津	213	169	537
江苏	902	960	1828
南京	76		
江西		137	137
山东	160		282
会计电算化	761	214	1644
安徽			67
江西		83	83
重庆	152	131	457
云南	607		1033
甘肃	2		4
会计与统计核算	92	227	635
江苏		227	512
山东	92		123
会计与审计		42	42
江苏		42	42
经济贸易类	541	70	552
经济管理	91		
江苏	91		
经济信息管理	41		
江苏	41		
国际经济与贸易	2		
江苏	2		
国际贸易实务	164	17	108
天津	105	17	108
江苏	59		

2.2.3 全国电大高职教育专业与地区分布（续表2）

单位：人

专业／地区	毕业生数	招生数	在校生数
国际商务	243	53	444
南京	203		313
江西		13	13
重庆	40	40	118
市场营销类	1168	731	2267
市场营销	96	167	404
江苏	18		
南京			37
江西		70	70
重庆	78	97	297
市场开发与营销		34	64
江苏		34	64
营销与策划	32		
南京	32		
医药营销	28		
江苏	28		
电子商务	1012	530	1799
江苏	726	456	1081
南京	235		305
安徽			27
江西		32	32
山东			240
重庆	51	42	114
工商管理类	487	676	1807
工商企业管理	130	106	371
江西		36	36
青岛	1		
重庆	129	70	335
工商行政管理	32		
江苏	32		
连锁经营管理		37	119
重庆		37	119
物流管理	325	533	1317
江苏	163	433	708
南京			251
重庆	162	100	358
医药卫生大类	**16**		
药学类	16		
药学	16		
江苏	16		
旅游大类	**446**	**285**	**854**
旅游管理类	446	285	854
旅游管理	224	91	302
江苏	101	36	95
南京	30		28
安徽			9
江西		20	20
重庆	52	35	148
云南	41		
甘肃			2
涉外旅游	3	16	16
江苏	3	16	16

专业／地区	毕业生数	招生数	在校生数
导游	17		25
江苏	17		25
酒店管理	110	113	346
南京			23
江西		23	23
重庆	110	90	300
会展策划与管理		30	30
重庆		30	30
历史文化旅游	92	35	135
重庆	92	35	135
文化教育大类	**3434**	**1126**	**4347**
语言文化类	2582	1126	3062
汉语		11	11
江西		11	11
应用英语	988	20	416
江苏	634		
江西		20	20
云南	325		389
甘肃	29		7
商务英语	1311	786	1978
天津	41	19	75
江苏	923	697	1604
南京	165		74
江西		70	70
山东	169		155
贵州	13		
旅游英语	31		
江苏	31		
商务日语	123	243	459
江苏	123	243	459
文秘	129	43	149
江苏	3		
南京	32		33
江西		17	17
重庆	35	26	99
云南	59		
文化市场经营与管理		23	49
重庆		23	49
教育类	852		1285
英语教育	111		37
山东			14
贵州	39		23
云南	72		
初等教育	462		882
云南	462		882
学前教育	279		366
云南	279		366
艺术设计传媒大类	**850**	**625**	**2196**
艺术设计类	471	419	1425
艺术设计	234	109	227
江苏	234	109	227
产品造型设计		59	59

2.2.3 全国电大高职教育专业与地区分布（续表3）

单位：人

专业／地区	毕业生数	招生数	在校生数	专业／地区	毕业生数	招生数	在校生数
重　庆		59	59				
视觉传达艺术设计	1	34	117				
江　苏	1						
重　庆		34	117				
电脑艺术设计	1		519				
江　苏	1						
南　京			80				
安　徽			6				
云　南			433				
装潢艺术设计	163	140	410				
江　苏	65	55	134				
南　京			24				
江　西		24	24				
重　庆	98	61	173				
云　南			55				
广告设计与制作	19	77	77				
江　苏	19						
江　西		77	77				
多媒体设计与制作	24		16				
江　苏	24						
南　京			16				
美术	29						
江　苏	29						
表演艺术类			132				
表演艺术			124				
江　苏			57				
南　京			67				
音乐表演			8				
南　京			8				
广播影视类	379	206	639				
影视多媒体技术	153						
江　苏	153						
影视动画	201	155	539				
天　津			26				
重　庆	201	155	513				
新闻采编与制作		31	31				
江　西		31	31				
电视节目制作	25	20	69				
重　庆	25	20	69				
法律大类	**178**	**43**	**360**				
法律实务类	178	43	360				
法律文秘			207				
云　南			207				
法律事务	178	43	153				
天　津	31		23				
江　苏	80						
南　京	27						
江　西		21	21				
重　庆	40	22	109				

2.2.4 全国电大成招高等专科地区与学科分布

单位：人

	毕业生	招　生	在校生	预计毕业生
总　计	**54984**	**57716**	**144045**	**55681**
哲学	22			
经济学	1144	1538	3572	1669
法　学	3405	1896	5427	2871
教育学	2359	2325	5442	2377
文　学	8371	5641	13401	6278
理　学	108	343	646	211
工　学	7221	17492	41829	13434
农　学	209	20	147	75
医　学	5080	3967	12723	4350
管理学	27065	24494	60858	24416
北　京	**635**	**585**	**1798**	**996**
经济学	211	295	724	429
法　学	38		51	50
文　学	74	16	180	112
工　学	55		43	38
管理学	257	274	800	367
天　津	**447**		**678**	**205**
法　学	53		41	11
教育学			14	
文　学	63		78	56
理　学			17	
工　学	91		55	7
管理学	240		473	131
河　北	**1209**	**536**	**1580**	**713**
经济学	1		11	9
法　学	74	23	52	20
教育学	81	7	64	57
文　学	337	3	58	40
工　学	331	166	378	93
医　学			39	13
管理学	385	337	978	481
山　西	**1237**	**671**	**1949**	**728**
法　学	85	24	90	38
文　学	154	58	232	109
工　学	293	202	562	144
管理学	705	387	1065	437
内蒙古	**579**	**668**	**1505**	**528**
法　学	245	251	625	334
教育学		1	1	
文　学	57	140	243	55
工　学	81	70	218	71
农　学	36		3	4
管理学	160	206	415	64
沈　阳	**216**	**338**	**484**	**146**
文　学		40	54	14
工　学	123	183	241	58
管理学	93	115	189	74
大　连	**919**	**630**	**1353**	**713**
经济学	153	233	466	233
文　学	178		129	129
工　学	135	93	145	52
管理学	453	304	613	299
吉　林	**2653**	**1729**	**4563**	**2833**
经济学	10	36	111	75
法　学	317	166	586	420
教育学			27	27
文　学	394	820	1312	492
工　学	396	126	694	567
管理学	1536	581	1833	1252
长　春	**1121**	**525**	**1322**	**663**
经济学	5		1	1
法　学	80	33	59	20
教育学	64	59	110	51
文　学	209	99	266	162
工　学	76	99	330	161
管理学	687	235	556	268
黑龙江	**570**	**999**	**3871**	**1489**
经济学	1	11	13	2
法　学	112	34	142	108
教育学			16	16
文　学	33	2	2	
工　学	213	383	2137	645
农　学	9			
医　学	21	17	71	38
管理学	181	552	1490	680
哈尔滨	**179**	**307**	**568**	**259**
经济学				
法　学		38	40	2
文　学	53	116	222	104
工　学	15	62	64	2
管理学	111	91	242	151
上　海	**20**			
经济学	2			
管理学	18			
江　苏	**746**	**1956**	**4868**	**1475**
经济学	40	23	84	25
法　学		40	67	4
教育学			13	8
文　学	19	28	134	61
工　学	76	623	1044	220
医　学		184	184	
管理学	611	1058	3342	1157
南　京	**365**	**1073**	**2491**	**698**
经济学			6	
文　学		25	37	12
工　学	85	593	924	205
管理学	280	455	1524	481
浙　江	**3380**	**4496**	**10236**	**3427**
经济学	222	468	905	288
法　学	27		20	3
教育学	272	239	745	235
文　学	556	489	1186	511
工　学	86	589	1405	335
管理学	2217	2711	5975	2055
宁　波	**1917**	**1517**	**4431**	**1543**
经济学	118	123	419	220
法　学	15		35	35
教育学	86	211	407	47
文　学	74	34	119	68

2.2.4 全国电大成招高等专科地区与学科分布（续表1）

单位：人

	毕业生	招 生	在校生	预计毕业生
工 学	77	73	231	61
管理学	1547	1076	3220	1112
安 徽	**400**	**1633**	**2251**	**618**
文 学	89	244	384	140
工 学	74	620	799	179
管理学	237	769	1068	299
福 建	**155**	**1197**	**2286**	**343**
经济学	23		9	9
法 学	2		17	7
文 学	19		8	4
工 学	6	319	537	74
管理学	105	878	1715	249
厦 门	**19**	**35**	**101**	
管理学	19	35	101	
江 西	**379**	**840**	**1053**	**196**
经济学		1	1	
教育学		7	7	
文 学	44		1	1
工 学	74	318	379	61
医 学	53	34	93	42
管理学	208	480	572	92
山 东	**58**	**191**	**634**	**186**
经济学		37	52	
法 学			5	
文 学		2	2	
工 学	3	100	395	131
医 学	51		9	7
管理学	4	52	171	48
青 岛	**92**	**64**	**90**	**18**
经济学	11	7	10	
法 学	7	1	2	
文 学	1	18	18	
工 学		3	4	
医 学	2	1	12	11
管理学	71	34	44	7
河 南	**3142**	**2461**	**5405**	**2243**
经济学	45	2	34	2
法 学	208	188	250	61
教育学	631		70	70
文 学	1219	178	242	57
工 学	713	1401	3155	1392
农 学	1	1	2	
管理学	325	691	1652	661
湖 北	**3118**	**1961**	**6168**	**2323**
经济学	61	112	174	37
法 学	349	162	539	250
教育学	35	7	58	31
文 学	484	249	1053	498
理 学	41	40	87	50
工 学	216	554	1694	364
农 学		3	15	12
医 学	21		7	7
管理学	1911	834	2541	1074
武 汉	**892**	**257**	**780**	**319**
经济学	1	4	6	2
法 学	94	5	18	9
教育学			1	1
文 学	92	1	21	18
工 学	37	9	29	19
管理学	668	238	705	270
湖 南	**4140**	**3211**	**9968**	**3342**
经济学	4	16	36	3
法 学	144	38	246	64
教育学	62	72	188	115
文 学	730	367	1248	571
工 学	493	568	2035	724
医 学	997	1201	2638	593
管理学	1710	949	3577	1272
广 东	**1182**	**277**	**945**	**311**
经济学	4			
法 学	13		16	7
教育学	1			
文 学	191	120	230	104
工 学	154	44	107	25
管理学	819	113	592	175
广 州	**193**	**484**	**804**	**252**
法 学	16		3	3
文 学	11	32	90	34
工 学	8	156	216	11
管理学	158	296	495	204
深 圳	**190**	**89**	**750**	**632**
经济学	8		52	52
法 学	3		37	37
文 学	25	21	97	68
工 学			27	25
管理学	154	68	537	450
广 西	**191**	**296**	**490**	**104**
经济学	2			
法 学	19	8	17	9
文 学	34	29	42	13
工 学	4	79	79	
管理学	132	180	352	82
海 南	**1205**	**185**	**1575**	**1259**
经济学	8	6	24	18
法 学	88	14	223	174
教育学	22	4	12	3
文 学	230	27	62	35
理 学			68	68
工 学	150	32	240	183
管理学	707	102	946	778
四 川	**6361**	**7539**	**19638**	**11558**
经济学	123	108	305	197
法 学	419	285	976	691
教育学	275	228	854	626
文 学	547	594	1636	1016
理 学	67	229	319	90
工 学	944	2481	5633	3134
农 学	39	5	15	10
医 学	996	360	1911	1054
管理学	2951	3249	7989	4740

2.2.4 全国电大成招高等专科地区与学科分布 (续表 2)

单位：人

	毕业生	招 生	在校生	预计毕业生
成 都	**2625**	**3458**	**7835**	**2871**
经济学	59	55	117	62
法 学	71	17	89	72
教育学	73	66	105	39
文 学	1093	683	1270	460
工 学	33	2168	4960	1460
医 学	55	32	159	80
管理学	1241	437	1135	698
重 庆	**8226**	**6701**	**18562**	**5322**
经济学	32	1	9	5
法 学	211	29	342	151
教育学	86	167	408	44
文 学	352	106	354	138
工 学	544	683	2991	591
医 学	1878	1119	4308	1328
管理学	5123	4596	10150	3065
贵 州	**706**	**1393**	**3555**	**1475**
法 学	10	17	178	159
教育学	144	295	547	249
文 学	133	125	268	143
理 学			3	3
工 学	58	312	658	166
医 学	91	291	932	265
管理学	270	353	969	490
云 南	**515**	**829**	**1151**	**147**
法 学	28	202	202	
教育学		171	171	
文 学		42	42	
工 学	6	57	137	41
农 学	79			
医 学	364	21	263	106
管理学	38	336	336	
陕 西	**1513**	**2607**	**5315**	**1834**
法 学	4	42	68	26
教育学	100	24	66	42
文 学	133	72	126	54
理 学		74	152	
工 学	865	1791	3841	1258
医 学	383	432	824	389
管理学	28	172	238	65
西 安	**688**	**731**	**1709**	**644**
教育学	22	37	95	39
文 学	500	434	1072	581
工 学	4			
医 学	51	92	179	3
管理学	111	168	363	21
甘 肃	**1367**	**3078**	**5827**	**1193**
哲学	22			
法 学	334	84	104	17
教育学	10	110	110	
文 学	164	225	443	197
工 学	496	1812	3899	567
管理学	341	847	1271	412
青 海		**46**	**146**	
文 学		3	35	
医 学		38	105	
管理学		5	6	
宁 夏	**1204**	**1130**	**3090**	**1426**
经济学			3	
法 学	334	195	287	89
教育学	395	593	1270	677
文 学	8		36	34
工 学	120	181	216	32
农 学	11	11	85	49
医 学	86	111	833	292
管理学	250	39	360	253
新 疆	**196**	**663**	**1684**	**578**
法 学	5			
文 学	71	163	297	151
工 学	86	466	1137	303
农 学			27	
医 学	31	34	156	122
管理学	3		67	2
新疆兵团	**34**	**330**	**536**	**71**
教育学		27	83	
文 学		36	72	36
工 学		76	190	35
农 学	34			
管理学		191	191	

2.2.5 全国电大成招高等专科专业与地区分布

单位：人

专业／地区	毕业生数	招生数	在校生数
总　计	**54984**	**57716**	**144045**
哲学	**22**		
哲学类	22		
哲学	22		
甘　肃	22		
经济学	**1144**	**1538**	**3572**
经济学类	1144	1538	3572
经济学		9	12
湖　北		9	9
宁　夏			3
国际经济与贸易	234	462	1028
北　京			2
吉　林		33	100
浙　江	115	268	441
宁　波	88	116	399
福　建	20		9
江　西		1	1
山　东		37	52
青　岛	9	7	10
湖　北			14
广　东	2		
金融学	209	330	822
北　京	146	295	676
吉　林	10	3	3
浙　江			13
青　岛	2		
湖　北	42		16
武　汉	1	4	6
湖　南	4	16	33
广　东	2		
四　川	2	12	75
国民经济管理	11	7	20
宁　波	9	7	20
广　西	2		
保险	32	59	72
长　春	1		
湖　北		1	1
四　川	11	5	18
成　都	20	53	53
税务	8		
海　南	8		
国际贸易	321	456	1018
河　北			11
大　连	153	233	466
江　苏	40	23	84
南　京			6
浙　江	107	200	451
宁　波	21		
金融	162	48	271
吉　林			8
长　春	4		1
黑龙江	1	11	13
上　海	2		
福　建	3		
河　南	45	2	34
湖　北	5	2	14
湖　南			3
深　圳	8		52
海　南		6	24
四　川	58	27	59
成　都	35		62
重　庆	1		1
金融与证券	148	65	206
北　京	65		46
四　川	52	64	152
成　都	2		
重　庆	29	1	8
金融与计算机	16	100	120
湖　北	14	100	120
重　庆	2		
金融与保险	1		1
河　北	1		
四　川			1
国际金融	2	2	2
成　都	2	2	2
法学	**3405**	**1896**	**5427**
法学类	2996	1610	4898
法学	1248	706	2198
北　京	9		18
河　北	65		20
山　西	85	24	90
内蒙古	111	125	308
吉　林	57	44	208
长　春	45	8	20
黑龙江	1		
江　苏		40	67
浙　江	21		
福　建			1
青　岛	7	1	2
河　南	11	12	48
湖　北	202	35	243
武　汉	94	5	18
湖　南	69	28	182
广　东	13		16
广　州	16		3
广　西	19	8	17
海　南	88	14	223
四　川	242	141	389
成　都	60	17	81
重　庆	22	2	32

2.2.5 全国电大成招高等专科专业与地区分布（续表 1）

单位：人

专业／地区	毕业生数	招生数	在校生数
贵　州			2
云　南		202	202
甘　肃	6		8
新　疆	5		
法律	1744	904	2693
北　京	29		33
天　津	49		36
河　北	9	23	32
内蒙古	57	36	76
吉　林	259	119	372
长　春	35	25	39
黑龙江	111	34	142
哈尔滨		38	40
浙　江	6		20
宁　波	15		35
福　建	2		16
山　东			5
河　南	197	176	202
湖　北	147	127	296
湖　南	75	10	64
深　圳	3		37
四　川	169	144	585
成　都	11		8
重　庆	189	27	310
贵　州	10	17	176
云　南	28		
陕　西	4	42	68
甘　肃	328	84	96
宁　夏	11	2	5
律师	4		5
天　津	4		5
经济法			1
四　川			1
法律文秘			1
四　川			1
政治学类	9	3	6
思想政治教育	8		
四　川	8		
政治教育	1	3	6
吉　林	1	3	6
公安学类	400	283	523
治安学	336	210	370
内蒙古	77	17	90
宁　夏	259	193	280
侦查学		73	151
内蒙古		73	151
公安保卫	64		2
宁　夏	64		2
教育学	**2359**	**2325**	**5442**
教育学类	2090	2010	4437
教育学	14	144	175
河　北	12		13
湖　北	2	5	23
湖　南		2	2
云　南		137	137
学前教育	1088	1319	2701
河　北	69	7	51
内蒙古		1	1
长　春	64	59	110
黑龙江			10
浙　江	48	48	95
宁　波	86	211	407
湖　南	59	70	156
四　川	157	164	345
成　都	55	53	88
重　庆	45	110	189
云　南		34	34
陕　西	88	20	53
西　安	22	37	95
宁　夏	395	478	984
兵　团		27	83
教育技术学	36	1	100
河　南	2		
四　川	34	1	90
贵　州			10
小学教育	47	163	436
天　津			14
江　苏			13
湖　北	33		31
武　汉			1
湖　南	3		30
四　川	2		
成　都			4
重　庆	9		9
甘　肃		48	48
宁　夏		115	286
艺术教育			10
四　川			10
幼儿教育	59	259	483
浙　江			27
贵　州	59	259	456
小学师资(理科方向)	24	26	52
贵　州	24	26	52
小学师资(文史方向)	104	1	133
四　川	27		126
重　庆	16		
贵　州	61	1	7
初等教育	706	90	330
江　西		1	1
河　南	629		70

2.2.5 全国电大成招高等专科专业与地区分布（续表 2）

单位：人

专业／地区	毕业生数	招生数	在校生数
湖　北		2	2
海　南	22	4	12
四　川	43	63	208
成　都	11	10	10
重　庆	1	1	5
贵　州		9	22
音乐教育	5	4	14
四　川	5		1
陕　西		4	13
美术教育	7	3	3
成　都	7	3	3
体育学类	12		
体育教育	12		
陕　西	12		
职业技术教育类	257	315	1005
机电技术教育			97
吉　林			27
四　川			70
应用电子技术教育	10	62	62
甘　肃	10	62	62
建筑工程教育			6
黑龙江			6
服装设计与工艺教育	15	56	205
重　庆	15	56	205
旅游管理与服务教育	18	45	138
浙　江	11	45	132
湖　北			2
四　川	7		4
财务会计教育	213	146	491
浙　江	213	146	491
文秘教育	1	6	6
江　西		6	6
广　东	1		
文学	**8371**	**5641**	**13401**
中国语言文学类	4555	1641	4996
汉语言文学	2362	1089	2753
天　津	40		15
河　北	2		
山　西	54		
内蒙古	43	13	30
吉　林	99	144	298
长　春	82	20	70
黑龙江	12	2	2
浙　江	10		
福　建	8		8
江　西	43		
河　南	431	178	235
湖　北	402	219	715
武　汉	91		20
湖　南	129	11	34
广　西	31	25	33
海　南	219	27	61
四　川	254	285	822
成　都	1	5	21
重　庆	143	3	58
贵　州	116	120	229
陕　西	6		2
西　安	5		1
甘　肃	133	37	99
宁　夏	8		
汉语言	1081	221	820
河　北	124	1	3
山　西	50	58	232
内蒙古	1		32
吉　林	10	6	11
河　南	773		7
湖　北	42		161
湖　南	43		3
四　川	30	12	65
重　庆	6	4	51
云　南		42	42
甘　肃	2	98	213
中国少数民族语言文学		3	3
青　海		3	3
汉语言文学教育	209	173	407
湖　北	1		5
湖　南	9	2	35
广　东	103	100	200
重　庆	71	7	64
贵　州	1		
甘　肃	24	64	103
现代文员	53		
山　西	50		
四　川	3		
现代文秘	1	9	12
湖　北		9	12
四　川	1		
文秘	728	130	908
河　北	33		2
大　连	178		129
吉　林	64	1	23
黑龙江	1		
浙　江	113	16	89
宁　波			1
安　徽			5
福　建	2		
山　东		2	2
湖　北	2	15	43
湖　南	19	39	284
广　州		5	5

2.2.5 全国电大成招高等专科专业与地区分布（续表3）

单位：人

专业／地区	毕业生数	招生数	在校生数
深圳	1		8
海南	9		
四川	7	4	50
成都	288	48	260
甘肃	4		
新疆	7		7
文秘与公关	43		13
四川	17		13
重庆	26		
文秘与行政管理	3		
广西	3		
经济管理文秘	48	16	79
湖南	48	16	79
商务秘书	1		1
江西	1		1
办公自动化	26		
河北	18		
黑龙江	8		
外国语言文学类	1345	1542	3256
英语	980	1130	2207
北京	4		23
天津	20		16
河北	157	1	22
内蒙古		40	40
吉林	9	545	592
长春	8		3
黑龙江	8		
哈尔滨	4	97	186
江苏	19	27	76
浙江	207	247	430
宁波	74	34	118
安徽	4		
福建	7		
河南	15		
湖北	37	6	77
武汉	1	1	1
湖南	249	93	501
广东	62	20	26
深圳	5		
广西		4	9
海南	2		1
四川	22	8	32
重庆	43		22
贵州	3		
西安	18	5	28
甘肃		2	4
新疆	2		
俄语	80	155	319
吉林		55	86
长春	76	64	161
黑龙江	4		
兵团		36	72
日语	70	58	185
青岛		1	1
陕西	19		
西安	51	57	184
朝鲜语		25	50
吉林		8	33
青岛		17	17
商务英语	76	61	219
江苏			33
浙江	50	45	126
广东	26		
广州		16	60
商务英语	14	42	55
沈阳		21	21
安徽		19	19
四川	14	2	15
旅游英语	27	5	17
天津	1		12
四川	4	5	5
成都	22		
外贸英语	29	20	93
河北	2		
福建	2		
深圳	18	20	82
四川	1		2
成都	6		9
英语教育	69	46	111
河北		1	1
内蒙古	12	1	9
湖北			40
四川	49	20	37
重庆	7		
甘肃	1	24	24
新闻传播学类	46	109	231
新闻学	1		13
河北			13
四川	1		
广告学	44	109	216
河北	1		
浙江	15	32	68
广州	11	7	18
四川	17	70	130
新闻传播学			2
贵州			2
新闻采编	1		
四川	1		
艺术类	2425	2349	4918
音乐学	12		

2.2.5 全国电大成招高等专科专业与地区分布（续表4）

单位：人

专业／地区	毕业生数	招生数	在校生数
内蒙古	1		
四川	2		
贵州	9		
音乐表演	144	36	76
内蒙古		23	38
吉林	2	2	4
长春	17	8	20
湖南		3	5
陕西	108		
青海			9
新疆	17		
美术学	1		
四川	1		
艺术设计学			3
广州			3
艺术设计	355	313	686
北京	42		61
吉林		2	10
哈尔滨	2		
江苏		1	25
浙江	12	30	110
青岛	1		
湖南	187	200	278
西安	111	80	202
舞蹈学	18	6	41
湖南	1		
西安	6	6	41
新疆	11		
表演	120	113	262
内蒙古			22
西安	120	113	217
青海			23
摄影	34	19	19
西安	34	19	19
动画		76	217
内蒙古		46	55
浙江			71
四川		30	91
播音与主持艺术	196	164	381
内蒙古		17	17
吉林	155	51	214
贵州			2
西安	27	16	33
新疆	14	80	115
广播电视编导	13	5	114
吉林			1
贵州	2	5	32
西安	11		81
音乐教育	66	84	175
四川			20
陕西		13	16
西安	66	71	139
工艺美术学	50	13	48
湖南	45	3	29
广东			4
西安	5	10	15
美术教育	28	8	32
四川	5		
西安	23	8	32
广告艺术设计	214	273	575
北京	10		47
河北			16
哈尔滨	8	3	12
浙江	67	84	153
深圳	1	1	7
四川	48	59	125
成都	68	106	169
重庆	12	20	46
环境艺术设计	484	5	25
广州		4	4
成都	484	1	21
装潢艺术设计	126	107	252
浙江	82	35	139
重庆	44	72	113
装饰艺术设计	72	50	215
天津	2		35
四川	70	50	180
电脑美术设计	256	649	842
沈阳		19	33
吉林	21	5	23
安徽	85	225	360
成都	145	400	419
西安	5		7
服装艺术设计		163	163
四川		46	46
成都		117	117
装潢		3	4
河北			1
四川		3	3
室内设计	18	15	39
西安	18	15	39
舞蹈教育			16
陕西			16
舞蹈			17
新疆			17
戏剧表演	39	3	11
哈尔滨	39	3	11
影视表演	28	7	15
长春	26	7	12
贵州	2		3

2.2.5 全国电大成招高等专科专业与地区分布（续表5）

单位：人

专业／地区	毕业生数	招生数	在校生数
舞台灯光	18	16	49
北　京	18	16	49
广播电视节目制作	54	143	303
吉　林	34	1	17
陕　西		59	92
宁　夏			36
新　疆	20	83	158
影视动画设计	10	39	39
成　都	10	5	5
西　安		34	34
动漫设计与制作	69	39	299
哈尔滨		13	13
南　京		25	37
成　都	69	1	249
理学	**108**	**343**	**646**
数学类	42	40	87
信息与计算科学	33	40	79
湖　北	32	40	79
四　川	1		
数学教育	9		8
湖　北	9		8
化学类		24	24
应用化学		24	24
陕　西		24	24
生物科学类		50	128
生物技术		50	128
陕　西		50	128
地理科学类			68
资源环境与城乡规划管理			68
海　南			68
大气科学类			3
大气物理学与大气环境			3
贵　州			3
电子信息科学类	66	229	336
电子信息技术	66	229	336
天　津			17
四　川	66	229	319
工学	**7221**	**17492**	**41829**
地矿类	60	380	617
采矿工程		23	35
四　川		23	35
石油工程	20	270	423
湖　北		2	5
甘　肃	20	222	355
兵　团		46	63
采煤		38	110
四　川		22	22
贵　州		16	88
采油	40	21	21
甘　肃	40	21	21
地质矿产资源开发		28	28
贵　州		28	28
材料类	73	75	177
冶金工程	15	75	177
河　北			12
陕　西	15	75	165
金属压力加工	32		
河　北	32		
轧钢	26		
河　北	26		
机械类	2263	6579	15172
机械设计制造及其自动化	1545	2946	6726
天　津	29		
河　北		4	4
山　西	53	84	235
沈　阳	114	98	156
大　连	83	93	93
吉　林	1	8	44
长　春		9	61
浙　江		9	54
江　西	54	96	108
山　东		38	246
河　南		84	191
湖　北	80	172	367
湖　南	63	156	484
四　川	161	427	894
成　都		8	8
重　庆	101	64	114
贵　州	41	200	336
陕　西	758	983	2118
甘　肃	7	413	1213
材料成型及控制工程			28
河　北			28
工业设计	2	24	37
山　东	2		
湖　北		24	24
广　州			13
机械工程及自动化	1		1
黑龙江			1
湖　北	1		
机械电子工程		6	6
湖　北		6	6
机械设计	7	3	14
吉　林		2	6
武　汉			2
重　庆	7	1	6
机械制造	53	122	439
河　南	2		
湖　北		36	118
湖　南		14	33

2.2.5 全国电大成招高等专科专业与地区分布（续表6）

单位：人

专业／地区	毕业生数	招生数	在校生数	专业／地区	毕业生数	招生数	在校生数
四　川		5	121	武　汉	30	8	22
重　庆	50	67	167	湖　南	86	77	356
陕　西	1			广　州		58	58
机械设备和管理		82	82	四　川	100	279	650
河　南		82	82	成　都		378	544
模具设计与制造	1	230	407	重　庆	71	179	754
南　京		41	41	贵　州			12
湖　南	1	55	197	甘　肃		396	396
四　川		81	116	汽车检测与维修技术	85	172	350
成　都		26	26	南　京	85	160	337
陕　西		27	27	河　南		2	2
化工机械	18	8	17	四　川		10	11
山　西	6			能源动力类	78	99	280
四　川	7	8	8	热能与动力工程	45	64	223
新　疆	5		9	吉　林	4	4	9
焊接工艺及设备	25	6	10	宁　夏	5	60	60
河　北	25	6	10	新　疆	36		154
液压技术应用	1	1	2	电厂热能动力工程	22	35	57
四　川	1	1	2	吉　林	10	11	12
铁道车辆		17	1180	黑龙江		18	39
黑龙江		7	1151	广　东	12	6	6
河　南		10	29	制冷与空调技术	11		
汽车运用与维修	2	81	126	大　连	11		
长　春		2	21	电气信息类	2225	7110	18100
四　川	2		26	电气工程及其自动化	79	183	727
甘　肃		79	79	河　北	23	10	61
机电安装	8	9	27	吉　林	28	8	59
宁　波	8	9	27	长　春			1
机电工程	104	198	631	江　苏		82	85
吉　林	1			山　东	1	36	103
江　苏	72	104	371	河　南	2		
浙　江		62	186	湖　北	1		30
宁　波	25	32	74	湖　南	13		5
云　南	6			甘　肃	11		294
电机与电器			68	宁　夏		4	4
湖　北			68	新　疆		43	85
机电一体化	411	2674	5021	电子信息工程	1	152	321
河　北		43	46	湖　北	1	152	321
内蒙古	20	28	59	计算机科学与技术	471	665	2465
长　春	1	35	107	北　京	22		3
黑龙江	18	147	163	河　北	43		52
哈尔滨		2	2	山　西	47		
江　苏		59	59	内蒙古	14	5	22
南　京		246	356	吉　林	20		25
浙　江	4	75	232	黑龙江	3	7	19
安　徽		154	154	江　苏		50	73
福　建	3	84	135	宁　波		2	27
江　西		74	74	福　建			8
河　南	77	271	756	江　西	1		1
湖　北	1	81	86	青　岛		3	4

2.2.5 全国电大成招高等专科专业与地区分布（续表7）

单位：人

专业／地区	毕业生数	招生数	在校生数
河　南	141	134	447
湖　北	7	36	59
湖　南	94	156	544
广　东	1		
广　西	3	2	2
海　南	44	1	17
四　川	2	93	96
成　都	23	119	942
重　庆	5		47
贵　州			20
云　南		57	57
宁　夏	1		
电子科学与技术	9	1	356
湖　北	9	1	356
电气工程与自动化			105
新　疆			105
软件工程		70	1036
成　都		70	108
重　庆			928
网络工程	3		9
广　东			9
新　疆	3		
广播电视工程			80
云　南			80
计算机软件	9		2
河　南	9		2
发电厂及电力系统	142	624	1100
河　北	21		6
山　西	22	50	101
吉　林	40	21	61
黑龙江	4	10	20
湖　北			2
四　川	44	87	225
重　庆	1	47	57
贵　州	7		8
陕　西	3	33	39
甘　肃		186	186
新　疆		190	316
兵　团			79
电力系统	85	45	102
大　连	41		52
河　南	44	12	17
湖　北		2	2
广　东		31	31
电力系统及自动化	202	209	1494
内蒙古	13	12	57
河　南	63	93	797
广　东	43	7	23
广　西		67	67
海　南	45	24	178
重　庆	38	6	372
供用电技术	17	24	74
黑龙江		1	1
湖　北	2	1	23
广　东	15		
贵　州		22	50
电气设备维修与管理	1		
吉　林	1		
机床数控技术	81	95	409
四　川	81	95	381
贵　州			28
铁道信号			135
黑龙江			135
铁路通信信号管理			8
内蒙古			8
实用电子技术	14	13	34
四　川	4	13	34
重　庆	10		
办公自动化设备运用与维修		4	4
甘　肃		4	4
计算机辅助设计及管理	63	216	277
陕　西	63	216	277
计算机应用	899	1906	4376
北　京	33		40
天　津	46		8
河　北	2		1
内蒙古	13	12	17
沈　阳	9	56	56
长　春	9	16	20
黑龙江	39	78	133
哈尔滨	15	33	35
浙　江	44	44	102
安　徽		188	355
福　建	3	41	84
江　西	6		14
山　东		14	14
河　南	62	45	67
湖　北	23	14	97
湖　南	173	51	247
广　东	83		38
广　州		17	17
深　圳			27
广　西	1		
四　川	97	29	137
成　都	2	1009	2124
重　庆	137	77	108
贵　州	3		3
陕　西		52	351
甘　肃	99	130	281
多媒体技术	2	46	84

2.2.5 全国电大成招高等专科专业与地区分布（续表 8）

单位：人

专业／地区	毕业生数	招生数	在校生数
河北		9	9
福建		37	37
贵州	2		38
应用电子技术	116	1027	2029
天津	3		
河北			18
黑龙江		7	7
江西		61	61
四川	47	307	902
成都	1	253	253
重庆		35	35
陕西	25	267	533
甘肃	40	97	220
计算机网络技术	23	215	569
河北		7	7
浙江		33	86
河南	6	111	120
湖南	9		
广州	8	23	50
广西		6	6
成都		35	300
信息系统开发与维护		50	56
浙江		50	56
网站编程	4		
吉林	4		
计算机及应用	4	57	91
河北		8	8
江苏		38	38
四川	4	10	11
重庆		1	34
数控技术		1508	2157
黑龙江		61	61
江苏		156	197
南京		100	122
福建		139	255
江西		86	86
河南		305	305
湖南		14	14
广州		58	78
四川		253	395
成都		270	578
陕西		30	30
甘肃		36	36
土建类	1892	1704	3962
建筑学	23	175	440
内蒙古		4	4
吉林			3
浙江		139	339
江西	12		34
山东			20
武汉	7	1	5
湖南			1
四川	2	1	3
陕西			1
西安	2		
兵团		30	30
土木工程	99	37	139
内蒙古	7		20
吉林	2	2	4
浙江	12		11
宁波	34	30	90
湖南	5	5	13
重庆	8		1
宁夏	31		
建筑环境与设备工程		13	31
江苏		13	13
湖北			18
给水排水工程	2		2
吉林	2		2
建筑设施智能技术			29
重庆			29
给排水科学与工程		4	5
黑龙江			1
广西		4	4
道路桥梁与渡河工程		1	1
四川		1	1
城镇规划	1		1
内蒙古			1
四川	1		
工业与民用建筑	703	51	359
山西	22		32
吉林	40	4	58
黑龙江	116		4
浙江	1		
河南	303	1	23
湖北	48	15	41
湖南	23		19
四川	54	31	162
成都	2		7
重庆	1		13
贵州	5		
甘肃	88		
化工、工民建	67	21	26
山西	56		
吉林		3	3
长春	10	18	23
江西	1		
建筑结构工程	1	10	66
吉林		2	11
长春		6	24

2.2.5 全国电大成招高等专科专业与地区分布（续表 9）

单位：人

专业／地区	毕业生数	招生数	在校生数
湖　北	1	2	31
房屋建筑工程	10	10	97
江　苏		10	97
四　川	10		
市政工程	33		
湖　北	33		
公路与城市道路工程	1		15
内蒙古	1		15
道路与桥梁	139	95	385
山　西	51	68	194
内蒙古		3	3
吉　林	5	1	121
长　春	21	11	50
湖　北	6	4	7
海　南	40	6	6
四　川	1	1	3
重　庆	8		
西　安	2		
甘　肃	5	1	1
建筑施工与管理	364	459	918
黑龙江		3	3
江　苏		21	21
浙　江		118	215
宁　波	10		13
安　徽		60	60
河　南		20	46
湖　南	11		
四　川	322	81	311
重　庆	20	130	150
贵　州			1
甘　肃	1	26	98
供热通风与空调工程	35	20	25
吉　林	35	20	25
工程预算	161	82	115
河　北	159	79	112
四　川	2	3	3
工程监理			4
河　北			4
城市轨道交通工程技术			1
陕　西			1
建筑工程技术	253	726	1303
内蒙古		1	6
沈　阳		29	29
吉　林	77	16	34
南　京		46	68
浙　江	2	22	48
安　徽		218	230
江　西		1	1
山　东		12	12
河　南		207	211
湖　南		40	119
海　南	12	1	4
四　川	2	1	14
成　都	5		70
重　庆	86	76	176
甘　肃	69	56	281
水利类	159	27	288
水利水电工程	92	27	183
吉　林	36	14	40
湖　北	3	6	15
湖　南	3		3
海　南			2
重　庆	1		
甘　肃	49	7	123
水电工程及工程管理	67		105
甘　肃	67		105
测绘类	13	3	50
测绘工程	13	3	50
天　津	13		47
四　川		3	3
环境与安全类	4	46	64
环境监察	4		
江　苏	4		
环境监测及保护			18
湖　北			18
矿山安全技术		46	46
贵　州		46	46
化工与制药类	121	530	1027
化学工程与工艺	65	372	644
内蒙古		1	1
浙　江	23		
甘　肃		138	175
新　疆	42	233	468
制药工程		27	27
哈尔滨		27	27
精细化工		18	18
福　建		18	18
石油化工工艺		108	299
陕　西		108	299
无机化工工艺	23		
山　西	23		
生化制药工艺	33	5	39
宁　夏	33	5	39
交通运输类	267	849	1911
交通运输	13	81	162
内蒙古	13	4	4
四　川		77	127
甘　肃			31
交通工程	132	69	271
吉　林	90	10	177

2.2.5 全国电大成招高等专科专业与地区分布（续表 10）

单位：人

专业／地区	毕业生数	招生数	在校生数
黑龙江	33		35
海 南	9		
四 川		59	59
物流工程		90	90
江 苏		90	90
铁道运输	13	99	99
山 西	13		
宁 夏		99	99
铁道工程		484	1205
黑龙江		4	324
四 川		480	881
铁道自动化		24	48
河 南		24	48
交通管理工程			1
内蒙古			1
汽车运用技术	109	2	35
长 春	31	2	23
安 徽	74		
河 南	4		12
轻工纺织食品类	16	77	167
服装设计与工程	4		
长 春	4		
食品营养			33
海 南			33
食品检验		37	76
浙 江		37	76
烹饪	12		
湖 南	12		
棉花加工与检验			18
兵 团			18
服装设计与制作		40	40
黑龙江		40	40
农业工程类	50	13	14
农业水利工程	50	13	14
宁 夏	50	13	14
农学	**209**	**20**	**147**
植物生产类	115	4	11
农学	27		
内蒙古	4		
四 川	1		
兵 团	22		
园艺	9	4	11
河 南	1		1
宁 夏	8	4	10
烟草	79		
云 南	79		
草业科学类	12		
草原	12		
内蒙古	12		
森林资源类	19		2
林学	19		2
内蒙古	19		2
环境生态类	1		
园林	1		
四 川	1		
动物生产类	31		29
蚕学	9		1
四 川	9		1
畜牧	22		28
内蒙古	1		1
黑龙江	9		
新 疆			27
兵 团	12		
动物医学类	31	13	90
畜牧兽医	31	13	90
河 南		1	1
四 川	28	5	14
宁 夏	3	7	75
水产类		3	15
水产养殖学		3	15
湖 北		3	15
医学	**5080**	**3967**	**12723**
预防医学类	30	13	190
预防医学	4	1	139
四 川	4	1	139
卫生管理	26	12	51
四 川	18	3	15
重 庆	8	9	36
临床医学与医学技术类	761	288	1227
临床医学	656	271	1121
黑龙江	8	7	29
湖 北	1		
湖 南	151	111	365
贵 州	43	65	294
云 南	263	13	169
陕 西	175	74	237
西 安	15	1	27
医学影像学	42	2	43
湖 南	26	2	10
陕 西	16		33
医学检验	51	15	51
黑龙江	1		
湖 南	8	15	26
陕 西	42		25
乡村医生			11
宁 夏			11
临床检验	12		1
陕 西	12		1
口腔医学类	10	98	142
口腔医学	10	98	142

2.2.5 全国电大成招高等专科专业与地区分布（续表 11）

单位：人

专业／地区	毕业生数	招生数	在校生数
湖南	5	8	13
西安	5	90	129
中医学类	2	35	120
中医学	2		
西安	2		
藏医学		35	102
青海		35	102
中西医临床医学			18
贵州			18
护理学类	3074	2360	8501
护理学	2784	2335	7942
黑龙江	12	10	40
江西	53	34	93
山东	15		
青岛	1		8
湖北	4		7
湖南	378	193	546
四川	828	329	1651
成都	55	32	159
重庆	1081	1038	3633
贵州	48	212	548
云南	101	8	94
陕西	100	354	503
西安			1
宁夏	77	91	503
新疆	31	34	156
高护	290	25	559
山东	36		9
湖北	3		
四川		1	1
重庆	184		190
贵州		14	72
陕西	38	4	25
西安	29	1	22
宁夏		5	240
药学类	1203	1173	2543
药学	1056	1147	2399
黑龙江			2
江苏		184	184
青岛	1	1	4
湖北	12		
湖南	429	872	1678
重庆	605	72	449
青海		3	3
宁夏	9	15	79
中药学			38
河北			38
应用药学	38	15	33
湖北	1		
四川	37	15	33

专业／地区	毕业生数	招生数	在校生数
药事管理			1
河北			1
药品质量监督管理	109	11	72
四川	109	11	72
管理学	**27065**	**24494**	**60858**
管理科学与工程类	1922	2892	5982
管理科学	5		5
重庆	5		5
工程管理	216	119	373
浙江	25	32	63
青岛			6
湖北			11
四川	123	72	237
成都	68	10	10
重庆		5	46
工程造价	227	220	415
天津			31
河北		21	22
黑龙江		6	6
南京		17	17
青岛			1
湖北	4		4
四川	220	61	110
重庆		87	194
陕西		28	28
新疆	3		2
房地产经营管理	19		23
四川	1		1
重庆	18		22
经济信息学			5
湖南			1
四川			4
计算机管理	28	8	23
长春	28	8	23
计算机信息管理	716	1733	3419
天津			2
内蒙古		3	3
吉林	47	44	109
上海	6		
江苏	129	286	652
南京	50	138	526
浙江	95	118	273
宁波		27	27
安徽	33	214	222
福建	15		12
江西	63	290	290
河南		105	155
湖北	29	75	95
武汉	27	18	97
广西		9	9

2.2.5 全国电大成招高等专科专业与地区分布（续表12）

单位：人

专业／地区	毕业生数	招生数	在校生数
重　庆	221	385	926
陕　西	1		
甘　肃		21	21
工业企业管理	183	64	154
黑龙江	2		
湖　北	15	14	27
重　庆	166	50	127
质量检验与管理	4		
河　南	4		
交通管理	287	67	232
山　西	287	58	222
内蒙古		9	10
交通运输管理	165		
四　川	165		
铁道运输管理	2	681	1216
河　北		45	45
山　西	2		
内蒙古		2	2
四　川		634	1169
市政工程预算管理	70		117
天　津	70		117
工商管理类	21962	19647	48471
工商管理	2557	1344	3354
河　北	60	10	50
山　西	34	73	73
内蒙古		11	11
沈　阳	58	52	126
吉　林	1	2	11
长　春	309	8	18
浙　江	262	199	536
安　徽	15	18	36
福　建	16	7	25
江　西	60	26	52
青　岛	29	11	12
湖　北	165	14	149
武　汉	388	126	371
湖　南	184	162	381
广　东	155	19	140
深　圳	19		105
广　西		6	6
海　南	55	3	13
四　川	55	72	190
成　都	204	39	208
重　庆	464	396	703
云　南		90	90
陕　西	1		
甘　肃	23		21
新　疆			27
市场营销	1550	1609	3617
天　津	9		18
河　北		2	4
山　西	26	42	43
内蒙古	27	14	72
吉　林	10	19	21
长　春	8	3	20
黑龙江	6	131	140
哈尔滨	8	3	5
江　苏		9	35
南　京	37	18	79
浙　江	78	83	240
安　徽	119	105	114
福　建	15	60	131
江　西	16	15	49
山　东		8	39
青　岛	2		
河　南	27	65	199
湖　北	125	135	259
武　汉			1
湖　南	74	48	158
广　东	38	13	57
广　州		17	17
广　西	8	46	46
海　南			11
四　川	125	74	399
成　都	72	12	79
重　庆	716	615	1261
贵　州	3	30	77
陕　西	1		
甘　肃		42	43
会计学	3580	4156	9652
北　京	140	241	519
天　津	21		71
河　北	165	41	227
山　西	50	23	73
内蒙古	28	18	94
吉　林	129	68	313
黑龙江	20	7	14
江　苏	18	169	407
南　京	91	165	519
浙　江	746	1432	2828
宁　波	196	145	462
安　徽	57	195	195
福　建	7	24	75
江　西	64	112	143
山　东	1		
湖　北	435	151	473
武　汉	119	46	101
湖　南	265	132	588
广　东	239	60	251
广　州	30	116	150

2.2.5 全国电大成招高等专科专业与地区分布（续表13）

单位：人

专业／地区	毕业生数	招生数	在校生数
深圳	68	46	200
广西	5	10	18
海南	224	38	285
四川	339	398	978
成都	1	9	9
重庆	114	151	297
贵州			2
云南		246	246
陕西	3		
甘肃	5	34	34
青海		5	6
宁夏		16	16
兵团		58	58
财务管理	109	52	144
内蒙古	28	52	69
浙江	1		1
河南	67		12
湖南	13		62
人力资源管理	401	359	678
黑龙江			14
宁波	29	29	64
河南	1		
重庆	350	235	484
西安	21	95	116
旅游管理	589	1019	1792
河北	2		
内蒙古		11	15
沈阳		9	9
大连	367	295	575
吉林	5		4
黑龙江		277	279
江苏			52
南京		3	3
浙江	41	30	58
福建		41	41
江西	1	2	3
山东			9
青岛		1	1
湖北	2	2	8
湖南	41	54	155
海南	40	2	16
四川	54	103	254
成都	2	153	153
重庆	3	1	1
贵州		3	33
宁夏	31		83
新疆			8
兵团		32	32
电子商务	2104	1773	4370
北京		33	101
河北	18	77	95
大连	29		
吉林	95	12	50
长春	6		
黑龙江		3	5
江苏	2	4	31
南京		9	88
浙江	282	142	282
安徽	4	90	217
福建		26	26
江西		33	33
山东		16	16
青岛	3	2	2
河南		52	224
湖北	27	23	59
武汉	1	1	13
湖南	288	36	591
广东	64		21
广州	18		
深圳	2		33
广西		8	8
四川	196	392	694
成都	235	108	108
重庆	830	706	1673
宁夏	4		
物流管理	999	1281	3035
河北		43	206
大连	20	6	15
长春	7	4	32
黑龙江	3	2	5
哈尔滨	6		3
江苏	138	84	290
浙江	94	164	364
宁波	121	62	220
福建		144	210
青岛	3	5	5
湖南		26	58
广州	33	40	91
深圳	26		61
广西	18	15	28
四川	193	283	755
重庆	333	302	591
甘肃	4		
兵团		101	101
物业管理	118	54	176
北京	1		2
河北	2		1
吉林	2	1	6
黑龙江	1		
哈尔滨		1	2

2.2.5 全国电大成招高等专科专业与地区分布（续表 14）

单位：人

专业／地区	毕业生数	招生数	在校生数
湖北	2		
湖南		4	5
广东	3		
深圳			21
广西		4	4
四川	52	22	75
成都	32	8	28
重庆	1	14	32
贵州	22		
酒店管理	88	124	264
内蒙古			18
广州	17		
四川		21	38
成都	16	5	21
重庆	51	32	88
陕西		26	26
甘肃	4	40	73
企业管理	63	21	83
长春	8		4
上海	8		
湖北			4
湖南	46	21	75
贵州	1		
工商企业管理	2826	1932	5446
天津	85		158
河北			83
吉林	837	272	906
长春	204	135	303
黑龙江	87	75	241
哈尔滨	16	31	71
江苏		30	63
南京		54	132
浙江	45	54	116
宁波	3		
福建	9	142	337
山东		3	3
河南	69		
湖北	144	95	279
湖南		5	13
广东	10		
广州	51	61	131
海南	78	9	156
四川	579	369	1135
重庆	565	589	1284
贵州	2		1
云南	38		
陕西	3		18
甘肃		8	13
宁夏	1		3
商务管理	4	13	39
四川		13	39
重庆	4		
经济管理	708	343	1206
内蒙古		4	6
长春	7	15	39
黑龙江			1
江苏	27		19
宁波	22	29	134
福建		110	217
湖北	35		79
湖南	244	108	327
广西	19		
海南	289	8	198
贵州	65	69	186
铁道运输经济管理	118	216	1281
天津	14		19
黑龙江		2	676
河南		169	425
四川	27	45	54
宁夏	77		107
建筑工业经济管理	207	16	268
浙江			54
四川	45	16	60
成都	162		154
建筑经营管理	20	66	150
哈尔滨	20	26	47
浙江		26	70
四川		14	33
房地产经营管理	93	14	56
吉林	47	2	10
福建	6		
湖北	1		
四川	20	2	19
重庆	19	10	27
经济信息管理	902	327	1082
天津	1		
大连	28		
南京	102	51	160
宁波	165	30	117
河南			2
湖北	82	13	113
湖南	176	74	232
广西	17		
四川	181	141	388
成都	150		37
陕西		18	33
现管与市场营销			1
四川			1
市场营销与广告	33	2	58
长春	11		2

2.2.5 全国电大成招高等专科专业与地区分布（续表 15）

单位：人

专业／地区	毕业生数	招生数	在校生数
广　西			42
四　川	9	2	14
重　庆	13		
财务会计	1837	1829	4830
北　京	116		178
天　津	22		15
河　北	86		19
内蒙古	1	3	3
吉　林	72	64	137
黑龙江		1	1
上　海	4		
江　苏	241	285	1080
浙　江	275	306	579
宁　波	564	574	1435
安　徽		111	111
福　建	15	104	154
山　东	2		
湖　北	62	34	97
湖　南	191	161	494
广　西	11		
四　川	99	186	452
成　都	72		50
重　庆	1		25
贵　州	3		
商业会计	103		125
天　津	17		26
浙　江	62		99
福　建	10		
山　东	1		
湖　南	13		
电算会计	227	106	352
河　北		3	24
吉　林	14		9
长　春		4	4
黑龙江	54	41	78
哈尔滨	40	26	46
福　建		1	1
江　西	4		
深　圳	3		18
广　西	35	7	66
贵　州	6	13	22
甘　肃	3		3
宁　夏	68	11	81
涉外财务会计	7		15
长　春	7		15
市场营销与会计		13	29
陕　西		13	29
会计电算化	2203	2666	5564
河　北	22	86	112
内蒙古	9	1	3
沈　阳	35	54	54
大　连	9	3	23
吉　林	267	94	252
长　春	53	31	59
黑龙江	8	7	30
安　徽	9	36	173
福　建	7	219	465
厦　门	19	35	101
山　东		25	104
青　岛	31	15	17
河　南	41	222	478
湖　北	42	16	87
广　东	132		43
广　西		54	54
四　川	137		66
成　都	121	58	166
重　庆	839	765	1667
贵　州	63	130	262
陕　西	8	83	95
西　安	90	73	247
甘　肃	261	659	1006
财会与计算机	299	175	374
山　西	126	33	122
长　春	39	27	37
福　建	5		15
青　岛	3		
河　南	17	78	93
湖　北	16	1	2
四　川	75	30	95
成　都	12		1
甘　肃	6	6	9
金融财会	7	10	42
宁　波	7	10	42
饭店管理		15	21
四　川		15	21
旅游与酒店管理	136	46	272
天　津	1		16
河　北	11		
哈尔滨	7	3	56
浙　江	44		
河　南	8		54
湖　北	1	3	13
湖　南	7		9
四　川	27	39	93
重　庆		1	1
甘　肃	30		
新　疆			30
旅游	53	66	94
河　北		9	9
浙　江		49	49

2.2.5 全国电大成招高等专科专业与地区分布（续表 16）

单位：人

专业／地区	毕业生数	招生数	在校生数
湖　南	27	5	33
四　川		3	3
重　庆	26		
保税储运	21		1
内蒙古	21		1
公共管理类	3096	1845	5900
行政管理	2900	1714	5283
河　北			3
山　西	180	158	532
内蒙古	46	69	99
哈尔滨	14	1	12
江　苏	56	87	466
浙　江	167	76	363
宁　波	440	170	719
江　西		1	1
河　南	91		10
湖　北	708	258	740
武　汉	133	47	122
湖　南	137	113	311
广　东	178	21	80
广　州	9	62	106
深　圳	36	22	99
广　西	19	16	66
海　南	1	34	35
四　川	200	226	554
成　都	85	31	107
重　庆	327	186	550
贵　州	63	99	259
甘　肃	5	37	48
宁　夏	5		1
公共事业管理	45	9	108
河　北	19		78
四　川	26	9	30
土地资源管理	10		21
吉　林			2
湖　北	1		19
成　都	8		
贵　州	1		
公共关系学	42	53	109
福　建			6
重　庆	42	53	103
城市管理	11		
湖　北	11		
工商行政管理	28	19	151
内蒙古		9	9
吉　林		2	2
湖　北	3		3
湖　南	4		84
海　南	20	4	38
四　川	1	4	15
公共事业管理（卫生事业管理方向）	59	29	187
四　川	2	3	13
成　都	1	4	4
重　庆	15	13	43
贵　州	41	9	127
公共事业管理（教育管理方向）	1	1	21
江　西		1	1
湖　北	1		20
报送与货运		15	15
江　苏		15	15
社区管理		5	5
广　西		5	5
农业经济管理类	64	105	495
农业经济管理	64	16	263
海　南		4	194
宁　夏	64	12	69
乡镇管理		89	232
江　苏		89	232
图书档案学类	21	5	10
图书馆学	21	4	9
吉　林	10		
陕　西	11	4	9
档案管理		1	1
吉　林		1	1

2.2.6 全国电大成招专科升本科专业与学生情况

单位：人

	毕业生	招　生	在校生	预计毕业生
总　计	**262**	**234**	**1059**	**492**
经济学	**3**			
经济学类	3			
金融学	3			
湖　北	3			
法学	**60**	**17**	**218**	**104**
法学类	60	17	218	104
法学	60	17	158	44
江　苏		14	118	24
安　徽	8		4	4
河　南		2	3	
湖　北	52	1	33	16
法律			60	60
湖　北			60	60
文学	**98**	**68**	**288**	**126**
中国语言文学类	69	52	253	107
汉语言文学	69	52	253	107
江　苏		35	148	25
河　南	12	11	11	
湖　北	57	6	94	82
外国语言文学类	29	16	35	19
英语	29	16	35	19
安　徽	2	15	17	2
湖　北	27	1	18	17
理学			**40**	**40**
数学类			40	40
信息与计算科学			40	40
湖　北			40	40
工学	**1**	**25**	**72**	**44**
机械类		20	20	
机械		20	20	
江　苏		20	20	
电气信息类		5	12	4
计算机科学与技术		5	7	2
安　徽		5	7	2
计算机应用			5	2
湖　北			5	2
土建类			40	40
道路与桥梁			40	40
湖　北			40	40
环境与安全类	1			
环境工程	1			
江　苏	1			
医学	**30**		**80**	**80**
护理学类			80	80
护理学			80	80
湖　北			80	80

2.2.6 全国电大成招专科升本科专业与学生情况（续表1）

单位：人

	毕业生	招 生	在校生	预计毕业生
药学类	30			
药学	30			
湖 北	30			
管理学	**70**	**124**	**361**	**98**
工商管理类	57	97	292	58
工商管理	39	9	21	12
安 徽	2	6	8	2
湖 北	37	3	13	10
市场营销		3	3	
湖 北		3	3	
会计学	17	41	143	26
江 苏		31	130	24
安 徽		7	9	2
河 南	16	3	4	
湖 北	1			
电子商务		44	105	
湖 北		44	105	
房地产经营管理	1			
湖 北	1			
财务会计			20	20
湖 北			20	20
公共管理类	13	27	69	40
行政管理	7	27	27	
江 苏		27	27	
湖 北	7			
公共事业管理(教育管理方向)	6		42	40
湖 北	6		42	40

2.3 全国电大中等专业学历教育学生情况

单位：人

学　校	毕业生	招　生	在校生
总　计	**58100**	**84659**	**173464**
北　京	**564**	**95**	**1637**
北京广播电视大学	564	95	1637
天　津	**156**	**35**	**61**
津南区分校			26
天港务局工作站	156	35	35
河　北	**9138**	**11430**	**20305**
河北广播电视大学	4489	2721	7172
石家庄广播电视大学	956	1646	2693
唐山广播电视大学	1158	894	949
秦皇岛广播电视大学	1040	1589	1818
邯郸广播电视大学	471	919	1200
邢台广播电视大学	267	160	404
保定广播电视大学	528	2599	4790
张家口广播电视大学	95	21	268
沧州广播电视大学	52	801	801
廊坊广播电视大学	82	80	172
衡水广播电视大学			38
内蒙古	**42**	**1282**	**2471**
内蒙古广播电视大学	4	703	1022
赤峰市分校		422	720
兴安盟分校			7
哲里木盟分校	9	157	267
巴盟广播电视大学	29		
内蒙古阿拉善盟广播电视大学			9
哲盟霍林河矿区电大			446
辽　宁	**2023**	**1448**	**3946**
辽宁广播电视大学	1745	1027	2970
本溪广播电视大学	79	154	375
锦州分校		12	12
丹东分校		7	92
辽阳分校	21		
朝阳广播电视大学	22	195	404
铁岭广播电视大学		6	26
沈阳铁路局电大	113		20
辽宁广播电视大学海城学院	43	47	47
沈　阳	**277**	**206**	**664**
沈阳广播电视大学	277	206	664
吉　林	**1136**	**16839**	**18913**
吉林广播电视大学	1136	1824	3898
吉林市分校		1365	1365
四平分校		1421	1421
延边分校		3101	3101
通化分校		1196	1196
辽源分校		2296	2296
白山分校		2037	2037
白城分校		2037	2037
松原分校		1562	1562
长　春	**21**	**415**	**422**
长春市广播电视大学	15	400	407
长影影视艺术学校	6	15	15
黑龙江	**6309**	**3444**	**12561**
黑龙江广播电视大学	6185	3419	12460
佳木斯广播电视大学	104	19	57
牡丹江林区广播电视大学	20	6	44
上　海	**1433**	**1460**	**2976**
上海电视大学	1413	1460	2938
嘉定分校	20		38
江　苏	**3341**	**2665**	**6669**
常州市广播电视大学		708	2054
无锡市广播电视大学	2049	496	942
盐城市广播电视大学	29	248	401
连云港广播电视大学	222	251	473
江苏电大张家港学院	65	44	44
江苏广播电视大学大丰学院	714	483	1540
江苏电大通州学院	262	435	1215
南　京	**137**		**133**
六合县分校	80		121
雨花台区分校	57		12
浙　江	**3481**	**2953**	**7766**
浙江广播电视大学	736	943	1663
杭州广播电视大学	925	254	1008
临安分校	58	79	261
建德分校	53		
淳安学院	106	86	212
嘉兴广播电视大学	177	158	903
平湖学院	79	55	105
海盐学院	193		406
海宁学院	97		
长兴学院	120	200	332
德清学院	166		24
安吉分校	73		97
新昌分校			15
兰溪分校	5	18	26
武义分校	22	54	73
义乌学院	43	28	28
台州广播电视大学	164	347	944
临海学院	75	341	639
天台学院	65	190	454
遂昌分校			48
青田分校	64	94	245
温州广播电视大学	260	106	283
宁　波	**337**	**97**	**152**
宁波广播电视大学	158		
江北工作站	179	97	152
安　徽	**3348**	**530**	**4016**
安徽广播电视大学	3312	512	3945
铜陵分校	36	18	71
福　建	**940**	**884**	**1796**
福建广播电视大学	816	354	1072
莆田分校	124	69	263
漳浦分校		461	461
江　西		**2632**	**2632**
江西广播电视大学		2632	2632
山　东	**3155**	**2225**	**5306**
山东广播电视大学	2931	2125	5063
淄博广播电视大学	23		
济宁广播电视大学	125	100	170

2.3 全国电大中等专业学历教育学生情况（续表 1）

单位：人

学 校	毕业生	招 生	在校生
莱芜钢铁总厂广播电视大学	76		73
青　岛	**927**	**356**	**1096**
青岛广播电视大学	927	356	1096
河　南	**2170**	**5344**	**18285**
河南广播电视大学	2170	5344	18285
武　汉	**527**	**780**	**1178**
汉南区分校	277	453	551
新洲区分校	250	327	627
广　东	**6142**	**8393**	**18091**
广东广播电视大学	4254	5607	11705
珠海市广播电视大学	122	60	240
斗门广播电视大学	17	12	37
汕头广播电视大学	26	121	158
江门市广播电视大学		399	399
新会市广播电视大学	151	57	412
台山磐石电视大学	110	252	556
开平市广播电视大学	337	469	1232
恩平市广播电视大学	48	83	174
三水广播电视大学	25	16	54
阳江市广播电视大学	266	140	440
阳春市广播电视大学	196	309	921
遂溪县广播电视大学	29	34	93
廉江市广播电视大学	7	43	170
茂名广播电视大学	462	711	1395
佛冈县广播电视大学	92	80	105
广　州	**215**	**424**	**1050**
广州市广播电视大学	215	372	922
海珠区分校		13	51
番禺区广播电视大学		39	39
东方教学点			38
深　圳	**600**	**1336**	**3458**
深圳市广播电视大学	600	1336	3458
广　西	**83**		**205**
区直分校	33		135
北海市分校	50		70
海　南	**112**	**626**	**673**
海南广播电视大学	112	626	673
四　川	**7157**	**10006**	**19292**
四川广播电视大学	921	226	1373
省建委分校	177	272	272
德阳广播电视大学	5		2
绵阳广播电视大学	537	1183	2498
广元广播电视大学	193	373	1340
四川电大遂宁应用职业技术学校教学点	663		
乐山广播电视大学	341	640	1394
内江广播电视大学	1278	2946	5846
自贡广播电视大学	554	712	1149
泸州广播电视大学	362	954	2207
南充广播电视大学	253	1051	1051
攀枝花广播电视大学			68
巴中广播电视大学	1659	720	1015
眉山广播电视大学	214	4	117
资阳广播电视大学		925	960
成　都	**32**	**273**	**1739**
成都广播电视大学	32	273	1739
重　庆	**658**	**783**	**2462**
重庆广播电视大学	658	256	1935
綦江县工作站		527	527
云　南	**636**	**560**	**2204**
云南广播电视大学	448	180	277
玉溪广播电视大学	67	33	103
思茅广播电视大学		31	99
西双版纳广播电视大学			21
红河分校		63	401
文山分校		173	173
曲靖分校			692
楚雄广播电视大学			62
保山分校		80	224
丽江分校	121		152
陕　西	**97**	**700**	**1215**
陕西省广播电视大学	97	331	510
汉中分校		369	705
西　安	**126**	**227**	**458**
西安市广播电视大学	126	227	458
甘　肃	**2780**	**6186**	**9516**
定西市分校		98	242
张掖市分校	210		
农垦河西分校	186	411	653
职业技术学院	2384	5677	8621
新疆兵团		**25**	**116**
新疆兵团广播电视大学		25	116

III 非学历教育

NON-DIPLOMA EDUCATION

本章反映全国广播电视大学开展非学历教育（进修及培训）的情况。

主要内容包括：

按地区和教育类别列出各学校非学历教育的结业生数和注册学生数（人次）。

指标解释

·进修及培训：是指在高等教育学校（机构）进行的各类非学历教育。

·资格证书：是指由各类高等教育机构举办的，招收具有高中毕业文化程度，从事专业技术工作或专业性较强的管理工作人员，经过学习及考试合格，取得达到岗位要求的专业知识水平的非学历教育。证书教育形式包括单科班和专业证书班。

·岗位证书：是指由各类高等教育机构举办的，以提高本职工作能力为目的的非学历教育和培训活动。接受培训的各类人员按要求经考核合格，颁发岗位合格证书和上岗任职聘任书。岗位培训形式包括资格性培训和适应性培训。

简要说明

1. 由于进修及培训的教学时数不同，本年鉴根据当年统计报表的四个统计时段指标，经编辑列出全部统计数据，它们是：（1）一月以内；（2）一月至半年内；（3）半年至一年内；（4）一年以上。
2. 非学历教育（进修及培训）中包括“资格证书培训”和“岗位证书培训”的教育形式，他们是四个主统计时段指标下的二个次统计指标，另外“外语”、“会计”、“计算机”三个培训科目，也是四个主统计时段指标下的三个次统计指标。
3. 2009 年，全国广播电视大学非学历教育（进修及培训）中，“资格证书培训”和“岗位证书培训”结业生数为 83.75 万人次，占非学历教育结业生总数的 51.81%。
4. 2009 年，全国广播电视大学非学历教育（进修及培训）中，“外语”、“会计”和“计算机”结业生数为 25.26 万人次，占非学历教育结业生总数的 15.62%。
5. 2009 年，全国广播电视大学非学历教育结业生总数为 161.66 万人次。其中上海电大结业生 33 万余人次，重庆电大结业生 18 万余人次，甘肃电大结业生 13 万余人次，浙江电大结业生 12 万余人次，安徽电大结业生 9 万余人次，山东电大结业生 7 万余人次，四川电大结业生 6 万余人次，湖南、沈阳、河北电大结业生各为 5 万余人次，江苏电大结业生 4 万余人次，陕西、河南、北京、中央电大结业生各为 3 万余人次，新疆、吉林、辽宁、内蒙古、福建电大结业生各为 2 万余人次。另外结业生数在万人次的学校是：广东、天津、湖北、武汉、西安、南京电大。

3.1 全国电大非学历教育(进修及培训)

单位：人次

	进修及培训											
	合计	一月以内	一月至半年内	半年至一年内	一年以上	在进修及培训中			在进修及培训中			
						计	资格证书培训	岗位证书培训	计	外语	会计	计算机
总　计												
结业生	**1616654**	**757231**	**701175**	**115140**	**43108**	**837518**	**316950**	**520568**	**252577**	**37615**	**90613**	**124349**
在校生	**597893**	**61806**	**445604**	**83868**	**6615**	**444995**	**26369**	**418626**	**67286**	**26844**	**23073**	**17369**
中央电大												
结业生	**30503**	**26378**	**4125**			**27995**	**4995**	**23000**	**1758**	**1758**		
在校生	**39**		**39**						**39**	**39**		
中央电大南海学习中心												
结业生	4274			4274		156	156		4274	2315	1381	578
北　京												
结业生	**30464**	**23826**	**5824**	**814**		**3868**	**1869**	**1999**	**3783**	**2089**	**1138**	**556**
在校生	**6816**	**766**	**5808**	**242**		**1302**	**447**	**855**	**5592**	**4722**	**618**	**252**
北京广播电视大学												
结业生	24924	22899	2025			616	393	223	2473	839	1138	496
在校生	5632	766	4866			432	432		5452	4582	618	252
东城分校												
结业生	77		77									
在校生	122		122									
西城分校												
结业生	831		218	613		831	831		613	613		
朝阳区分校												
结业生	827		827									
房山分校												
结业生	306		306			306	306		207	207		
平谷分校												
结业生	136		136									
怀柔分校												
结业生	850		800	50		850		850	50	50		
在校生	850		800	50		850		850	50	50		
延庆分校												
结业生	151			151					80	80		
在校生	192			192					90	90		
顺义分校												
结业生	1394	87	1307			1097	171	926	297	237		60
门头沟分校												
结业生	63		63			63	63		63	63		
燕山分校												
结业生	734	734				105	105					
文化局工作站												
结业生	171	106	65									
医药分校												
在校生	20		20			20	15	5				
天　津												
结业生	**18578**	**7915**	**5017**	**2194**	**3452**	**7764**	**4867**	**2897**	**5331**	**655**	**2697**	**1979**
在校生	**8665**	**4196**	**2340**	**1301**	**828**	**2021**	**1147**	**874**	**2089**	**481**	**926**	**682**
天津广播电视大学												
结业生	842		842			842	842		842		540	302

3.1 全国电大非学历教育(进修及培训) (续表 1)

单位: 人次

	进修及培训											
	合计	一月以内	一月至半年内	半年至一年内	一年以上	在进修及培训中			在进修及培训中			
						计	资格证书培训	岗位证书培训	计	外语	会计	计算机
在校生	276		276			276	276		276		276	
河东区工作站												
结业生	394		362		32	102		102	248	36	125	87
在校生	204		116		88	21		21	95		38	57
红桥区工作站												
结业生	3455	884	1612	959		293	63	230	349	56	230	63
在校生	3560	884	1612	959	105	293	63	230	349	56	230	63
汉沽分校												
结业生	452	452										
津南区分校												
结业生	2506				2506	1437	872	565	1069	18	536	515
在校生	326				326	194	194		132		132	
西青区工作站												
结业生	822	750	72			822		822	822		750	72
在校生	250	250				250		250	250		250	
北辰分校												
结业生	2000	2000				1000	1000					
武清分校												
结业生	2500	2500										
在校生	3000	3000										
静海分校												
结业生	1685	549	483	653		776	471	305	434		328	106
纺织局工作站												
结业生	1070		510	240	320	420	220	200				
建工局工作站												
结业生	1000	200	800			800	500	300				
天港务局工作站												
结业生	865	580			285	285	285		580	120	188	272
在校生	62	62										
政法管理干部学院工作站												
结业生	987		336	342	309	987	614	373	987	425		562
在校生	987		336	342	309	987	614	373	987	425		562
河　北												
结业生	**55164**	**7175**	**46889**	**1100**		**4829**	**4681**	**148**	**478**			**478**
在校生	**3604**	**1794**		**1810**		**1810**	**1810**					
秦皇岛广播电视大学												
结业生	1256	1256										
邯郸广播电视大学												
结业生	351	65	286			286	286		278			278
承德广播电视大学												
结业生	2066	2066				2066	1918	148	200			200
邢台广播电视大学												
结业生	1794	1794										
在校生	1794	1794										
保定广播电视大学												
结业生	48597	1994	46603			1377	1377					

3.1 全国电大非学历教育(进修及培训) (续表 2)

单位：人次

	进修及培训											
	合计	一月以内	一月至半年内	半年至一年内	一年以上	在进修及培训中			在进修及培训中			
						计	资格证书培训	岗位证书培训	计	外语	会计	计算机
张家口广播电视大学												
结业生	1100			1100		1100	1100					
在校生	1810			1810		1810	1810					
山　西												
结业生	**6533**	**6533**				**6260**	**6260**		**375**	**103**		**272**
山西广播电视大学												
结业生	5841	5841				5841	5841		103	103		
太原广播电视大学												
结业生	81	81				80	80					
晋城分校												
结业生	548	548				339	339		209			209
中条山有色分校												
结业生	63	63							63			63
内蒙古												
结业生	**22570**	**16136**	**66**	**6368**		**18570**	**16275**	**2295**	**167**			**167**
内蒙古广播电视大学												
结业生	133	133				23	23					
赤峰市分校												
结业生	6368			6368		6368	6368					
呼伦贝尔盟分校												
结业生	3790	3790				3790	3790					
兴安盟分校												
结业生	90	90										
哲里木盟分校												
结业生	1680	1680				1680		1680				
乌兰察布盟分校												
结业生	3500	3500										
鄂尔多斯市分校												
结业生	3100	3100				3100	3100					
巴盟广播电视大学												
结业生	109	43	66			109	43	66	57			57
内蒙古阿拉善盟电大												
结业生	3800	3800				3500	2951	549	110			110
辽　宁												
结业生	**24927**		**1097**		**23830**	**24910**	**1030**	**23880**				
辽宁广播电视大学												
结业生	23830				23830	23830		23830				
鞍山广播电视大学												
结业生	307		307			290	290					
本溪广播电视大学												
结业生	790		790			790	740	50				
沈　阳												
结业生	**56050**	**31000**	**17050**	**8000**		**40900**	**17900**	**23000**	**27800**	**2800**	**12000**	**13000**
在校生	**280**		**80**	**200**								
沈阳广播电视大学												
结业生	55900	31000	17000	7900		40900	17900	23000	27800	2800	12000	13000

3.1 全国电大非学历教育(进修及培训) (续表 3)

单位：人次

	进修及培训											
	合计	一月以内	一月至半年内	半年至一年内	一年以上	在进修及培训中			在进修及培训中			
						计	资格证书培训	岗位证书培训	计	外语	会计	计算机
苏家屯分校												
结业生	150		50	100								
在校生	280		80	200								
大　连												
结业生	**826**		**826**			**478**	**86**	**392**	**348**	**256**	**92**	
大连广播电视大学												
结业生	826		826			478	86	392	348	256	92	
吉　林												
结业生	**25702**	**25599**	**103**			**18359**	**2156**	**16203**				
在校生	**600**	**570**	**30**									
吉林广播电视大学												
结业生	1994	1994										
吉林市分校												
结业生	1759	1656	103									
在校生	30		30									
通化分校												
结业生	570	570										
在校生	570	570										
长春市建筑职工大学												
结业生	21379	21379				18359	2156	16203				
长　春												
结业生	**727**	**183**	**544**						**87**			**87**
长春市广播电视大学												
结业生	727	183	544						87			87
黑龙江												
结业生	**7624**	**1732**	**5892**			**5732**	**4814**	**918**	**471**			**471**
在校生	**130**	**130**										
黑龙江广播电视大学												
结业生	4561		4561			4561	4561					
佳木斯广播电视大学												
结业生	720		720									
在校生	130	130										
黑河市广播电视大学												
结业生	40	40										
伊春市广播电视大学												
结业生	937	455	482									
大庆广播电视大学												
结业生	1366	1237	129			1171	253	918	471			471
哈尔滨												
结业生	**248**	**248**				**248**	**20**	**228**				
哈尔滨广播电视大学												
结业生	248	248				248	20	228				
上　海												
结业生	**338087**	**48743**	**281210**	**6361**	**1773**	**272551**	**12810**	**259741**	**37628**	**6907**	**22492**	**8229**
在校生	**465159**	**37309**	**422151**	**3684**	**2015**	**419422**	**10419**	**409003**	**44717**	**18455**	**18285**	**7977**
上海电视大学												

3.1　全国电大非学历教育(进修及培训) (续表 4)

单位：人次

	进修及培训											
	合计	一月以内	一月至半年内	半年至一年内	一年以上	在进修及培训中			在进修及培训中			
						计	资格证书培训	岗位证书培训	计	外语	会计	计算机
结业生	280904	16730	263625		549	249747	45	249702	12612	2645	5169	4798
在校生	423281	23794	398696		791	403030	112	402918	20160	8796	5169	6195
虹口区分校												
结业生	7561	3785	3728	48		354	103	251	3425	3377		48
在校生	13016	3836	9061	119		367	105	262	8813	8694		119
闵行二分校												
结业生	1126		1126			1126	887	239	877		832	45
在校生	3488		3488			3029	2971	58	320		270	50
宝山分校												
结业生	6203	4590	1511		102	1305	861	444	5429	30	5220	179
在校生	6203	4590	1511		102	1305	861	444	5429	30	5220	179
浦东新区分校												
结业生	40			40		40	40					
在校生	55			55		55	55					
闵行一分校												
结业生	1921	725	1196			315	195	120	150		120	30
金山分校												
结业生	832			832		196	196		636			636
在校生	929			929		214	214		715			715
松江分校												
结业生	3634	1031	2603			991	233	758	80			80
在校生	5059	1286	3773			2049	1060	989	128			128
南汇分校												
结业生	1190	1019	171			1190	323	867	202	36	25	141
在校生	146		146			146	32	114	114		114	
奉贤分校												
结业生	1186		1186			1186	785	401	1186	106	791	289
在校生	1768		1768			1768	1197	571	1768	117	1281	370
青浦分校												
结业生	2619	543	894	700	482	892	205	687				
在校生	1086	217	347		522	678	196	482				
崇明分校												
结业生	5212	5030	126	56		92	62	30	92			92
嘉定分校												
结业生	3294	126	1518	1561	89	3294	3168	126	1645	54		1591
商业分校												
结业生	102		102									
在校生	75		75			75	75					
黄浦区经贸委分校												
结业生	709	649	60			709	60	649	709		649	60
在校生	724	649	75			724	75	649	724		649	75
闸北区分校												
结业生	154			154		154	154					
在校生	128			128		128	128					
黄浦分校												
结业生	2889	1485		853	551	234	234		432	432		

3.1 全国电大非学历教育(进修及培训)(续表 5)

单位：人次

	进修及培训											
	合计	一月以内	一月至半年内	半年至一年内	一年以上	在进修及培训中			在进修及培训中			
						计	资格证书培训	岗位证书培训	计	外语	会计	计算机
在校生	2716	532	1643	541		294	183	111	386	218	168	
普陀分校												
结业生	5330	2080	1438	1812		5330	3020	2310	5330		5234	96
在校生	5430	2080	1438	1912		5430	3120	2310	5430		5284	146
西区分部												
结业生	6771	4950	1516	305		5396	2239	3157	4703	107	4452	144
徐汇财贸分校												
结业生	6410	6000	410						120	120		
在校生	1055	325	130		600	130	35	95	730	600	130	
江　苏												
结业生	**43897**	**28923**	**13462**	**1249**	**263**	**30085**	**11958**	**18127**	**26184**	**2635**	**10212**	**13337**
在校生	**6273**	**5672**	**441**	**92**	**68**	**3272**	**3058**	**214**	**1147**	**678**	**134**	**335**
江苏广播电视大学												
结业生	6738	2403	4138		197	3547	1224	2323	2889	1151		1738
常州市广播电视大学												
结业生	7513	3606	3882	25		6572	4610	1962	6024	20	2597	3407
在校生	29		29			29	29					
无锡市广播电视大学												
结业生	1535	371	1164			367	367		367	38	329	
苏州市广播电视大学												
结业生	6376	6101	275			2193	275	1918	6376	69	1989	4318
在校生	2638	2638				2638	2600	38				
淮安市广播电视大学												
结业生	780	780				390	390		350			350
在校生	68				68							
连云港广播电视大学												
结业生	775	212	563			145	145		517		138	379
江苏电大宜兴学院												
结业生	139	45	56	38		39	8	31	132	31	15	86
江苏电大张家港学院												
结业生	2758	2758				760	533	227	1792	1050	227	515
在校生	2758	2758				20	20		393	393		
江苏电大昆山学院												
结业生	743	127	464	86	66	552	386	166	707	276	137	294
在校生	780	276	412	92		585	409	176	754	285	134	335
江苏电大大丰学院												
结业生	14720	10700	2920	1100		14720	3220	11500	6510		4780	1730
江苏电大沛县学院												
结业生	1820	1820				800	800		520			520
南　京												
结业生	**10437**	**6793**	**2294**	**1350**		**7277**	**4962**	**2315**	**4703**	**2105**	**2080**	**518**
南京市广播电视大学												
结业生	7531	4927	1853	751		5301	3123	2178	2362	2000	132	230
江宁区分校												
结业生	753	96	58	599		29	29		293		97	196
玄武区分校												

3.1 全国电大非学历教育(进修及培训)(续表6)

单位：人次

	进修及培训											
	合计	一月以内	一月至半年内	半年至一年内	一年以上	在进修及培训中			在进修及培训中			
						计	资格证书培训	岗位证书培训	计	外语	会计	计算机
结业生	246		246			136	136		237	105	40	92
鼓楼区分校												
结业生	1811	1674	137			1811	1674	137	1811		1811	
下关区分校												
结业生	96	96										
浙　江												
结业生	**122291**	**48364**	**72024**	**1691**	**212**	**24892**	**8072**	**16820**	**17898**	**2453**	**12059**	**3386**
在校生	**3867**	**2100**	**1201**	**546**	**20**	**2231**	**1020**	**1211**	**756**	**50**		**706**
浙江广播电视大学												
结业生	3546	1195	2351			343	187	156	999	50	781	168
在校生	736		736			686	686		736	50		686
杭州广播电视大学												
结业生	4635	4635				1580	1450	130				
在校生	104		104									
萧山学院												
结业生	3941	3323	360	258		518	365	153	365		365	
余杭分校												
结业生	60718	658	60060			6336		6336	8266	864	6336	1066
富阳学院												
结业生	16670	12123	3676	871		7897	1622	6275	1065	942		123
在校生	2765	1869	350	546		1525	334	1191				
临安分校												
结业生	1206	1206				1206	800	406	1206	340	460	406
桐庐分校												
结业生	12158	11466	665	27		2101	1192	909	591	85	120	386
建德分校												
结业生	2480	2190	243		47	720	430	290				
海盐学院												
结业生	1835		1835			188		188	22			22
海宁学院												
结业生	615		615									
在校生	11		11									
桐乡学院												
结业生	456		456									
长兴学院												
结业生	120	60	60						60	60		
金华广播电视大学												
结业生	2410	1869	541			2410	872	1538				
衢州广播电视大学												
结业生	120		120			19	19		120			120
在校生	251	231			20	20		20	20			20
龙游分校												
结业生	600		600			232	232					
玉环学院												
结业生	8205	8205				791	791		4274		3527	747
温州广播电视大学												

3.1 全国电大非学历教育(进修及培训) (续表 7)

单位：人次

	进修及培训											
	合计	一月以内	一月至半年内	半年至一年内	一年以上	在进修及培训中			在进修及培训中			
						计	资格证书培训	岗位证书培训	计	外语	会计	计算机
结业生	380	30	330	20		380		380	360		100	260
永嘉学院												
结业生	937	257		515	165				278		190	88
瓯海分校												
结业生	851	851										
乐清分校												
结业生	292	180	112			112	112		292	112		180
泰顺工作站												
结业生	116	116				59		59				
宁　波												
结业生	**586**	**375**	**211**			**516**	**336**	**180**				
在校生	**146**		**146**			**102**	**102**		**102**		**102**	
宁波广播电视大学												
结业生	211		211			211	211					
余姚学院												
在校生	146		146			102	102		102		102	
宁海学院												
结业生	305	305				305	125	180				
镇海工作站												
结业生	70	70										
安　徽												
结业生	**91408**	**24450**	**550**	**66408**		**19461**	**18528**	**933**	**4527**	**200**	**700**	**3627**
在校生	**74099**	**457**	**200**	**72842**	**600**	**756**	**300**	**456**	**1000**	**200**	**600**	**200**
安徽广播电视大学												
结业生	79443	13365		66078		9978	9978		3387		700	2687
在校生	72042			72042								
合肥分校												
结业生	180			180					180			180
芜湖市分校												
结业生	150		150									
马鞍山分校												
在校生	1600		200	800	600	300	300		1000	200	600	200
铜陵分校												
结业生	433	433				433		433				
在校生	457	457				456		456				
黄山市分校												
结业生	650	300	200	150		650	350	300	460	200		260
六安分校												
结业生	8400	8200	200			8400	8200	200				
巢湖分校												
结业生	1652	1652										
宿州分校												
结业生	500	500							500			500
福　建												
结业生	**22237**	**18518**	**3495**	**174**	**50**	**5824**	**1561**	**4263**	**5848**	**1432**	**1908**	**2508**
在校生	**2175**	**1882**	**150**	**143**		**860**	**220**	**640**	**1061**	**714**		**347**

3.1 全国电大非学历教育(进修及培训)(续表 8)

单位：人次

	进修及培训											
	合计	一月以内	一月至半年内	半年至一年内	一年以上	在进修及培训中			在进修及培训中			
						计	资格证书培训	岗位证书培训	计	外语	会计	计算机
福建广播电视大学												
结业生	3888	3355	359	174		1156	200	956	2532	1432	325	775
在校生	2113	1820	150	143		860	220	640	1061	714		347
漳州分校												
结业生	2425	293	2132			702	298	404	702		702	
泉州分校												
结业生	11890	11840			50	998	110	888	2314		681	1633
莆田分校												
结业生	1255	1255				1255	100	1155	300		200	100
邵武分校												
结业生	2717	1713	1004			1713	853	860				
漳浦分校												
结业生	62	62										
在校生	62	62										
厦　　门												
结业生	**491**	**223**	**268**									
厦门市广播电视大学												
结业生	491	223	268									
江　　西												
结业生	**1889**	**978**	**855**	**56**		**1236**	**920**	**316**	**636**		**57**	**579**
在校生	**790**		**722**	**68**		**722**	**722**					
江西广播电视大学												
结业生	422		366	56		366	366					
在校生	790		722	68		722	722					
萍乡市分校												
结业生	888	399	489			291	38	253	57		57	
抚州广播电视大学												
结业生	579	579				579	516	63	579			579
山　　东												
结业生	**72131**	**61793**	**7458**	**2880**		**61707**	**45735**	**15972**	**17250**			**17250**
在校生	**618**	**400**	**218**			**218**		**218**				
山东广播电视大学												
结业生	5662	5662				5662	5662					
临沂广播电视大学												
结业生	33200	33200				33200	19600	13600	13600			13600
滨州广播电视大学												
结业生	4500	4500				4500	4500					
菏泽广播电视大学												
结业生	5346	5346				5346	5286	60				
聊城广播电视大学												
结业生	7279	7279				6819	6819					
济宁广播电视大学												
结业生	2800		2800			2800	2800		2800			2800
东营广播电视大学												
结业生	2500	2336	52	112					850			850
胜利油田广播电视大学												

3.1 全国电大非学历教育(进修及培训)(续表 9)

单位：人次

	进修及培训											
	合计	一月以内	一月至半年内	半年至一年内	一年以上	在进修及培训中			在进修及培训中			
						计	资格证书培训	岗位证书培训	计	外语	会计	计算机
结业生	3397	3271	126			126		126				
在校生	618	400	218			218		218				
日照广播电视大学												
结业生	7447	199	4480	2768		3254	1068	2186				
青　　岛												
结业生	**8479**	**7068**	**527**	**884**		**7564**	**813**	**6751**	**1322**	**31**	**1166**	**125**
青岛广播电视大学												
结业生	6448	5037	527	884		5564		5564	850		850	
胶南分校												
结业生	2000	2000				2000	813	1187	441		316	125
即墨分校												
结业生	31	31							31	31		
河　　南												
结业生	**35166**	**32316**	**2850**			**15430**	**5700**	**9730**	**5921**	**5921**		
河南广播电视大学												
结业生	4194	4194				4194		4194				
洛阳市广播电视大学												
结业生	22201	22201				11236	5700	5536				
新乡广播电视大学												
结业生	2850		2850									
南阳广播电视大学												
结业生	5921	5921							5921	5921		
湖　　北												
结业生	**14508**	**9641**	**4867**			**14508**	**10022**	**4486**	**198**	**30**		**168**
湖北广播电视大学												
结业生	9300	5165	4135			9300	9300					
咸宁地区广播电视大学												
结业生	3000	2500	500			3000		3000				
恩施自治州电大												
结业生	400	400				400	400					
大冶有色金属公司分校												
结业生	1665	1433	232			1665	322	1343	55	30		25
随州广播电视大学												
结业生	143	143				143		143	143			143
武　　汉												
结业生	**12839**	**10046**	**2263**	**256**	**274**	**5720**	**377**	**5343**	**3052**	**40**		**3012**
武昌区分校												
结业生	600		600						400			400
汉阳区分校												
结业生	6523	5023	1383		117	2311		2311	2311			2311
青山区分校												
结业生	60	60							60			60
东西湖区分校												
结业生	2590	2590				2590		2590	40	40		
汉南区分校												
结业生	1297	701	183	256	157	819	377	442	193			193

3.1 全国电大非学历教育(进修及培训) (续表 10)

单位: 人次

	进修及培训											
	合计	一月以内	一月至半年内	半年至一年内	一年以上	在进修及培训中			在进修及培训中			
						计	资格证书培训	岗位证书培训	计	外语	会计	计算机
蔡甸区分校												
结业生	1769	1672	97						48			48
湖　南												
结业生	**56871**	**41675**	**3023**	**2060**	**10113**	**29928**	**19206**	**10722**	**2761**		**300**	**2461**
湖南广播电视大学												
结业生	8000	7940		60		60	60		60			60
长沙广播电视大学												
结业生	601	601				601		601	601			601
株洲广播电视大学												
结业生	6113	6113				6113	5581	532				
湘潭广播电视大学												
结业生	13450	750	700	2000	10000	7000	5000	2000	900		100	800
邵阳广播电视大学												
结业生	5730	5730				1726	840	886				
岳阳广播电视大学												
结业生	4423	3100	1323			2652	365	2287				
娄底广播电视大学												
结业生	450	450				400	400		50			50
益阳广播电视大学												
结业生	1500	1500				1200	300	900	1150		200	950
常德广播电视大学												
结业生	620	620				620	620					
怀化广播电视大学												
结业生	5736	5736				5736	5173	563				
湘西民族广播电视大学												
结业生	1428	1428										
张家界市广播电视大学												
结业生	3266	2753	400		113	3266	313	2953				
岳阳石化总厂电大												
结业生	5000	4400	600									
药学分校												
结业生	554	554				554	554					
广　东												
结业生	**19879**	**9977**	**5424**	**4478**		**9261**	**4528**	**4733**	**10355**	**2622**	**6261**	**1472**
在校生	**4057**	**1970**	**2087**			**3105**	**1546**	**1559**	**1875**	**58**	**1446**	**371**
珠海市广播电视大学												
结业生	290	240	50									
在校生	405	365	40						187	38	149	
斗门广播电视大学												
结业生	83		83			16	16					
汕头广播电视大学												
结业生	3720	3720				135		135				
梅江区广播电视大学												
结业生	80		80									
在校生	160		160			160	80	80	160		160	
东莞市广播电视大学												

3.1 全国电大非学历教育(进修及培训) (续表 11)

单位：人次

	进修及培训											
	合 计	一月以内	一月至半年内	半年至一年内	一年以上	在进修及培训中			在进修及培训中			
						计	资格证书培训	岗位证书培训	计	外语	会计	计算机
结业生	1785	1785				1785	1785					
中山市广播电视大学												
结业生	1027		1027			290	108	182	239	57	182	
江门市广播电视大学												
结业生	1944	1640	304			1944	398	1546	1944		1850	94
鹤山市广播电视大学												
结业生	204			204		204	204		204		204	
佛山广播电视大学												
结业生	3282	1437	1845			2828	1391	1437	1411	20	1095	296
在校生	3282	1437	1845			2903	1466	1437	1486	20	1095	371
高明广播电视大学												
结业生	592	185	407			185		185	185		185	
在校生	210	168	42			42		42	42		42	
阳江市广播电视大学												
结业生	1248		1248			1248		1248	1248	110	840	298
湛江市广播电视大学												
结业生	470	470				470	470		470		470	
茂名广播电视大学												
结业生	500	500										
肇庆广播电视大学												
结业生	260		260						260	120		140
怀集县广播电视大学												
结业生	120		120						120		54	66
南海广播电视大学												
结业生	4274			4274		156	156		4274	2315	1381	578
广　　州												
结业生	**7021**	**1514**	**3713**	**1794**		**4561**	**2809**	**1752**	**3696**	**57**	**2967**	**672**
广州市广播电视大学												
结业生	3875	1514	1542	819		3228	2409	819	2591	49	2419	123
海珠区分校												
结业生	2019		1044	975		212	212		568	8	301	259
市轻工业局分校												
结业生	64		64			58		58				
侨光分校												
结业生	1063		1063			1063	188	875	537		247	290
深　　圳												
结业生	**1155**	**663**	**492**			**1109**	**662**	**447**	**964**	**89**	**845**	**30**
深圳市广播电视大学												
结业生	1155	663	492			1109	662	447	964	89	845	30
广　　西												
结业生	**366**	**366**				**366**	**128**	**238**	**366**		**128**	**238**
广西广播电视大学												
结业生	366	366				366	128	238	366		128	238
海　　南												
结业生	**286**	**144**	**142**			**286**		**286**	**144**		**144**	
海南广播电视大学												

3.1 全国电大非学历教育(进修及培训) (续表 12)

单位：人次

	进修及培训											
	合计	一月以内	一月至半年内	半年至一年内	一年以上	在进修及培训中			在进修及培训中			
						计	资格证书培训	岗位证书培训	计	外语	会计	计算机
结业生	286	144	142			286		286	144		144	
四　川												
结业生	**62959**	**48964**	**11400**	**2250**	**345**	**18763**	**6796**	**11967**	**14049**	**50**	**633**	**13366**
在校生	**2833**	**352**	**125**	**2304**	**52**				**472**	**147**	**126**	**199**
四川广播电视大学												
结业生	13242	2414	10828			11462	634	10828	11447		450	10997
德阳广播电视大学												
结业生	486	395	91			441	246	195	472			472
绵阳广播电视大学												
结业生	21273	21273										
广元广播电视大学												
结业生	897	724	173						91			91
四川电大遂宁教学点												
结业生	6859	6859										
雅安分校												
结业生	2000	1500	200	100	200	1000	300	700	250	50	100	100
乐山广播电视大学												
结业生	2450	2450				261	177	84	62			62
内江广播电视大学												
结业生	1800	1800				1800	1800					
自贡广播电视大学												
结业生	2150			2150								
在校生	2150			2150								
泸州广播电视大学												
结业生	192	192				152	152					
南充广播电视大学												
结业生	2356	2356							1256			1256
达州广播电视大学												
结业生	300	300										
甘孜分校												
结业生	439	439										
攀枝花广播电视大学												
结业生	3488	3488				1526	1366	160	215			215
巴中广播电视大学												
结业生	4501	4501				2121	2121					
广安广播电视大学												
结业生	526	273	108		145				256		83	173
在校生	683	352	125	154	52				472	147	126	199
成　都												
结业生	**3816**	**3486**	**330**			**3471**	**1044**	**2427**	**2807**	**610**	**2007**	**190**
在校生	**80**	**80**				**80**		**80**	**80**		**80**	
成都广播电视大学												
结业生	3471	3141	330			3471	1044	2427	2807	610	2007	190
在校生	80	80				80		80	80		80	
青羊分校												
结业生	345	345										

3.1 全国电大非学历教育(进修及培训) (续表 13)

单位: 人次

	进修及培训											
	合计	一月以内	一月至半年内	半年至一年内	一年以上	在进修及培训中			在进修及培训中			
						计	资格证书培训	岗位证书培训	计	外语	会计	计算机
重　庆												
结业生	**182704**	**9160**	**171898**		**1646**	**7441**	**2098**	**5343**	**176**	**91**	**85**	
在校生	**2208**		**96**		**2112**	**96**		**96**	**96**		**96**	
重庆广播电视大学												
结业生	173923	1092	171813		1018	1980	1980					
在校生	2112				2112							
九龙坡分校												
结业生	85		85			85		85	85		85	
在校生	96		96			96		96	96		96	
梁平县电大工作站												
结业生	3574	2946			628	254	118	136	91	91		
市药监局电大工作站												
结业生	5122	5122				5122		5122				
贵　州												
结业生	**5297**	**5270**	**27**			**927**	**927**					
贵阳市分校												
结业生	27		27			27	27					
黔西南州分校												
结业生	4250	4250										
毕节地区分校												
结业生	1020	1020				900	900					
云　南												
结业生	**300**		**300**			**300**		**300**				
在校生	**1600**		**1600**			**1600**		**1600**				
云南广播电视大学												
结业生	300		300			300		300				
在校生	1600		1600			1600		1600				
陕　西												
结业生	**36713**	**34036**	**2677**			**35536**	**35216**	**320**	**1300**		**100**	**1200**
在校生	**1678**	**1078**	**600**			**1078**	**1078**					
陕西省广播电视大学												
结业生	34993	34016	977			34016	34016					
在校生	1678	1078	600			1078	1078					
宝鸡市分校												
结业生	200		200									
新城分校												
结业生	1520	20	1500			1520	1200	320	1300		100	1200
西　安												
结业生	**11265**	**2936**	**7249**	**280**	**800**	**6200**	**4380**	**1820**	**8339**	**1300**	**691**	**6348**
在校生	**10850**	**2600**	**7170**	**280**	**800**	**6200**	**4380**	**1820**	**8260**	**1300**	**660**	**6300**
西安市广播电视大学												
结业生	4980	2600	1300	280	800	4980	3980	1000	4260	1300	360	2600
在校生	4980	2600	1300	280	800	4980	3980	1000	4260	1300	360	2600
长安分校												
结业生	336	336										
翠华培训学院工作站												

3.1 全国电大非学历教育(进修及培训)(续表 14)

单位：人次

	进修及培训											
	合计	一月以内	一月至半年内	半年至一年内	一年以上	在进修及培训中			在进修及培训中			
						计	资格证书培训	岗位证书培训	计	外语	会计	计算机
结业生	79		79						79		31	48
西安培明进修学院教学班												
结业生	5870		5870			1220	400	820	4000		300	3700
在校生	5870		5870			1220	400	820	4000		300	3700
甘　肃												
结业生	**132658**	**128792**	**3758**		**108**	**74656**	**36258**	**38398**	**28803**	**723**	**2802**	**25278**
在校生	**1206**	**450**	**400**	**356**								
甘肃广播电视大学												
结业生	104110	103900	210			58269	30711	27558	17982		1840	16142
兰州市分校												
结业生	108				108	108	108					
天水市分校												
结业生	1254	1254										
白银市分校												
结业生	2400	2400				2400		2400	1600			1600
嘉峪关市分校												
结业生	3567	3567				3567	209	3358	3306			3306
庆阳市分校												
结业生	301	301				301	301		301			301
平凉市分校												
结业生	400	400				124		124				
陇南市分校												
结业生	1900	1900							1900			1900
定西市分校												
结业生	1319	1319										
酒泉市分校												
结业生	7456	7456				4244	1506	2738	3212	723	962	1527
甘南分校												
结业生	2400	2400				2400	400	2000				
四O四厂分校												
结业生	526	220	306			526	306	220				
省农垦分校												
结业生	2200	2200										
农垦河西分校												
结业生	1717	475	1242			1717	1717		502			502
滨河集团分校												
结业生	3000	1000	2000			1000	1000					
在校生	850	450	400									
中德培训中心教学点												
在校生	356			356								
宁　夏												
结业生	**7965**	**7753**	**212**			**2090**	**1328**	**762**	**1913**	**7**		**1906**
宁夏广播电视大学												
结业生	2042	2042				2042	1280	762				
石嘴山分校												
结业生	48	48				48	48		13	7		6

3.1 全国电大非学历教育(进修及培训) (续表 15)

单位：人次

	进修及培训											
	合计	一月以内	一月至半年内	半年至一年内	一年以上	在进修及培训中			在进修及培训中			
						计	资格证书培训	岗位证书培训	计	外语	会计	计算机
银川市工作站												
结业生	975	763	212									
同心县工作站												
结业生	100	100							100			100
灵武县电大工作站												
结业生	1800	1800							1800			1800
海原县电大工作站												
结业生	3000	3000										
新　　疆												
结业生	**26661**	**15671**	**10723**	**219**	**48**	**15589**	**14473**	**1116**	**6865**	**336**	**5668**	**861**
新疆广播电视大学												
结业生	9249	405	8844			8844	8500	344	4840	210	4225	405
哈密广播电视大学												
结业生	85			85								
阿勒泰广播电视大学												
结业生	993	993				827	425	402	474	29	425	20
博尔塔拉蒙古自治州电大												
结业生	7198	5137	1879	134	48							
和田广播电视大学												
结业生	778	778				778	778		778		778	
乌石化广播电视大学												
结业生	8358	8358				5140	4770	370	773	97	240	436
新疆兵团												
结业生	**2102**	**1868**	**40**		**194**	**194**	**194**					
在校生	**120**				**120**	**120**	**120**					
新疆兵团广播电视大学												
结业生	194				194	194	194					
在校生	120				120	120	120					
农六师分校												
结业生	1908	1868	40									

IV 教师与职工

TEACHERS AND STAFF

本章反映全国电大教师、职工以及聘请校外教师的基本情况。

主要内容包括：

全国电大教师、职工和聘请校外教师规模等情况；

全国电大教职工按地区和省校分类的职称情况；

全国电大专任教师和聘请校外教师的岗位分类以及学历与学位情况；

全国电大专任教师学科分类以及年龄等情况；

全国电大教师、职工的政治面貌以及华侨、少数民族等的情况。

指标解释

• 教职工数：指在学校（机构）工作并由学校（机构）支付工资的教职工人数，人员包括：

（1）在编人员，即根据原人事管理制度，人事关系和档案均在学校的人员；

（2）聘任制人员，即人事制度改革后，高校（机构）招聘录用的长期、全时工作人员。聘任制人员的人事关系在学校，但档案不在学校。

• 校本部教职工：包括专任教师、行政人员、科研人员、教辅人员、工勤人员。

• 专任教师：指具有教师资格，专门从事教学工作的人员。

• 聘请校外教师：指学校聘请的国内外其他高校及科研机构的教师和退休教师（含本校退休教师）。聘期为一学期以上者。

• 教师职称：指按国家规定的审批程序聘任的教授、副教授、讲师和助教。

• 科研人员：指在校本部内设置的科研处、所或室中承担研究工作的专职研究人员。

• 教辅人员：指从事教学辅助工作，为教学服务的人员。包括图书馆、资料室、实验室，教育技术中心等的人员以及为教学服务的其他专业和技术人员。

• 行政人员：指从事行政管理、教学管理、科研管理和政治工作的人员。

• 工勤人员：指校本部的工人和勤杂人员，包括教学辅助单位的工人。

• 双师型（教师）：是指高等职业学校中具有中级及以上教师职称，又具备下列条件之一的专任教师：（1）有本专业实际工作的中级及以上技术职称（含行业特许的资格证书及其有专业资格或专业技能考评员资格者）。（1）近五年中有两年以上（可累计计算）在企业第一线本专业实际工作经历，或参加教育部组织的教师专业技能培训获得合格证书，能全面指导学生专业实践实训活动。（1）近五年主持（或主要参与）两项应用技术研究（或两项校内实践教学设施建设及提升技术水平的设计安装工作），成果已被企业（学校）使用，达到同行业（学校）中先进水平。

简要说明

1. 表 4.2 全国电大教职工职称情况，按省校所在地区，分别列出全省电大和省校校本部的数据。
2. 表 4.3 教师岗位分类情况，反映学校教务部门按当年教学计划，安排讲授公共课、基础课、专业课的教师人数。
3. 表 4.4 全国电大专任教师学科分类，根据专任教师所从事的教学专业，按哲学、经济学、法学、教育学、文学、历史学、理学、工学、农学、医学、管理学等十一个学科门类进行分类。

4.1 全国电大教职工情况

单位：人

	教职工数								聘请校外教师
	计	校本部教职工						校办企业等人员	
		计	专任教师	行政人员	科研人员	教辅人员	工勤人员		
总　　计	**86260**	**85183**	**50951**	**16374**	**1411**	**9894**	**6553**	**1077**	**34283**
其中:女	39169	38737	24530	6594	560	4923	2130	432	12589
中央电大	**464**	**464**	**153**	**96**	**7**	**170**	**38**		**41**
其中:女	215	215	81	42	4	84	4		11
中央电大直属院校	**398**	**398**	**180**	**191**		**26**	**1**		**2856**
其中:女	131	131	73	49		8	1		420
中央电大西藏学院	23	23		23					57
中央电大八一学院	112	112	86	8		17	1		2208
中央电大总参学院	132	132		132					385
中央电大太原学习中心	62	62	62						
中央电大南海学习中心									
中央电大 TCL 学习中心	9	9	2	2		5			18
中央电大北大医学部教学点	23	23	20			3			
中央电大中国政法大学教学点	15	15	10	4		1			4
中央电大残疾人教育学院	7	7		7					184
中央电大空军学院	15	15		15					
北　　京	**2168**	**2137**	**971**	**702**	**36**	**284**	**144**	**31**	**1892**
其中:女	1285	1269	631	412	24	151	51	16	975
北京广播电视大学	304	286	86	136	6	35	23	18	189
东城分校	31	31	22	9					87
西城分校	40	40	16	17	7				109
崇文分校	17	17	4	10		3			52
宣武分校	30	30	11	7		9	3		118
朝阳区分校	41	41	25	12		4			70
海淀工作站	61	61	29	15	4	13			34
丰台区分校	18	18	4	3		9	2		30
石景山分校	57	57	39	18					59
通州区分校	32	32		32					45
房山分校	31	31	6	25					58
昌平分校	48	48	37	3		3	5		80
平谷分校	20	20	16	4					35
怀柔分校	22	22	5	5		11	1		58
密云分校	33	33	7	4		19	3		51
延庆分校	42	42	13	23		4	2		34
大兴分校	59	59	39	10		6	4		12
顺义分校	38	38	16	5		14	3		71
门头沟分校	38	38	10	8		20			52
航天部三院工作站	29	29	19	10					6
首钢工作站	44	44	11	6	10	12	5		17
燕山分校	29	29	16		4	8	1		17
一商干校工作站	20	20	14	6					13
文化局工作站	9	9	4	5					25
水务局工作站	164	164	83	34	4	10	33		35
北京市园林局工作站	29	29	20	3		4	2		13
医药分校	35	35	22	11		1	1		10
供销合作总社分校	37	37	21	12		1	3		44
矿山工作站	36	26	20	6				10	15
国家统计局教学点	49	49	20	6		18	5		25

4.1 全国电大教职工情况（续表 1）

单位：人

	教职工数								聘请校外教师
	计	校本部教职工						校办企业等人员	
		计	专任教师	行政人员	科研人员	教辅人员	工勤人员		
人行电教中心教学点	33	33	4	20		9			16
北京卫校教学点	38	38	20	18					18
崇文卫校工作站	47	47	19	16		4	8		15
海淀卫校工作站	77	77	36	18		10	13		33
联大商务学院教学点	10	10	5	4	1				24
市公务员培训中心工作站	32	32	4	28					18
电子科技学院工作站	27	27	18	5		4			7
纺织工作站	45	45	22	8		13	2		66
中德中心教学点	43	43	25	8		8	2		15
汽修学校工作站	85	85	46	15		18	6		50
市建职大工作站									
市工干院工作站	60	60	43	17					27
市农职院工作站	25	25	15	10					
供销学校工作站	30	27	20	5		2		3	3
金融学院工作站	155	155	54	74		10	17		96
北京电大工贸技师学院工作站	2	2		2					25
仪表学校工作站	5	5		5					15
联大特教学院教学点	11	11	5	4		2			
天　　津	**2952**	**2898**	**1531**	**666**	**93**	**378**	**230**	**54**	**1041**
其中:女	1542	1526	924	318	40	175	69	16	504
天津广播电视大学	267	267	75	138	1	37	16		214
新华分校	346	346	202	81		20	43		
南开分校	57	57	29	9	2	15	2		30
河东区工作站	103	103	59	13		23	8		31
河西区工作站	73	73	45	6		9	13		
河北区工作站	35	35	26	4		5			42
红桥区工作站	19	19	12	7					29
塘沽分校	13	13		10		3			52
汉沽分校	42	42	26	12		2	2		22
大港分校	130	117	75	18	14	4	6	13	2
东丽分校	79	79	47	5	3	22	2		48
津南区分校	96	96	32	8	10	43	3		41
西青区工作站	49	49	22	9	3	9	6		40
北辰分校	36	36	7	9		20			50
武清分校	76	76	28	11	8	27	2		30
静海分校	44	44	34	6		4			15
宝坻分校	45	45	35	4	3	3			35
宁河县工作站	45	45	25	20					42
化工局工作站	29	29	14	2	8	5			8
纺织局工作站	45	45	10	20			15		17
机械工业局工作站	19	19	19						10
渤海化工集团公司工作站	100	100	74	2		18	6		15
天津铁厂工作站									
财政局工作站									
劳动局工作站	5	5	2	2		1			41
物资集团公司工作站	7	7	2	2		3			44
房管局工作站	20	20	20						5
建工局工作站	44	44	21	2	5	14	2		13

4.1 全国电大教职工情况（续表 2）

单位：人

	教职工数								聘请校外教师
	计	校本部教职工						校办企业等人员	
		计	专任教师	行政人员	科研人员	教辅人员	工勤人员		
一商集团有限公司工作站	30	30	22	4		2	2		17
公用局工作站	46	46	21	10	4	7	4		15
铁路分局工作站	119	119	25	47	26		21		2
天港务局工作站	29	29	11	6	4	5	3		1
财贸分校	108	102	72	26	2	2		6	24
政法管理干部学院工作站	40	40	36	4					31
台盟工作站	11	11	7	4					
经委直属工作站	32	32	24	6		2			2
蓟县分校	205	205	130	59			16		50
旅游分校	75	75	44	7		14	10		23
天津铁路工程分校	314	279	109	66		59	45	35	
市政分校	68	68	50	15			3		
天津市劳动局旅游服务学校	30	30	22	8					
天津广播电视大学经管学院									
天津广播电视大学文法学院									
天津市工程技工学校	21	21	17	4					
天津广播电视大学外语学院									
天津广播电视大学滨海分院									
天津广播电视大学理工学院									
河　北	**1600**	**1598**	**686**	**448**	**39**	**239**	**186**	**2**	**552**
其中:女	746	745	404	174	20	117	30	1	291
河北广播电视大学	230	230	96	72	8	27	27		213
石家庄广播电视大学	61	61	41	20					35
唐山广播电视大学	166	166	61	52	6	25	22		
秦皇岛广播电视大学	128	128	37	78		12	1		45
邯郸广播电视大学	71	71	22	38	2	5	4		79
承德广播电视大学	156	156	91	15		27	23		
邢台广播电视大学	98	98	21	28		33	16		27
保定广播电视大学	118	116	42	25	6	37	6	2	52
张家口广播电视大学	76	76	33	13		13	17		14
沧州广播电视大学	68	68	44	15		9			
廊坊广播电视大学	145	145	80	32		15	18		65
衡水广播电视大学	93	93	32	14	17	12	18		22
省直分校	42	42	25	12			5		
电力分校	148	148	61	34		24	29		
山　西	**854**	**854**	**390**	**217**	**12**	**161**	**74**		**349**
其中:女	394	394	204	87	8	80	15		163
山西广播电视大学	228	228	118	39	3	50	18		11
太原广播电视大学	90	90	54	27			9		16
大同分校	67	67	24	22		10	11		18
阳泉分校	50	50	13	16		17	4		22
长治分校	33	33	16	17					62
晋城分校	73	73	41	18		12	2		9
忻州分校	8	8	3	5					62
晋中分校	52	52	45	7					
吕梁分校	42	42	2	11		27	2		40
临汾分校	52	52	17	8		13	14		
运城分校	51	51	17	9	6	11	8		38

4.1 全国电大教职工情况（续表3）

单位：人

	教职工数								聘请校外教师
	计	校本部教职工						校办企业等人员	
		计	专任教师	行政人员	科研人员	教辅人员	工勤人员		
朔州分校	21	21	5	16					12
中条山有色分校	37	37	19	8		4	6		28
长北铁路分校	12	12	4	2	3	3			
公路系统分校	38	38	12	12		14			31
内蒙古	**1028**	**1028**	**458**	**292**	**21**	**162**	**95**		**196**
其中:女	491	491	259	130	10	76	16		97
内蒙古广播电视大学	259	259	71	93	9	55	31		9
呼和浩特市分校	30	30	19	8	3				10
包头分校	54	54	10	15		27	2		42
赤峰市分校	34	34	18	4		7	5		8
呼伦贝尔盟分校	55	55	41	9		3	2		
兴安盟分校	41	41	31	4		2	4		26
哲里木盟分校	46	46	27	7		11	1		21
锡林郭勒盟分校	14	14		14					12
乌兰察布盟分校	90	90	44	21		10	15		10
鄂尔多斯市分校	70	70	57	13					
巴盟广播电视大学	57	57	25	24		7	1		37
乌海市分校	64	64	22	25		14	3		8
内蒙古阿拉善盟广播电视大学	148	148	55	43	6	21	23		1
哲盟霍林河矿区电大	30	30	17	5		3	5		8
扎矿电大	22	22	12	3	2	2	3		2
大雁电大分校	14	14	9	4	1				2
辽宁	**2291**	**2274**	**1271**	**491**	**55**	**315**	**142**	**17**	**643**
其中:女	1176	1166	700	250	26	149	41	10	256
辽宁广播电视大学	592	592	388	53	6	105	40		102
鞍山广播电视大学	98	98	56	23	1	11	7		24
抚顺广播电视大学	451	451	203	160		43	45		
本溪广播电视大学	152	152	88	41	2	13	8		
锦州分校	112	112	55	33	3	16	5		24
丹东分校	67	67	30	18		13	6		40
营口分校	132	132	102	20	2	6	2		12
辽阳分校	78	78	46	26	1	2	3		16
朝阳广播电视大学	86	86	60	9	1	9	7		15
阜新分校	61	61	33	14		9	5		
铁岭广播电视大学	50	50	16	25		6	3		13
盘锦分校	22	22	18	2		1	1		8
辽河石油勘探局广播电视大学	108	93	41	12	17	15	8	15	
沈阳铁路局电大	62	62	56	6					180
葫芦岛市电大分校	40	40	15	5		18	2		8
辽宁省水利厅工作站	99	97		35	20	42		2	140
辽宁广播电视大学新民学院	33	33	18	7	2	6			4
辽宁广播电视大学海城学院	28	28	28						19
辽宁广播电视大学东港学院	20	20	18	2					38
沈阳	**714**	**714**	**462**	**128**	**5**	**70**	**49**		**274**
其中:女	362	362	270	40	2	37	13		137
沈阳广播电视大学	318	318	182	70	3	26	37		249
新城子分校	28	28	16	7		4	1		
康平分校	13	13	3	10					8

4.1 全国电大教职工情况（续表 4）

单位：人

	教职工数								聘请校外教师
	计	校本部教职工						校办企业等人员	
		计	专任教师	行政人员	科研人员	教辅人员	工勤人员		
法库分校	22	22	15	3		4			10
苏家屯分校	47	47	40	3	2	2			
东陵分校	112	112	97	5		3	7		
新民分校	40	40	32	1		6	1		4
于洪分校	106	106	63	20		23			
辽中分校	28	28	14	9		2	3		3
大　连	**512**	**512**	**285**	**139**	**11**	**31**	**46**		**411**
其中:女	270	270	162	69	8	22	9		226
大连广播电视大学	173	173	49	79	4	19	22		253
庄河分校	37	37	31	4		1	1		12
普兰店分校	49	49	34	7			8		
瓦房店分校	67	67	46	13			8		10
金州分校	50	50	28	3	6	9	4		20
旅顺分校	32	32	26	4		1	1		35
长海分校	26	26	23	1			2		8
甘井子分校	47	47	25	21		1			53
大连开发区分校	31	31	23	7	1				20
吉　林	**1408**	**1408**	**912**	**211**	**51**	**167**	**67**		**170**
其中:女	713	713	506	80	25	88	14		68
吉林广播电视大学	174	174	80	38	3	34	19		36
中国科学院长春分校电大工作站	6	6	2	1		2	1		13
法律分校	55	55	12	7	31	5			
吉林市分校	153	153	94	29		26	4		
四平分校	129	129	98	23		2	6		31
延边分校	180	180	113	24	6	29	8		29
通化分校	235	235	190	22	6	14	3		
辽源分校	69	69	51	8		8	2		
白山分校	77	77	65	6		5	1		14
白城分校	52	52	26	10	5	10	1		30
松原分校	180	180	114	29		20	17		
长春市建筑职工大学	98	98	67	14		12	5		17
长　春	**513**	**479**	**316**	**93**	**10**	**37**	**23**	**34**	**25**
其中:女	272	259	187	37	6	25	4	13	8
长春市广播电视大学	140	140	93	30		11	6		
榆树市分校	35	35	23	6		5	1		
九台市分校	46	46	24	10	10	2			
德惠分校	48	48	40	5		3			
农安县工作站	10	10	8	2					4
双阳区工作站	95	95	59	15		15	6		
长影影视艺术学校	47	47	32	8		1	6		6
长春电大交通学校工作站	78	44	37	3			4	34	
长春电大民进分校	14	14		14					15
黑龙江	**2561**	**2488**	**1225**	**580**	**12**	**371**	**300**	**73**	**598**
其中:女	1170	1138	604	230	1	194	109	32	294
黑龙江广播电视大学	285	285	141	62	3	33	46		95
齐齐哈尔市广播电视大学	57	57	19	26		6	6		73
牡丹江市广播电视大学	425	425	211	144		41	29		
佳木斯广播电视大学	144	144	95	30	2	8	9		9

4.1 全国电大教职工情况（续表 5）

单位：人

	教职工数								聘请校外教师
	计	校本部教职工						校办企业等人员	
		计	专任教师	行政人员	科研人员	教辅人员	工勤人员		
绥化地区广播电视大学	316	316	207	51		44	14		103
黑河市广播电视大学	18	18	7	3		8			62
大兴安岭广播电视大学	17	17	7	5		5			31
伊春市广播电视大学	54	54	25	22		5	2		55
大庆广播电视大学	312	244	131	33	3	40	37	68	49
鸡西广播电视大学	77	77	52	21		2	2		19
鹤岗广播电视大学	49	49	18	17		7	7		20
双鸭山市广播电视大学	31	31	15	3		9	4		10
七台河广播电视大学	184	184	26	59		77	22		16
省农垦广播电视大学	383	378	143	69	4	58	104	5	
牡丹江林区广播电视大学	60	60	40	11		6	3		56
松花江林区广播电视大学	149	149	88	24		22	15		
哈尔滨	**433**	**433**	**210**	**81**	**15**	**82**	**45**		**303**
其中:女	197	197	113	39	2	35	8		132
哈尔滨广播电视大学	112	112	51	16	1	35	9		83
阿城电大分校	30	30	26	4					51
呼兰分校	20	20	4	12	2	2			8
宾县分校	22	22	10	2		8	2		24
方正分校	15	15	11	2			2		4
依兰分校	20	20	10	5		4	1		11
哈尔滨文艺干校电大站	40	40	11	24			5		10
哈工大工会电视大学	4	4		3			1		12
双城分校	19	19	8	2		7	2		7
通河分校	14	14	9	1		4			16
木兰分校	13	13	10	1	1	1			18
延寿分校	14	14	3	4		3	4		5
巴彦分校	49	49	21	2	4	6	16		6
五常分校	18	18	18						36
尚志分校	43	43	18	3	7	12	3		12
上海	**2180**	**2126**	**1200**	**319**	**28**	**365**	**214**	**54**	**1419**
其中:女	1126	1104	653	182	12	196	61	22	524
上海电视大学	359	311	159	32	12	87	21	48	133
虹口区分校	92	92	57	13		12	10		68
闵行二分校	41	41	26	5		5	5		40
宝山分校	114	114	60	39		11	4		32
浦东新区分校	30	30	24			3	3		113
闵行一分校	72	68	23	16		7	22	4	61
金山分校	50	50	37	2		5	6		20
松江分校	58	58	43	4		6	5		39
南汇分校	87	87	63	6		5	13		22
奉贤分校	63	63	50	4	2	2	5		12
青浦分校	76	76	44	16		7	9		25
崇明分校	30	30	17	5		8			25
嘉定分校	76	76	56	8	2	4	6		69
区县工业管理局分校	30	30	21	4		5			21
农工商集团分校	20	20	8	5	2	2	3		15
物资（集团）总公司分校	40	40	22	10		8			38
商业分校	23	23	9	12		1	1		39

4.1 全国电大教职工情况（续表 6）

单位：人

	教职工数								聘请校外教师
	计	校本部教职工						校办企业等人员	
		计	专任教师	行政人员	科研人员	教辅人员	工勤人员		
黄浦区经贸委分校	35	35	18	7		7	3		47
长宁区分校	43	43	26	4		13			44
闸北区分校	20	20	12	3		5			62
卢湾区分校	33	33	23	10					29
杨浦分校	40	40	36			4			23
黄浦分校	121	121	64	9		35	13		93
普陀分校	112	110	68	23		5	14	2	54
静安区分校	97	97	73	8		11	5		58
西区分部	135	135	39	24		37	35		25
工程大中山分校	25	25	13	5		7			49
石化分校	45	45	17	8		18	2		33
邮电分校	21	21	8	5		8			14
徐汇财贸分校	36	36	8	17		11			78
徐汇分校	48	48	33	7		5	3		31
浦东新区农校教学点	60	60	23	5	10	9	13		
闵行农广校教学点	48	48	20	3		12	13		7
江　苏	**9664**	**9650**	**6807**	**1136**	**89**	**892**	**726**	**14**	**974**
其中:女	4535	4533	3393	392	36	458	254	2	317
江苏广播电视大学	544	544	256	59	9	170	50		60
镇江市广播电视大学	627	627	449	62		65	51		
常州市广播电视大学	361	361	232	66	11	33	19		72
无锡市广播电视大学	360	359	270	48		21	20	1	103
苏州市广播电视大学	279	279	200	22	5	33	19		102
南通市广播电视大学	1365	1359	1028	100	2	99	130	6	12
扬州市广播电视大学	476	476	372	39		51	14		29
徐州市广播电视大学	717	717	468	101	21	84	43		167
淮安市广播电视大学	460	460	302	91	8	29	30		
盐城市广播电视大学	517	517	329	179			9		23
连云港广播电视大学	239	239	159	35	6	27	12		129
泰州市广播电视大学	553	553	448	28		28	49		24
宿迁市广播电视大学	357	357	249	39	7	37	25		27
化工分校	131	131	64	62	2	3			26
江苏城市职业学院武进办学点	246	246	191	16	3	17	19		5
江苏电大宜兴学院	502	502	345	42	5	61	49		
江苏电大张家港学院	194	187	130	21	8	8	20	7	
江苏电大昆山学院	199	199	164	8		5	22		2
江苏电大常熟学院	270	270	209	12		26	23		35
江苏电大吴中学院	280	280	208	11		17	44		51
江苏广播电视大学大丰学院	156	156	124	15	2	9	6		30
江苏广播电视大学江都学院	136	136	105	14		17			41
江苏广播电视大学沛县学院	128	128	100	13		3	12		6
江苏电大靖江学院	128	128	103	8		15	2		
江苏电大通州学院	439	439	302	45		34	58		30
南　京	**588**	**588**	**345**	**110**	**4**	**110**	**19**		**598**
其中:女	283	283	176	48	3	51	5		274
南京市广播电视大学	232	232	96	73	4	55	4		99
江宁区分校	45	45	32	5		8			120
六合县分校	69	69	37	7		20	5		7

4.1 全国电大教职工情况（续表 7）

单位：人

	教职工数								聘请校外教师
	计	校本部教职工						校办企业等人员	
		计	专任教师	行政人员	科研人员	教辅人员	工勤人员		
高淳县分校	20	20	10	6		2	2		
溧水县分校	40	40	38	2					
浦口分校	57	57	45	9		3			30
玄武区分校	31	31	25	2		2	2		27
白下区分校	10	10	6	2			2		33
秦淮区分校	15	15	12			2	1		60
建邺区分校	11	11				11			50
鼓楼区分校	19	19	12	2		4	1		58
下关区分校	7	7	5			1	1		
雨花台区分校	9	9	7	1		1			49
栖霞区分校	23	23	20	1		1	1		65
浙　　江	**4352**	**4322**	**2894**	**589**	**99**	**511**	**229**	**30**	**1713**
其中:女	1966	1956	1370	165	37	277	107	10	493
浙江广播电视大学	235	235	116	27	45	38	9		149
杭州广播电视大学	402	387	208	81		77	21	15	41
萧山学院	89	89	71	18					60
余杭分校	66	66	55	6			5		
富阳学院	192	192	157	8	5	12	10		25
临安分校	39	39	36	2		1			
桐庐分校	53	53	37	3		11	2		20
建德分校	23	23	18			4	1		15
淳安学院	49	49	36	4		4	5		
嘉兴广播电视大学	49	49	29	10	1	7	2		50
嘉善学院	43	43	33	4	4		2		22
平湖学院	28	28	27			1			35
海盐学院	55	55	46	5	1	1	2		6
海宁学院	53	53	38	8		2	5		9
桐乡学院	26	26	18	5		3			20
湖州广播电视大学	511	500	398	57		29	16	11	192
长兴学院	128	128	98	20	1	4	5		20
德清学院	52	52	39	6		5	2		28
安吉分校	26	26	20	6					10
绍兴分校	83	83	62	19		2			
绍兴学院	31	31	29	1		1			
诸暨学院	45	45	24	4	4	11	2		14
上虞学院	38	38	30	2	2	3	1		25
嵊州学院	42	42	24	7		6	5		18
新昌分校	44	44	21	5	2	11	5		8
舟山广播电视大学	82	82	66	10		6			26
普陀工作站	13	13	8	3		2			7
岱山工作站	41	41	11	5	13	9	3		6
嵊泗工作站	12	12	8	2		2			8
金华广播电视大学	222	222	145	9	1	28	39		
兰溪分校	16	16	13	1		2			24
武义分校	28	28	16	6	2	1	3		11
永康学院	72	72	49	14	4	5			
义乌学院	34	34	20	4		2	8		7
东阳学院	27	27	16	1		8	2		12

4.1 全国电大教职工情况（续表 8）

单位：人

	教职工数								聘请校外教师
	计	校本部教职工						校办企业等人员	
		计	专任教师	行政人员	科研人员	教辅人员	工勤人员		
浦江分校	12	12	7	3		2			6
磐安工作站	13	13	13						6
衢州广播电视大学	53	53	40	12		1			85
柯城分校	14	14	7	2		1	4		20
江山分校	13	13	13						17
常山分校	12	12	6	2	2	2			30
开化分校	13	13	8	2			3		30
龙游分校	18	18	11			3	4		33
台州广播电视大学	130	130	66	24	2	37	1		91
临海学院	54	54	39	6	1	7	1		21
黄岩分校	24	24	19	3			2		30
温岭分校	46	46	25	6	2	11	2		12
仙居学院	50	50	30	5		12	3		
玉环学院	48	48	27	4		5	12		30
三门学院	26	26	18	4		4			10
天台学院	60	60	51	4	5				12
丽水广播电视大学	56	56	40	1		14	1		11
缙云分校	13	13	11	1			1		15
遂昌分校	15	15	13	2					20
松阳电大	16	16	13	2			1		28
景宁分校	12	12	11	1					10
云和分校	9	9	6	3					18
龙泉分校	21	21	17	2			2		10
庆元工作站	11	11	8	3					20
青田分校	29	29	17	2		6	4		20
温州广播电视大学	79	79	49	19	1	7	3		46
永嘉学院	69	69	61	4		2	2		28
瓯海分校	136	136	53	16		55	12		12
平阳分校	24	24	7	9		8			7
瑞安分校	26	26	17	3		5	1		50
乐清分校	24	24	12	3		6	3		35
文成分校	37	37	28	6		2	1		8
洞头分校	30	26	10	7		6	3	4	4
泰顺工作站	28	28	9	11	1	5	2		6
苍南分校	15	15	11	3		1			11
衢化分校	10	10	6	4					26
经贸分校	24	24	8	12		4			17
工商学院	67	67	34	31		2			
特教学院	66	66	51	4		5	6		10
宁　　波	**485**	**483**	**363**	**51**	**2**	**51**	**16**	**2**	**432**
其中:女	251	250	201	15	1	27	6	1	148
宁波广播电视大学	146	146	95	17	2	28	4		167
鄞县分校	43	41	32	4		2	3	2	72
余姚学院	32	32	29			1	2		37
慈溪学院	28	28	17	4		7			42
宁海学院	25	25	22	2		1			18
象山分校	41	41	31	5		3	2		23
奉化分校	26	26	26						29

4.1 全国电大教职工情况（续表 9）

单位：人

	教职工数								聘请校外教师
	计	校本部教职工						校办企业等人员	
		计	专任教师	行政人员	科研人员	教辅人员	工勤人员		
镇海工作站	58	58	50	7		1			10
镇海炼油化工公司工作站	23	23	14	6		2	1		
江北工作站	25	25	14	4		4	3		21
北仑工作站	26	26	22	1		2	1		13
宁波东钱湖旅游度假区电大工作站	12	12	11	1					
安　徽	**1869**	**1770**	**1073**	**311**	**14**	**279**	**93**	**99**	**1258**
其中:女	762	737	433	131	1	145	27	25	323
安徽广播电视大学	276	276	128	63	6	60	19		142
合肥分校	90	90	56	15		10	9		64
蚌埠分校	102	102	67	20		9	6		31
芜湖市分校	43	43	26	12	2	3			94
淮南分校	406	406	339	28		12	27		55
淮北分校	34	34	12	10	2	9	1		75
马鞍山分校	69	69	35	26	1	5	2		25
铜陵分校	42	42	15	19		8			81
黄山市分校	45	45	17	7		19	2		57
安庆市分校	200	101	66	11		19	5	99	166
六安分校	30	30	9	10		11			65
阜阳分校	71	71	28	7	3	27	6		93
宣城分校	158	158	94	24		40			
巢湖分校	23	23	20	2			1		12
滁州市分校	48	48	32	16					37
池州分校	42	42	26	4		7	5		60
宿州分校	85	85	43	31		10	1		87
省直分校	52	52	31	3		15	3		99
亳州分校	53	53	29	3		15	6		15
福　建	**1624**	**1624**	**850**	**459**	**20**	**199**	**96**		**1034**
其中:女	750	750	410	206	9	98	27		330
福建广播电视大学	367	367	152	148	5	33	29		25
福州分校	379	379	251	79	5	24	20		
三明分校	48	48	31	11		1	5		7
宁德分校	98	98	35	52		7	4		30
南平分校	126	126	72	14	10	28	2		192
漳州分校	170	170	92	54		14	10		211
泉州分校	100	100	44	31		17	8		131
龙岩分校	58	58	32	16		10			56
莆田分校	65	65	51	9		3	2		45
高等职业技术学院									133
农业银行分校	29	29	12	10		2	5		10
检察院分校	6	6	4	2					8
永安分校	26	26	17	5		2	2		18
邵武分校	27	27	18	4		5			15
漳浦分校	30	30	22	3			5		18
继续教育学院									
开放教育学院	95	95	17	21		53	4		135
厦　门	**175**	**173**	**85**	**48**	**6**	**24**	**10**	**2**	**125**
其中:女	103	101	56	21	4	13	7	2	72
厦门市广播电视大学	131	131	74	33		18	6		37

4.1 全国电大教职工情况（续表 10）

单位：人

	教职工数								聘请校外教师
	计	校本部教职工						校办企业等人员	
		计	专任教师	行政人员	科研人员	教辅人员	工勤人员		
厦门电大同安区工作站	7	7	1	1		2	3		36
厦门市杏林区电大工作站	10	10		5		4	1		35
厦门市湖里区电大工作站	8	8	5	3					
厦门市司法局电大工作站	10	8		2	6			2	17
厦门市思明区电大工作站	9	9	5	4					
江　西	**1013**	**1013**	**716**	**161**	**18**	**53**	**65**		**619**
其中:女	358	358	267	43	4	27	17		196
江西广播电视大学	295	295	223	35	9	14	14		45
南昌市分校	26	26	22	1		2	1		70
景德镇市分校	27	27	19	3		5			36
九江市分校	56	56	31	14		5	6		17
萍乡市分校	32	32	21	6	1		4		71
新余市分校	50	50	39	1		7	3		35
鹰潭市分校	45	45	22	20			3		30
赣州广播电视大学	33	33	29	1	1		2		24
宜春广播电视大学	33	33	20	8			5		39
电大吉安市分校	33	33	15	18					145
上饶广播电视大学	279	279	210	39	2	14	14		78
抚州广播电视大学	47	47	30	9			8		
九江船舶工业公司分校	42	42	20	6	5	6	5		24
省检察分校	15	15	15						5
山　东	**3777**	**3730**	**2214**	**808**	**53**	**345**	**310**	**47**	**162**
其中:女	1629	1603	1021	303	14	176	89	26	70
山东广播电视大学	242	242	115	70	18	22	17		26
济南广播电视大学	297	297	156	42		62	37		
烟台广播电视大学	391	391	214	72	15	43	47		
潍坊广播电视大学	36	36	10	14	3	9			35
淄博广播电视大学	369	361	232	77		19	33	8	21
威海市广播电视大学	111	111	51	52		2	6		
临沂广播电视大学	28	28	20	6		2			
德州广播电视大学	87	87	39	7		34	7		
滨州广播电视大学									75
菏泽广播电视大学	243	243	139	84		15	5		
聊城广播电视大学	195	195	168	7		20			
泰安广播电视大学	22	22	17	4		1			
枣庄广播电视大学	170	170	112	24	10	7	17		
济宁广播电视大学	607	607	364	154	3	50	36		
东营广播电视大学	110	110	76	13		10	11		
胜利油田广播电视大学	356	323	146	97		22	58	33	
莱芜钢铁总厂广播电视大学	157	151	66	74		5	6	6	
鲁中冶金矿山公司广播电视大学	29	29	22				7		
省直工作处									
日照广播电视大学	273	273	231	2	4	19	17		5
荣成市广播电视大学	54	54	36	9		3	6		
青　岛	**808**	**786**	**535**	**101**	**18**	**86**	**46**	**22**	**85**
其中:女	325	320	235	30	7	35	13	5	34
青岛广播电视大学	108	108	54	39	3	6	6		11
莱西分校	107	107	87			9	11		14

4.1 全国电大教职工情况（续表 11）

单位：人

	教职工数								聘请校外教师
	计	校本部教职工						校办企业等人员	
		计	专任教师	行政人员	科研人员	教辅人员	工勤人员		
平度分校	115	115	72		2	36	5		
胶州分校	75	75	67	4		4			10
胶南分校	78	78	62	2	3	5	6		
即墨分校	142	142	102	31			9		
黄岛分校	34	34	26	8					20
崂山分校	20	20	12	3		1	4		
城阳分校	72	72	44	9	6	8	5		
李沧区分校	57	35	9	5	4	17		22	30
河　　南	**3048**	**2985**	**1868**	**614**	**96**	**271**	**136**	**63**	**509**
其中:女	1308	1280	865	241	35	99	40	28	184
河南广播电视大学	391	390	191	136	5	53	5	1	
省直分校	65	65	12	25		18	10		28
郑州广播电视大学	93	93	55	19	4	8	7		31
开封市广播电视大学	56	56	25	10		13	8		30
洛阳市广播电视大学	62	62	24	16		18	4		27
新乡广播电视大学	241	236	170	58			8	5	
焦作广播电视大学	498	498	422	55	21				251
安阳广播电视大学	86	86	25	44	1	11	5		26
濮阳广播电视大学	23	23	10	9		4			
鹤壁广播电视大学	51	51	31	15		5			
商丘广播电视大学	111	111	84	18		9			
三门峡广播电视大学	64	64	34	19	4	7			
平顶山广播电视大学	456	428	269	61	33	46	19	28	35
驻马店广播电视大学	246	246	165	23	15	18	25		
许昌广播电视大学	45	45	28	9		4	4		35
信阳广播电视大学	54	54	33	4		10	7		
南阳广播电视大学	65	65	31	20	4	5	5		9
周口广播电视大学	60	60	41	8	1	10			
漯河广播电视大学	60	60	50	8		2			
郑州铁路局广播电视大学	28	28	16	10	1	1			5
中原油田广播电视大学	56	56	32	10		6	8		5
济源广播电视大学	82	82	62	7	5	7	1		13
河南省工商行政管理分校	155	126	58	30	2	16	20	29	14
湖　　北	**2883**	**2876**	**1787**	**549**	**26**	**313**	**201**	**7**	**458**
其中:女	1095	1091	633	221	5	156	76	4	170
湖北广播电视大学	400	400	230	109	3	34	24		
黄冈广播电视大学	439	439	251	144		36	8		60
孝感市广播电视大学	227	227	139	26		37	25		
咸宁地区广播电视大学	130	130	85	30		13	2		103
荆州地区广播电视大学	216	216	117	55		44			98
宜昌市广播电视大学	75	75	32	27		11	5		120
黄石广播电视大学	136	136	80	17	2	22	15		
十堰市广播电视大学	267	267	211	28	13	15			39
襄樊广播电视大学	382	382	225	43		60	54		
恩施自治州广播电视大学	48	48	31	3		6	8		28
大冶有色金属公司分校	77	77	48	17			12		
天门市广播电视大学	87	87	75	5	2	5			
潜江市广播电视大学	30	30	24	3			3		

4.1 全国电大教职工情况（续表12）

单位：人

	教职工数								聘请校外教师
	计	校本部教职工						校办企业等人员	
		计	专任教师	行政人员	科研人员	教辅人员	工勤人员		
仙桃广播电视大学	75	75	43	12		8	12		
江汉油田分校	59	59	45	11	1	1	1		
湖北广播电视大学钟祥分校	166	159	98	13	2	16	30	7	
随州广播电视大学	69	69	53	6	3	5	2		10
武　　汉	**2204**	**2204**	**1375**	**360**	**17**	**315**	**137**		**507**
其中:女	988	988	672	141	2	131	42		219
武汉市广播电视大学	913	913	619	149	6	36	103		277
江岸区分校	44	44	25	12		6	1		
武昌区分校	22	22	5	11		4	2		9
桥口区分校	29	29	13	11		3	2		
汉阳区分校	49	49	33	7			9		
青山区分校	14	14	9	4			1		45
洪山区工作站	30	30	21	9					23
东西湖区分校	36	36	30			2	4		
汉南区分校	22	22	11	4	2	3	2		
江夏区分校	47	47	38	4		4	1		
蔡甸区分校	23	23	23						16
黄陂区分校	36	36	20	6	4	4	2		
新洲区分校	89	89	62	8	5	6	8		6
武汉钢铁公司分校	797	797	428	124		245			122
3303分校	20	20	15	3			2		
江汉区电大分校	33	33	23	8		2			9
湖　　南	**2610**	**2493**	**1372**	**591**	**34**	**306**	**190**	**117**	**1162**
其中:女	1058	1007	590	217	8	133	59	51	495
湖南广播电视大学	460	460	273	126	5	39	17		187
长沙广播电视大学	166	56	17	27		5	7	110	141
株洲广播电视大学	145	145	65	54		17	9		66
湘潭广播电视大学	52	52	24	15		6	7		152
衡阳市广播电视大学	146	144	62	16		52	14	2	25
邵阳广播电视大学	55	55	20	16		19			
岳阳广播电视大学	70	70	49	15	1	5			59
娄底广播电视大学	193	193	131	25	15	20	2		56
零陵分校	33	33	12	10	3		8		26
郴州广播电视大学	64	64	27	18		5	14		139
益阳广播电视大学	66	66	30	20		8	8		47
常德广播电视大学	140	140	50	60		13	17		21
怀化广播电视大学	223	223	162	46		7	8		40
湘西民族广播电视大学	312	312	238	22		23	29		125
张家界市广播电视大学	95	95	43	14	4	28	6		38
津市分校	52	52	31	10	5	3	3		9
岳阳石化总厂广播电视大学	55	55	30	9	1	8	7		
卫生分校	19	19	10	9					
涟钢分校	100	95	68	18		3	6	5	
药学分校	164	164	30	61		45	28		31
广　　东	**5045**	**4967**	**3109**	**831**	**20**	**473**	**534**	**78**	**1839**
其中:女	2104	2067	1277	290	8	244	248	37	614
广东广播电视大学	447	447	307	86		34	20		90
法律分校	17	17	12	2	3				21

4.1 全国电大教职工情况 (续表 13)

单位：人

	教职工数								聘请校外教师
	计	校本部教职工						校办企业等人员	
		计	专任教师	行政人员	科研人员	教辅人员	工勤人员		
省电力局分校	33	33	21	6		5	1		
省公路局分校	49	49	17	8		7	17		14
广东电大深圳拱北海关分校	35	35	26	5	2	2			18
珠海市广播电视大学	75	75	47	18		4	6		37
斗门广播电视大学	27	18	13	2		2	1	9	18
汕头广播电视大学	160	160	116	31		13			32
汕头广播电视大学潮阳电大	54	54	22	14		18			27
汕头广播电视大学澄海电大	155	155	112	24		11	8		16
韶关市广播电视大学	41	41	22	11		3	5		67
韶关市曲江区广播电视大学	51	51	29	4	2	9	7		3
仁化广播电视大学	28	28	20	3		2	3		
新丰县广播电视大学	33	33	16	3		7	7		
广东省翁源县广播电视大学	50	48	28	6	4	4	6	2	
始兴县广播电视大学	35	35	25	10					
南雄市广播电视大学	36	36	19	8		3	6		7
乐昌市广播电视大学	27	27	20	3			4		6
乳源瑶族自治县广播电视大学	17	17	7	5			5		
汕尾市广播电视大学	61	61	48	4		6	3		57
海丰县广播电视大学	37	37	19	3		8	7		21
陆丰市广播电视大学	23	23	8	11			4		15
陆河县广播电视大学	18	18	9	2		1	6		35
梅州市广播电视大学	29	29	14	9		6			125
梅江区广播电视大学	20	20	16	4					40
蕉岭县广播电视大学	36	36	27			9			
大埔县广播电视大学	11	11	6	3		2			28
丰顺县广播电视大学	11	11	2	9					16
五华县广播电视大学	15	15	8	4		2	1		30
广东省兴宁市广播电视大学	19	19	4	8		6	1		23
平远县广播电视大学	22	22	12	2		5	3		28
惠州市广播电视大学	107	107	57	23		9	18		34
惠阳区广播电视大学	35	35	22	4		5	4		7
惠东县广播电视大学	28	28	21	6			1		12
博罗县广播电视大学	25	25	10	7		3	5		35
龙门县广播电视大学	20	20	9	9			2		
东莞市广播电视大学	58	58	29	8		11	10		38
中山市广播电视大学	95	95	40	22		8	25		43
江门市广播电视大学	70	70	43	10		9	8		33
新会市广播电视大学	22	22	10	6			6		20
台山磐石电视大学	39	39	19	4		4	12		11
开平市广播电视大学	60	60	52	1			7		
恩平市广播电视大学	37	37	22	9		2	4		3
鹤山市广播电视大学	19	19	14	1		2	2		32
佛山广播电视大学	73	73	34	29		10			49
三水广播电视大学	30	30	17	7		5	1		7
高明广播电视大学	16	16	9	6			1		14
阳江市广播电视大学	60	60	39	11		5	5		45
阳春市广播电视大学	66	66	51	2		7	6		11
湛江市广播电视大学	102	102	44	41		10	7		66

4.1 全国电大教职工情况（续表 14）

单位：人

	教职工数								聘请校外教师
	计	校本部教职工						校办企业等人员	
		计	专任教师	行政人员	科研人员	教辅人员	工勤人员		
雷州市广播电视大学	68	68	22	23		7	16		14
徐闻县广播电视大学	71	71	43				28		
遂溪县广播电视大学	43	43	29			9	5		
吴川市广播电视大学	43	43	25	9		2	7		4
廉江市广播电视大学	13	13	8	5					20
茂名广播电视大学	126	126	51	41		12	22		64
高州市广播电视大学	13	13	10	3					23
信宜市广播电视大学	116	116	90	6		15	5		
电白广播电视大学	26	26	13	7		4	2		35
化州市广播电视大学	87	87	68	4		7	8		8
肇庆广播电视大学	57	57	28	18	1	5	5		43
高要市广播电视大学	35	35	27	3		2	3		25
四会市广播电视大学	167	100	44	27		16	13	67	
广宁县广播电视大学	49	49	39				10		10
德庆县广播电视大学	40	40	29	5			6		
封开县广播电视大学	17	17	11	4			2		31
怀集县广播电视大学	24	24	18			1	5		48
清远市广播电视大学	50	50	40	3		3	4		7
英德电大	49	49	40	5		2	2		
佛冈县广播电视大学	28	28	19	2	1	2	4		
阳山县广播电视大学	122	122	93	6		13	10		
连山壮族瑶族自治县广播电视大学	26	26	12	5			9		
连南瑶族自治县广播电视大学	10	10	6			2	2		8
连州市广播电视大学	19	19	16				3		
潮州广播电视大学	29	29	17	10			2		69
饶平县广播电视大学	21	21	4	9		6	2		20
潮安广播电视大学	25	25	13	7	2	2	1		16
揭阳广播电视大学	40	40	25	3		4	8		11
普宁市广播电视大学	27	27	8	8	3	5	3		34
广东省揭西县广播电视大学	30	30	10	7		13			
惠来县广播电视大学	15	15	9	4		1	1		12
揭东县广播电视大学	21	21	15	4		2			10
河源广播电视大学	186	186	116	18		29	23		11
和平县广播电视大学	156	156	130	4		14	8		
龙川广播电视大学	63	63	37	6		8	12		
紫金县广播电视大学	116	116	79	11		4	22		
连平县广播电视大学	98	98	74	4			20		
云浮市广播电视大学	25	25	16	5		2	2		25
云硫电大	4	4	3	1					2
罗定市广播电视大学	16	16	12	3		1			2
新兴电大	67	67	56	8	2		1		1
郁南电大	11	11	5	2		2	2		15
南海广播电视大学	117	117	76	11		19	11		30
顺德广播电视大学	45	45	29	16					7
广　州	**1530**	**1520**	**952**	**255**	**16**	**217**	**80**	**10**	**797**
其中:女	808	808	533	129	8	104	34		355
广州市广播电视大学	198	198	92	67	3	22	14		235
东山区分校	36	36	20	16					24

4.1 全国电大教职工情况（续表 15）

单位：人

	教职工数								聘请校外教师
	计	校本部教职工						校办企业等人员	
		计	专任教师	行政人员	科研人员	教辅人员	工勤人员		
海珠区分校	46	46	22	10	2		12		114
荔湾分校	76	76	48	12		16			8
越秀区分校	33	33	20	5		2	6		8
天河区分校	20	20	11	4		3	2		52
开发区分校	27	27	12	6		8	1		23
市轻工业局分校	108	108	80	28					
侨光分校	150	150	63	17		57	13		102
机电局分校	52	52	39	9		2	2		11
法律专业工作站	118	118	78	27		7	6		25
市二轻局工作站	68	68	57	5	2	4			4
番禺区广播电视大学	44	44	39			5			62
从化市分校	46	46	31	4		10	1		18
花都区广播电视大学	67	67	43	13		9	2		50
增城市广播电视大学	166	166	118	9		23	16		24
市银行学校电大工作站	18	18	9	5		3	1		11
东方教学点	85	85	56			29			23
金融分校	128	128	92	14	7	13	2		
广东科学技术职业学院电大工作站	24	24	20	2		2			3
广州市广播电视大学广大人文学院工作站	20	10	2	2	2	2	2	10	
深　圳	**659**	**614**	**315**	**102**	**17**	**106**	**74**	**45**	**373**
其中:女	328	289	144	46	6	62	31	39	158
深圳市广播电视大学	270	270	162	36		42	30		185
蛇口分校	72	27	12	8		5	2	45	48
宝安分校	75	75	20	18		16	21		27
沙头角分校	54	54	47	2		3	2		17
南山分校	42	42	24	7	8	3			52
龙岗分校	62	62	27	12		11	12		13
罗湖分校	44	44	9	10	8	17			20
福田分校	27	27	8	7		6	6		5
深圳广播电视大学光明教学点	13	13	6	2	1	3	1		6
广　西	**1065**	**1065**	**595**	**222**	**17**	**114**	**117**		**436**
其中:女	480	480	302	79	1	61	37		159
广西广播电视大学	188	188	107	38	6	23	14		103
区直分校	54	54	17	27		4	6		75
南宁广播电视大学	55	55	35	14	4	2			23
柳州市广播电视大学	30	30	20	5		3	2		6
桂林市分校	59	59	34	16		4	5		21
梧州市分校	44	44	20	4		16	4		15
南宁地区分校	176	176	96	30	2	18	30		2
柳州地区分校	19	19	14	3		1	1		25
梧州地区分校	12	12	6	6					10
百色民族分校	26	26	9	5		5	7		71
钦州市分校	85	85	42	18		10	15		10
北海市分校	45	45	32	5		5	3		
检察分校	16	16	9	1			6		
贵港市电大分校	53	53	21	14	2	14	2		35
防城港市工作站	11	11	7	3		1			20
玉林商校工作站	35	35	20	12		3			20

4.1 全国电大教职工情况（续表16）

单位：人

	教职工数								聘请校外教师
	计	校本部教职工						校办企业等人员	
		计	专任教师	行政人员	科研人员	教辅人员	工勤人员		
广西电大工商分校	127	127	80	17	3	5	22		
广西银行学校电大工作站	30	30	26	4					
海　　南	**115**	**115**	**50**	**50**		**2**	**13**		**9**
其中:女	54	54	25	24		1	4		4
海南广播电视大学	115	115	50	50		2	13		9
四　　川	**3428**	**3347**	**2000**	**673**	**42**	**298**	**334**	**81**	**2451**
其中:女	1291	1266	733	292	16	111	114	25	829
四川广播电视大学	863	840	376	217	11	122	114	23	374
省建委分校	23	23	8	8		6	1		49
省级机关分校	20	20	11	4		4	1		174
成都铁路局分校	58	58	40	9	1	8			19
德阳广播电视大学	163	163	118	27		6	12		155
绵阳广播电视大学	70	70	46	11		7	6		134
广元广播电视大学	175	175	124	27		7	17		118
四川电大遂宁应用职业技术学校教学点	69	69	58	7	2	2			138
雅安分校	31	31	16	7	3	5			20
乐山广播电视大学	204	204	115	40	5	26	18		108
内江广播电视大学	94	36	26	9			1	58	15
自贡广播电视大学	113	113	63	33		7	10		48
宜宾广播电视大学	244	244	189	32	2	13	8		232
泸州广播电视大学	258	258	146	64		15	33		115
南充广播电视大学	40	40	24	4	4	4	4		142
达州广播电视大学	359	359	184	83	1	21	70		99
甘孜分校	17	17	12	3			2		
凉山广播电视大学	64	64	55	9					
攀枝花广播电视大学	44	44	31	8		3	2		61
巴中广播电视大学	50	50	34	8		6	2		34
广安广播电视大学	96	96	63	8	6	10	9		87
眉山广播电视大学	63	63	56	3		4			21
资阳广播电视大学	49	49	28	15		4	2		61
阿坝广播电视大学	83	83	55	13		5	10		38
四川广播电视大学直属学院蓬溪分校	17	17	13	2			2		28
四川广播电视大学直属学院射洪分校	19	19	13	2			4		27
四川广播电视大学直属学院大英分校	12	12	6	1			5		16
四川广播电视大学直属学院西昌分院	39	39	33	6					70
四川广播电视大学直属学院雷波工作站	17	17	9	4		4			18
四川广播电视大学直属学院宁南工作站	16	16	16						20
四川广播电视大学直属学院甘洛工作站	14	14	11	2			1		8
四川广播电视大学直属学院越西工作站	5	5	5						10
四川广播电视大学直属学院昭觉工作站	10	10	8	2					6
四川广播电视大学直属学院美姑工作站	29	29	8	5	7	9			6
成　　都	**935**	**935**	**456**	**361**	**9**	**65**	**44**		**610**
其中:女	420	420	213	161	1	33	12		194
成都广播电视大学	104	104	68	21	2	7	6		125
龙泉分校	58	58	32	12		4	10		3
彭州分校	29	29	13	5		8	3		64
新都分校	12	12	5	2		1	4		92
双流分校	11	11	8	3					49

4.1 全国电大教职工情况（续表 17）

单位：人

	教职工数								聘请校外教师
	计	校本部教职工						校办企业等人员	
		计	专任教师	行政人员	科研人员	教辅人员	工勤人员		
崇州分校	44	44	20	11		9	4		21
邛崃分校	13	13	10			3			30
郫县分校	24	24	13	3		4	4		36
温江分校	61	61	37	3	7	7	7		28
金堂分校	43	43	18	8		14	3		5
五冶分校	5	5	1	2		2			23
蒲江分校	27	27	19	5		2	1		8
电子工业分校	460	460	192	268					22
新津分校	14	14	6	6		2			34
青羊分校	14	14	4	6		2	2		23
旅游分校	16	16	10	6					47
重　　庆	**2466**	**2459**	**1464**	**408**	**78**	**270**	**239**	**7**	**1205**
其中:女	981	978	620	146	36	122	54	3	463
重庆广播电视大学	596	596	315	81	6	66	128		260
渝中区分校	13	13	8	5					42
重庆铁路分校	20	20	12	4			4		5
重庆钢铁公司分校	36	36	24	9		3			3
南岸分校	9	9	7	2					40
九龙坡分校	37	34	13	13		7	1	3	20
江北区工作站	50	50	26	19		2	3		
沙坪坝区电大分校	74	70	28	7	30	4	1	4	22
永川市广播电视大学	55	55	29	12	2	8	4		35
北碚区工作站	71	71	45	15		9	2		10
万盛区工作站	5	5	4	1					18
荣昌分校	62	62	25	12	13	12			6
綦江县工作站	23	23	8	5		10			5
合川广播电视大学	60	60	28	11	5	11	5		28
长寿分校	28	28	22	3			3		15
铜梁县工作站	5	5	2	3					45
渝北分校	12	12	7	3		2			21
潼南县工作站	47	47	39	4			4		
大足县工作站	39	39	32	5			2		28
巴南分校	43	43	34	4			5		14
江津广播电视大学	42	42	31	9			2		8
大渡口分校	4	4	3	1					28
璧山分校	57	57	38	10		5	4		
万州广播电视大学	49	49	23	10		15	1		56
涪陵广播电视大学	43	43	24	8		8	3		75
黔江广播电视大学	45	45	36	4			5		3
南川分校	40	40	26	5		6	3		5
垫江分校	28	28	10	5	1	9	3		
丰都县电大工作站	4	4	4						30
武隆分校	45	45	36	3	1	3	2		15
梁平县电大工作站	27	27	21	3			3		15
重庆电大经贸学院	218	218	116	54		34	14		18
重庆电大物流学院	8	8	7	1					
重庆电大建筑工程学院	49	49	25	12		2	10		62
酉阳分校	60	60	36	6	2	14	2		3

4.1 全国电大教职工情况（续表 18）

单位：人

	教职工数								聘请校外教师
	计	校本部教职工						校办企业等人员	
		计	专任教师	行政人员	科研人员	教辅人员	工勤人员		
秀山分校	21	21	20	1					24
石柱分校	32	32	24	4		3	1		20
彭水分校	70	70	54	3		5	8		10
奉节县电大工作站	16	16	13	3					12
云阳县电大工作站	4	4	4						25
巫山分校	100	100	80			15	5		
巫溪电大工作站	4	4	4						36
城口电大工作站	27	27	23	4					18
开县电大工作站	58	58	32	5	16		5		10
忠县电大工作站	6	6	4	2					23
铜梁分校	27	27	17	5		4	1		
重庆电大企业管理学院	60	60	24	24		9	3		57
市药监局电大工作站	37	37	21	8	2	4	2		35
贵　州	**1141**	**1141**	**634**	**296**	**3**	**131**	**77**		**614**
其中:女	532	532	315	117	3	76	21		185
贵州广播电视大学	298	298	145	54	3	77	19		
省直分校									143
贵阳市分校	36	36	22	5		7	2		36
遵义地区分校	29	29	24	5					75
安顺地区分校	26	26	18	6			2		40
黔南州分校	27	27	13	10			4		82
黔东南州分校	51	51	24	15			12		13
黔西南州分校	60	60	22	17		17	4		35
毕节地区分校	83	83	64	10			9		88
六盘水市分校	27	27	15	4		2	6		33
铜仁分校	28	28	17	6		1	4		30
水城钢铁公司分校	99	99	54	45					24
航天管理局工作站	38	38	24	9		5			
黎阳机械公司工作站	22	22	18	2		2			15
贵航技校电大工作站	317	317	174	108		20	15		
云　南	**3775**	**3755**	**2446**	**633**	**39**	**314**	**323**	**20**	**719**
其中:女	1813	1800	1238	237	13	179	133	13	291
云南广播电视大学	294	288	156	102	5	22	3	6	24
昆明广播电视大学	84	84	64	12			8		8
玉溪广播电视大学	69	69	48	9		12			3
思茅广播电视大学	28	28	16	2			10		
西双版纳广播电视大学	201	201	146	21		18	16		3
红河分校	49	49	21	11		5	12		22
文山分校	378	375	285	43		17	30	3	32
曲靖分校	256	256	180	26	29	17	4		
昭通分校	9	9	9						
楚雄广播电视大学	25	25	21			4			185
大理分校	1035	1035	591	222	5	124	93		247
保山分校	53	53	28	14		2	9		60
临沧分校	210	210	168	25		8	9		59
德宏广播电视大学	269	269	167	32		31	39		
丽江分校	295	293	233	23		11	26	2	3
文山州民族干部学校	53	53	31	8		2	12		

4.1 全国电大教职工情况（续表 19）

单位：人

	教职工数								聘请校外教师
	计	校本部教职工						校办企业等人员	
		计	专任教师	行政人员	科研人员	教辅人员	工勤人员		
怒江电大分校	154	154	113	12		4	25		
个旧分校	39	39	22	4		5	8		
煤炭分校	25	16	7	6		3		9	18
省检察分校	20	20	3	6		9	2		12
昆明市总工会分校	22	22	8	5		6	3		43
昆钢分校	27	27	24				3		
烟草分校	93	93	33	42		12	6		
云南省电大政法分校	87	87	72	8		2	5		
陕　　西	**2734**	**2726**	**1628**	**509**	**91**	**319**	**179**	**8**	**1274**
其中:女	1180	1176	708	218	40	151	59	4	501
陕西省广播电视大学	353	353	228	56	8	48	13		124
延安分校	71	71	33	28		10			13
榆林地区分校	302	302	176	48	39	39			10
咸阳市分校	33	33	11	18	4				135
宝鸡市分校	37	37	29	6			2		67
安康分校	22	22	13	8			1		24
汉中分校	22	22	9	4		3	6		145
渭南分校	25	25	9	6		10			40
商洛地区分校	27	27	21	1		3	2		36
铜川市分校	28	28	13	12			3		49
航空工业局工作站	229	229	127	32	17	38	15		10
省电子工业局工作站	170	165	118	24	14	9		5	9
兵器工业管理局工作站	28	28	10	10		4	4		4
省冶金局工作站	56	56	47	4			5		
省石油化学工业局工作站	14	14	8	6					5
陕西省纺织公司工作站	233	230	140	44		15	31	3	
省水利厅工作站	34	34	26	1	3	3	1		10
省文化厅工作站	14	14	6	6		2			5
高新分校	52	52	20	12		12	8		110
省电大商务厅工作站	11	11	6	5					10
新城分校	158	158	66	22	5	38	27		197
工运学院电大	57	57	40	12		4	1		44
西安艺师教育中心	18	18	13	3	1	1			13
陕西省中医学校	228	228	111	56		41	20		
陕西广播电视大学宝鸡农校教育中心	30	30	23	2		5			
陕西银行学校	20	20	15	5					38
西安国际文化培训学院	8	8	8						8
西安工程技术学院	74	74	65	4		5			
陕西省机电工程学校	193	193	119	25		17	32		126
陕西通信技术学院	120	120	74	37		7	2		
陕西广播电视大学镇安财校教学点	8	8	8						16
陕西外国语培训学院	10	10	3	3		2	2		8
西安铁路高级工学校	19	19	12	2		2	3		2
陕西航天技术学院	12	12	8	4					8
陕西省理工学校	18	18	13	3		1	1		8
西　　安	**653**	**647**	**242**	**137**	**31**	**210**	**27**	**6**	**1044**
其中:女	342	339	131	66	12	121	9	3	430
西安市广播电视大学	390	390	131	59	14	166	20		686

4.1 全国电大教职工情况（续表 20）

单位：人

	教职工数								聘请校外教师
	计	校本部教职工						校办企业等人员	
		计	专任教师	行政人员	科研人员	教辅人员	工勤人员		
西安电大现代教育培训学院	36	36	24	5	2	5			
莲湖区工作站	39	39	22	15		2			
长安分校	15	15		9	6				78
临潼分校	28	28	14	13	1				48
西电公司工作站	6	6	4	2					3
莲湖科技学校工作站	6	6		3		3			12
西安交通大学卫校教学班	5	5	5						
西安电大北洋工作站	11	11	3	3	2	3			68
翠华培训学院工作站	44	38	13	8	6	9	2	6	98
富士日本语专修学院工作站	14	14	7	7					9
蓝田分校	5	5	5						20
西安培明进修学院教学班	25	25		6		17	2		22
高陵分校	29	29	14	7		5	3		
甘　肃	**2616**	**2490**	**1656**	**434**	**38**	**194**	**168**	**126**	**914**
其中:女	1021	985	700	127	14	103	41	36	302
甘肃广播电视大学	217	217	104	77	4	23	9		
兰州市分校	48	48	30	12		4	2		64
天水市分校	322	322	246	44		10	22		80
白银市分校	58	58	39	10		7	2		
金昌分校	18	18	18						83
嘉峪关市分校	31	31	26	2		2	1		40
庆阳市分校	53	53	30	12		2	9		15
平凉市分校	114	114	75	20	3	15	1		99
陇南市分校	232	232	138	54		21	19		20
定西市分校	147	50	33	3		5	9	97	80
武威市分校	281	281	182	57	7	17	18		13
张掖市分校	33	33	21	8			4		42
酒泉市分校	139	139	102	16		14	7		64
甘南分校	18	18	11	2	1	2	2		42
临夏分校	144	144	97	23		12	12		18
四O四厂分校	34	34	22	9		3			20
省农垦分校	125	125	72	14	14	16	9		56
农垦河西分校	124	124	94	7		10	13		
滨河集团分校	113	113	89	5	6	6	7		18
直属学院									
水电部五局工作站	72	57	33	12	3	6	3	15	11
武威卫生学校电大工作站	30	30	23	7					
陇南农校直属工作站	28	28	22	3		3			
兰州石油化工公司工作站	21	21	19	1			1		19
五零四厂电大工作站	51	37	21	8		5	3	14	1
省财贸学校电大工作站	83	83	49	13		8	13		
职业技术学院									62
城建教学点	26	26	15	6		3	2		62
中德培训中心教学点	19	19	15	4					
甘肃电大兰州铁路技工学校教学点	35	35	30	5					5
青　海	**511**	**509**	**320**	**80**	**22**	**61**	**26**	**2**	**195**
其中:女	194	194	142	18	5	24	5		78
青海广播电视大学	109	109	51	23		28	7		

4.1 全国电大教职工情况（续表 21）

单位：人

	教职工数								聘请校外教师
	计	校本部教职工						校办企业等人员	
		计	专任教师	行政人员	科研人员	教辅人员	工勤人员		
海西州广播电视大学	69	67	48	8	4	5	2	2	
海北州广播电视大学	23	23	14	2	6	1			
海南州广播电视大学	22	22	16	3		2	1		
玉树州广播电视大学	20	20	18	2					
果洛州广播电视大学	20	20	12	1		3	4		22
平安县广播电视大学	10	10	8	1			1		
乐都广播电视大学	9	9	3	2	2	2			10
互助县广播电视大学	15	15	4	7			4		20
湟源县广播电视大学	15	15	8	4		3			8
民和县广播电视大学	22	22	13	5	2		2		
青海黎明电大	17	17	11	1	2	2	1		
大通师范电大	13	13	7	4	2				
湟中县广播电视大学	21	21	15	4		2			5
化隆县广播电视大学	31	31	22	3		4	2		8
循化县广播电视大学	28	28	19	3		5	1		5
海西州格尔木工作站	27	27	25	2					
省直属分校									32
黄南州工作站	19	19	19						16
统计局电大	11	11	4	3	2	2			17
青海省人事厅人才交流中心	10	10	3	2	2	2	1		52
宁　夏	**1076**	**1076**	**766**	**144**	**7**	**98**	**61**		**345**
其中:女	439	439	348	42	2	28	19		127
宁夏广播电视大学	482	482	334	80	4	30	34		2
石嘴山分校	39	39	35	2			2		58
银川市工作站	22	22	20	1		1			
吴忠市分校	14	14	12	1			1		52
工业职业学院电大分校	81	81	70	5		2	4		
青铜峡市工作站	12	12	6	2		4			15
盐池县工作站	14	14	6	2		6			12
同心县工作站	22	22	10	3		7	2		21
中卫分校	158	158	130	3		24	1		22
永宁县工作站	23	23	8	5		8	2		36
贺兰县工作站	9	9	5	2		2			29
平罗电大工作站	24	24	18	3			3		33
铁路分局分校	29	29	5	15		6	3		
灵武县电大工作站	16	16	8	4			4		12
西吉电大工作站	9	9	9						15
隆德县电大工作站	41	41	28	6		6	1		
海原县电大工作站	23	23	12	5	3	2	1		
宁夏广播电视大学中宁教学点	20	20	16	2			2		28
原州区电大工作站	38	38	34	3			1		10
新　疆	**2663**	**2640**	**1445**	**559**	**73**	**304**	**259**	**23**	**751**
其中:女	1313	1307	813	215	30	183	66	6	303
新疆广播电视大学	169	169	28	51	3	64	23		
乌鲁木齐广播电视大学	186	186	91	65	9		21		41
哈密广播电视大学	139	139	51	21		61	6		64
昌吉广播电视大学	382	382	214	116	52				113
克拉玛依广播电视大学	102	102	53	17		8	24		

4.1 全国电大教职工情况（续表 22）

单位：人

	教职工数								聘请校外教师
	计	校本部教职工						校办企业等人员	
		计	专任教师	行政人员	科研人员	教辅人员	工勤人员		
阿勒泰广播电视大学	126	126	88	21		9	8		26
塔城广播电视大学	163	163	96	20		36	11		12
巴音郭楞蒙古自治州电大	89	89	40	43		6			167
阿克苏分校	38	38	26	8			4		32
博尔塔拉蒙古自治州电大	228	209	144	23	5	17	20	19	46
奎屯市广播电视大学	12	12	5	1		5	1		20
克孜勒苏广播电视大学	61	61	52	2			7		20
喀什广播电视大学	261	257	170	25		31	31	4	8
和田广播电视大学	86	86	69	5			12		11
伊犁州广播电视大学	158	158	101	22	1	8	26		68
石河子广播电视大学	20	20	11	4		4	1		58
吐鲁番分校	56	56	41	4		9	2		
乌石化广播电视大学	38	38	26	9		2	1		17
广电厅广播电视大学	74	74	44	10		11	9		48
司法厅工作站	236	236	76	79	3	32	46		
哈煤集团广播电视大学	39	39	19	13		1	6		
新疆兵团	**672**	**669**	**339**	**138**	**17**	**105**	**70**	**3**	**301**
其中:女	368	366	195	74	11	57	29	2	165
新疆兵团广播电视大学	87	87	37	39	1	7	3		58
农一师分校	34	34	18	11			5		12
农二师分校	40	40	24	5		2	9		8
农三师分校	41	41	20	6		8	7		16
农四师分校	73	73	34	3		25	11		44
农五师分校	69	69	29	6		15	19		
农六师分校	42	42	21	6	3	7	5		18
农七师分校	43	40	29	5	3	3		3	3
农八师分校	20	20	11	4		4	1		58
农九师分校	80	80	31	22	10	17			36
农十师分校	44	44	23	12		8	1		10
农十三师分校	23	23	15	4		2	2		6
农十二师分校	39	39	23	10		3	3		
乌市岗培中心	30	30	18	4		4	4		20
农十四师分校	7	7	6	1					12

4.2 全国电大教职工职称情况（按地区和省校分类）

单位：人

	教职工数									
	计	专业技术职称								
		高级	中级	初级	无职称	其中专任教师				
						计	高级	中级	初级	无职称
总　　计	**86260**	**18887**	**33164**	**18670**	**15539**	**50951**	**13893**	**22880**	**12068**	**2110**
中央电大	**464**	**122**	**176**	**89**	**77**	**153**	**85**	**61**	**7**	
中央电大直属院校	**398**	**119**	**88**	**46**	**145**	**180**	**82**	**61**	**24**	**13**
北　　京	**2168**	**414**	**791**	**517**	**446**	**971**	**301**	**444**	**211**	**15**
北京广播电视大学	304	41	74	65	124	86	31	28	27	
天　　津	**2952**	**901**	**1078**	**552**	**421**	**1531**	**633**	**605**	**285**	**8**
天津广播电视大学	267	68	87	93	19	75	40	25	10	
河　　北	**1600**	**478**	**593**	**281**	**248**	**686**	**262**	**272**	**141**	**11**
河北广播电视大学	230	93	74	30	33	96	39	42	14	1
山　　西	**854**	**202**	**287**	**127**	**238**	**390**	**160**	**124**	**68**	**38**
山西广播电视大学	228	73	66	18	71	118	59	28	9	22
内 蒙 古	**1028**	**330**	**369**	**176**	**153**	**458**	**224**	**162**	**69**	**3**
内蒙古广播电视大学	259	82	68	57	52	71	39	19	13	
辽　　宁	**2291**	**599**	**820**	**498**	**374**	**1271**	**450**	**497**	**286**	**38**
辽宁广播电视大学	592	173	149	174	96	388	144	125	119	
沈　　阳	**714**	**260**	**240**	**79**	**135**	**462**	**200**	**195**	**64**	**3**
沈阳广播电视大学	318	113	79	18	108	182	99	68	15	
大　　连	**512**	**248**	**159**	**48**	**57**	**285**	**155**	**102**	**25**	**3**
大连广播电视大学	173	103	27	15	28	49	42	5	2	
吉　　林	**1408**	**364**	**627**	**274**	**143**	**912**	**268**	**436**	**181**	**27**
吉林广播电视大学	174	47	40	24	63	80	29	21	12	18
长　　春	**513**	**151**	**191**	**80**	**91**	**316**	**113**	**141**	**61**	**1**
长春市广播电视大学	140	61	22	31	26	93	48	15	30	
黑 龙 江	**2561**	**806**	**831**	**486**	**438**	**1225**	**497**	**476**	**214**	**38**
黑龙江广播电视大学	285	127	58	29	71	141	80	29	12	20
哈 尔 滨	**433**	**127**	**164**	**81**	**61**	**210**	**73**	**92**	**44**	**1**
哈尔滨广播电视大学	112	55	34	9	14	51	27	17	6	1
上　　海	**2180**	**302**	**973**	**411**	**494**	**1200**	**224**	**715**	**221**	**40**
上海电视大学	359	66	117	86	90	159	46	68	41	4
江　　苏	**9664**	**1904**	**3963**	**2414**	**1383**	**6807**	**1493**	**3143**	**1887**	**284**
江苏广播电视大学	544	109	270	58	107	256	70	162	23	1
南　　京	**588**	**138**	**250**	**166**	**34**	**345**	**102**	**166**	**77**	
南京市广播电视大学	232	36	115	72	9	96	29	53	14	
浙　　江	**4352**	**1018**	**1871**	**871**	**592**	**2894**	**771**	**1440**	**569**	**114**
浙江广播电视大学	235	58	93	55	29	116	43	53	20	
宁　　波	**485**	**97**	**264**	**81**	**43**	**363**	**75**	**220**	**65**	**3**
宁波广播电视大学	146	26	89	9	22	95	22	70	3	
安　　徽	**1869**	**302**	**726**	**505**	**336**	**1073**	**219**	**474**	**315**	**65**
安徽广播电视大学	276	53	91	62	70	128	31	55	33	9
福　　建	**1624**	**317**	**640**	**376**	**291**	**850**	**233**	**401**	**184**	**32**
福建广播电视大学	367	76	132	63	96	152	41	73	33	5
厦　　门	**175**	**48**	**84**	**18**	**25**	**85**	**27**	**52**	**6**	
厦门市广播电视大学	131	40	68	12	11	74	22	47	5	
江　　西	**1013**	**296**	**325**	**217**	**175**	**716**	**260**	**268**	**179**	**9**
江西广播电视大学	295	84	78	68	65	223	80	78	62	3
山　　东	**3777**	**965**	**1300**	**904**	**608**	**2214**	**660**	**823**	**645**	**86**
山东广播电视大学	242	78	88	41	35	115	36	45	28	6

4.2 全国电大教职工职称情况（按地区和省校分类）（续表 1）

单位：人

	教职工数									
	计	专业技术职称								
		高级	中级	初级	无职称	其中专任教师				
						计	高级	中级	初级	无职称
青　岛	**808**	**182**	**286**	**250**	**90**	**535**	**146**	**206**	**163**	**20**
青岛广播电视大学	108	29	50	16	13	54	21	26	7	
河　南	**3048**	**587**	**1304**	**633**	**524**	**1868**	**437**	**891**	**481**	**59**
河南广播电视大学	391	71	92	132	96	191	36	37	118	
湖　北	**2883**	**584**	**1188**	**634**	**477**	**1787**	**437**	**832**	**379**	**139**
湖北广播电视大学	400	66	101	92	141	230	55	36	70	69
武　汉	**2204**	**540**	**708**	**533**	**423**	**1375**	**443**	**492**	**395**	**45**
武汉市广播电视大学	913	202	272	260	179	619	180	203	207	29
湖　南	**2610**	**576**	**1086**	**547**	**401**	**1372**	**367**	**637**	**336**	**32**
湖南广播电视大学	460	131	157	95	77	273	92	97	74	10
广　东	**5045**	**583**	**2068**	**1131**	**1263**	**3109**	**456**	**1653**	**775**	**225**
广东广播电视大学	447	77	102	114	154	307	70	79	89	69
广　州	**1530**	**297**	**591**	**401**	**241**	**952**	**227**	**433**	**258**	**34**
广州市广播电视大学	198	57	70	45	26	92	37	41	14	
深　圳	**659**	**126**	**172**	**81**	**280**	**315**	**118**	**106**	**48**	**43**
深圳市广播电视大学	270	62	60	48	100	162	55	39	34	34
广　西	**1065**	**185**	**427**	**223**	**230**	**595**	**137**	**278**	**154**	**26**
广西广播电视大学	188	49	80	37	22	107	27	52	28	
海　南	**115**	**14**	**30**	**24**	**47**	**50**	**12**	**24**	**14**	
海南广播电视大学	115	14	30	24	47	50	12	24	14	
四　川	**3428**	**788**	**1288**	**519**	**833**	**2000**	**622**	**969**	**317**	**92**
四川广播电视大学	863	171	248	124	320	376	112	159	62	43
成　都	**935**	**124**	**355**	**206**	**250**	**456**	**81**	**231**	**100**	**44**
成都广播电视大学	104	24	40	15	25	68	22	36	10	
重　庆	**2466**	**497**	**916**	**506**	**547**	**1464**	**383**	**709**	**303**	**69**
重庆广播电视大学	596	74	183	134	205	315	72	176	67	
贵　州	**1141**	**135**	**468**	**308**	**230**	**634**	**106**	**310**	**169**	**49**
贵州广播电视大学	298	74	92	75	57	145	59	52	14	20
云　南	**3775**	**802**	**1335**	**993**	**645**	**2446**	**639**	**911**	**751**	**145**
云南广播电视大学	294	87	151	28	28	156	67	77	10	2
陕　西	**2734**	**606**	**980**	**650**	**498**	**1628**	**459**	**661**	**454**	**54**
陕西省广播电视大学	353	109	105	117	22	228	46	89	92	1
陕西通信技术学院	120	4	40	49	27	74	2	22	30	20
西　安	**653**	**146**	**223**	**106**	**178**	**242**	**92**	**112**	**34**	**4**
西安市广播电视大学	390	66	130	65	129	131	38	72	19	2
甘　肃	**2616**	**412**	**990**	**700**	**514**	**1656**	**286**	**721**	**549**	**100**
甘肃广播电视大学	217	41	100	53	23	104	21	41	36	6
青　海	**511**	**184**	**223**	**48**	**56**	**320**	**133**	**155**	**29**	**3**
青海广播电视大学	109	28	37	14	30	51	17	25	9	
宁　夏	**1076**	**334**	**414**	**183**	**145**	**766**	**274**	**323**	**124**	**45**
宁夏广播电视大学	482	162	175	86	59	334	140	142	46	6
新　疆	**2663**	**504**	**1048**	**576**	**535**	**1445**	**370**	**697**	**348**	**30**
新疆广播电视大学	169	37	63	33	36	28	10	15	3	
新疆兵团	**672**	**173**	**254**	**121**	**124**	**339**	**101**	**159**	**59**	**20**
新疆兵团广播电视大学	87	21	45	11	10	37	12	18	3	4

4.3 全国电大专任教师和聘请校外教师岗位分类

单位：人

	专任教师								聘请校外教师			
	合计	任课教师				非任课教师			计	公共课基础课	专业课	
		计	公共课基础课	专业课		计	进修科研	其他			计	其中：双师型
				计	其中：双师型							
总计	**50951**	**50464**	**17533**	**32931**	**5912**	**487**	**137**	**350**	**34283**	**8540**	**25743**	**2498**
正高级	892	881	211	670	166	11	5	6	1557	353	1204	134
副高级	13001	12916	4499	8417	2233	85	26	59	10649	2471	8178	1176
中级	22880	22715	7650	15065	3513	165	56	109	17329	4300	13029	1188
初级	12068	11872	4442	7430		196	39	157	3591	1089	2502	
无职称	2110	2080	731	1349		30	11	19	1157	327	830	
中央电大	**153**	**153**	**41**	**112**					**41**		**41**	
正高级	17	17	5	12					23		23	
副高级	68	68	18	50					18		18	
中级	61	61	18	43								
初级	7	7		7								
无职称												
中央电大直属院校	**180**	**180**	**26**	**154**					**2856**	**1046**	**1810**	**68**
正高级	25	25	2	23					121	45	76	
副高级	57	57	7	50					350	95	255	35
中级	61	61	14	47					2015	752	1263	33
初级	24	24	2	22					326	148	178	
无职称	13	13	1	12					44	6	38	
北京	**971**	**969**	**279**	**690**	**56**	**2**		**2**	**1892**	**441**	**1451**	**66**
正高级	25	25	9	16	1				134	24	110	2
副高级	276	276	84	192	21				634	145	489	34
中级	444	442	133	309	34	2		2	891	223	668	30
初级	211	211	52	159					126	15	111	
无职称	15	15	1	14					107	34	73	
天津	**1531**	**1531**	**504**	**1027**	**130**				**1041**	**204**	**837**	**87**
正高级	53	53	18	35	3				68	12	56	6
副高级	580	580	172	408	88				522	92	430	47
中级	605	605	229	376	39				356	79	277	34
初级	285	285	83	202					74	19	55	
无职称	8	8	2	6					21	2	19	
河北	**686**	**686**	**186**	**500**	**21**				**552**	**54**	**498**	**20**
正高级	45	45	9	36	2				33	3	30	
副高级	217	217	51	166	6				228	23	205	8
中级	272	272	78	194	13				197	23	174	12
初级	141	141	43	98					73	5	68	
无职称	11	11	5	6					21		21	
山西	**390**	**388**	**115**	**273**		**2**		**2**	**349**	**89**	**260**	
正高级	6	6		6					2	1	1	
副高级	154	154	32	122					155	47	108	
中级	124	122	44	78		2		2	182	41	141	
初级	68	68	34	34					10		10	
无职称	38	38	5	33								
内蒙古	**458**	**438**	**200**	**238**	**86**	**20**		**20**	**196**	**62**	**134**	**26**
正高级	4	4		4	3				9	2	7	2
副高级	220	204	93	111	62	16		16	77	29	48	17
中级	162	160	75	85	21	2		2	100	25	75	7
初级	69	67	30	37		2		2	4	1	3	
无职称	3	3	2	1					6	5	1	

4.3 全国电大专任教师和聘请校外教师岗位分类（续表1）

单位：人

	专任教师								聘请校外教师			
	合计	任课教师				非任课教师			计	公共课基础课	专业课	
		计	公共课基础课	专业课		计	进修科研	其他			计	其中：双师型
				计	其中：双师型							
辽宁	**1271**	**1263**	**451**	**812**	**196**	**8**		**8**	**643**	**191**	**452**	**90**
正高级	23	23	7	16	5				14	2	12	
副高级	427	427	145	282	108				244	68	176	55
中级	497	497	186	311	83				314	90	224	35
初级	286	286	105	181					53	21	32	
无职称	38	30	8	22		8		8	18	10	8	
沈阳	**462**	**460**	**134**	**326**	**86**	**2**		**2**	**274**	**28**	**246**	**86**
正高级	17	17	2	15	9				11	2	9	3
副高级	183	182	53	129	39	1		1	110	17	93	43
中级	195	194	58	136	38	1		1	128	9	119	40
初级	64	64	19	45					25		25	
无职称	3	3	2	1								
大连	**285**	**283**	**104**	**179**	**13**	**2**	**1**	**1**	**411**	**87**	**324**	**28**
正高级	10	10	5	5	2				39	5	34	2
副高级	145	143	55	88	8	2	1	1	234	48	186	26
中级	102	102	40	62	3				108	25	83	
初级	25	25	4	21					29	9	20	
无职称	3	3		3					1		1	
吉林	**912**	**912**	**357**	**555**	**67**				**170**	**20**	**150**	**12**
正高级	12	12	4	8					14	1	13	2
副高级	256	256	105	151	38				95	15	80	9
中级	436	436	153	283	29				60	4	56	1
初级	181	181	83	98					1		1	
无职称	27	27	12	15								
长春	**316**	**293**	**75**	**218**	**19**	**23**		**23**	**25**	**12**	**13**	
正高级	27	24	2	22	2	3		3	8	3	5	
副高级	86	81	13	68	7	5		5	12	4	8	
中级	141	136	38	98	10	5		5	4	4		
初级	61	51	21	30		10		10	1	1		
无职称	1	1	1									
黑龙江	**1225**	**1217**	**355**	**862**	**163**	**8**		**8**	**598**	**89**	**509**	**20**
正高级	23	23	6	17	5				14		14	
副高级	474	471	134	337	88	3		3	267	35	232	12
中级	476	473	131	342	70	3		3	257	36	221	8
初级	214	212	68	144		2		2	36	14	22	
无职称	38	38	16	22					24	4	20	
哈尔滨	**210**	**210**	**94**	**116**	**1**				**303**	**119**	**184**	**7**
正高级	6	6	4	2					27	14	13	1
副高级	67	67	31	36					145	53	92	4
中级	92	92	42	50	1				126	51	75	2
初级	44	44	17	27					5	1	4	
无职称	1	1		1								
上海	**1200**	**1195**	**365**	**830**	**128**	**5**	**1**	**4**	**1419**	**242**	**1177**	**102**
正高级	21	21	4	17	4				32	3	29	
副高级	203	201	74	127	23	2	1	1	387	68	319	38
中级	715	712	210	502	101	3		3	793	126	667	64
初级	221	221	71	150					146	40	106	
无职称	40	40	6	34					61	5	56	

4.3 全国电大专任教师和聘请校外教师岗位分类（续表 2）

单位：人

	专任教师								聘请校外教师			
	合计	任课教师				非任课教师			计	公共课基础课	专业课	
		计	公共课基础课	专业课		计	进修科研	其他			计	其中:双师型
				计	其中:双师型							
江　苏	**6807**	**6804**	**2707**	**4097**	**1342**	**3**	**1**	**2**	**974**	**275**	**699**	**197**
正高级	19	19	5	14	1				15	2	13	2
副高级	1474	1474	679	795	402				366	92	274	113
中　级	3143	3140	1143	1997	939	3	1	2	417	115	302	82
初　级	1887	1887	792	1095					116	37	79	
无职称	284	284	88	196					60	29	31	
南　京	**345**	**345**	**166**	**179**	**7**				**598**	**248**	**350**	**16**
正高级	3	3	1	2					39	20	19	
副高级	99	99	57	42	2				186	101	85	7
中　级	166	166	67	99	5				353	124	229	9
初　级	77	77	41	36					20	3	17	
无职称												
浙　江	**2894**	**2873**	**997**	**1876**	**502**	**21**	**1**	**20**	**1713**	**364**	**1349**	**160**
正高级	52	52	14	38	16				44	15	29	6
副高级	719	719	257	462	161				520	88	432	79
中　级	1440	1435	476	959	325	5	1	4	884	180	704	75
初　级	569	560	210	350		9		9	185	62	123	
无职称	114	107	40	67		7		7	80	19	61	
宁　波	**363**	**362**	**123**	**239**	**24**	**1**	**1**		**432**	**91**	**341**	**7**
正高级	1	1		1					18	2	16	1
副高级	74	74	31	43	5				160	39	121	2
中　级	220	219	66	153	19	1	1		198	48	150	4
初　级	65	65	25	40					46	2	44	
无职称	3	3	1	2					10		10	
安　徽	**1073**	**1070**	**307**	**763**	**12**	**3**		**3**	**1258**	**245**	**1013**	**47**
正高级	1	1		1					21	7	14	
副高级	218	217	60	157	3	1		1	340	67	273	13
中　级	474	472	120	352	9	2		2	678	124	554	34
初　级	315	315	102	213					197	45	152	
无职称	65	65	25	40					22	2	20	
福　建	**850**	**846**	**232**	**614**	**170**	**4**		**4**	**1034**	**219**	**815**	**24**
正高级	4	4		4	2				37	8	29	5
副高级	229	227	59	168	60	2		2	334	77	257	14
中　级	401	399	113	286	108	2		2	569	117	452	5
初　级	184	184	53	131					49	10	39	
无职称	32	32	7	25					45	7	38	
厦　门	**85**	**85**	**12**	**73**					**125**	**30**	**95**	**4**
正高级									2	1	1	
副高级	27	27	7	20					36	9	27	1
中　级	52	52	5	47					56	14	42	3
初　级	6	6		6					25	5	20	
无职称									6	1	5	
江　西	**716**	**705**	**249**	**456**	**69**	**11**	**5**	**6**	**619**	**132**	**487**	**67**
正高级	24	23	11	12	5	1	1		19	6	13	3
副高级	236	233	54	179	46	3		3	202	34	168	34
中　级	268	267	96	171	18	1	1		298	59	239	30
初　级	179	173	84	89		6	3	3	100	33	67	
无职称	9	9	4	5								

4.3 全国电大专任教师和聘请校外教师岗位分类（续表 3）

单位：人

	专任教师								聘请校外教师			
	合计	任课教师				非任课教师			计	公共课基础课	专业课	
		计	公共课基础课	专业课		计	进修科研	其他			计	其中:双师型
				计	其中:双师型							
山　东	**2214**	**2170**	**613**	**1557**	**254**	**44**	**19**	**25**	**162**	**28**	**134**	**77**
正高级	91	91	12	79	22				8	2	6	1
副高级	569	560	152	408	86	9	4	5	105	15	90	61
中　级	823	815	218	597	146	8	5	3	37	8	29	15
初　级	645	625	188	437		20	3	17	7	3	4	
无职称	86	79	43	36		7	7		5		5	
青　岛	**535**	**535**	**234**	**301**	**23**				**85**		**85**	
正高级	6	6	2	4					1		1	
副高级	140	140	85	55	5				20		20	
中　级	206	206	86	120	18				40		40	
初　级	163	163	57	106					17		17	
无职称	20	20	4	16					7		7	
河　南	**1868**	**1868**	**577**	**1291**	**190**				**509**	**105**	**404**	**63**
正高级	26	26	7	19	6				16	5	11	4
副高级	411	411	140	271	63				130	32	98	17
中　级	891	891	262	629	121				306	46	260	42
初　级	481	481	150	331					51	21	30	
无职称	59	59	18	41					6	1	5	
湖　北	**1787**	**1787**	**784**	**1003**	**131**				**458**	**247**	**211**	**123**
正高级	15	15	3	12					13	4	9	7
副高级	422	422	203	219	38				189	92	97	66
中　级	832	832	295	537	93				203	117	86	50
初　级	379	379	207	172					48	34	14	
无职称	139	139	76	63					5		5	
武　汉	**1375**	**1347**	**434**	**913**	**378**	**28**	**4**	**24**	**507**	**101**	**406**	**21**
正高级	22	20	9	11	6	2	2		8	3	5	1
副高级	421	418	146	272	187	3	2	1	113	26	87	12
中　级	492	481	171	310	185	11		11	140	16	124	8
初　级	395	383	101	282		12		12	94	11	83	
无职称	45	45	7	38					152	45	107	
湖　南	**1372**	**1372**	**453**	**919**	**148**				**1162**	**286**	**876**	**65**
正高级	31	31	7	24	22				22	2	20	9
副高级	336	336	84	252	73				219	48	171	29
中　级	637	637	168	469	53				658	146	512	27
初　级	336	336	172	164					216	69	147	
无职称	32	32	22	10					47	21	26	
广　东	**3109**	**3107**	**995**	**2112**	**322**	**2**		**2**	**1839**	**510**	**1329**	**151**
正高级	10	10	3	7	7				29	5	24	6
副高级	446	446	144	302	82				370	86	284	39
中　级	1653	1653	484	1169	233				1194	331	863	106
初　级	775	773	285	488		2		2	186	68	118	
无职称	225	225	79	146					60	20	40	
广　州	**952**	**952**	**312**	**640**	**97**				**797**	**164**	**633**	**76**
正高级	28	28	7	21	8				13	1	12	
副高级	199	199	55	144	31				116	17	99	30
中　级	433	433	135	298	58				418	62	356	46
初　级	258	258	99	159					187	52	135	
无职称	34	34	16	18					63	32	31	

4.3 全国电大专任教师和聘请校外教师岗位分类（续表 4）

单位：人

	专任教师								聘请校外教师			
	合计	任课教师				非任课教师			计	公共课基础课	专业课	
		计	公共课基础课	专业课		计	进修科研	其他			计	其中:双师型
				计	其中:双师型							
深圳	**315**	**314**	**88**	**226**	**18**	**1**	**1**		**373**	**105**	**268**	**16**
正高级	8	8	4	4	1				13	7	6	1
副高级	110	109	31	78	7	1	1		106	27	79	9
中级	106	106	33	73	10				186	58	128	6
初级	48	48	9	39					58	10	48	
无职称	43	43	11	32					10	3	7	
广西	**595**	**589**	**163**	**426**	**53**	**6**	**1**	**5**	**436**	**78**	**358**	**11**
正高级	2	2		2					16		16	3
副高级	135	134	42	92	23	1		1	124	24	100	3
中级	278	276	84	192	30	2		2	259	47	212	5
初级	154	151	33	118		3	1	2	37	7	30	
无职称	26	26	4	22								
海南	**50**	**50**	**15**	**35**	**2**				**9**	**1**	**8**	
正高级	4	4		4								
副高级	8	8	1	7	1				5		5	
中级	24	24	8	16	1				4	1	3	
初级	14	14	6	8								
无职称												
四川	**2000**	**1889**	**858**	**1031**	**139**	**111**	**31**	**80**	**2451**	**727**	**1724**	**214**
正高级	20	20	3	17	3				125	42	83	18
副高级	602	589	229	360	64	13	2	11	797	224	573	108
中级	969	904	446	458	72	65	23	42	1174	336	838	88
初级	317	284	143	141		33	6	27	265	97	168	
无职称	92	92	37	55					90	28	62	
成都	**456**	**432**	**155**	**277**	**10**	**24**	**12**	**12**	**610**	**164**	**446**	**30**
正高级	3	3	3						54	13	41	
副高级	78	69	26	43	4	9	5	4	180	50	130	8
中级	231	221	81	140	6	10	5	5	284	66	218	22
初级	100	95	38	57		5	2	3	72	25	47	
无职称	44	44	7	37					20	10	10	
重庆	**1464**	**1461**	**545**	**916**	**197**	**3**		**3**	**1205**	**339**	**866**	**27**
正高级	17	17	6	11	5				51	11	40	3
副高级	366	366	134	232	73				386	84	302	10
中级	709	706	263	443	119	3		3	615	176	439	14
初级	303	303	116	187					144	64	80	
无职称	69	69	26	43					9	4	5	
贵州	**634**	**634**	**206**	**428**	**16**				**614**	**143**	**471**	**35**
正高级	16	16	1	15					13	2	11	1
副高级	90	90	16	74	2				147	35	112	14
中级	310	310	111	199	14				340	76	264	20
初级	169	169	68	101					88	27	61	
无职称	49	49	10	39					26	3	23	
云南	**2446**	**2331**	**870**	**1461**	**128**	**115**	**56**	**59**	**719**	**166**	**553**	**5**
正高级	64	59	14	45	5	5	2	3	89	15	74	1
副高级	575	565	172	393	43	10	9	1	246	69	177	1
中级	911	891	357	534	80	20	18	2	296	58	238	3
初级	751	679	268	411		72	23	49	68	15	53	
无职称	145	137	59	78		8	4	4	20	9	11	

4.3 全国电大专任教师和聘请校外教师岗位分类（续表5）

单位：人

	专任教师								聘请校外教师			
	合计	任课教师				非任课教师			计	公共课基础课	专业课	
		计	公共课基础课	专业课		计	进修科研	其他			计	其中：双师型
				计	其中：双师型							
陕西	**1628**	**1628**	**524**	**1104**	**291**				**1274**	**289**	**985**	**160**
正高级	51	51	5	46	12				79	17	62	10
副高级	408	408	122	286	102				409	88	321	57
中级	661	661	206	455	177				683	149	534	93
初级	454	454	171	283					77	30	47	
无职称	54	54	20	34					26	5	21	
西安	**242**	**240**	**54**	**186**	**5**	**2**		**2**	**1044**	**203**	**841**	**102**
正高级	18	18	5	13	3				165	21	144	25
副高级	74	73	22	51	2	1		1	376	60	316	54
中级	112	111	19	92		1		1	384	93	291	23
初级	34	34	8	26					115	29	86	
无职称	4	4		4					4		4	
甘肃	**1656**	**1656**	**616**	**1040**	**111**				**914**	**196**	**718**	**100**
正高级	16	16	5	11					8		8	3
副高级	270	270	95	175	40				293	58	235	23
中级	721	721	260	461	71				482	104	378	74
初级	549	549	217	332					113	32	81	
无职称	100	100	39	61					18	2	16	
青海	**320**	**320**	**104**	**216**	**72**				**195**	**33**	**162**	**25**
正高级	11	11	2	9	5				14		14	
副高级	122	122	47	75	23				100	8	92	18
中级	155	155	47	108	44				71	17	54	7
初级	29	29	8	21					3	1	2	
无职称	3	3		3					7	7		
宁夏	**766**	**766**	**251**	**515**	**139**				**345**	**77**	**268**	**10**
正高级	13	13	4	9	1				28	8	20	
副高级	261	261	110	151	68				204	43	161	8
中级	323	323	80	243	70				110	23	87	2
初级	124	124	45	79					3	3		
无职称	45	45	12	33								
新疆	**1445**	**1409**	**492**	**917**	**74**	**36**	**3**	**33**	**751**	**245**	**506**	**24**
正高级	1	1	1						30	16	14	
副高级	369	366	145	221	37	3	1	2	294	126	168	7
中级	697	684	241	443	37	13	1	12	300	74	226	17
初级	348	328	92	236		20	1	19	71	16	55	
无职称	30	30	13	17					56	13	43	
新疆兵团	**339**	**339**	**111**	**228**	**22**				**301**	**45**	**256**	**29**
正高级	1	1		1					18	1	17	6
副高级	100	100	27	73	12				98	13	85	11
中级	159	159	60	99	10				161	27	134	12
初级	59	59	22	37					24	4	20	
无职称	20	20	2	18								

4.4 全国电大专任教师学科分类

单位：人

	计	学科											
		经济学	法学	教育学	文学		哲学历史学	理学	工学		农学	医学	管理学
					计	其中:外语			计	其中:计算机			
总计	**50951**	**6097**	**4007**	**4768**	**11127**	**4353**	**3371**	**5729**	**11084**	**5093**	**579**	**877**	**3312**
正高级	892	143	68	65	175	42	87	79	136	46	7	56	76
副高级	13001	1638	967	1218	2818	971	1041	1736	2422	873	114	272	775
中级	22880	2864	1947	2150	4821	1963	1548	2499	4961	2408	300	316	1474
初级	12068	1216	894	1145	2838	1190	581	1245	3019	1571	138	204	788
无职称	2110	236	131	190	475	187	114	170	546	195	20	29	199
中央电大	**153**	**19**	**12**	**19**	**31**	**12**	**8**	**16**	**25**	**21**	**8**	**6**	**9**
正高级	17			2	4	1	4	2	3	2			2
副高级	68	9	7	8	12	4	4	9	10	10	3	2	4
中级	61	9	5	8	12	7		4	11	9	5	4	3
初级	7	1		1	3			1	1				
无职称													
中央电大直属院校	**180**	**1**	**42**		**27**				**37**	**1**		**21**	**52**
正高级	25		5						3			12	5
副高级	57		16		14				10			6	11
中级	61	1	11		4				19	1		2	24
初级	24		7		6				3				8
无职称	13		3		3				2			1	4
北京	**971**	**155**	**59**	**50**	**179**	**108**	**54**	**78**	**220**	**96**	**26**	**55**	**95**
正高级	25	9	1	1	4	4	1		5	3	1		3
副高级	276	41	13	12	42	22	23	24	58	24	10	26	27
中级	444	84	35	13	85	58	22	47	87	41	10	22	39
初级	211	19	10	24	44	24	8	7	61	22	5	7	26
无职称	15	2			4				9	6			
天津	**1531**	**224**	**103**	**128**	**253**	**136**	**94**	**128**	**409**	**192**	**3**		**189**
正高级	53	6	7	4	5	3	4	1	8	4			18
副高级	580	112	43	42	96	51	35	44	148	73	1		59
中级	605	74	42	57	104	58	41	52	157	76	2		76
初级	285	32	11	25	47	24	14	30	90	39			36
无职称	8				1			1	6				
河北	**686**	**86**	**56**	**59**	**157**	**67**	**50**	**78**	**173**	**79**	**3**	**1**	**23**
正高级	45	14	5		8	4	4	8	6	5			
副高级	217	28	11	21	53	17	18	32	49	13	1		4
中级	272	28	24	22	48	29	19	27	91	44	2		11
初级	141	15	14	14	46	17	8	10	26	16		1	7
无职称	11	1	2	2	2		1	1	1	1			1
山西	**390**	**67**	**28**	**38**	**87**	**18**	**45**	**53**	**45**	**30**	**5**		**22**
正高级	6	4					2						
副高级	154	24	8	9	37	8	22	30	9	5	1		14
中级	124	24	11	18	29	5	10	12	16	7	3		1
初级	68	11	7	9	11	4	2	5	16	15			7
无职称	38	4	2	2	10	1	9	6	4	3	1		
内蒙古	**458**	**59**	**41**	**30**	**90**	**28**	**32**	**63**	**111**	**60**	**6**	**5**	**21**
正高级	4	2			1				1				
副高级	220	30	13	14	49	15	26	33	45	22	1	4	5
中级	162	16	25	13	28	7	4	21	42	20	4		9
初级	69	9	3	3	11	6	2	9	23	18	1	1	7
无职称	3	2			1								

4.4 全国电大专任教师学科分类 (续表 1)

单位: 人

	计	学科 经济学	法 学	教育学	文学 计	文学 其中:外语	哲 学 历史学	理 学	工 学 计	工 学 其中:计算机	农 学	医 学	管理学
辽　宁	**1271**	**177**	**101**	**92**	**225**	**108**	**88**	**172**	**347**	**140**	**1**		**68**
正高级	23	6	2		8			2	4				1
副高级	427	75	30	25	63	31	41	66	112	36			15
中　级	497	56	51	45	80	42	35	68	129	67	1		32
初　级	286	39	15	19	64	30	12	35	91	36			11
无职称	38	1	3	3	10	5		1	11	1			9
沈　阳	**462**	**63**	**44**	**52**	**121**	**54**	**22**	**41**	**88**	**58**	**15**		**16**
正高级	17	4		6	1			1	5	2			
副高级	183	25	19	18	52	26	9	22	30	14	2		6
中　级	195	31	20	21	46	25	11	12	43	34	5		6
初　级	64	2	4	7	22	3	2	6	9	7	8		4
无职称	3	1	1						1	1			
大　连	**285**	**50**	**24**	**37**	**55**	**25**	**18**	**23**	**54**	**35**			**24**
正高级	10	5					1		2				2
副高级	145	29	6	24	25	11	11	10	25	16			15
中　级	102	16	12	12	22	11	5	9	20	15			6
初　级	25		5	1	7	3	1	4	6	3			1
无职称	3		1		1				1	1			
吉　林	**912**	**147**	**133**	**68**	**172**	**82**	**61**	**106**	**187**	**94**	**12**	**5**	**21**
正高级	12	2	1	3	2	1	1	1	1		1		
副高级	256	45	41	12	43	22	18	36	44	29	6		11
中　级	436	68	63	26	81	32	27	50	109	47	4	2	6
初　级	181	31	28	26	36	21	14	12	28	17	1	3	2
无职称	27	1		1	10	6	1	7	5	1			2
长　春	**316**	**29**	**17**	**55**	**97**	**23**	**25**	**14**	**64**	**55**			**15**
正高级	27		1	2	16	1	1	3	2	1			2
副高级	86	9	2	19	27	6	8	6	12	7			3
中　级	141	16	10	16	35	12	14	3	40	37			7
初　级	61	4	4	18	18	4	2	2	10	10			3
无职称	1				1								
黑龙江	**1225**	**164**	**149**	**116**	**235**	**107**	**104**	**101**	**232**	**103**	**44**	**10**	**70**
正高级	23	5	2	2	7	1	4		1	1			2
副高级	474	79	67	48	78	30	45	37	86	37	9	3	22
中　级	476	60	57	40	92	41	39	50	76	44	27	5	30
初　级	214	15	18	22	45	25	15	12	63	18	7	2	15
无职称	38	5	5	4	13	10	1	2	6	3	1		1
哈尔滨	**210**	**38**	**16**	**16**	**61**	**25**	**14**	**22**	**30**	**20**			**13**
正高级	6	1	1		1		1		1	1			1
副高级	67	11	2	6	23	9	4	12	7	2			2
中　级	92	15	9	7	24	9	7	6	16	12			8
初　级	44	11	4	3	13	7	2	4	5	5			2
无职称	1								1				
上　海	**1200**	**165**	**82**	**57**	**317**	**162**	**43**	**90**	**245**	**138**	**7**		**194**
正高级	21	4			7	3	2	2	2				4
副高级	203	35	11	12	47	20	12	20	33	15	1		32
中　级	715	90	56	33	194	99	22	53	161	90	4		102
初　级	221	29	14	9	57	32	7	14	42	26	2		47
无职称	40	7	1	3	12	8		1	7	7			9

4.4 全国电大专任教师学科分类（续表 2）

单位：人

	计	学科											
		经济学	法 学	教育学	文学		哲 学 历史学	理 学	工 学		农 学	医 学	管理学
					计	其中: 外语			计	其中: 计算机			
江　苏	**6807**	**660**	**265**	**686**	**1710**	**767**	**282**	**1008**	**1858**	**710**	**32**	**7**	**299**
正高级	19	3			10	2	1	1	3	2			1
副高级	1474	146	46	172	378	150	89	263	317	97	4	1	58
中　级	3143	324	145	331	717	310	132	443	876	342	21	4	150
初　级	1887	136	60	165	546	281	54	270	575	247	5	2	74
无职称	284	51	14	18	59	24	6	31	87	22	2		16
南　京	**345**	**44**	**16**	**34**	**88**	**39**	**23**	**37**	**76**	**51**	**2**		**25**
正高级	3	1			1								1
副高级	99	18	5	6	29	11	11	14	14	7			2
中　级	166	23	8	22	32	16	8	17	43	28	1		12
初　级	77	2	3	6	26	12	4	6	19	16	1		10
无职称													
浙　江	**2894**	**366**	**232**	**244**	**756**	**340**	**183**	**285**	**562**	**330**	**4**	**8**	**254**
正高级	52	9	5	6	10	5	7	3	8	3	1		3
副高级	719	91	38	63	182	67	62	95	107	48	2	1	78
中　级	1440	178	132	117	383	185	77	134	292	172	1	6	120
初　级	569	63	55	47	151	68	26	47	135	98		1	44
无职称	114	25	2	11	30	15	11	6	20	9			9
宁　波	**363**	**53**	**17**	**38**	**100**	**62**	**20**	**28**	**74**	**59**			**33**
正高级	1				1								
副高级	74	6		10	20	12	9	11	15	11			3
中　级	220	38	15	19	58	37	10	14	43	36			23
初　级	65	9	2	9	21	13	1	3	14	12			6
无职称	3								2				1
安　徽	**1073**	**125**	**78**	**60**	**189**	**76**	**42**	**163**	**305**	**134**	**5**	**43**	**63**
正高级	1				1								
副高级	218	27	14	12	31	12	9	44	61	16		8	12
中　级	474	54	37	28	87	29	21	70	138	59	2	18	19
初　级	315	35	21	18	57	28	11	45	85	49	3	17	23
无职称	65	9	6	2	13	7	1	4	21	10			9
福　建	**850**	**121**	**62**	**75**	**197**	**88**	**46**	**54**	**229**	**118**	**5**		**61**
正高级	4	1			2								1
副高级	229	39	16	26	49	22	16	18	46	20	2		17
中　级	401	60	27	39	90	45	24	27	108	62	2		24
初　级	184	20	15	8	49	17	6	9	62	32	1		14
无职称	32	1	4	2	7	4			13	4			5
厦　门	**85**	**18**	**8**	**2**	**23**	**12**	**1**	**17**	**9**	**7**			**7**
正高级													
副高级	27	11	3	1	2	1	1	4	2				3
中　级	52	5	5	1	20	10		12	5	5			4
初　级	6	2			1	1		1	2	2			
无职称													
江　西	**716**	**128**	**88**	**78**	**143**	**42**	**70**	**71**	**84**	**54**	**18**	**8**	**28**
正高级	24	4	2	3	4	2	3	4	1			1	2
副高级	236	36	23	21	56	13	35	27	19	11	7	3	9
中　级	268	57	31	32	50	17	17	23	44	25	3	3	8
初　级	179	31	32	22	31	9	13	16	17	15	8	1	8
无职称	9				2	1	2	1	3	3			1

4.4 全国电大专任教师学科分类（续表3）

单位：人

	计	经济学	法学	教育学	文学		哲学历史学	理学	工学		农学	医学	管理学
					计	其中：外语			计	其中：计算机			
山东	**2214**	**302**	**170**	**175**	**437**	**195**	**145**	**276**	**552**	**237**	**30**	**56**	**71**
正高级	91	9	5	7	18	2	14	13	11		1	11	2
副高级	569	71	38	37	124	57	45	75	147	46	7	11	14
中级	823	115	62	78	132	71	63	86	210	83	14	32	31
初级	645	96	56	49	142	58	18	98	171	102	6	1	8
无职称	86	11	9	4	21	7	5	4	13	6	2	1	16
青岛	**535**	**56**	**24**	**40**	**137**	**58**	**65**	**81**	**106**	**59**	**3**	**1**	**22**
正高级	6				1		2		1	1			2
副高级	140	8	5	4	46	15	21	40	6	2	2		8
中级	206	28	10	12	46	16	26	26	48	26	1		9
初级	163	14	8	24	38	22	14	15	48	27		1	1
无职称	20	6	1		6	5	2		3	3			2
河南	**1868**	**212**	**235**	**196**	**339**	**78**	**164**	**208**	**376**	**151**	**12**	**28**	**98**
正高级	26	7	5	2	5		2		4				1
副高级	411	42	56	48	84	19	38	56	68	23	1	5	13
中级	891	107	121	93	146	35	86	103	162	70	6	23	44
初级	481	51	45	51	86	21	32	45	131	53	5		35
无职称	59	5	8	2	18	3	6	4	11	5			5
湖北	**1787**	**251**	**123**	**173**	**320**	**138**	**216**	**167**	**329**	**140**	**51**	**41**	**116**
正高级	15	4	1	5			2	1					2
副高级	422	64	20	37	87	34	52	49	76	22	4	4	29
中级	832	112	71	66	144	74	102	79	145	70	34	23	56
初级	379	47	28	56	61	24	54	28	69	38	11	12	13
无职称	139	24	3	9	28	6	6	10	39	10	2	2	16
武汉	**1375**	**97**	**49**	**158**	**227**	**71**	**47**	**105**	**614**	**152**	**11**	**3**	**64**
正高级	22	3	3	2	3				11	4			
副高级	421	30	17	44	63	23	16	55	179	28	2		15
中级	492	39	20	63	92	24	21	31	200	60	4	2	20
初级	395	24	9	46	66	23	9	17	193	58	5	1	25
无职称	45	1		3	3	1	1	2	31	2			4
湖南	**1372**	**194**	**143**	**138**	**296**	**78**	**87**	**122**	**291**	**115**	**11**	**23**	**67**
正高级	31	5	4	2	9	2	2		6	3		1	2
副高级	336	37	26	27	99	22	22	40	65	21	4	5	11
中级	637	99	67	66	114	35	48	55	143	65	5	7	33
初级	336	49	43	39	68	19	11	27	69	22	2	9	19
无职称	32	4	3	4	6		4		8	4		1	2
广东	**3109**	**408**	**265**	**322**	**770**	**295**	**168**	**298**	**612**	**359**	**9**	**8**	**249**
正高级	10		1		1		1	4	3	1			
副高级	446	45	27	47	133	36	31	53	70	31		2	38
中级	1653	254	138	161	412	173	100	142	312	191	7		127
初级	775	84	79	86	177	69	28	72	182	120	1	6	60
无职称	225	25	20	28	47	17	8	27	45	16	1		24
广州	**952**	**180**	**100**	**56**	**209**	**117**	**32**	**95**	**190**	**123**			**90**
正高级	28	8	5		3	1	1	1	2	1			8
副高级	199	45	21	15	32	20	9	22	26	14			29
中级	433	87	36	24	92	51	19	56	89	49			30
初级	258	37	36	16	65	38	3	14	70	56			17
无职称	34	3	2	1	17	7		2	3	3			6

4.4 全国电大专任教师学科分类（续表 4）

单位：人

	计	学科											
		经济学	法学	教育学	文学		哲学历史学	理学	工学		农学	医学	管理学
					计	其中:外语			计	其中:计算机			
深圳	**315**	**66**	**34**	**12**	**45**	**33**	**25**	**16**	**47**	**26**			**70**
正高级	8	2			2	2	2		1	1			1
副高级	110	28	6	2	18	12	10	11	15	9			20
中级	106	19	13	10	13	11	11	3	14	11			23
初级	48	5	7		9	6	1	2	7	3			17
无职称	43	12	8		3	2	1		10	2			9
广西	**595**	**84**	**47**	**48**	**152**	**59**	**30**	**77**	**117**	**82**		**2**	**38**
正高级	2								2	2			
副高级	135	20	12	7	36	9	10	21	21	8			8
中级	278	51	20	22	62	26	18	40	48	33		1	16
初级	154	13	15	15	47	23	2	15	32	25		1	14
无职称	26			4	7	1		1	14	14			
海南	**50**	**8**	**3**	**8**	**10**	**6**	**3**	**6**	**11**	**10**			**1**
正高级	4			1	2			1					
副高级	8	1	1	3	1	1	1	1					
中级	24	5	1	3	5	5	1	3	5	4			1
初级	14	2	1	1	2		1	1	6	6			
无职称													
四川	**2000**	**197**	**243**	**281**	**371**	**76**	**210**	**214**	**240**	**121**	**28**	**62**	**154**
正高级	20	2	4		2		5	1	2	1	1	1	2
副高级	602	65	71	83	116	26	64	72	64	25	1	23	43
中级	969	93	132	131	171	37	105	101	119	72	19	23	75
初级	317	29	27	35	76	11	26	37	48	21	3	13	23
无职称	92	8	9	32	6	2	10	3	7	2	4	2	11
成都	**456**	**25**	**26**	**64**	**100**	**45**	**17**	**26**	**150**	**44**			**48**
正高级	3	2					1						
副高级	78	7	8	15	17	5	6	4	14	2			7
中级	231	14	16	36	47	20	8	17	63	21			30
初级	100	2	2	12	29	15	2	5	40	17			8
无职称	44			1	7	5			33	4			3
重庆	**1464**	**168**	**81**	**118**	**374**	**86**	**88**	**217**	**257**	**137**	**6**	**23**	**132**
正高级	17	2	1	1	3	1	1	2	4				3
副高级	366	32	11	36	112	17	33	54	48	24	2	6	32
中级	709	101	55	60	157	34	37	118	118	60	3	3	57
初级	303	29	11	16	92	30	16	29	66	44	1	6	37
无职称	69	4	3	5	10	4	1	14	21	9		8	3
贵州	**634**	**59**	**46**	**39**	**78**	**29**	**45**	**127**	**196**	**39**	**2**	**4**	**38**
正高级	16	4		2	3		1		5	2			1
副高级	90	10	4	5	15	6	11	20	17	6		3	5
中级	310	30	27	9	37	13	26	74	85	20	1	1	20
初级	169	13	10	18	19	7	5	28	69	8			7
无职称	49	2	5	5	4	3	2	5	20	3	1		5
云南	**2446**	**131**	**167**	**316**	**679**	**271**	**178**	**343**	**274**	**214**	**29**	**227**	**102**
正高级	64		1	5	11	2	5	15	3	2	1	23	
副高级	575	41	46	72	124	34	42	113	40	19	5	71	21
中级	911	66	66	119	254	108	72	123	109	80	14	55	33
初级	751	23	49	96	229	96	50	83	105	96	9	67	40
无职称	145	1	5	24	61	31	9	9	17	17		11	8

4.4 全国电大专任教师学科分类（续表5）

单位：人

	计	学科											
		经济学	法学	教育学	文学		哲学历史学	理学	工学		农学	医学	管理学
					计	其中:外语			计	其中:计算机			
陕西	**1628**	**176**	**82**	**167**	**241**	**80**	**85**	**141**	**477**	**129**	**15**	**135**	**109**
正高级	51	6	1	4	9	1	5	5	20	3			1
副高级	408	43	17	48	37	13	17	44	135	23	5	42	20
中级	661	97	38	62	94	34	35	58	183	47	8	51	35
初级	454	29	25	47	87	28	24	34	117	50	2	42	47
无职称	54	1	1	6	14	4	4		22	6			6
西安	**242**	**38**	**11**	**17**	**54**	**20**	**32**	**19**	**25**	**8**	**1**	**18**	**27**
正高级	18	2	1	1	2	2	3					6	3
副高级	74	9	2	6	13	3	12	6	11	2		7	8
中级	112	21	6	10	23	9	15	12	11	5	1	2	11
初级	34	6	2		12	4	2	1	3	1		3	5
无职称	4				4	2							
甘肃	**1656**	**212**	**142**	**163**	**369**	**101**	**131**	**201**	**289**	**142**	**44**	**37**	**68**
正高级	16	2	3	3	2	2		5				1	
副高级	270	37	17	24	54	17	19	47	48	17	2	15	7
中级	721	69	69	76	187	44	56	58	124	66	26	17	39
初级	549	92	47	50	100	33	44	79	100	51	15	3	19
无职称	100	12	6	10	26	5	12	12	17	8	1	1	3
青海	**320**	**30**	**39**	**32**	**76**	**20**	**22**	**25**	**35**	**27**	**1**	**30**	**30**
正高级	11	5			4			1	1	1			
副高级	122	9	9	14	27	7	10	15	7	5	1	21	9
中级	155	13	24	14	39	12	12	9	27	21		7	10
初级	29	3	6	4	6	1						2	8
无职称	3												3
宁夏	**766**	**76**	**20**	**103**	**145**	**40**	**37**	**111**	**185**	**67**	**20**	**3**	**66**
正高级	13		1	1	1		4	2	3		1		
副高级	261	25	8	44	49	14	14	44	50	17	7	2	18
中级	323	38	9	51	64	17	15	35	71	26	9	1	30
初级	124	11	2	6	30	9	4	19	38	17	1		13
无职称	45	2		1	1			11	23	7	2		5
新疆	**1445**	**104**	**244**	**84**	**325**	**60**	**178**	**179**	**196**	**92**	**102**	**5**	**28**
正高级	1				1								
副高级	369	23	97	12	99	15	33	33	49	10	19	1	3
中级	697	48	95	52	142	24	118	99	85	40	46	1	11
初级	348	30	50	18	77	20	22	45	57	41	35	1	13
无职称	30	3	2	2	6	1	5	2	5	1	2	2	1
新疆兵团	**339**	**64**	**40**	**24**	**60**	**16**	**41**	**27**	**51**	**34**	**8**	**2**	**22**
正高级	1								1				
副高级	100	20	14	7	24	6	17	4	7	6	2		5
中级	159	31	20	12	27	6	9	17	24	15	5	1	13
初级	59	11	4	4	8	4	9	3	15	12		1	4
无职称	20	2	2	1	1		6	3	4	1	1		

4.5 全国电大专任教师学历、学位情况

单位：人

	计	博士研究生			硕士研究生			本科			专科及以下		
		计	其中：获学位		计	其中：获学位		计	其中：获学位		计	其中：获学位	
			博士	硕士		博士	硕士		博士	硕士		博士	硕士
总计	**50951**	**244**	**180**	**48**	**5626**	**19**	**4914**	**42519**	**18**	**2913**	**2562**		**58**
正高级	892	53	43	5	241	6	198	577	5	51	21		1
副高级	13001	100	77	18	1538	8	1225	11075	6	992	288		4
中级	22880	86	56	24	2243	3	1997	19348	5	1406	1203		18
初级	12068	4	3	1	1180		1110	10034	1	455	850		28
无职称	2110	1	1		424	2	384	1485	1	9	200		7
中央电大	**153**	**17**	**17**		**59**		**59**	**77**		**22**			
正高级	17	3	3		6		6	8		1			
副高级	68	1	1		16		16	51		18			
中级	61	13	13		30		30	18		3			
初级	7				7		7						
无职称													
中央电大直属院校	**180**	**8**	**4**		**48**		**31**	**117**			**7**		
正高级	25	5	1		17		9	3					
副高级	57	2	2		18		12	37					
中级	61	1	1		13		10	47					
初级	24							19			5		
无职称	13							11			2		
北京	**971**	**19**	**16**	**3**	**235**	**2**	**226**	**692**	**2**	**12**	**25**		
正高级	25	3	2	1	12		12	10	1				
副高级	276	8	8		64	1	58	204	1	8			
中级	444	8	6	2	107	1	105	322		4	7		
初级	211				48		47	148			15		
无职称	15				4		4	8			3		
天津	**1531**	**10**	**7**	**3**	**128**		**102**	**1362**	**1**	**154**	**31**		
正高级	53	3	2	1	4		3	46		3			
副高级	580	6	4	2	60		42	510		48	4		
中级	605	1	1		34		29	562	1	81	8		
初级	285				27		25	239		22	19		
无职称	8				3		3	5					
河北	**686**	**2**	**2**		**28**		**28**	**611**	**1**	**66**	**45**		**3**
正高级	45				3		3	41	1	8	1		
副高级	217	1	1		9		9	187		28	20		1
中级	272	1	1		14		14	243		26	14		2
初级	141				1		1	130		4	10		
无职称	11				1		1	10					
山西	**390**				**26**	**2**	**20**	**358**		**20**	**6**		
正高级	6				1		1	5		1			
副高级	154				8	1	4	146		12			
中级	124				7	1	6	115		6	2		
初级	68				4		3	61		1	3		
无职称	38				6		6	31			1		
内蒙古	**458**				**28**		**22**	**419**		**14**	**11**		
正高级	4							4					
副高级	220				8		5	211		9	1		
中级	162				16		13	139		3	7		
初级	69				4		4	62		2	3		
无职称	3							3					

4.5 全国电大专任教师学历、学位情况（续表 1）

单位：人

	计	博士研究生			硕士研究生			本科			专科及以下		
		计	其中：获学位		计	其中：获学位		计	其中：获学位		计	其中：获学位	
			博士	硕士		博士	硕士		博士	硕士		博士	硕士
辽　宁	**1271**	**8**	**1**	**7**	**182**		**181**	**1062**		**114**	**19**		
正高级	23				3		3	20		1			
副高级	427	5	1	4	61		60	361		39			
中　级	497	2		2	51		51	434		38	10		
初　级	286	1		1	58		58	218		36	9		
无职称	38				9		9	29					
沈　阳	**462**	**5**	**1**	**4**	**64**		**52**	**366**			**27**		
正高级	17	2	1	1	4		3	11					
副高级	183				26		22	149			8		
中　级	195	3		3	28		22	155			9		
初　级	64				6		5	49			9		
无职称	3							2			1		
大　连	**285**	**2**	**2**		**57**		**52**	**217**		**79**	**9**		
正高级	10				9		9	1		1			
副高级	145	2	2		35		31	106		35	2		
中　级	102				11		10	84		38	7		
初　级	25				2		2	23		5			
无职称	3							3					
吉　林	**912**				**38**	**1**	**26**	**857**		**10**	**17**		
正高级	12				3		1	9					
副高级	256				9	1	5	245		7	2		
中　级	436				18		16	407		2	11		
初　级	181				5		4	172		1	4		
无职称	27				3			24					
长　春	**316**				**48**		**48**	**254**		**3**	**14**		
正高级	27				5		5	22					
副高级	86				18		18	68		3			
中　级	141				15		15	117			9		
初　级	61				10		10	46			5		
无职称	1							1					
黑龙江	**1225**	**1**	**1**		**52**		**19**	**1084**		**116**	**88**		
正高级	23				5		4	18					
副高级	474	1	1		30		3	439		75	4		
中　级	476				5			408		38	63		
初　级	214				2		2	195		1	17		
无职称	38				10		10	24		2	4		
哈尔滨	**210**	**4**	**4**		**18**		**11**	**169**			**19**		
正高级	6				1		1	5					
副高级	67	2	2		4		3	61					
中　级	92	2	2		7		4	74			9		
初　级	44				6		3	28			10		
无职称	1							1					
上　海	**1200**	**17**	**17**		**294**		**286**	**861**		**78**	**28**		**2**
正高级	21	3	3		5		5	12		1	1		
副高级	203	9	9		56		54	138		15			
中　级	715	3	3		140		138	554		53	18		1
初　级	221	2	2		75		72	137		8	7		1
无职称	40				18		17	20		1	2		

4.5 全国电大专任教师学历、学位情况（续表 2）

单位：人

	计	博士研究生			硕士研究生			本科			专科及以下		
		计	其中：获学位		计	其中：获学位		计	其中：获学位		计	其中：获学位	
			博士	硕士		博士	硕士		博士	硕士		博士	硕士
江　苏	**6807**	**14**	**12**	**2**	**594**	**1**	**547**	**5968**		**388**	**231**		
正高级	19	2	2		9		9	7		3	1		
副高级	1474	9	7	2	144	1	132	1298		131	23		
中　级	3143	3	3		271		251	2743		220	126		
初　级	1887				111		101	1712		34	64		
无职称	284				59		54	208			17		
南　京	**345**	**2**	**2**		**44**		**38**	**299**	**2**	**18**			
正高级	3				1		1	2					
副高级	99	2	2		11		7	86		7			
中　级	166				19		17	147	1	11			
初　级	77				13		13	64	1				
无职称													
浙　江	**2894**	**10**	**8**	**2**	**379**		**355**	**2433**		**190**	**72**		**1**
正高级	52	6	6		8		7	37		3	1		
副高级	719	2	2		92		79	609		47	16		1
中　级	1440	2		2	183		173	1218		116	37		
初　级	569				37		37	517		24	15		
无职称	114				59		59	52			3		
宁　波	**363**	**1**	**1**		**37**		**33**	**309**		**19**	**16**		
正高级	1							1					
副高级	74	1	1		3		3	69		6	1		
中　级	220				28		27	184		12	8		
初　级	65				5		2	53		1	7		
无职称	3				1		1	2					
安　徽	**1073**	**2**	**2**		**184**		**157**	**847**		**23**	**40**		
正高级	1							1					
副高级	218				43		31	173		6	2		
中　级	474	2	2		81		67	365		15	26		
初　级	315				48		47	257		2	10		
无职称	65				12		12	51			2		
福　建	**850**	**3**	**3**		**126**		**122**	**683**		**86**	**38**		
正高级	4				2		2	2					
副高级	229	1	1		20		18	203		27	5		
中　级	401	1	1		82		81	298		46	20		
初　级	184				17		17	154		12	13		
无职称	32	1	1		5		4	26		1			
厦　门	**85**	**4**	**2**		**30**		**30**	**51**					
正高级													
副高级	27				7		7	20					
中　级	52	4	2		19		19	29					
初　级	6				4		4	2					
无职称													
江　西	**716**	**2**	**2**		**25**		**20**	**677**		**26**	**12**		
正高级	24	2	2		4		3	18		2			
副高级	236				8		7	225		9	3		
中　级	268				7		5	254		10	7		
初　级	179				3		2	174		5	2		
无职称	9				3		3	6					

4.5 全国电大专任教师学历、学位情况（续表 3）

单位：人

	计	博士研究生			硕士研究生			本科			专科及以下		
		计	其中：获学位		计	其中：获学位		计	其中：获学位		计	其中：获学位	
			博士	硕士		博士	硕士		博士	硕士		博士	硕士
山　　东	**2214**				**226**	**1**	**224**	**1829**		**333**	**159**		**46**
正高级	91				15		15	73		7	3		
副高级	569				62		61	488		91	19		
中　级	823				77	1	76	685		127	61		13
初　级	645				54		54	530		108	61		26
无职称	86				18		18	53			15		7
青　　岛	**535**				**30**		**25**	**487**		**21**	**18**		
正高级	6				2		2	4		1			
副高级	140				5		3	126		4	9		
中　级	206				13		13	188		13	5		
初　级	163				9		7	151		3	3		
无职称	20				1			18			1		
河　　南	**1868**	**6**	**6**		**218**		**214**	**1587**		**96**	**57**		
正高级	26	3	3		8		8	15					
副高级	411	3	3		71		70	329		19	8		
中　级	891				56		53	807		51	28		
初　级	481				83		83	385		26	13		
无职称	59							51			8		
湖　　北	**1787**				**126**		**120**	**1488**		**20**	**173**		
正高级	15				4		4	11					
副高级	422				27		22	365		11	30		
中　级	832				23		22	735		9	74		
初　级	379				27		27	298			54		
无职称	139				45		45	79			15		
武　　汉	**1375**	**3**	**3**		**204**		**164**	**1038**		**112**	**130**		**2**
正高级	22				10		1	11		3	1		
副高级	421	1	1		52		33	343		48	25		2
中　级	492	2	2		65		57	371		45	54		
初　级	395				64		61	293		16	38		
无职称	45				13		12	20			12		
湖　　南	**1372**	**4**	**4**		**111**	**2**	**101**	**1218**	**6**	**50**	**39**		
正高级	31	2	2		10	2	8	19	1				
副高级	336	2	2		47		45	284	4	17	3		
中　级	637				34		28	588		24	15		
初　级	336				18		18	300		9	18		
无职称	32				2		2	27	1		3		
广　　东	**3109**	**17**	**15**		**365**	**1**	**317**	**2462**		**150**	**265**		
正高级	10	4	4		3		2	3					
副高级	446	7	6		59	1	38	367		37	13		
中　级	1653	6	5		126		107	1392		99	129		
初　级	775				107		103	576		14	92		
无职称	225				70		67	124			31		
广　　州	**952**	**10**	**9**	**1**	**149**	**1**	**136**	**767**	**1**	**110**	**26**		
正高级	28	1		1	7	1	6	20	1	5			
副高级	199	7	7		53		48	138		46	1		
中　级	433	2	2		67		62	353		49	11		
初　级	258				19		17	228		10	11		
无职称	34				3		3	28			3		

4.5 全国电大专任教师学历、学位情况（续表 4）

单位：人

	计	博士研究生			硕士研究生			本科			专科及以下		
		计	其中：获学位		计	其中：获学位		计	其中：获学位		计	其中：获学位	
			博士	硕士		博士	硕士		博士	硕士		博士	硕士
深　圳	**315**	**7**	**5**		**84**		**60**	**210**		**7**	**14**		
正高级	8	3	3		2		2	3					
副高级	110	4	2		35		22	71		6			
中　级	106				35		24	68		1	3		
初　级	48				7		7	32			9		
无职称	43				5		5	36			2		
广　西	**595**	**1**	**1**		**76**		**45**	**508**		**55**	**10**		
正高级	2							2					
副高级	135	1	1		15		5	119		22			
中　级	278				41		27	234		28	3		
初　级	154				19		12	131		5	4		
无职称	26				1		1	22			3		
海　南	**50**				**4**		**3**	**46**		**4**			
正高级	4				2		1	2					
副高级	8							8		1			
中　级	24				2		2	22		3			
初　级	14							14					
无职称													
四　川	**2000**	**6**	**6**		**122**	**3**	**102**	**1664**		**23**	**208**		
正高级	20	1	1		13	3	9	6					
副高级	602	1	1		42		36	534		9	25		
中　级	969	4	4		39		31	819		6	107		
初　级	317				19		19	228		8	70		
无职称	92				9		7	77			6		
成　都	**456**	**4**		**2**	**46**		**38**	**340**		**46**	**66**		
正高级	3				1			2					
副高级	78	3		1	6		4	61		12	8		
中　级	231	1		1	29		27	168		29	33		
初　级	100				10		7	79		5	11		
无职称	44							30			14		
重　庆	**1464**	**17**	**1**	**15**	**185**		**145**	**1193**	**1**	**19**	**69**		
正高级	17				8		7	7		1	2		
副高级	366	2		2	49		32	309		3	6		
中　级	709	15	1	13	79		58	584	1	11	31		
初　级	303				49		48	238		3	16		
无职称	69							55		1	14		
贵　州	**634**	**2**	**2**		**68**		**61**	**499**		**14**	**65**		
正高级	16				4		3	12					
副高级	90	2	2		8		7	78		6	2		
中　级	310				37		33	242		8	31		
初　级	169				3		3	135			31		
无职称	49				16		15	32			1		
云　南	**2446**	**20**	**20**		**415**		**374**	**1937**		**50**	**74**		
正高级	64	6	6		16		15	42		2			
副高级	575	7	7		104		91	457		11	7		
中　级	911	6	6		151		142	720		22	34		
初　级	751	1	1		113		108	608		15	29		
无职称	145				31		18	110			4		

4.5 全国电大专任教师学历、学位情况（续表5）

单位：人

	计	博士研究生			硕士研究生			本科			专科及以下		
		计	其中：获学位		计	其中：获学位		计	其中：获学位		计	其中：获学位	
			博士	硕士		博士	硕士		博士	硕士		博士	硕士
陕　西	**1628**	**9**	**1**	**5**	**191**	**3**	**149**	**1317**		**41**	**111**		**1**
正高级	51	2	1		13		11	29		3	7		
副高级	408	5		5	41	1	34	350		13	12		
中　级	661	2			80		60	539		16	40		
初　级	454				54		43	364		7	36		1
无职称	54				3	2	1	35		2	16		
西　安	**242**	**5**	**1**	**4**	**44**	**2**	**35**	**178**	**4**	**50**	**15**		**1**
正高级	18	2	1	1	3		2	10	1	1	3		1
副高级	74	2		2	17	2	12	52	1	11	3		
中　级	112	1		1	24		21	84	2	30	3		
初　级	34							30		8	4		
无职称	4							2			2		
甘　肃	**1656**	**1**	**1**		**84**		**76**	**1426**		**56**	**145**		
正高级	16				15		15	1					
副高级	270	1	1		28		23	241		18			
中　级	721				28		26	622		24	71		
初　级	549				10		9	475		14	64		
无职称	100				3		3	87			10		
青　海	**320**				**22**		**17**	**256**		**5**	**42**		
正高级	11				3			7		1	1		
副高级	122				3		1	102		3	17		
中　级	155				8		8	128		1	19		
初　级	29				8		8	16			5		
无职称	3							3					
宁　夏	**766**	**1**	**1**		**14**		**14**	**729**		**79**	**22**		
正高级	13							13		3			
副高级	261				2		2	257		35	2		
中　级	323	1	1		4		4	307		28	11		
初　级	124				7		7	108		12	9		
无职称	45				1		1	44		1			
新　疆	**1445**				**85**		**14**	**1281**		**131**	**79**		**2**
正高级	1							1					
副高级	369				53		7	309		36	7		
中　级	697				26		6	638		60	33		2
初　级	348				4		1	307		34	37		
无职称	30				2			26		1	2		
新疆兵团	**339**				**33**		**15**	**286**		**3**	**20**		
正高级	1							1					
副高级	100				9		3	91		3			
中　级	159				13		7	137			9		
初　级	59				3		2	48			8		
无职称	20				8		3	9			3		

4.6 全国电大专任教师年龄情况

单位：人

	年龄									
	计	30 及以下	31–35	36–40	41–45	46–50	51–55	56–60	61–65	66 及以上
总　计	**50951**	**12125**	**10264**	**10022**	**8667**	**5197**	**3337**	**1248**	**72**	**19**
正高级	892	3	15	46	207	230	227	130	25	9
副高级	13001	55	430	2803	4159	2828	1953	728	36	9
中　级	22880	2620	6997	6150	3840	1898	1026	338	10	1
初　级	12068	7651	2648	962	428	225	113	40	1	
无职称	2110	1796	174	61	33	16	18	12		
中央电大	**153**	**20**	**19**	**18**	**25**	**31**	**29**	**11**		
正高级	17				2	3	8	4		
副高级	68			5	14	24	19	6		
中　级	61	14	18	13	9	4	2	1		
初　级	7	6	1							
无职称										
中央电大直属院校	**180**	**41**	**39**	**52**	**23**	**11**	**7**	**4**	**3**	
正高级	25		2		5	5	6	4	3	
副高级	57		4	34	12	6	1			
中　级	61	5	32	18	6					
初　级	24	23	1							
无职称	13	13								
北　京	**971**	**194**	**210**	**191**	**142**	**114**	**91**	**26**	**2**	**1**
正高级	25			4	6	9	6			
副高级	276	1	18	63	68	54	52	18	1	1
中　级	444	54	139	105	61	46	30	8	1	
初　级	211	128	52	18	6	4	3			
无职称	15	11	1	1	1	1				
天　津	**1531**	**283**	**295**	**334**	**265**	**194**	**122**	**38**		
正高级	53		2	7	13	12	12	7		
副高级	580	1	37	122	150	145	103	22		
中　级	605	61	217	184	97	34	6	6		
初　级	285	213	39	21	5	3	1	3		
无职称	8	8								
河　北	**686**	**124**	**141**	**121**	**174**	**82**	**32**	**12**		
正高级	45				21	13	8	3		
副高级	217	2	6	42	95	42	22	8		
中　级	272	24	95	69	55	27	1	1		
初　级	141	89	39	10	2		1			
无职称	11	9	1		1					
山　西	**390**	**81**	**67**	**48**	**76**	**67**	**43**	**8**		
正高级	6				2	1	2	1		
副高级	154		1	22	51	46	27	7		
中　级	124	4	50	20	20	18	12			
初　级	68	49	12	3	3		1			
无职称	38	28	4	3		2	1			
内蒙古	**458**	**48**	**85**	**94**	**93**	**99**	**35**	**4**		
正高级	4					2	1	1		
副高级	220	7	18	38	57	67	30	3		
中　级	162	9	48	45	31	25	4			
初　级	69	30	19	11	4	5				
无职称	3	2			1					

4.6 全国电大专任教师年龄情况（续表 1）

单位：人

	年龄									
	计	30 及以下	31–35	36–40	41–45	46–50	51–55	56–60	61–65	66 及以上
辽　宁	**1271**	**290**	**259**	**281**	**208**	**139**	**76**	**18**		
正高级	23			2	4	9	6	2		
副高级	427		20	126	120	96	50	15		
中　级	497	52	179	134	77	34	20	1		
初　级	286	206	57	19	4					
无职称	38	32	3		3					
沈　阳	**462**	**50**	**118**	**115**	**100**	**33**	**34**	**12**		
正高级	17			1	4	3	6	3		
副高级	183		5	62	68	20	22	6		
中　级	195	12	95	46	27	8	4	3		
初　级	64	38	16	5	1	2	2			
无职称	3		2	1						
大　连	**285**	**34**	**35**	**59**	**70**	**36**	**36**	**15**		
正高级	10				2		4	4		
副高级	145		8	39	44	25	22	7		
中　级	102	15	24	17	24	11	8	3		
初　级	25	16	3	3			2	1		
无职称	3	3								
吉　林	**912**	**185**	**170**	**187**	**153**	**100**	**76**	**41**		
正高级	12					3	6	3		
副高级	256	2	12	43	67	64	40	28		
中　级	436	35	116	136	78	33	29	9		
初　级	181	122	42	8	8		1			
无职称	27	26						1		
长　春	**316**	**46**	**66**	**65**	**60**	**32**	**39**	**8**		
正高级	27				4	2	13	8		
副高级	86			19	32	15	20			
中　级	141	2	53	45	20	15	6			
初　级	61	43	13	1	4					
无职称	1	1								
黑龙江	**1225**	**240**	**231**	**262**	**242**	**128**	**90**	**32**		
正高级	23				5	6	7	5		
副高级	474		22	124	154	80	72	22		
中　级	476	72	155	119	76	39	10	5		
初　级	214	136	49	18	7	3	1			
无职称	38	32	5	1						
哈尔滨	**210**	**36**	**43**	**30**	**38**	**33**	**16**	**13**	**1**	
正高级	6				3	3				
副高级	67	2	10	6	13	16	12	7	1	
中　级	92	13	22	19	17	12	4	5		
初　级	44	20	11	5	5	2		1		
无职称	1	1								
上　海	**1200**	**249**	**233**	**158**	**213**	**123**	**120**	**84**	**19**	**1**
正高级	21			2	1	3	1	8	6	
副高级	203		8	29	67	36	31	24	7	1
中　级	715	59	188	116	138	79	81	48	6	
初　级	221	155	34	11	7	4	6	4		
无职称	40	35	3			1	1			

4.6 全国电大专任教师年龄情况（续表 2）

单位：人

	年龄									
	计	30 及以下	31–35	36–40	41–45	46–50	51–55	56–60	61–65	66 及以上
江　苏	**6807**	**2012**	**1659**	**1252**	**926**	**533**	**296**	**128**	**1**	
正高级	19				2	6	5	5	1	
副高级	1474		15	381	507	320	169	82		
中　级	3143	406	1257	764	380	188	111	37		
初　级	1887	1341	374	104	36	19	11	2		
无职称	284	265	13	3	1			2		
南　京	**345**	**80**	**65**	**55**	**62**	**45**	**29**	**9**		
正高级	3				1	1		1		
副高级	99		3	15	35	28	13	5		
中　级	166	28	49	36	24	13	14	2		
初　级	77	52	13	4	2	3	2	1		
无职称										
浙　江	**2894**	**649**	**659**	**508**	**459**	**320**	**212**	**73**	**9**	**5**
正高级	52			1	7	20	13	9	1	1
副高级	719		18	135	222	165	123	44	8	4
中　级	1440	165	508	342	211	128	71	15		
初　级	569	385	124	26	18	7	5	4		
无职称	114	99	9	4	1			1		
宁　波	**363**	**91**	**103**	**58**	**43**	**39**	**20**	**9**		
正高级	1							1		
副高级	74		2	13	23	23	8	5		
中　级	220	47	85	40	20	15	11	2		
初　级	65	41	16	5		1	1	1		
无职称	3	3								
安　徽	**1073**	**345**	**156**	**193**	**162**	**99**	**79**	**39**		
正高级	1							1		
副高级	218		2	41	57	52	44	22		
中　级	474	66	98	129	92	43	30	16		
初　级	315	227	49	22	11	3	3			
无职称	65	52	7	1	2	1	2			
福　建	**850**	**178**	**137**	**187**	**172**	**98**	**59**	**19**		
正高级	4						1	3		
副高级	229		4	34	85	56	39	11		
中　级	401	45	95	134	73	36	15	3		
初　级	184	110	31	19	12	6	4	2		
无职称	32	23	7		2					
厦　门	**85**	**9**	**25**	**14**	**22**	**12**	**3**			
正高级										
副高级	27			1	15	8	3			
中　级	52	5	23	13	7	4				
初　级	6	4	2							
无职称										
江　西	**716**	**110**	**131**	**140**	**172**	**81**	**51**	**31**		
正高级	24				6	6	7	5		
副高级	236	2	11	31	99	48	26	19		
中　级	268	20	71	84	56	19	12	6		
初　级	179	83	48	23	10	8	6	1		
无职称	9	5	1	2	1					

4.6 全国电大专任教师年龄情况（续表 3）

单位：人

	年龄									
	计	30 及以下	31–35	36–40	41–45	46–50	51–55	56–60	61–65	66 及以上
山　东	**2214**	**710**	**426**	**424**	**293**	**170**	**136**	**55**		
正高级	91			5	15	35	27	9		
副高级	569	11	21	158	163	106	72	38		
中　级	823	101	303	237	109	28	37	8		
初　级	645	513	102	24	5	1				
无职称	86	85			1					
青　岛	**535**	**106**	**117**	**100**	**92**	**52**	**48**	**20**		
正高级	6				1	1	3	1		
副高级	140		1	19	41	33	36	10		
中　级	206	7	59	64	46	16	7	7		
初　级	163	80	57	16	4	2	2	2		
无职称	20	19		1						
河　南	**1868**	**469**	**397**	**419**	**259**	**164**	**118**	**37**	**5**	
正高级	26			4	7	5	7	3		
副高级	411		11	83	115	94	79	24	5	
中　级	891	115	286	266	122	61	32	9		
初　级	481	306	93	64	14	4				
无职称	59	48	7	2	1			1		
湖　北	**1787**	**552**	**344**	**293**	**246**	**200**	**102**	**50**		
正高级	15				1	5	5	4		
副高级	422		9	61	123	133	67	29		
中　级	832	148	268	220	100	57	29	10		
初　级	379	274	66	11	19	3	1	5		
无职称	139	130	1	1	3	2		2		
武　汉	**1375**	**346**	**173**	**197**	**221**	**184**	**198**	**54**	**2**	
正高级	22	1	3	4	8	3	1	2		
副高级	421	2	12	62	124	91	96	33	1	
中　级	492	59	90	106	74	70	79	14		
初　级	395	254	65	25	13	17	17	3	1	
无职称	45	30	3		2	3	5	2		
湖　南	**1372**	**282**	**302**	**273**	**295**	**134**	**77**	**9**		
正高级	31		2	1	11	6	9	2		
副高级	336		17	80	130	64	42	3		
中　级	637	70	200	162	120	61	21	3		
初　级	336	188	82	30	30	3	2	1		
无职称	32	24	1		4		3			
广　东	**3109**	**719**	**624**	**634**	**542**	**319**	**188**	**81**	**2**	
正高级	10				4	2	3	1		
副高级	446		10	67	129	102	95	42	1	
中　级	1653	150	383	459	367	186	75	32	1	
初　级	775	374	209	103	42	27	14	6		
无职称	225	195	22	5		2	1			
广　州	**952**	**238**	**216**	**232**	**136**	**70**	**46**	**9**	**5**	
正高级	28		3	6	9	6	3	1		
副高级	199	3	34	38	61	29	25	4	5	
中　级	433	34	132	160	56	31	16	4		
初　级	258	179	40	25	9	3	2			
无职称	34	22	7	3	1	1				

4.6 全国电大专任教师年龄情况（续表 4）

单位：人

	年龄									
	计	30 及以下	31–35	36–40	41–45	46–50	51–55	56–60	61–65	66 及以上
深　圳	**315**	**82**	**42**	**50**	**53**	**49**	**26**	**12**	**1**	
正高级	8				1	1	5	1		
副高级	110		8	20	28	31	13	9	1	
中　级	106	13	19	26	21	17	8	2		
初　级	48	31	11	4	2					
无职称	43	38	4		1					
广　西	**595**	**158**	**98**	**115**	**114**	**60**	**37**	**13**		
正高级	2				1	1				
副高级	135		1	19	51	30	26	8		
中　级	278	25	70	82	59	26	11	5		
初　级	154	109	27	12	3	3				
无职称	26	24		2						
海　南	**50**	**5**	**9**	**12**	**7**	**12**	**5**			
正高级	4					2	2			
副高级	8			2	1	3	2			
中　级	24	1	5	8	4	5	1			
初　级	14	4	4	2	2	2				
无职称										
四　川	**2000**	**347**	**337**	**419**	**423**	**256**	**150**	**66**	**2**	
正高级	20		1	2	5	6	5	1		
副高级	602		11	133	193	137	91	36	1	
中　级	969	115	218	247	206	108	47	27	1	
初　级	317	154	100	35	19	5	3	1		
无职称	92	78	7	2			4	1		
成　都	**456**	**88**	**85**	**91**	**92**	**54**	**35**	**11**		
正高级	3						3			
副高级	78	1	1	8	23	25	13	7		
中　级	231	17	41	67	60	26	16	4		
初　级	100	48	30	9	7	3	3			
无职称	44	22	13	7	2					
重　庆	**1464**	**388**	**211**	**254**	**267**	**148**	**133**	**63**		
正高级	17				5	5	3	4		
副高级	366	6	8	48	105	73	85	41		
中　级	709	140	143	171	134	58	45	18		
初　级	303	177	56	35	23	12				
无职称	69	65	4							
贵　州	**634**	**128**	**139**	**98**	**102**	**107**	**44**	**16**		
正高级	16				3	4	5	4		
副高级	90		4	12	21	28	19	6		
中　级	310	43	82	67	60	41	13	4		
初　级	169	46	45	18	17	34	7	2		
无职称	49	39	8	1	1					
云　南	**2446**	**861**	**443**	**493**	**363**	**161**	**83**	**39**	**2**	**1**
正高级	64			3	24	15	6	13	2	1
副高级	575		12	203	206	86	48	20		
中　级	911	138	302	262	123	53	27	6		
初　级	751	589	123	21	10	6	2			
无职称	145	134	6	4		1				

4.6 全国电大专任教师年龄情况（续表 5）

单位：人

	年龄									
	计	30 及以下	31-35	36-40	41-45	46-50	51-55	56-60	61-65	66 及以上
陕　西	**1628**	**412**	**325**	**299**	**284**	**168**	**101**	**35**	**3**	**1**
正高级	51	2	2	1	12	15	15	4		
副高级	408	1	9	70	133	105	63	24	2	1
中　级	661	72	197	198	126	43	19	5	1	
初　级	454	301	103	29	13	4	4			
无职称	54	36	14	1		1		2		
西　安	**242**	**29**	**54**	**62**	**40**	**23**	**21**	**4**	**4**	**5**
正高级	18			2	3	1	7	1	2	2
副高级	74		5	24	15	16	7	3	2	2
中　级	112	7	37	33	21	6	7			1
初　级	34	19	11	3	1					
无职称	4	3	1							
甘　肃	**1656**	**415**	**424**	**369**	**276**	**87**	**53**	**18**	**9**	**5**
正高级	16				1		1		9	5
副高级	270		4	64	112	46	29	15		
中　级	721	72	209	235	142	37	23	3		
初　级	549	266	198	64	18	3				
无职称	100	77	13	6	3	1				
青　海	**320**	**43**	**61**	**101**	**75**	**26**	**12**	**1**	**1**	
正高级	11			1	5	2	2		1	
副高级	122		5	37	53	17	9	1		
中　级	155	18	50	62	17	7	1			
初　级	29	22	6	1						
无职称	3	3								
宁　夏	**766**	**115**	**113**	**142**	**223**	**107**	**55**	**11**		
正高级	13				3	7	3			
副高级	261		3	38	116	54	44	6		
中　级	323	9	79	88	95	41	6	5		
初　级	124	62	30	16	9	5	2			
无职称	45	44	1							
新　疆	**1445**	**169**	**313**	**443**	**302**	**154**	**55**	**8**	**1**	
正高级	1							1		
副高级	369	14	17	115	128	59	29	6	1	
中　级	697	41	157	245	154	78	21	1		
初　级	348	99	135	74	19	17	4			
无职称	30	15	4	9	1		1			
新疆兵团	**339**	**68**	**65**	**80**	**62**	**43**	**19**	**2**		
正高级	1					1				
副高级	100		3	17	33	30	15	2		
中　级	159	12	50	57	25	11	4			
初　级	59	39	10	5	4	1				
无职称	20	17	2	1						

4.7 全国电大聘请校外教师学历、学位情况

单位：人

	计	博士研究生			硕士研究生			本　科			专科及以下		
		计	其中：获学位		计	其中：获学位		计	其中：获学位		计	其中：获学位	
			博士	硕士		博士	硕士		博士	硕士		博士	硕士
总　计	**34283**	**744**	**471**	**124**	**6860**	**121**	**5041**	**25682**	**185**	**1757**	**997**	**11**	**1**
正高级	1557	197	131	14	560	25	406	791	18	72	9		
副高级	10649	257	162	50	2345	37	1706	7941	59	561	106	6	
中　级	17329	245	158	43	3078	52	2280	13424	78	855	582	5	
初　级	3591	20	7	6	564	7	452	2802	30	224	205		
无职称	1157	25	13	11	313		197	724		45	95		1
中央电大	**41**	**20**	**20**		**16**	**5**	**11**	**5**					
正高级	23	11	11		10	3	7	2					
副高级	18	9	9		6	2	4	3					
中　级													
初　级													
无职称													
中央电大直属院校	**2856**	**28**	**17**		**345**		**284**	**2211**			**272**		
正高级	121	5	2		58		47	58					
副高级	350	12	7		106		84	232					
中　级	2015	10	7		172		150	1625			208		
初　级	326	1	1		2		2	259			64		
无职称	44				7		1	37					
北　　京	**1892**	**137**	**104**	**32**	**694**	**21**	**599**	**1018**		**110**	**43**		
正高级	134	27	23	4	57	9	39	50		2			
副高级	634	41	27	14	233	5	197	358		26	2		
中　级	891	59	51	8	317	7	280	509		70	6		
初　级	126	4		4	49		48	67		12	6		
无职称	107	6	3	2	38		35	34			29		
天　　津	**1041**	**11**	**11**		**138**	**1**	**101**	**887**	**6**	**91**	**5**		
正高级	68	2	2		19		15	47	4	10			
副高级	522	5	5		51	1	36	465	2	26	1		
中　级	356	3	3		49		31	303		28	1		
初　级	74	1	1		15		15	56		20	2		
无职称	21				4		4	16		7	1		
河　　北	**552**	**9**	**9**		**139**		**139**	**404**	**8**	**83**			
正高级	33	5	5		15		15	13		8			
副高级	228	4	4		62		62	162	1	43			
中　级	197				46		46	151	7	12			
初　级	73				14		14	59		20			
无职称	21				2		2	19					
山　　西	**349**	**1**		**1**	**69**		**48**	**279**		**6**			
正高级	2	1		1	1		1						
副高级	155				54		37	101		1			
中　级	182				14		10	168		5			
初　级	10							10					
无职称													
内 蒙 古	**196**	**3**			**20**		**19**	**172**		**11**	**1**		
正高级	9	3			3		3	3		2			
副高级	77				10		10	67		1			
中　级	100				6		5	94		6			
初　级	4				1		1	3		2			
无职称	6							5			1		

4.7 全国电大聘请校外教师学历、学位情况（续表 1）

单位：人

	计	博士研究生			硕士研究生			本科			专科及以下		
		计	其中：获学位		计	其中：获学位		计	其中：获学位		计	其中：获学位	
			博士	硕士		博士	硕士		博士	硕士		博士	硕士
辽　宁	**643**				**62**		**58**	**570**		**49**	**11**		
正高级	14				5		5	9					
副高级	244				22		18	222		23			
中　级	314				20		20	286		20	8		
初　级	53				12		12	41		6			
无职称	18				3		3	12			3		
沈　阳	**274**	**3**		**3**	**62**		**62**	**209**					
正高级	11				6		6	5					
副高级	110	3		3	19		19	88					
中　级	128				32		32	96					
初　级	25				5		5	20					
无职称													
大　连	**411**	**11**	**5**	**6**	**214**	**1**	**200**	**185**		**128**	**1**		
正高级	39	1	1		25	1	24	13		9			
副高级	234	9	3	6	119		106	106		69			
中　级	108	1	1		52		52	55		39			
初　级	29				18		18	11		11			
无职称	1										1		
吉　林	**170**	**5**			**24**		**6**	**141**					
正高级	14	5						9					
副高级	95				19		5	76					
中　级	60				5		1	55					
初　级	1							1					
无职称													
长　春	**25**							**25**					
正高级	8							8					
副高级	12							12					
中　级	4							4					
初　级	1							1					
无职称													
黑龙江	**598**				**12**		**4**	**559**		**49**	**27**		
正高级	14				1			13		1			
副高级	267				5			255		10	7		
中　级	257				4		2	234		13	19		
初　级	36							36		14			
无职称	24				2		2	21		11	1		
哈尔滨	**303**	**12**	**3**		**46**	**2**	**15**	**233**	**21**	**1**	**12**		
正高级	27	7	1		7	2	2	12	3		1		
副高级	145				24		13	118	8	1	3		
中　级	126	5	2		15			101	10		5		
初　级	5							2			3		
无职称													
上　海	**1419**	**81**	**48**	**17**	**487**	**3**	**458**	**836**	**3**	**88**	**15**		
正高级	32	4	3		10	1	7	18					
副高级	387	19	14	3	135	2	119	232	1	19	1		
中　级	793	50	26	12	251		246	484	2	54	8		
初　级	146	3	2		63		59	75		14	5		
无职称	61	5	3	2	28		27	27		1	1		

4.7 全国电大聘请校外教师学历、学位情况（续表 2）

单位：人

	计	博士研究生			硕士研究生			本科			专科及以下		
		计	其中：获学位		计	其中：获学位		计	其中：获学位		计	其中：获学位	
			博士	硕士		博士	硕士		博士	硕士		博士	硕士
江　苏	**974**	**7**	**7**		**162**	**1**	**139**	**782**		**46**	**23**		
正高级	15	1	1		11		11	3					
副高级	366	2	2		56	1	48	300		18	8		
中　级	417	2	2		56		48	346		26	13		
初　级	116				11		4	104		2	1		
无职称	60	2	2		28		28	29			1		
南　京	**598**	**19**	**13**		**254**	**5**	**85**	**325**		**70**			
正高级	39	4	3		26		5	9		3			
副高级	186	8	6		52		13	126		12			
中　级	353	7	4		166	5	66	180		55			
初　级	20				10		1	10					
无职称													
浙　江	**1713**	**18**	**9**	**2**	**235**	**1**	**209**	**1418**	**2**	**101**	**42**		**1**
正高级	44	9	2		10		10	23	2	4	2		
副高级	520				60		49	443		45	17		
中　级	884	5	5		120	1	105	745		47	14		
初　级	185	2	2		19		19	160		3	4		
无职称	80	2		2	26		26	47		2	5		1
宁　波	**432**	**10**	**10**		**95**		**58**	**316**		**27**	**11**		
正高级	18	4	4		7		5	6		1	1		
副高级	160	5	5		34		30	120		11	1		
中　级	198	1	1		45		22	148		15	4		
初　级	46				9		1	35			2		
无职称	10							7			3		
安　徽	**1258**	**11**	**2**	**4**	**353**		**262**	**868**	**5**	**49**	**26**		
正高级	21	2		2	15		14	4					
副高级	340	6	2	2	90		61	241		5	3		
中　级	678	3			203		145	458	3	44	14		
初　级	197				45		42	143	2		9		
无职称	22							22					
福　建	**1034**	**29**	**22**	**7**	**119**	**19**	**73**	**855**		**147**	**31**		
正高级	37	14	14		10		8	13		1			
副高级	334	14	7	7	44		30	271		66	5		
中　级	569	1	1		64	19	34	484		64	20		
初　级	49				1		1	48		14			
无职称	45							39		2	6		
厦　门	**125**				**35**		**9**	**90**					
正高级	2				1			1					
副高级	36				15		6	21					
中　级	56				13		2	43					
初　级	25				5			20					
无职称	6				1		1	5					
江　西	**619**				**54**		**18**	**554**		**18**	**11**		
正高级	19				5		1	12		1	2		
副高级	202				26		13	174		8	2		
中　级	298				19		4	274		9	5		
初　级	100				4			94			2		
无职称													

4.7 全国电大聘请校外教师学历、学位情况（续表 3）

单位：人

	计	博士研究生			硕士研究生			本科			专科及以下		
		计	其中：获学位		计	其中：获学位		计	其中：获学位		计	其中：获学位	
			博士	硕士		博士	硕士		博士	硕士		博士	硕士
山　东	**162**				**34**		**34**	**127**		**22**	**1**		
正高级	8							8		1			
副高级	105				15		15	90		14			
中　级	37				11		11	25		7	1		
初　级	7				6		6	1					
无职称	5				2		2	3					
青　岛	**85**				**12**			**73**					
正高级	1							1					
副高级	20				2			18					
中　级	40				6			34					
初　级	17				4			13					
无职称	7							7					
河　南	**509**	**7**	**7**		**106**		**86**	**391**		**7**	**5**		
正高级	16	4	4		5		5	7					
副高级	130	3	3		53		51	74		2			
中　级	306				43		28	259		4	4		
初　级	51				4		1	46		1	1		
无职称	6				1		1	5					
湖　北	**458**				**26**		**26**	**416**			**16**		
正高级	13				2		2	11					
副高级	189				13		13	172			4		
中　级	203				8		8	187			8		
初　级	48				3		3	41			4		
无职称	5							5					
武　汉	**507**	**8**	**4**	**4**	**142**		**45**	**264**	**1**	**15**	**93**		
正高级	8	3	3		4		2	1					
副高级	113	1	1		13		7	76		3	23		
中　级	140	2		2	23		10	62	1		53		
初　级	94				1			77			16		
无职称	152	2		2	101		26	48		12	1		
湖　南	**1162**	**24**	**23**	**1**	**160**		**139**	**970**		**6**	**8**		
正高级	22	6	6		9		9	7					
副高级	219	4	4		33		27	181		1	1		
中　级	658	13	13		86		82	557		5	2		
初　级	216				20		20	191			5		
无职称	47	1		1	12		1	34					
广　东	**1839**	**9**	**3**	**4**	**216**		**166**	**1555**	**2**	**115**	**59**		
正高级	29				11		6	18		1			
副高级	370	3	1		52		39	314		19	1		
中　级	1194	5	1	4	118		87	1041	2	90	30		
初　级	186				23		22	141		5	22		
无职称	60	1	1		12		12	41			6		
广　州	**797**	**15**	**7**	**1**	**215**	**11**	**152**	**564**		**99**	**3**		
正高级	13	5	2	1	4	1	1	4					
副高级	116	9	4		54	8	38	53		6			
中　级	418				115	2	72	301		63	2		
初　级	187	1	1		25		24	161		30			
无职称	63				17		17	45			1		

4.7 全国电大聘请校外教师学历、学位情况（续表 4）

单位：人

	计	博士研究生			硕士研究生			本科			专科及以下		
		计	其中：获学位		计	其中：获学位		计	其中：获学位		计	其中：获学位	
			博士	硕士		博士	硕士		博士	硕士		博士	硕士
深　圳	**373**	**8**	**2**		**128**		**68**	**235**		**8**	**2**		
正高级	13				7		7	6					
副高级	106	6	2		31		23	68		4	1		
中　级	186	2			57		31	126		4	1		
初　级	58				28		5	30					
无职称	10				5		2	5					
广　西	**436**	**4**	**1**	**3**	**101**		**73**	**331**		**6**			
正高级	16	1	1		8		8	7					
副高级	124	2		2	43		22	79					
中　级	259	1		1	46		39	212		4			
初　级	37				4		4	33		2			
无职称													
海　南	**9**				**1**		**1**	**8**					
正高级													
副高级	5							5					
中　级	4				1		1	3					
初　级													
无职称													
四　川	**2451**	**65**	**42**	**11**	**474**	**5**	**381**	**1800**		**127**	**112**		
正高级	125	15	3	2	55	1	46	55					
副高级	797	27	23	2	191	2	145	567		16	12		
中　级	1174	16	13	3	178	2	154	906		71	74		
初　级	265	2		2	40		36	205		40	18		
无职称	90	5	3	2	10			67			8		
成　都	**610**	**62**	**44**	**11**	**198**	**3**	**152**	**322**		**9**	**28**	**11**	
正高级	54	22	19		15	1	12	17		1			
副高级	180	16	10	4	77	1	58	81		7	6	6	
中　级	284	24	15	7	76	1	57	162		1	22	5	
初　级	72				30		25	42					
无职称	20							20					
重　庆	**1205**	**13**	**9**	**4**	**250**		**208**	**927**	**4**	**49**	**15**		
正高级	51	5	3	2	22		12	24					
副高级	386	4	2	2	93		78	289	2	23			
中　级	615	4	4		111		96	488	2	22	12		
初　级	144				24		22	119		4	1		
无职称	9							7			2		
贵　州	**614**	**2**	**2**		**61**		**31**	**544**		**6**	**7**		
正高级	13				1		1	12					
副高级	147	2	2		28		16	117		4			
中　级	340				26		14	314		2			
初　级	88				6			82					
无职称	26							19			7		
云　南	**719**	**19**	**15**	**4**	**106**		**89**	**565**		**1**	**29**		
正高级	89	15	14	1	31		30	43					
副高级	246	2		2	49		37	192			3		
中　级	296	2	1	1	22		18	255		1	17		
初　级	68				1		1	60			7		
无职称	20				3		3	15			2		

4.7 全国电大聘请校外教师学历、学位情况（续表5）

单位：人

	计	博士研究生			硕士研究生			本科			专科及以下		
		计	其中：获学位		计	其中：获学位		计	其中：获学位		计	其中：获学位	
			博士	硕士		博士	硕士		博士	硕士		博士	硕士
陕西	**1274**	**19**	**8**	**2**	**371**		**176**	**837**		**36**	**47**		
正高级	79	3			26		19	48		10	2		
副高级	409	12	5	1	96		52	301		10			
中级	683	3	2	1	236		100	431		15	13		
初级	77				6		5	43		1	28		
无职称	26	1	1		7			14			4		
西安	**1044**	**55**	**10**	**6**	**333**	**43**	**143**	**655**	**133**	**95**	**1**		
正高级	165	13	4	1	38	6	15	114	9	5			
副高级	376	18	4	2	162	15	59	196	45	23			
中级	384	18	2	3	94	15	48	271	51	46	1		
初级	115	6			37	7	19	72	28	21			
无职称	4				2		2	2					
甘肃	**914**	**7**	**4**		**87**		**85**	**815**		**6**	**5**		
正高级	8							8					
副高级	293				22		21	271		2			
中级	482	7	4		47		46	423		2	5		
初级	113				16		16	97		2			
无职称	18				2		2	16					
青海	**195**				**31**		**16**	**160**		**3**	**4**		
正高级	14				3		3	11					
副高级	100				16		6	83		3	1		
中级	71				12		7	57			2		
初级	3							3					
无职称	7							6			1		
宁夏	**345**				**9**		**9**	**334**		**56**	**2**		
正高级	28				1		1	27		12			
副高级	204				7		7	197		36			
中级	110				1		1	109		8			
初级	3							1			2		
无职称													
新疆	**751**	**5**	**5**		**85**		**46**	**637**		**17**	**24**		
正高级	30				12		1	17			1		
副高级	294	5	5		31		15	254		4	4		
中级	300				40		30	254		3	6		
初级	71				2			67			2		
无职称	56							45		10	11		
新疆兵团	**301**	**7**	**5**	**1**	**79**		**58**	**210**			**5**		
正高级	18				4		1	14					
副高级	98	6	5		22		17	70					
中级	161	1		1	52		39	104			4		
初级	24				1		1	22			1		
无职称													

4.8 全国电大教职工其他情况

单位：人

	教职工中						专任教师中					
	党员	团员	民主党派	华侨	港粤台	少数民族	党员	团员	民主党派	华侨	港粤台	少数民族
总计	**39500**	**8423**	**2022**	**35**	**22**	**4914**	**21665**	**5048**	**1261**	**4**	**2**	**2863**
中央电大	201	13	5			15	83	6	3			3
中央电大直属院校	180	26				11	28	8				3
北京	992	145	36			72	431	60	23			28
天津	1358	226	47	2	5	46	531	153	39	1		23
河北	861	118	29			77	276	70	20			48
山西	462	114	9				226	72	7			
内蒙古	482	41	13			219	218	16	6			83
辽宁	1131	279	119			247	577	201	86			125
沈阳	386	60	11			47	227	39	4			34
大连	262	32	8			12	146	26	4			5
吉林	560	155	11			48	316	53	5			35
长春	188	17	12			10	93	15	12			9
黑龙江	1431	265	63			105	631	92	29			47
哈尔滨	310	16	8			6	82	8	8			3
上海	961	145	109		1	18	521	84	88			12
江苏	3561	1226	332			46	2253	1010	149			38
南京	235	65	16			13	166	42	10			7
浙江	2098	557	160			27	1364	364	117			18
宁波	260	25	19			1	190	23	13			1
安徽	939	218	35		1	18	574	131	26			12
福建	872	138	88	21	7	11	424	56	60		2	4
厦门	79	5	11				39	1	5			
江西	413	110	13			2	277	28	11			1
山东	1908	619	64			43	855	438	19			17
青岛	368	103	6				225	84	4			
河南	1572	339	64			96	846	176	32			39
湖北	1112	493	23	3	1	28	624	160	18			23
武汉	1057	81	31		2	22	622	61	29			17
湖南	1188	271	63			291	547	101	20			223
广东	2397	425	118	5	5	45	1571	273	91	1		31
广州	705	203	42	1		13	442	118	26	1		10
深圳	260	26	2	2			153	2	1	1		
广西	482	66	22			297	279	49	13			169
海南	66	8	5			6	32	2	4			3
四川	1481	313	74			141	939	200	42			68
成都	475	235	6			4	246	101	5			3
重庆	1101	100	56			168	651	69	35			105
贵州	541	101	16			172	299	58	14			83
云南	1872	440	128			1141	1026	319	92			696
陕西	1206	213	40			6	698	134	19			6
西安	239	63	20			1	78	14	8			1
甘肃	1006	200	41			95	648	66	30			54
青海	257	28	12	1		164	138	15	10			91
宁夏	527		34			152	335		24			103
新疆	1086	86	1			953	531	46				567
新疆兵团	372	14				25	207	4				15

V 资产及校舍

FIXED ASSETS AND CAMPUS

本章反映全国广播电视大学办学条件的基本情况。

主要内容包括：

学校产权和非学校产权的固定资产，其中包括图书、现代教学设备、教学资源以及学校占地面积、教学及辅助用房、行政办公用房和生活用房等情况。

指标解释

·固定资产总值：指物品耐用时间在一年以上、单价在规定起点以上、以货币表现的固定资产原值总量。

·图书：指学校图书馆以及院系（所）资料（情报）室拥有的正式出版的书籍和出版物等。

·非学校产权：原则上指由社会力量投资提供的办学资源。包括独立使用、共同使用两类。

·独立使用是指学校独立享用社会力量提供的办学资源。

·共同使用是指本校与其他学校共享社会力量提供的办学资源。

·学校产权建筑面积：指学校拥有产权，已交付使用的建筑面积。不包括尚未竣工的在建工程和临时搭用的棚舍的建筑面积。

·被外单位借用：指被外单位借用、占用一年以上的建筑面积。

·教工住宅：指学校拥有全部产权或部分产权的教职工住宅。

·非学校产权建筑面积：指由社会力量投资建设提供给学校使用的建筑面积（包括学校租借用一年以上的建筑面积）。

简要说明

1．全国各省级广播电视大学的统计数据均包括下属分校和工作站的数据。

2．近年来全国各级广播电视大学固定资产总值增长的幅度较大，其原因一方面是部分电大自身发展较快、自筹和争取的资金较多，另一方面是一些地区整合教育机构，对部分高校进行充实和调整，实现教育资源共享，举行联合办学。全国部分广播电视大学在兼并或与其他学校合并后，学校的固定资产总值和校舍等均有较大幅度增长。

5.1 全国电大学校产权资产情况

	固定资产总值(万元)			图书、资料（万册）		计算机(台)		语音实验室座位数(个)	多媒体教室座位数(个)
	计	其中:教学、科研仪器设备资产		计	当年新增	计	其中:教学用		
		计	当年新增						
总　　计	**2278220.55**	**558796.25**	**53887.88**	**4742.62**	**271.76**	**329598**	**251394**	**74563**	**510529**
中央电大	**26700.00**	**4923.00**	**356.00**	**8.08**	**0.34**	**1087**	**806**	**109**	**93**
中央电大直属院校	**1355.00**	**1140.20**	**184.20**	**0.50**		**443**	**107**	**141**	**127**
中央电大西藏学院	280.00	120.00	80.00			212			
中央电大八一学院	869.00	869.00	103.00			82		35	20
中央电大北京学习中心									
中央电大 TCL 学习中心	130.00	80.00		0.50		106	106	56	106
中央电大中国政法大学教学点	70.00	70.00				6	1	50	1
中央电大残疾人教育学院	6.00	1.20	1.20			7			
中央电大空军学院						30			
北　　京	**48841.83**	**19146.85**	**1756.63**	**100.25**	**2.32**	**7776**	**5727**	**1421**	**18115**
北京广播电视大学	10759.68	5399.84	1006.21	3.60		1610	1100	105	2108
东城分校	2130.59	904.70	60.73						
崇文分校	1281.00	691.32	43.32	7.00	0.10	143	123	87	1186
宣武分校	231.59	178.26		2.01		195	112	80	550
海淀工作站	2913.00	1590.62	194.00	7.02	0.01	600	150	130	1040
丰台区分校	35.00	20.00		3.00		55	40	70	70
石景山分校	1768.00	100.00	20.00	12.70	0.29	518	350	42	2986
昌平分校	942.00	512.00	50.00	1.00		470	380	66	1340
平谷分校	982.00	730.00	7.00	0.60		313	313	80	312
怀柔分校	352.00	12.00	2.00			217	194		520
密云分校	151.00	127.00		0.43		160	100		140
延庆分校	1471.00	488.00	81.00	0.35		260	218	40	200
顺义分校	557.00	6.00				429	429		1500
门头沟分校	865.20	322.00	12.00	1.56		333	272	40	442
航天部三院工作站	894.00	300.00		1.50		150	150	40	400
燕山分校	432.30	81.30		1.00		189	25	40	60
一商干校工作站	300.00	100.00	100.00	9.00	1.00	70	60	40	40
文化局工作站	127.50	98.65	18.65			45	40		
水务局工作站	3428.98	910.00	110.00	14.00	0.20	356	296	48	1230
北京市园林局工作站	49.09	31.88							
医药分校	4621.00	1258.00	7.30	4.20		220	150	50	1526
供销合作总社分校	420.00	220.00	20.00	0.05		180	150		300
矿山工作站	788.00	436.00		1.00		105	100	40	350
国家统计局教学点	2090.00	985.00	5.00	12.50	0.50	190	120	50	60
人行电教中心教学点	3611.00	431.00	11.00	4.60		280	229	100	250
北京卫校教学点	74.73	8.00							
崇文卫校工作站	229.00	178.30		0.60		110	90	45	400
海淀卫校工作站	11.00								
联大商务学院教学点	30.00	25.00							
电子科技学院工作站	200.00	200.00				90	86	150	300
金融学院工作站	2096.17	301.98	8.42	6.63	0.22	288	270	38	605
联大特教学院教学点	5000.00	2500.00		5.90		200	180	40	200
天　　津	**54385.85**	**15074.42**	**967.07**	**162.23**	**4.85**	**9871**	**7775**	**1995**	**11243**

5.1 全国电大学校产权资产情况（续表 1）

	固定资产总值(万元)			图书、资料（万册）		计算机(台)		语音实验室座位数(个)	多媒体教室座位数(个)
	计	其中:教学、科研仪器设备资产		计	当年新增	计	其中:教学用		
		计	当年新增						
天津广播电视大学	5402.68	2917.36	85.70	10.00	0.30	656	496	212	1400
新华分校	2856.61	1427.70	31.87	14.61	0.04	800	650	140	508
南开分校	700.60	81.00	42.30	2.88		343	343	48	668
河东区工作站	682.50	229.50	8.50	6.30	0.50	350	300	144	400
河西区工作站	927.40	760.40	15.40	5.61		370	350	150	1500
河北区工作站	35.20	33.70	2.20	3.00	0.40	100	100	30	40
汉沽分校	289.00	220.00	19.00	1.00		340	210		160
大港分校	8849.00	960.00	280.00	5.20	0.20	800	710	40	240
东丽分校	1290.00	326.00	30.00	20.00	1.00	335	318	100	120
津南区分校	7155.51	1935.50		3.25		550	550		1500
西青区工作站	341.00	143.00		2.50	0.76	233	193	36	500
北辰分校	790.00	210.00	10.00	15.00		300	300	50	300
武清分校	1186.00	306.00	26.00	0.30	0.20	410	410	75	225
静海分校	50.00								
宝坻分校	1119.00	425.00	20.00	1.95		325	250	50	80
宁河县工作站	390.00	240.00	20.00	1.15	0.05	166	136		120
纺织局工作站	442.00	199.00		3.20		160	160	36	300
渤海化工集团公司工作站	3070.00	340.00		4.50		398	140	78	180
劳动局工作站	9.00			0.08		56	50		
物资集团公司工作站						2			
房管局工作站	4300.00	165.00	2.00	1.20	0.20	17	14	45	
建工局工作站	605.00	305.00		7.30		180	130	36	694
铁路分局工作站	579.50	316.00	0.10	2.10		145	50	40	260
天港务局工作站	1280.00	1220.00	60.00	10.00	0.60	240	90	95	80
财贸分校	175.00	59.00		8.00		300	8	60	800
政法管理干部学院工作站	948.85	215.00	30.00	11.20	0.50	110	100	90	90
蓟县分校	3134.00	400.00	100.00	4.00	0.10	800	500	120	550
旅游分校	5826.00	984.26		5.10		198	198	80	240
市政分校	852.00	172.00	4.00	12.00		350	330	150	
天津市劳动局旅游服务学校	700.00	484.00	180.00	0.80		100	100	40	60
天津市工程技工学校	400.00					737	589	50	228
河　北	**54956.97**	**13727.67**	**1386.05**	**115.00**	**2.84**	**6922**	**5033**	**2899**	**13784**
河北广播电视大学	3247.58	1992.20	173.14	5.00		1075	655	198	3080
石家庄广播电视大学	26799.30	5968.00	657.00	65.60	2.40	1969	1500	1750	6860
唐山广播电视大学	1996.00	870.00	70.00	6.60		500	270	99	418
秦皇岛广播电视大学	2184.00	763.00	35.00	2.92	0.12	450	450	90	750
邯郸广播电视大学	964.00	31.58		1.99	0.02	318	164	40	370
承德广播电视大学	1152.00	331.00		8.29		400	300	48	350
邢台广播电视大学	818.00	400.00		1.60		200	200	48	138
保定广播电视大学	1806.08	516.30	15.40	0.40		300	180	60	420
张家口广播电视大学	4172.51	182.79	7.21	1.00		200	120	48	250
沧州广播电视大学	626.50	291.00	19.00	4.00		320	250	124	400
廊坊广播电视大学	1786.00	462.80	38.30	0.90		410	394	96	60
衡水广播电视大学	3113.00	613.00	71.00	1.80	0.30	350	310	170	150

5.1 全国电大学校产权资产情况（续表2）

	固定资产总值(万元)			图书、资料（万册）		计算机(台)		语音实验室座位数(个)	多媒体教室座位数(个)
	计	其中:教学、科研仪器设备资产		计	当年新增	计	其中:教学用		
		计	当年新增						
省直分校	300.00	200.00		1.90		80	40		
电力分校	5992.00	1106.00	300.00	13.00		350	200	128	538
山　西	**10412.09**	**4157.12**	**457.90**	**38.76**	**0.30**	**3129**	**2093**	**394**	**1823**
山西广播电视大学	3430.70	705.00		4.40		563	260	48	750
太原广播电视大学	1448.80	982.00	86.00	15.90		482	240	40	240
大同分校	528.00	323.00		4.20		100	100		100
阳泉分校	432.41	183.60	3.05	1.50		150	120	30	80
长治分校	558.00	263.00	8.00	2.60	0.10	180	160	36	33
晋城分校	1303.00	285.00	97.00	1.10		285	251	48	198
忻州分校	120.00	82.00		0.40		28	10	30	30
晋中分校						120	100		
吕梁分校	317.39	166.27		0.50		175	90	32	40
临汾分校	298.00	180.00	90.00	0.60	0.20	200	80	50	50
运城分校	470.00	220.00	50.00	0.50		200	150		100
朔州分校	598.00	310.00	100.00	1.11		150	150	20	120
中条山有色分校	317.24	96.42	6.15	1.90		246	202	30	30
长北铁路分校	240.00	238.90	1.10	0.15		30			
公路系统分校	350.55	121.93	16.60	3.90		220	180	30	52
内 蒙 古	**22447.26**	**5268.91**	**198.20**	**78.98**	**4.87**	**3411**	**2416**	**698**	**2461**
内蒙古广播电视大学	6088.00	1730.00	58.00	11.39		800	440	40	640
呼和浩特市分校	240.00	150.00	5.00	7.00	2.00	250	220	42	200
包头分校	463.00	234.00	6.70	4.00	0.10	278	168	48	278
赤峰市分校	123.00	110.00	10.00			55	55	42	60
呼伦贝尔盟分校	886.30	277.90	27.90	7.36		486	338	36	390
兴安盟分校	621.00	254.00	14.00	2.00	0.05	150	100	42	120
哲里木盟分校	897.00	395.00		1.20		129	104	86	36
锡林郭勒盟分校	100.00	0.50	0.50						
乌兰察布盟分校	1200.00	390.00	30.00	3.00	0.40	150	120	36	80
鄂尔多斯市分校	8000.00	250.00		19.00	2.00	180	165	40	120
巴盟广播电视大学	489.96	168.51		1.78		184	120	36	187
乌海市分校	901.00	561.00	1.10	4.30	0.10	130	110	80	
内蒙古阿拉善盟广播电视大学	858.00	98.00	10.00	6.85		219	176	36	30
哲盟霍林河矿区电大	570.00	200.00	5.00	3.30	0.05	100	80		180
扎矿电大	310.00	250.00	10.00	3.80		140	100	94	60
大雁电大分校	700.00	200.00	20.00	4.00	0.17	160	120	40	80
辽　宁	**72085.99**	**20192.57**	**8009.41**	**169.79**	**19.51**	**8096**	**5584**	**1278**	**11095**
辽宁广播电视大学	18475.29	2400.03	535.33	29.10	16.42	2299	1601	196	4520
鞍山广播电视大学	1492.00	844.00	42.00	12.30		516	205	42	580
抚顺广播电视大学	8310.80	1836.21	357.46	20.56	0.29	1215	1039	180	1314
本溪广播电视大学	2256.00	699.87		8.00		459	350	28	523
锦州分校	861.00	114.00		3.00		411	274	48	498
丹东分校	778.00	520.00	138.00	0.25		349	210	80	161
营口分校	2973.00	862.00	52.00	14.50	0.40	512	460	208	1080
辽阳分校	14152.00	8976.92	6806.92	24.00	0.40	260	151	40	100

5.1 全国电大学校产权资产情况（续表3）

	固定资产总值(万元)			图书、资料（万册）		计算机(台)		语音实验室座位数(个)	多媒体教室座位数(个)
	计	其中:教学、科研仪器设备资产		计	当年新增	计	其中:教学用		
		计	当年新增						
朝阳广播电视大学	222.89	0.99		3.50	0.50	192	78		70
阜新分校	1684.00	365.00		4.00		80	80	64	135
铁岭广播电视大学	609.31	137.55	5.00	3.25		90	80		50
盘锦分校	10038.00	1156.00		16.50		650	150	144	
辽河石油勘探局广播电视大学	8100.00	1700.00	50.00	14.00	1.00	240	200	60	800
沈阳铁路局电大	290.00	180.00	5.00	14.50	0.50	160	120	48	48
葫芦岛市电大分校	214.70	166.00	7.70			285	252	56	456
辽宁广播电视大学新民学院	80.00	70.00		1.50		89	60	42	400
辽宁广播电视大学海城学院	349.00	94.00	10.00	0.30		154	154	42	210
辽宁广播电视大学东港学院	1200.00	70.00		0.53		135	120		150
沈　阳	**18682.80**	**2537.97**	**227.43**	**36.83**	**0.12**	**3351**	**2766**	**553**	**4630**
沈阳广播电视大学	9853.00	805.17	37.43	21.30		1404	1083	214	3262
新城子分校	717.00	189.00	28.00	1.54		300	260	56	80
康平分校	275.80	65.00		1.80		95	95		100
法库分校	449.50	180.50	20.00	1.70		90	90	40	140
苏家屯分校	3052.00	642.00	50.00	4.50		622	600	64	600
东陵分校	900.00	140.00		0.47		300	236	56	100
新民分校	1800.00	120.00	30.00	2.60	0.10	210	150	45	160
于洪分校	1273.00	280.00	46.00	1.12	0.02	200	180	30	128
辽中分校	362.50	116.30	16.00	1.80		130	72	48	60
大　连	**15033.92**	**4932.54**	**369.94**	**31.68**	**2.72**	**3636**	**2431**	**560**	**5153**
大连广播电视大学	5188.98	2232.00	26.00	9.36	0.10	1258	800	119	2967
庄河分校	461.00	130.00	6.00			180	100	48	432
普兰店分校	300.00	90.00		5.00		160	150	41	90
瓦房店分校	4000.00	500.00	211.00	5.59	1.95	400	300	160	350
金州分校	2060.00	865.00	60.00	5.50	0.50	450	200	56	384
旅顺分校	900.00	263.50		1.03	0.07	206			250
长海分校	446.94	93.04	13.94	0.60		151	80	40	120
甘井子分校	657.00	439.00	33.00	0.60	0.10	201	201	56	320
大连开发区分校	1020.00	320.00	20.00	4.00		630	600	40	240
吉　林	**21969.10**	**7035.20**	**210.00**	**62.61**	**5.40**	**3619**	**2679**	**940**	**1895**
吉林广播电视大学	2386.00	752.00	7.00	6.50	0.27	499	356	35	350
中国科学院长春分校电大工作站	14.00	6.00		0.40		40	40	40	40
法律分校	140.00			2.00					
吉林市分校	1120.00	371.00		2.00	0.03	420	340	138	359
四平分校	425.00	115.00		2.00		108		49	58
延边分校	2928.00	1062.00	140.00	18.00		706	593	214	324
通化分校	2848.00	581.00	21.00	13.00	1.00	645	456	72	312
辽源分校	1043.00	115.00	10.00	3.50		114	80	60	30
白山分校	478.00	187.00	17.00	0.51		161	60		42
白城分校	7610.00	3600.00		6.60	4.00	620	510	248	200
松原分校	838.40	38.40		3.50		160	134	24	80
长春市建筑职工大学	2138.70	207.80	15.00	4.60	0.10	146	110	60	100
长　春	**19326.49**	**2811.49**	**280.00**	**49.15**	**0.05**	**1984**	**1538**	**246**	**932**

5.1 全国电大学校产权资产情况（续表 4）

	固定资产总值(万元)			图书、资料（万册）		计算机(台)		语音实验室座位数(个)	多媒体教室座位数(个)
	计	其中:教学、科研仪器设备资产		计	当年新增	计	其中:教学用		
		计	当年新增						
长春市广播电视大学	5467.00	1221.00	3.00	7.20	0.05	582	446	40	460
榆树市分校	35.00	25.00	5.00	0.10		120	100	48	40
九台市分校	206.00	80.00		1.65		210	210	28	100
德惠分校	5353.00	600.00		2.00		500	450	100	150
农安县工作站	6000.00	60.00		3.00		160		30	2
双阳区工作站	1100.00	450.00	100.00	1.20		200	120		80
长影影视艺术学校	85.00	35.00		32.00		22	22		
长春电大交通学校工作站	1018.00	318.00	172.00	2.00		130	130		100
长春电大民进分校	62.49	22.49				60	60		
黑 龙 江	**27660.52**	**8176.65**	**289.81**	**101.45**	**2.45**	**4749**	**4216**	**1107**	**3778**
黑龙江广播电视大学	6387.49	2794.44	100.00	18.40	1.80	1424	1135	72	920
齐齐哈尔市广播电视大学	1367.00	321.00		2.20		304	250	42	150
牡丹江市广播电视大学	5908.00	1900.00		25.00		700	650	168	980
佳木斯广播电视大学	732.80	185.30	10.40	3.65	0.15	329	279	30	22
绥化地区广播电视大学	2163.00	633.20	1.10	15.50		370	370	250	300
黑河市广播电视大学	513.30	153.30	153.00	3.20		115	115	90	344
大兴安岭广播电视大学	470.00	97.00	2.00	6.00		76	76	25	30
伊春市广播电视大学	466.33	267.33	20.53	2.10		205	205	36	336
大庆广播电视大学	6000.00	1120.70		5.90		631	631	226	280
鸡西广播电视大学	2350.00	220.00		8.20	0.50	180	120	60	110
鹤岗广播电视大学	434.00	198.60		2.00		94	94	30	44
双鸭山市广播电视大学	170.00	122.00		4.80		106	106		50
牡丹江林区广播电视大学	470.00	55.00	2.50	3.00		118	118	36	92
松花江林区广播电视大学	228.60	108.78	0.28	1.50		97	67	42	120
哈 尔 滨	**7906.67**	**2781.26**	**49.70**	**20.36**	**0.03**	**1705**	**1434**	**372**	**2890**
哈尔滨广播电视大学	4407.67	1906.26	14.70	5.11	0.03	819	639	41	2160
阿城电大分校	99.00	64.00		1.00		100	80	36	48
呼兰分校	130.00	35.00		0.25		32	30	30	30
宾县分校	158.00	45.50		1.50		108	86	42	80
方正分校	68.00	39.50		1.86		50	40	15	30
依兰分校	64.50	19.00		0.31		22	22		30
哈尔滨文艺干校电大站	142.00	36.00		0.81		20	20		30
哈工大工会电视大学	10.50	2.00							
双城分校	1320.00	160.00		1.00		82	82	42	42
通河分校	20.00	19.00							
木兰分校	130.00	80.00		0.60		55	55	40	40
延寿分校	27.00	10.00		0.02		30	20		
巴彦分校	450.00	50.00		5.00		77	60	40	40
五常分校	480.00	165.00	5.00	0.90		100	90	36	120
尚志分校	400.00	150.00	30.00	2.00		210	210	50	240
上 海	**106084.70**	**30676.54**	**4092.84**	**106.57**	**5.21**	**15390**	**12225**	**2232**	**31368**
上海电视大学	41433.90	10279.12	2405.00	7.21	0.17	3023	2723	355	5780
虹口区分校	1591.70	729.00	86.00	10.18	0.01	514	425	104	2115
闵行二分校	717.00	281.00	9.00	0.60		350	320	100	200

5.1 全国电大学校产权资产情况（续表5）

	固定资产总值(万元)			图书、资料（万册）		计算机(台)		语音实验室座位数(个)	多媒体教室座位数(个)
	计	其中:教学、科研仪器设备资产		计	当年新增	计	其中:教学用		
		计	当年新增						
宝山分校	5474.00	1094.00	51.00	8.00		697	578	48	384
浦东新区分校	2997.00	1408.00	154.00			600	520	80	3500
闵行一分校	968.00	880.00	28.00	1.53		381	381	49	1260
金山分校	815.60	489.10	5.10	1.40	0.01	235	195	40	120
松江分校	1690.91	723.17	27.10	0.37	0.03	718	580	200	896
南汇分校	2721.00	864.46	116.43	2.50	0.10	651	400	50	1500
奉贤分校	909.14	480.00	10.00	0.82		374	241	48	1098
青浦分校	2606.30	560.70	58.00	4.40		490	420	45	650
崇明分校	2129.68	514.93	7.49	2.10		475	435	49	1216
嘉定分校	1276.56	882.05	11.90	1.60		718	135	48	
区县工业管理局分校	52.00					15			
农工商集团分校	99.00	86.00	4.50	5.00		126	97		360
物资（集团）总公司分校	226.00	200.00		0.31		112	100	100	600
黄浦区经贸委分校	248.70	143.30	4.20	0.50		118	118		562
长宁区分校	6900.00	1100.00		3.40		876	800	168	1460
黄浦分校	1772.43	678.51	449.51	6.35	2.95	975	859	114	474
静安区分校	6878.00	1608.00	296.00	7.65	0.05	750	650	48	1800
西区分部	2141.00	1010.00	22.00	13.00	0.10	403	250	130	720
工程大中山分校	20532.00	6004.21	251.00	11.08	1.38	1747	1184	246	2071
邮电分校	164.00								
徐汇财贸分校	308.00	152.00		2.00		320	279	160	1852
徐汇分校	1147.78	293.99	46.61	8.27	0.01	332	205		950
浦东新区农校教学点	60.00	50.00	50.00	8.00	0.40	250	230	50	1200
闵行农广校教学点	225.00	165.00		0.30		140	100		600
江　苏	**337149.36**	**62131.19**	**4244.96**	**559.69**	**46.07**	**37609**	**26583**	**8977**	**45815**
江苏广播电视大学	35738.16	8877.10	195.36	45.00	14.00	2796	2492	575	6850
镇江市广播电视大学	18511.56	3987.00	87.00	47.86	2.19	4131	3097	853	4974
常州市广播电视大学	13027.66	2970.82	48.05	27.33	0.53	2800	1633	246	5080
无锡市广播电视大学	9412.26	1842.50	100.45	17.00	6.00	1394	974	96	1470
苏州市广播电视大学	10452.62	1566.17	168.07	18.81	1.10	1216	900	297	1437
南通市广播电视大学	37382.55	6454.33	2086.75	34.21	2.11	4682	4175	977	5243
扬州市广播电视大学	13800.00	2683.00	50.00	31.70	0.20	1800	1600	400	1300
徐州市广播电视大学	22264.00	6559.20		52.53		2361	650	144	600
淮安市广播电视大学	6185.00	1465.00	102.54	10.50	0.20	800	700	250	750
盐城市广播电视大学	10786.00	2953.00	34.00	72.79	0.11	1702	1373	694	2427
连云港广播电视大学	6200.00	1086.00	15.00	17.00	0.60	750	680	165	1050
泰州市广播电视大学	15065.67	2475.26	101.13	55.03	0.60	2183	1312	584	1711
宿迁市广播电视大学	15062.00	1762.00		26.53	7.11	1252	380	1668	16
化工分校	2673.02	586.08	90.98	6.40		580	528	50	1000
江苏城市职业学院武进办学点	23000.00	2120.00	300.00	8.80	1.30	600	300	200	2000
江苏电大宜兴学院	15744.00	2842.47	418.52	12.00	6.90	1982	148	269	1776
江苏电大张家港学院	10698.48	373.56	132.00	7.50	1.79	660	441	60	2800
江苏电大昆山学院	4909.75	662.48	120.48	7.34	0.20	699	633	112	950
江苏电大常熟学院	22267.88	1986.42	30.43	10.17	0.19	680	400	168	300

5.1 全国电大学校产权资产情况（续表 6）

	固定资产总值(万元)			图书、资料（万册）		计算机(台)		语音实验室座位数（个）	多媒体教室座位数（个）
	计	其中:教学、科研仪器设备资产		计	当年新增	计	其中:教学用		
		计	当年新增						
江苏广播电视大学大丰学院	9459.40	2510.90	70.90	11.10	0.90	1343	1229	256	850
江苏广播电视大学江都学院	6691.00	1577.40	7.80	6.43	0.01	790	730	600	900
江苏广播电视大学沛县学院	16520.00	890.00	20.00	11.50		560	480	104	600
江苏电大靖江学院	1338.00	600.00		11.00		724	604	104	525
江苏电大通州学院	9960.35	3300.50	65.50	11.16	0.03	1124	1124	105	1206
南　　京	**47585.20**	**6173.00**	**1213.97**	**50.96**	**17.09**	**4949**	**4342**	**542**	**9035**
南京市广播电视大学	32489.00	3285.46	959.00	21.00	13.00	2000	1700	150	3880
江宁区分校	2200.00	300.00	100.00	0.66		276	226		650
六合县分校	5155.00	240.00		3.50		332	260	40	895
溧水县分校	808.00	172.00	31.00	2.95	0.05	300	270	85	400
浦口分校	1574.65	214.50	16.01	4.15	0.35	345	311	55	105
玄武区分校	175.00	150.00	5.00	0.15		138	123	6	680
白下区分校	64.00	39.00	1.00	0.40		67	60		240
秦淮区分校	405.00	244.80	28.50	0.50		200	180		200
建邺区分校	500.00	141.00	30.00	3.60	0.10	450	400	100	750
鼓楼区分校	219.00	96.00	30.00	0.10	0.03	64	52	50	500
下关区分校	2250.55	867.24	13.46	9.35	3.56	450	450		5
雨花台区分校	790.00	250.00		2.60		100	100	56	108
栖霞区分校	955.00	173.00		2.00		227	210		622
浙　　江	**156460.29**	**38206.22**	**2485.18**	**260.42**	**9.55**	**21983**	**15913**	**4178**	**53584**
浙江广播电视大学	13522.00	4568.00	247.00	10.24	0.14	1391	1065	236	2956
杭州广播电视大学	10645.00	3503.00	236.00	33.90	1.50	1824	1203	148	9537
萧山学院	10003.00	714.60	64.20	3.24	0.09	823	614	104	1717
余杭分校	1163.00	325.00		2.40		280	280	112	960
富阳学院	3753.90	723.20	98.90	6.11	0.03	600	207	54	1880
临安分校	537.00	214.32	11.00	1.08	0.01	190	150	30	450
桐庐分校	4800.00	800.00		4.00		281		60	445
建德分校	560.00	265.00	8.00	1.90		146	100	48	600
淳安学院	1930.00	430.00	50.00	3.54		289	249	52	1100
嘉兴广播电视大学	1002.57	920.47		1.85		416	311	96	1300
嘉善学院	5700.00	320.00		1.00		240	197	33	800
平湖学院	3106.85	366.40	14.40	1.50		273	240	50	650
海盐学院	1309.00	289.00	15.00	6.50	0.10	144	112		300
海宁学院	430.00	290.00	40.00	1.53		340	340	48	1318
桐乡学院				0.54		360	360	35	36
湖州广播电视大学	24212.94	4703.78	427.62	43.88	1.20	396	350	56	788
长兴学院	2000.00	1500.00	50.00	2.46	0.46	400	48	520	1
德清学院	1680.00	440.00	6.00	1.05		235	145	50	710
安吉分校	638.00	180.00	13.00	2.98		133	107	48	600
绍兴分校	330.00	115.00	70.00	3.00		230	150		520
绍兴学院	600.00	319.00	50.00	0.60		845	150	210	450
诸暨学院	3980.00	400.00		4.90		180	120	40	890
上虞学院	426.00	145.00	47.50	4.75		356	300	48	420
嵊州学院	479.34	9.82	9.82	2.10		120	80	30	350

5.1 全国电大学校产权资产情况（续表 7）

	固定资产总值(万元)			图书、资料（万册）		计算机(台)		语音实验室座位数（个）	多媒体教室座位数（个）
	计	其中:教学、科研仪器设备资产		计	当年新增	计	其中:教学用		
		计	当年新增						
新昌分校	2709.00	118.00	12.00	4.15		167	137	56	760
舟山广播电视大学	1423.00	356.00		5.00		105			89
普陀工作站	224.50	140.30		1.00		70	70		260
岱山工作站	107.76			0.07		48			1
嵊泗工作站	165.00	115.00	5.00	0.12		100			50
金华广播电视大学	4272.00	724.47		17.60	0.10	1116	891	202	1710
兰溪分校	265.97	63.47	18.58	0.86		101	74		290
武义分校	2398.80	158.80	4.00	2.05	0.14	126	96	56	448
永康学院	10006.00	606.00	21.00	5.30	0.08	270	270	52	1012
义乌学院	850.00	275.00		4.05	0.05	262	200	200	770
东阳学院	621.00	190.00	20.00	1.96	0.11	200	200	60	240
浦江分校	316.00	84.00		1.30		100	100	40	200
磐安工作站	174.80	99.40	19.00	0.25	0.02	124	18	40	250
衢州广播电视大学	1670.00	326.00	−5.00	1.30		410	300	20	473
柯城分校	297.40	106.10		0.90		90	65		200
江山分校	249.00	69.00	22.00	0.90		95	80	20	180
常山分校	662.69	8.96		0.95		125	85	20	100
开化分校	80.00	51.00	3.00	0.36	0.01	95	75		100
龙游分校	296.00	166.30	5.30	0.92	0.06	109	97	20	180
台州广播电视大学	7000.00	2600.00	150.00	8.95	0.62	803	685	80	2650
临海学院	1487.00	700.00		2.05		440	440	40	332
黄岩分校	572.00	53.00	53.00	0.84		150	120		315
温岭分校	770.60	166.90	25.00	1.25		200	200		950
仙居学院	861.00	96.00		1.20		139	139		500
玉环学院	493.00	226.60		1.00		272	156	40	997
三门学院	1235.00	44.00	3.00	1.00		144	118		96
天台学院	828.00	210.96	20.00	2.40	0.40	320	280	60	298
丽水广播电视大学	1067.00	484.00	42.00	1.47		501	501	40	600
缙云分校	2165.00	235.00	60.00	1.05		125	110	1	5
遂昌分校	272.00	140.00	20.00	1.00		150	150		400
松阳电大	139.00	106.00	36.00	2.60	0.80	118	96	40	400
景宁分校	228.00	79.00	10.00	1.00		115	100		100
云和分校	195.19	73.78	3.00	0.22		70	60	1	80
龙泉分校	510.00	125.00	2.00	3.00	0.50	120	100		120
庆元工作站	180.00	70.00		1.20		76	55	50	50
青田分校	1270.00	434.00	70.00	1.50	0.60	240	54	200	500
温州广播电视大学	3202.69	816.86	61.46	5.00	0.20	752	622	160	3046
永嘉学院	1563.62	602.30	63.00	1.73	0.26	370	55	60	420
瓯海分校	850.10	260.70		3.38		435	400	56	500
平阳分校	376.00	241.58	16.00	1.10		122	98		482
瑞安分校	458.56	333.27	50.05	0.98	0.03	230	184	42	170
乐清分校	406.00	310.00	20.00			160	140	40	450
文成分校	1094.90	274.50	76.00	3.30	0.05	275	235	56	500
学洞头分校	1135.00	360.00		2.09		317	232	158	262

5.1 全国电大学校产权资产情况（续表 8）

	固定资产总值(万元)			图书、资料（万册）		计算机(台)		语音实验室座位数（个）	多媒体教室座位数（个）
	计	其中:教学、科研仪器设备资产		计	当年新增	计	其中:教学用		
		计	当年新增						
泰顺工作站	1021.00	321.00	21.00	0.49	0.01	183	155	50	400
苍南分校	1038.00	263.00		0.10		53	40		
衢化分校	100.00	80.00		6.00	1.00	100	90		190
经贸分校	756.10	378.00	11.35	0.50		100	100		800
工商学院	3366.01	2247.97	46.77	6.72		360	360	110	1280
特教学院	2222.00	673.41	42.23	3.21	0.98	338	202		600
宁　波	**35491.12**	**10882.55**	**336.79**	**24.89**	**1.98**	**4445**	**3613**	**878**	**9097**
宁波广播电视大学	8411.98	1827.01	22.20	7.70	0.30	1180	821	224	2453
鄞县分校	2703.00	363.08	44.08			500	350	100	1199
余姚学院	9397.18	5377.18	9.18	2.33	0.10	342	297	130	161
慈溪学院	658.89	508.43	58.43	0.10		378	355	64	940
宁海学院	798.15	343.15	48.25	0.40		174	174	48	420
象山分校	1826.40	265.60		1.20	0.20	260	220	50	360
奉化分校	654.00	303.00		0.65	0.11	181	181	48	290
镇海工作站	9383.00	1075.38	98.21	6.55	0.24	700	550	50	750
镇海炼油化工公司工作站	390.00	280.00	10.00	2.35	0.01	141	118	56	310
江北工作站	599.56	251.44	20.56	1.41	0.02	144	102	60	300
北仑工作站	408.00	180.00	6.00	1.90	1.00	300	300	48	1770
宁波东钱湖旅游度假区电大工作站	260.96	108.28	19.88	0.30		145	145		144
安　徽	**41449.85**	**11996.16**	**715.70**	**103.33**	**7.11**	**8194**	**6880**	**1808**	**11781**
安徽广播电视大学	5488.31	1325.78	163.78	13.40	0.10	810	650	252	1200
合肥分校	4875.30	1011.98	15.18	6.50		315	208	48	1320
蚌埠分校	1181.00	326.00	27.00	6.50		316	282	80	280
芜湖市分校	672.96	410.48	71.52	1.90		350	300	42	610
淮南分校	5733.84	1780.62	118.62	31.14	1.00	885	800	180	1117
淮北分校	350.00	300.00	20.00	1.72		300	265	48	240
马鞍山分校	5767.00	628.00	8.00	3.20		621	500	104	2162
铜陵分校	976.60	383.00	7.00			420	400	40	400
黄山市分校	395.00	163.00	30.00	0.53		167	125	42	300
安庆市分校	4843.00	1340.00	110.00	10.28	5.68	984	818	304	1530
六安分校	842.00	232.00	12.00	1.50		200	150	56	360
阜阳分校	1556.00	710.00		6.50		370	320	30	
宣城分校	3100.00	510.00	10.00	3.50		600	450	350	240
巢湖分校	1030.00	370.00	8.00	3.52	0.32	258	240	42	160
滁州市分校	657.39	609.15		2.20		240	220	50	190
池州分校	714.00	200.00	7.30	3.12		234	197		360
宿州分校	934.45	405.00	4.30	2.43		398	358	36	602
省直分校	916.00	209.00	11.00	2.40		256	187	44	190
亳州分校	1417.00	1082.15	92.00	2.99	0.01	470	410	60	520
福　建	**49968.48**	**13586.51**	**1820.31**	**94.83**	**1.93**	**8890**	**6590**	**1836**	**12652**
福建广播电视大学	9450.19	3902.60	611.76	15.25	0.62	2000	526	152	1050
福州分校	24775.46	3374.80	325.47	36.32		1520	1433	484	4988
三明分校	649.00	294.00	1.00	3.00		250	250	48	300
宁德分校	2508.50	723.41	30.00	5.00	0.74	650	350	170	600

5.1 全国电大学校产权资产情况（续表 9）

	固定资产总值(万元)			图书、资料（万册）		计算机(台)		语音实验室座位数（个）	多媒体教室座位数（个）
	计	其中:教学、科研仪器设备资产		计	当年新增	计	其中:教学用		
		计	当年新增						
南平分校	2445.00	1231.00	100.00	6.42	0.30	836	796	231	992
漳州分校	1830.70	740.70	40.00	7.65		869	800	155	1412
泉州分校	1441.00	858.00	8.00	4.90		1350	1220	230	780
龙岩分校	1900.00	1000.00	427.05	7.00	0.12	500	450	130	1200
莆田分校	1578.00	355.70	10.00	1.15	0.05	415	375	98	750
农业银行分校	2142.60	717.17	200.00	2.24		100	60		60
检察院分校						30	20		30
永安分校	360.00	140.00	10.00	3.00		110	80	48	150
邵武分校	60.00	50.00	50.00			150	150	50	100
漳浦分校	828.03	199.13	7.03	2.90	0.10	110	80	40	240
厦　　门	**8538.67**	**2134.28**	**193.86**	**8.10**		**1379**	**1261**	**477**	**2618**
厦门市广播电视大学	6732.00	1798.00	86.00	4.67		901	834	360	1846
厦门电大同安区工作站	118.67	96.28	17.86	0.48		138	125	65	470
厦门市杏林区电大工作站	488.00	40.00	40.00	0.45		80	70		250
厦门市湖里区电大工作站	300.00	120.00		1.00		60	52	52	52
厦门市思明区电大工作站	900.00	80.00	50.00	1.50		200	180		
江　　西	**31604.78**	**7871.69**	**513.39**	**54.09**	**2.39**	**4859**	**3789**	**1584**	**6181**
江西广播电视大学	13897.00	2084.00	318.00	13.30	0.80	1533	1169	515	2652
南昌市分校	995.00	599.00	21.00			290	230	54	1420
景德镇市分校	337.80	123.80	1.00	3.00		157	80	60	60
九江市分校	2992.00	1330.00	29.00	2.00		575	250	56	220
萍乡市分校	1055.00	250.00	58.00	1.05		240	220	108	32
新余市分校	782.00	232.00	12.00	1.00		260	260	56	500
鹰潭市分校	700.00	187.00		3.00	0.40	230	210	40	70
赣州广播电视大学	1610.00	138.00		0.96		220	190	100	100
宜春广播电视大学	925.00	171.00		5.00		180	150	60	200
电大吉安市分校	461.00	53.99	53.99			310	260		457
上饶广播电视大学	5985.98	2410.90	10.40	18.08		594	554	367	171
抚州广播电视大学	1009.00	144.00	10.00	4.45	1.19	120	120	108	48
九江船舶工业公司分校	820.00	120.00		2.00		100	50	60	88
省检察分校	35.00	28.00		0.25		50	46		163
山　　东	**72667.88**	**20018.29**	**851.07**	**211.56**	**5.30**	**10226**	**8610**	**2235**	**15763**
山东广播电视大学	5503.95	2967.06	306.34	9.04	0.75	1090	751	173	3320
济南广播电视大学	5178.20	1849.65	50.00	8.60	0.10	1400	1200	346	1539
烟台广播电视大学	4295.06	770.00		19.50		555	555	94	1008
潍坊广播电视大学	6258.00	2710.72		23.42		1440	1400	180	210
威海市广播电视大学	370.00	90.40		2.24		375	352	190	75
临沂广播电视大学	1601.09	165.46		3.00	0.50	200		80	306
德州广播电视大学	700.00	611.00	90.00	2.70		400	350	90	118
菏泽广播电视大学	324.58	177.00	3.00	8.63		200	75	80	120
聊城广播电视大学	21513.00	5429.00	289.73	64.25	3.25	1776	1577	470	4967
枣庄广播电视大学	3236.00	501.00		8.00		150	120	80	300
济宁广播电视大学	17618.00	3697.00	50.00	26.50	0.30	1750	1650	300	2820
胜利油田广播电视大学				20.00					

5.1 全国电大学校产权资产情况（续表10）

	固定资产总值(万元)			图书、资料（万册）		计算机(台)		语音实验室座位数(个)	多媒体教室座位数(个)
	计	其中:教学、科研仪器设备资产		计	当年新增	计	其中:教学用		
		计	当年新增						
鲁中冶金矿山公司广播电视大学				2.28		40			
日照广播电视大学	5400.00	890.00	42.00	12.60	0.40	690	420	104	840
荣成市广播电视大学	670.00	160.00	20.00	0.80		160	160	48	140
青　　岛	**20064.18**	**6390.61**	**85.27**	**36.84**	**1.76**	**4638**	**2807**	**691**	**1825**
青岛广播电视大学	1588.26	660.91	5.91	3.59		429	289	56	408
莱西分校	811.00	289.00		2.20		322	302	48	60
平度分校	3130.70	2923.30		10.12	0.27	340	260	80	380
胶州分校	1033.00	272.00	4.40	0.66	0.06	206	176		120
胶南分校	1393.00	231.00	15.00	5.00	0.50	300	200	50	157
即墨分校	3025.82	400.00	20.00	2.60	0.10	260	230	45	150
黄岛分校	2487.40	353.40	30.00	2.10	0.02	1000	50	44	62
崂山分校	2993.00	954.00	5.96	3.70	0.80	760	600	168	328
城阳分校	3116.00	231.00	4.00	5.59	0.01	897	697	200	100
李沧区分校	486.00	76.00		1.28		124	3		60
河　　南	**89016.11**	**21662.70**	**2032.31**	**286.23**	**28.69**	**10944**	**8522**	**2686**	**22423**
河南广播电视大学	15837.00	4161.18	240.00	24.00	1.40	1904	1683	320	5400
省直分校	12.00	12.00	2.00			35	23		110
郑州广播电视大学	5000.00	700.00	50.00	8.03	0.50	1000	700	300	600
开封市广播电视大学	610.00	150.00		5.20		190	140	48	200
洛阳市广播电视大学	2056.00	577.00	21.00	2.07		404	363	117	500
新乡广播电视大学	2550.00	700.00	50.00	6.87	0.02	470	130	200	640
焦作广播电视大学	390.00	20.00	0.70			200	150	50	120
安阳广播电视大学	947.65	371.61	141.61	1.22	0.02	315	250	10	46
濮阳广播电视大学	600.00	125.00		2.80	0.50	130	120	40	80
鹤壁广播电视大学	305.00	57.00	5.00	15.00		120	100	30	50
商丘广播电视大学	4700.00	3562.26		68.88	18.50	1462	1290	320	9060
三门峡广播电视大学	1260.00								
平顶山广播电视大学	36000.00	6500.00	1440.00	46.00	6.00	1200	950	500	920
驻马店广播电视大学	2950.00	909.00	50.00	6.70		260	180	112	100
许昌广播电视大学	1568.00	150.00		2.60	0.05	181	128	40	200
信阳广播电视大学	990.50	250.50		6.00		315	45	85	100
南阳广播电视大学	1827.00	657.00	20.00	15.00		485	420	64	1000
周口广播电视大学	1000.00	300.00		1.50	0.50	200	150	68	66
漯河广播电视大学	1475.14	354.00		16.00	0.70	900	800	150	100
郑州铁路局广播电视大学	3548.98	100.92	10.00	8.00	0.50	521	500	80	639
中原油田广播电视大学	662.00	377.00	2.00	3.10		202	100	40	140
济源广播电视大学	981.00	254.00		31.60		130	100	48	652
河南省工商行政管理分校	3745.84	1374.23		15.66		320	200	64	1700
湖　　北	**48811.32**	**8872.94**	**867.65**	**180.42**	**8.37**	**6703**	**5160**	**2256**	**10152**
湖北广播电视大学	7139.45	1886.11	320.35	14.30	0.80	1300	900	400	4015
黄冈广播电视大学	6166.34	1092.22	98.00	34.14	0.40	910	860	374	850
孝感市广播电视大学	2337.17	367.50	18.70	7.70		532	532	304	2302
咸宁地区广播电视大学	1510.00	10.00		19.00		550	550	232	438
荆州地区广播电视大学	614.70	0.25		2.00	0.15	450	240	240	150

5.1 全国电大学校产权资产情况（续表 11）

	固定资产总值(万元)			图书、资料（万册）		计算机(台)		语音实验室座位数（个）	多媒体教室座位数（个）
	计	其中:教学、科研仪器设备资产		计	当年新增	计	其中:教学用		
		计	当年新增						
宜昌市广播电视大学	2320.00	450.00	100.00	11.00	0.10	350	300	140	350
黄石广播电视大学	994.00	325.00		14.00		186	150	48	102
十堰市广播电视大学	757.57	183.00	0.60	4.80	0.60	218	218	38	360
襄樊广播电视大学	8786.00			21.63		500	330	230	75
恩施自治州广播电视大学	930.00	420.00	40.00	3.00	0.80	200	160		80
大冶有色金属公司分校	663.89	153.56		5.12		105	80		80
天门市广播电视大学	1070.00	550.00	150.00	2.00		250	220	60	60
潜江市广播电视大学	293.20	40.30		0.61		62	50		80
仙桃广播电视大学	829.00	220.00	20.00	3.67	0.02	200	110	52	340
江汉油田分校	4300.00	950.00	20.00	16.65	0.50	300	280	48	240
湖北广播电视大学钟祥分校	4100.00	525.00		5.80		350			360
随州广播电视大学	6000.00	1700.00	100.00	15.00	5.00	240	180	90	270
武　　汉	**67963.91**	**13649.28**	**1436.72**	**134.90**	**3.34**	**9688**	**8165**	**1610**	**17487**
武汉市广播电视大学	46977.67	6440.35	784.40	62.00	2.00	4549	4391	606	9142
江岸区分校	941.60	146.70		2.70		110	110		40
武昌区分校	390.00	50.00	9.00	1.60		200	200	50	120
桥口区分校	245.00	164.00		2.00		100	100	48	40
汉阳区分校	288.00	100.00		1.80		140	110		140
青山区分校	181.62	68.32	0.32	1.10		94	80		90
洪山区工作站	393.00	196.00	20.00	2.50	0.50	200	120	120	180
东西湖区分校	928.00	72.00	30.00	1.00		150	150	75	370
汉南区分校				2.70	0.20	55	30	1	50
江夏区分校	782.30	128.70		1.34	0.10	161	150	106	2560
蔡甸区分校	230.00	160.11	50.00	1.90	0.05	160	9	40	245
黄陂区分校	466.00	121.00		1.82		170	150	128	200
新洲区分校	648.00	402.00	30.00	3.00	0.35	220	220	48	200
武汉钢铁公司分校	15092.72	5263.10	499.00	46.14	0.14	3210	2247	388	4020
3303 分校	230.00	230.00		1.30		30			
江汉区电大分校	170.00	107.00	14.00	2.00		139	98		90
湖　　南	**67559.31**	**17531.70**	**947.41**	**120.55**	**7.23**	**10929**	**7684**	**2048**	**12953**
湖南广播电视大学	20730.65	3480.70	365.41	15.70	0.69	1998	1389	242	2444
长沙广播电视大学	1038.00	550.00		1.50		465	355	50	1280
株洲广播电视大学	2108.00	466.00	110.00	3.10		935		308	960
湘潭广播电视大学	2716.30	738.00	6.00	6.46	0.07	450	450	60	350
衡阳市广播电视大学	4151.19	806.00	33.00	10.49	3.40	876	766	150	1066
邵阳广播电视大学	1604.00	285.00	50.00	4.02	0.02	300	230	56	210
岳阳广播电视大学	1800.00	820.00	200.00	4.20	0.50	1100	114	120	900
娄底广播电视大学	7386.26	853.00	2.00	15.97	0.26	799	688	100	600
零陵分校	700.00	600.00	50.00	3.00		115	115	40	115
郴州广播电视大学	3600.00	1200.00	47.00	2.74	0.04	586	586	38	280
益阳广播电视大学	1025.00	440.00	2.00	1.00		200	200	40	200
常德广播电视大学	3900.00	1580.00	30.00	10.00		600	600	128	600
怀化广播电视大学	1150.00	764.00		2.20	0.10	300	300	48	408
湘西民族广播电视大学	4027.00	1885.00	25.00	15.00	1.00	870	870	320	1000

5.1 全国电大学校产权资产情况（续表 12）

	固定资产总值(万元)			图书、资料（万册）		计算机(台)		语音实验室座位数（个）	多媒体教室座位数（个）
	计	其中:教学、科研仪器设备资产		计	当年新增	计	其中:教学用		
		计	当年新增						
张家界市广播电视大学	1493.00	803.00	12.00	7.32	0.05	260	230	64	485
津市分校	920.80	191.80	15.00	3.50	0.05	350	350	48	260
岳阳石化总厂广播电视大学	724.00	376.29		5.15	0.05	200	120	48	500
卫生分校	3000.00	800.00		1.00		150	20	60	
药学分校	5485.11	892.91		8.20	1.00	375	301	128	1295
广　　东	**147295.12**	**38500.88**	**4956.33**	**326.49**	**22.20**	**25887**	**20610**	**5807**	**51155**
广东广播电视大学	7471.80	2834.00	135.00	15.59		1000	630	102	1983
法律分校	350.00	60.00		1.10		47	47	150	2
省电力局分校				1.02					
省公路局分校	2099.55	1721.90	337.65	1.85	0.15	100	100	48	2
广东电大深圳拱北海关分校	380.00	290.00	4.00	2.80		140	140	30	30
珠海市广播电视大学	2821.84	537.93				560	340	96	1400
斗门广播电视大学	300.00	8.00	8.00	0.52		152	152	48	517
汕头广播电视大学	4514.00	744.00	74.00	12.00	1.00	500	450	250	800
汕头广播电视大学潮阳电大	560.00	10.00	0.11	1.60	0.03	140		72	300
汕头广播电视大学澄海电大	8820.00	1280.00	120.00	2.60	0.40	882	758		845
韶关市广播电视大学	1227.00	512.58		3.60		252		40	170
韶关市曲江区广播电视大学	879.00	87.00	12.00	4.50	0.50	120	36	30	210
仁化广播电视大学	348.00	134.20	10.00	2.25	0.10	150	100		341
新丰县广播电视大学	281.81	85.00		1.80		60	60		50
广东省翁源县广播电视大学	1029.50	303.40	78.40	6.00		250	250	50	470
始兴县广播电视大学	380.00	60.00		5.00		80			50
南雄市广播电视大学	430.00	208.00	35.00	9.60		110	100		200
乐昌市广播电视大学	511.50	153.10	12.00	2.20	0.07	150	100	48	350
乳源瑶族自治县广播电视大学	438.00	80.00	8.00	0.70	0.10	30			70
汕尾市广播电视大学	2623.00	545.00	34.00	0.52		400	279	120	640
海丰县广播电视大学	1350.00	380.00	50.00	2.00	0.20	350	320	64	288
陆丰市广播电视大学	890.00	145.00	15.00	0.22		140		2	
陆河县广播电视大学	669.00	163.70	0.98	1.30	0.10	145			692
梅州市广播电视大学	1627.00	525.20	24.30	1.80		280	220	100	950
梅江区广播电视大学	1123.00	137.00		1.40	0.20	240	200	64	260
蕉岭县广播电视大学	750.00	258.00	33.00	1.65	0.05	165	165	48	230
大埔县广播电视大学	180.00	10.00		1.40		150		60	160
丰顺县广播电视大学	450.00	100.00		1.00		150	150	25	150
五华县广播电视大学	555.00	180.00	15.00	5.00	0.50	120	80	36	340
广东省兴宁市广播电视大学	531.70	341.00	64.60	0.70		216	160		500
平远县广播电视大学	440.00	110.00	10.00	1.70	0.10	80	60	20	270
惠州市广播电视大学	2447.00	457.00		0.89		260	260	64	1200
惠阳区广播电视大学	1590.00	124.00	20.00	1.80		200	30	200	300
惠东县广播电视大学	68.00	42.00	10.00	1.50		165	40	50	80
博罗县广播电视大学	230.00	230.00		0.50	0.10	130	110	40	300
龙门县广播电视大学	261.90	70.60	13.60	0.05		69	67		60
东莞市广播电视大学	1607.20	610.25		1.55	0.01	350	350	100	600
中山市广播电视大学	2223.35	387.00		3.33	0.68	500	350	160	850

5.1 全国电大学校产权资产情况（续表13）

	固定资产总值(万元)			图书、资料（万册）		计算机(台)		语音实验室座位数(个)	多媒体教室座位数(个)
	计	其中:教学、科研仪器设备资产		计	当年新增	计	其中:教学用		
		计	当年新增						
江门市广播电视大学	6198.86	793.59	42.59	6.20		569	569	258	3091
新会市广播电视大学	1154.77	34.86	7.46	1.20		204	179		930
台山磐石电视大学	574.00	168.00	55.00	5.00	0.20	330	300	56	600
开平市广播电视大学	2344.00	514.00	48.00	3.65	0.07	571	511	60	1100
恩平市广播电视大学	2674.00	543.00	10.00	4.30	0.10	265	260	50	614
鹤山市广播电视大学	584.90	162.80	0.50	3.50		138	120	60	60
佛山广播电视大学	3401.00	973.00	3.00	9.00	0.17	500	500	108	1200
三水广播电视大学	299.00	133.00	0.60	1.00		108	70		560
高明广播电视大学	115.00	106.00	9.00	2.03	0.01	140	120		990
阳江市广播电视大学	4762.00	807.00	54.00	2.00		680	600	100	2200
阳春市广播电视大学	2025.00	1261.00	450.00	3.70	0.10	850	850	48	1700
湛江市广播电视大学	3532.00	779.00	28.00	8.30		670	625	164	703
雷州市广播电视大学	1118.00	315.00		2.10		208	150	64	600
徐闻县广播电视大学	1710.00	20.00	20.00	7.00	2.00	210	180	120	628
遂溪县广播电视大学	1276.00	14.00	14.00	2.30		160	150	45	540
吴川市广播电视大学	619.00	619.00		3.00		130	110	48	588
廉江市广播电视大学	584.00	178.00	27.00	2.10		182	170		266
茂名广播电视大学	4376.76	1516.72	57.00	7.24		524	400	54	651
高州市广播电视大学	1000.00	400.00	100.00	2.00	0.20	330	300	40	500
信宜市广播电视大学	4790.00	1620.00	50.00	9.15	0.05	700	700	120	550
电白广播电视大学	380.00	340.00	40.00	4.20	0.20	210	180	300	320
化州市广播电视大学	1600.00	120.00		4.80	0.50	125	125	45	210
肇庆广播电视大学	2163.00	630.80	63.80	4.70		500	400	100	1500
高要市广播电视大学	505.00	145.50		2.00		130	100	35	200
四会市广播电视大学	2296.00	806.00		10.00		600	430	120	600
广宁县广播电视大学	1197.00	366.00	19.00	3.24		225	220	64	230
德庆县广播电视大学	1479.00	553.00		6.10		485	465	70	400
封开县广播电视大学	100.00	60.00		2.00		60	55	40	96
怀集县广播电视大学	990.00	274.98	60.00	3.26	1.39	247	230	180	1000
清远市广播电视大学	1526.00	332.00		0.80		250	220		608
英德电大	500.00	500.00		11.00	10.00	328	302	120	3
佛冈县广播电视大学	602.80	173.80		4.10	0.50	150	150	48	156
阳山县广播电视大学	2710.00	850.00	200.00	4.20		320	300	54	700
连山壮族瑶族自治县广播电视大学	150.00	80.00		1.25		100	80	40	160
连南瑶族自治县广播电视大学	389.00	215.00		0.70		80	45	35	45
连州市广播电视大学	1254.00	128.60		20.00		166	166		450
潮州广播电视大学	1050.00	302.00	10.00	5.30	0.10	300	270	100	600
饶平县广播电视大学	211.73	137.73	10.10	0.69		95		35	120
潮安广播电视大学	490.00	40.00		4.00		82	50	64	80
揭阳广播电视大学	742.60	394.90	51.40	2.60		300	300		800
普宁市广播电视大学	292.00	252.00	12.00	1.80	0.05	125	113	53	110
广东省揭西县广播电视大学	438.00	156.00	12.00	1.75		124	90		110
惠来县广播电视大学	956.00	35.00	35.00	2.00	0.20	200	180		144
揭东县广播电视大学	1721.84	4.24	4.24	1.47		360	360	120	230

5.1 全国电大学校产权资产情况（续表 14）

	固定资产总值(万元)			图书、资料（万册）		计算机(台)		语音实验室座位数(个)	多媒体教室座位数(个)
	计	其中:教学、科研仪器设备资产		计	当年新增	计	其中:教学用		
		计	当年新增						
河源广播电视大学	5235.00	1060.00	106.00	8.00	0.30	760	600	60	700
和平县广播电视大学	2029.00	1079.00	200.00	2.28	0.11	435	23	60	625
龙川广播电视大学	1375.00	396.00	26.00	2.50	0.70	300	235	50	300
紫金县广播电视大学	2442.00	360.00	10.00	3.00		300	300	54	13
连平县广播电视大学	797.11	210.00	60.00	3.60	0.05	200	150	64	100
云浮市广播电视大学	2233.92	250.50		0.82	0.02	200	160	64	908
云硫电大	56.68								
罗定市广播电视大学	382.00	228.00		2.30		200	18	48	180
新兴电大	2258.00	471.00	150.00	3.63	0.52	205	205	106	440
郁南电大	300.00	70.00	10.00	0.60		150	150	46	80
南海广播电视大学	8896.00	2146.00	1776.00	5.99	0.37	1023	720	120	4806
顺德广播电视大学	1950.00	450.00		4.00		250	250		400
广　州	**74191.38**	**27156.62**	**1878.45**	**99.93**	**5.63**	**13924**	**9895**	**1755**	**35209**
广州市广播电视大学	25718.00	7600.00	562.00	17.23	0.40	2539	2000	236	9039
东山区分校	513.00	151.00		0.11		178	146	116	420
海珠区分校	813.91	300.96	10.56	3.00	0.05	551	96		1800
荔湾分校	2097.00	1074.00	4.00	7.20	0.08	687	405	60	1620
越秀区分校	2574.00	1696.00	532.00	9.09	0.17	828	668	168	306
天河区分校	569.00	43.00	5.00	2.00		262	262	56	950
开发区分校	510.00	33.00	33.00	0.40	0.02	260	260	88	400
市轻工业局分校	7721.93	2138.85	272.80	9.00	0.50	1700	1450	200	3850
侨光分校	4529.00	3030.00		3.60		724	724	56	2474
机电局分校	2536.03	1317.14	41.99	7.81	0.50	630	600	50	350
法律专业工作站	5600.00	3600.00	100.00	10.00	1.00	720	68	148	5400
市二轻局工作站	4943.00	1800.00	252.00	4.00	0.89	800	800		300
番禺区广播电视大学	2366.00	925.00		0.56		694	649	216	2499
从化市分校	1240.51	467.57		6.31		215	215		498
花都区广播电视大学	5276.00	881.00	14.00	5.39		700	469	56	2533
增城市广播电视大学	5174.00	1099.10	51.10	3.73	0.02	778	705	122	1000
市银行学校电大工作站	260.00	230.00				98	98	48	250
东方教学点	500.00	320.00		0.50		560	180	120	20
金融分校	450.00								
广东科学技术职业学院电大工作站	800.00	450.00		10.00	2.00	1000	100	15	1500
深　圳	**32250.20**	**10658.19**	**570.00**	**37.61**	**0.30**	**3211**	**2531**	**504**	**7650**
深圳市广播电视大学	10031.00	7974.50	525.00	4.50		1685	1205	176	2810
蛇口分校	1439.00	600.00		13.70		130	110	40	400
宝安分校	1707.00	258.00		3.05		123	123		1280
沙头角分校	561.40	138.00		0.52	0.01	243	223	74	600
南山分校	8612.00	600.00	6.00	9.26	0.08	380	350	50	180
龙岗分校	2980.80	615.69	1.00	2.50		360	300	64	1880
罗湖分校	4079.00	249.00	30.00	2.28	0.01	160	100	100	320
福田分校	2840.00	223.00	8.00	1.80	0.20	130	120		180
广　西	**19414.05**	**3955.49**	**153.84**	**61.60**	**0.37**	**2918**	**2012**	**1073**	**3282**
广西广播电视大学	3111.55	1396.41	29.74	11.97	0.20	740	500	110	770

5.1 全国电大学校产权资产情况（续表 15）

	固定资产总值(万元)			图书、资料（万册）		计算机(台)		语音实验室座位数(个)	多媒体教室座位数(个)
	计	其中:教学、科研仪器设备资产		计	当年新增	计	其中:教学用		
		计	当年新增						
区直分校	600.00	240.00	30.00	0.93	0.01	350	300		420
南宁广播电视大学	608.20	263.60		3.30		110	92	54	288
柳州市广播电视大学	598.00	233.00	27.00	2.59		188	143	36	277
桂林市分校	1356.50	348.70	21.10	2.76	0.02	295	285	56	350
梧州市分校	7748.00	233.00		2.00		228	13		500
柳州地区分校	203.00	117.50		0.60		64	60	48	92
梧州地区分校	84.00	43.00				7	7		
百色民族分校	406.80	153.00	12.00	2.35	0.14	198	172	48	135
钦州市分校				24.50					
北海市分校	635.00	127.00		2.30		200	120	70	130
检察分校	172.00	93.00		1.50		46	30		30
贵港市电大分校	810.00	340.00	20.00	1.50		250	160	55	210
防城港市工作站	45.00	45.00	14.00			42	40	246	
玉林商校工作站	3036.00	322.28		5.30		200	90	350	80
海　　南	**2781.80**	**1443.04**	**27.90**	**10.35**	**0.15**	**296**	**210**	**48**	**500**
海南广播电视大学	2781.80	1443.04	27.90	10.35	0.15	296	210	48	500
四　　川	**47119.92**	**11184.35**	**778.62**	**117.50**	**9.75**	**11009**	**8666**	**2761**	**10481**
四川广播电视大学	8245.04	2546.37	38.45	16.99	6.33	1890	1612	308	3515
省建委分校	225.00	125.00		0.50		35	35	30	30
省级机关分校	410.00	171.00		2.53		130	118	79	79
成都铁路局分校	375.00	155.00		9.00		520	460		120
德阳广播电视大学	1306.17	684.32	35.71	8.70	0.01	752	687	92	540
绵阳广播电视大学	2254.00	806.00	50.00	2.18		480	380	84	550
广元广播电视大学	2100.00	800.00		2.95		365	300		90
四川电大遂宁应用职业技术学校教学点	3031.00	686.00	33.00	9.20		649	649	110	184
雅安分校	394.10	124.10		0.60		110	80	10	76
乐山广播电视大学	2420.00	250.00		0.20		650	400	80	400
内江广播电视大学	792.00	334.25	2.25	3.00		170	120	48	134
自贡广播电视大学	1307.78	429.44	16.78	5.26	0.02	580	420	600	600
宜宾广播电视大学	2729.00	669.00	50.00	10.50	0.50	1395	520	380	786
泸州广播电视大学	2071.33	597.63	27.63	7.20		303	263	30	70
南充广播电视大学	3227.00	167.00		5.40		306	284	141	98
达州广播电视大学	6909.00	943.00	372.00	9.82	1.65	704	684	193	711
甘孜分校	406.50	34.84		0.45		68	50		80
凉山广播电视大学	200.00	45.00		1.00		125	100	30	60
攀枝花广播电视大学	1797.00	403.00	2.00	1.66	0.06	207	150	36	1000
巴中广播电视大学	1500.00	420.00	85.00	0.30		280	240	40	60
广安广播电视大学	1600.00	180.00	50.00	2.50	0.20	274	234	154	234
眉山广播电视大学	477.00	67.00				324	302		70
资阳广播电视大学	120.00	60.00		0.40		85	85		80
四川广播电视大学直属学院蓬溪分校	500.00	80.00		4.00	0.50	35	35		30
四川广播电视大学直属学院射洪分校	700.00	65.00	5.00	2.50	0.10	70	52	40	100
四川广播电视大学直属学院大英分校	561.00	85.80	0.80	1.30	0.10	56	40	50	90
四川广播电视大学直属学院西昌分院	352.00	45.00	4.00	6.50	0.20	132	100	120	120

5.1 全国电大学校产权资产情况（续表16）

	固定资产总值(万元)			图书、资料（万册）		计算机(台)		语音实验室座位数（个）	多媒体教室座位数（个）
	计	其中:教学、科研仪器设备资产		计	当年新增	计	其中:教学用		
		计	当年新增						
四川广播电视大学直属学院雷波工作站	105.00	29.60	2.00	0.80	0.05	53	30		150
四川广播电视大学直属学院宁南工作站	560.00	127.50	3.50	0.57	0.03	70	70	70	54
四川广播电视大学直属学院甘洛工作站	150.00	20.50	0.50						
四川广播电视大学直属学院越西工作站	235.00	18.00		0.50		36	36		70
四川广播电视大学直属学院昭觉工作站	25.00	10.00		0.54		120	100	36	100
四川广播电视大学直属学院美姑工作站	35.00	5.00		0.45		35	30		200
成　都	**6044.37**	**2322.04**	**166.32**	**37.63**	**1.34**	**2220**	**1735**	**422**	**2319**
成都广播电视大学	1578.97	883.42		3.00		430	320	36	850
龙泉分校	318.23	65.20	5.62	0.80		110	86	40	240
彭州分校	300.00	85.00	20.00	1.58	0.22	80	50		48
新都分校	164.40	63.72	3.40	0.67		110	100	20	70
双流分校	393.50	60.00	60.00			150	135	40	40
崇州分校	461.00	219.70	30.00	4.00	0.20	103	70	30	220
邛崃分校	136.00	116.00	16.00	1.15	0.05	100	90	25	50
郫县分校	360.00	65.00		0.70	0.20	134	100	56	100
温江分校	430.00	68.00	8.00	3.40	0.40	150	150		150
金堂分校	138.00	37.00	0.30	1.20	0.10	99	55		90
五冶分校	198.57	13.00		3.30	0.01	39	39		27
蒲江分校	603.00	370.00	20.00	4.30	0.10	280	200	105	89
电子工业分校	414.70	100.00		10.80		240	180		226
新津分校	155.00	66.00	3.00	0.65	0.05	85	70	10	49
青羊分校	383.00	107.00		1.08	0.01	80	65	60	40
旅游分校	10.00	3.00		1.00		30	25		30
重　庆	**70199.22**	**11442.14**	**1165.83**	**121.84**	**8.12**	**9287**	**6987**	**2146**	**13027**
重庆广播电视大学	27659.55	2992.71	144.71	20.57	2.52	1988	1687	260	2422
渝中区分校	140.00	110.00	20.00	9.72	1.00	140	120		270
重庆铁路分校	80.20	1.20	1.20	1.10	0.10	50			50
重庆钢铁公司分校	350.00	63.00	6.00	1.20	0.10	100	60	36	200
南岸分校	710.00	100.00	10.00	3.11		140	120	80	65
九龙坡分校	561.56	133.36	11.00	1.60	0.10	299	180		400
江北区工作站	1058.00	323.30	23.00	2.00		200	156	70	150
沙坪坝区电大分校	456.00	292.00	30.00	3.20	0.20	260	180	48	450
永川市广播电视大学	4601.00	45.00	22.00	2.35	0.05	150	120	30	650
北碚区工作站	947.62	598.12	95.12	3.10	0.20	170	105		520
万盛区工作站	28.00	15.00		1.70		40	2		50
荣昌分校	832.00	160.00	20.00	2.00		200	200		200
綦江县工作站	1200.00	209.00		0.30		66	54		64
合川广播电视大学	503.00	240.00	40.00	3.60		245	170	45	380
长寿分校	346.60	199.60	128.60	1.50	0.70	189	116		1026
铜梁县工作站	110.00	2.00				2			
渝北分校	360.00	45.00		0.10		50	50	50	6
潼南县工作站	383.00	291.00	27.00	4.10	0.01	135	90	100	180
大足县工作站	130.00	42.00	3.00	6.50	0.50	140	50	50	100
巴南分校	526.00	290.00	15.00	2.50		180	120	35	185

5.1 全国电大学校产权资产情况（续表 17）

	固定资产总值(万元)			图书、资料（万册）		计算机(台)		语音实验室座位数（个）	多媒体教室座位数（个）
	计	其中:教学、科研仪器设备资产		计	当年新增	计	其中:教学用		
		计	当年新增						
江津广播电视大学	3386.00	280.00		2.70		180	180	42	183
大渡口分校	159.00	40.00	2.00	0.08	0.01	40	40	40	35
壁山分校	800.00	80.00		2.00		100	65		240
万州广播电视大学	864.00	315.23	31.00	2.15		260	195		160
涪陵广播电视大学	1820.69	379.02	10.00	3.02		230	200	290	780
黔江广播电视大学	240.00	200.00		0.80		150		48	96
南川分校	203.00	43.00	20.00	2.40	0.10	100	51	50	30
垫江分校	2000.00	600.00	10.00	1.80		140	113	90	120
丰都县电大工作站	100.00	40.00		0.60		40	40	22	32
武隆分校	1818.00	368.00	10.00	1.78		305	250	250	280
梁平县电大工作站	370.00	22.00	2.00	3.02	0.10	130	86	56	420
重庆电大经贸学院	7300.00	568.00	190.00	2.50	0.80	780	740	96	960
重庆电大物流学院	70.00	10.00							
酉阳分校	1740.00	400.00		1.32	0.20	210	180	55	240
秀山分校	172.50	12.30	4.20	0.82		66	66	12	28
石柱分校	444.00	6.00	3.00	3.00	0.20	119	85		200
彭水分校	1018.00	180.00		4.60	1.00	200	150	52	80
奉节县电大工作站	348.50	60.00	60.00	1.80		166		60	75
云阳县电大工作站	72.00	67.00	5.00	5.00		86	80		
巫山分校	1293.00	225.00	73.00	1.50		276	225	48	240
巫溪电大工作站	94.00	48.00	11.00			80	65		50
城口电大工作站	212.00	73.30		2.10		120			120
开县电大工作站	429.00	57.00	7.00	1.55	0.12	139	104	10	100
忠县电大工作站	110.00	50.00		0.30		70	70	40	70
铜梁分校	1354.00	688.00	38.00	4.22	0.03	162	120	31	380
重庆电大企业管理学院	2360.00	310.00	60.00	1.03	0.05	290	220	20	120
市药监局电大工作站	439.00	168.00	33.00	1.50	0.03	104	82	30	620
贵　州	**18859.45**	**6208.39**	**253.94**	**72.26**	**1.61**	**3818**	**2888**	**702**	**4516**
贵州广播电视大学	11191.12	2081.90	16.18	15.54	0.41	1007	746	60	1800
贵阳市分校	1248.60	242.90	180.50	2.56	0.10	300	248		1020
遵义地区分校	417.03	185.18		5.03		200	150		150
安顺地区分校	390.00	98.00		2.82	1.00	421	248	50	100
黔南州分校	656.00	105.00	4.00	1.20		75	50	150	150
黔东南州分校	1142.00	1135.74	6.26			200	150	50	250
黔西南州分校	1100.00	1100.00	10.00	2.10	0.10	200	150	150	150
毕节地区分校	515.00	83.00	14.00	6.00		165	140		180
六盘水市分校	153.90	88.90	4.00	0.13		135	115	70	40
铜仁分校	620.00	100.00	19.00	0.08		150	96	96	96
水城钢铁公司分校	1014.90	807.40		0.50		415	300		250
航天管理局工作站	120.00	90.00		1.30		350	350	46	300
黎阳机械公司工作站	175.00	70.00		4.00		50	45	30	30
贵航技校电大工作站	115.90	20.37		31.00		150	100		
云　南	**79684.96**	**13879.89**	**1032.49**	**145.63**	**10.07**	**4848**	**3517**	**4180**	**12150**
云南广播电视大学	14402.57	3860.00	180.00	10.30	0.10	980	683	564	878

5.1 全国电大学校产权资产情况（续表 18）

	固定资产总值(万元)			图书、资料（万册）		计算机(台)		语音实验室座位数（个）	多媒体教室座位数（个）
	计	其中:教学、科研仪器设备资产		计	当年新增	计	其中:教学用		
		计	当年新增						
昆明广播电视大学	699.35	230.00		3.04		415	350	56	185
玉溪广播电视大学				0.55	0.55				
思茅广播电视大学	245.76	245.76		1.20		195	165	48	100
西双版纳广播电视大学	3906.72	1149.01	175.19	16.08	0.70	829	653	2096	2646
昭通分校	6590.83	1292.25		37.25	0.70	108	10	224	684
大理分校	40339.88	5020.37	677.30	50.07	8.02	1290	800	990	6657
保山分校	1509.65	197.00		0.66		156	156		300
文山州民族干部学校	22.00	15.00		1.25		70	70		40
怒江电大分校	1856.00	385.00		8.14		240	160	56	50
个旧分校	4230.20	91.90		3.09		50	40		
煤炭分校	345.00	239.10		3.10		147	122	98	98
省检察分校	135.00	22.50		2.50					
昆明市总工会分校	200.00	130.00		1.50		200	200	48	280
云南省电大政法分校	5202.00	1002.00		6.90		168	108		232
陕　西	**56785.78**	**13433.65**	**1429.35**	**162.30**	**3.41**	**8291**	**7055**	**3012**	**7700**
陕西省广播电视大学	24287.26	2461.29	107.03	8.80	2.10	952	893	488	1400
延安分校	823.80	391.62	21.92	1.37		280	200	600	96
榆林地区分校	1215.00	815.60	32.00	4.53	0.01	543	310	103	181
咸阳市分校	909.80	482.80	99.80	3.03		511	466	304	1200
宝鸡市分校	2473.00	181.00	26.00	5.10		210	170	42	120
安康分校	420.00	187.00	11.00	0.54		178	150	18	100
汉中分校	898.70	646.70	380.00	1.40		229	148	48	148
渭南分校	569.00	135.00		0.60		160	110	48	107
商洛地区分校	721.00	221.00		1.61		176	176	80	140
铜川市分校	210.00	128.00		0.70		200	200	40	36
航空工业局工作站	1733.00	806.00		15.20		479	479	90	240
省电子工业局工作站	216.00	215.30	6.30	6.39	0.04	210	200		180
兵器工业管理局工作站	170.00	105.00	20.00	3.00	0.50	200	180		110
省冶金局工作站	265.24	125.34	2.00	0.56	0.01	120	100		84
省石油化学工业局工作站	810.00	15.00	15.00	0.63	0.04	120	92	98	98
陕西省纺织公司工作站	2809.00	745.00		10.87		450	397	104	380
省水利厅工作站	160.00	81.00	14.00	10.21	0.10	220	200	30	50
高新分校	770.00	35.00	20.00	20.00		200	200	56	110
省电大商务厅工作站	5.00					5			
新城分校	888.00	529.00	14.30	4.25		264	200	110	288
工运学院电大	1180.00	210.00	15.00	1.20	0.10	300	200	48	300
西安艺师教育中心	605.00	45.00	5.00	2.16	0.08	170	50	50	90
陕西省中医学校	8100.00	2000.00		0.85		70	60	54	200
陕西广播电视大学宝鸡农校教育中心	180.00	120.00	20.00	35.80	0.20	300	280	160	124
西安工程技术学院	1200.00	1000.00		4.00		300	300	64	600
陕西省机电工程学校	2533.00	406.00	320.00	10.45	0.15	751	658	54	720
陕西通信技术学院	1300.00	1000.00	300.00	2.00		300	250	50	300
陕西广播电视大学镇安财校教学点	68.23	22.00		1.00		23	23	23	23
西安铁路高级工学校	190.00	50.00		0.30		100	93	100	75

5.1 全国电大学校产权资产情况（续表 19）

	固定资产总值(万元)			图书、资料（万册）		计算机(台)		语音实验室座位数(个)	多媒体教室座位数(个)
	计	其中:教学、科研仪器设备资产		计	当年新增	计	其中:教学用		
		计	当年新增						
陕西航天技术学院	1000.00	240.00		5.50		120	120		50
陕西省理工学校	75.75	34.00		0.25	0.08	150	150	150	150
西　安	**3390.46**	**2135.13**	**82.97**	**10.42**	**0.32**	**1385**	**910**	**326**	**1613**
西安市广播电视大学	2574.02	1632.18	60.21	2.70		830	486	48	1030
西安电大现代教育培训学院	85.60	49.30	3.70	0.21	0.02	45	20		20
长安分校	138.84	119.15	15.46	0.43	0.10	135	100		
临潼分校	249.50	165.00	3.60	2.85	0.15	124	124	48	133
莲湖科技学校工作站	2.00	2.00		0.90		3			
西安电大北洋工作站	19.50	17.50		0.05		58			
翠华培训学院工作站	231.00	78.00		1.10	0.05	70	60	80	30
富士日本语专修学院工作站				0.18					
西安培明进修学院教学班	90.00	72.00		2.00		120	120	150	400
甘　肃	**38722.76**	**10118.72**	**628.72**	**136.81**	**10.29**	**8319**	**6458**	**1432**	**5697**
甘肃广播电视大学	6853.67	1318.60	29.77	7.30	0.08	1196	793	54	568
兰州市分校	380.00	274.00	60.00	0.40		214	214	40	300
天水市分校	1248.00	498.00	98.00	0.25		279	180		200
白银市分校	4180.79	1286.79	18.00	11.74		700	150		350
金昌分校	579.71	356.51		0.70		267	260	210	252
嘉峪关市分校	1137.00	218.00	54.00	1.25	0.20	261	180		186
庆阳市分校	1101.09	118.30	31.32	1.30		314	300	48	450
平凉市分校	691.00	33.48	14.20	1.05		132	90	42	213
陇南市分校	344.79	100.00		0.58		227	100	100	1
定西市分校	1560.00	350.00	12.00	1.00	0.17	220	220	24	150
武威市分校	6920.70	1100.70		16.10	6.08	1020	750	48	500
张掖市分校	337.00	109.00	67.00	1.05		167	167	30	150
酒泉市分校	590.00	220.00	30.00	4.00	1.00	460	460	120	150
甘南分校	238.00	100.00	16.20	40.72	0.02	162	120	120	6
临夏分校	1360.00	229.00		1.03	0.03	475	450		200
四O四厂分校	188.00	85.00	5.00	3.00	0.01	54	45	40	45
省农垦分校	1169.00	615.00		7.60		390	340	144	450
农垦河西分校	1448.00	420.00	95.10	2.54		294	285	100	100
滨河集团分校	1144.00	278.10	80.30	2.40	0.20	300	300	30	200
水电部五局工作站	1200.00	920.00		12.00		300	300	60	120
武威卫生学校电大工作站	3740.00	1150.00		12.80	2.00	400	350	168	582
兰州石油化工公司工作站				1.50					
五零四厂电大工作站	50.00								
省财贸学校电大工作站	1448.11	274.44	17.83	4.00		184	184	54	324
中德培训中心教学点	10.20	9.20				3			
甘肃电大兰州铁路技工学校教学点	803.70	54.60		2.50	0.50	300	220		200
青　海	**1916.04**	**735.00**	**101.56**	**3.95**	**0.01**	**710**	**593**	**43**	**221**
青海广播电视大学	1064.00	466.00	5.56	2.94		651	541		200
湟源县广播电视大学	0.04								
民和县广播电视大学	593.00	173.00	70.00						
湟中县广播电视大学									

5.1 全国电大学校产权资产情况（续表 20）

	固定资产总值(万元)			图书、资料（万册）		计算机(台)		语音实验室座位数（个）	多媒体教室座位数（个）
	计	其中:教学、科研仪器设备资产		计	当年新增	计	其中:教学用		
		计	当年新增						
循化县广播电视大学	259.00	96.00	26.00	1.01	0.01	59	52	43	21
宁　夏	**46228.79**	**9903.10**	**2597.40**	**62.52**	**1.72**	**4189**	**3803**	**856**	**5190**
宁夏广播电视大学	11531.00	3917.20	461.00	23.76	0.38	1713	1593	194	2350
石嘴山分校	1551.00	253.00	68.00	0.25	0.13	150	122		300
银川市工作站	2394.03	1969.00	7.00			33	33		40
吴忠市分校	75.00	45.00		0.30		55	55	50	50
工业职业学院电大分校	7084.00	412.00		9.50		360	360	84	350
青铜峡市工作站	104.00	48.00		1.50		75	40		40
盐池县工作站	70.00	40.00		0.10		52	52		40
同心县工作站	100.26	51.00		1.00		50	50		50
中卫分校	19773.00	2302.00	2000.00	4.40	0.10	653	603	110	384
永宁县工作站	578.00	150.00		1.00		132	120	50	50
贺兰县工作站	460.00	34.20		0.60		100	100	80	80
平罗电大工作站	186.00	89.00	50.00	1.50	1.00	108	96	120	100
铁路分局分校	793.50	190.30		9.10		83	60	18	313
灵武县电大工作站	280.00	39.10	9.00	1.50		80	70	50	50
西吉电大工作站	363.00	113.00		0.21	0.01	130	120	60	210
隆德县电大工作站	500.00	122.40	2.40	1.40	0.10	200	180		60
海原县电大工作站	95.00	33.00		3.00		40			80
宁夏广播电视大学中宁教学点	126.00	30.00		0.30		55	49		93
原州区电大工作站	165.00	64.90		3.10		120	100	40	550
新　疆	**34096.10**	**5538.94**	**1254.92**	**91.42**	**3.55**	**6433**	**5025**	**2305**	**5382**
新疆广播电视大学	3996.46	1090.00	48.62	2.68	0.02	169	74	174	112
乌鲁木齐广播电视大学				0.30		953	68	158	1192
哈密广播电视大学	1625.00			2.72	0.07	186	186	83	121
昌吉广播电视大学	7901.00	1133.00	130.00	15.60	1.00	1122	1122	682	833
克拉玛依广播电视大学	2731.00			15.00		120	120	48	60
阿勒泰广播电视大学	1700.00	83.00		0.86	0.04	503	493	245	413
塔城广播电视大学	83.10			1.22		370	370	40	60
巴音郭楞蒙古自治州电大	1619.16	66.00	66.00	4.04	0.10	374	359	68	366
阿克苏分校	856.00			0.44	0.07	200	150	64	40
博尔塔拉蒙古自治州电大	4013.00	2041.00	941.00	3.90		443	390	90	213
奎屯市广播电视大学	270.93	71.86	4.30	0.70		75	70		55
克孜勒苏广播电视大学	504.46			3.80		130	100		
喀什广播电视大学	2209.14			9.95		247	127	122	120
和田广播电视大学	940.37			5.30	0.20	185	185	80	510
伊犁州广播电视大学	1996.72	264.08		3.86	1.20	601	550	251	711
石河子广播电视大学	688.00	275.00	30.00	1.90		190	160	40	160
吐鲁番分校	1028.00	195.00		1.35	0.15	190	190	70	170
乌石化广播电视大学	784.00	320.00	35.00	6.00		104	70		70
广电厅广播电视大学	300.00			0.90		60	60		50
司法厅工作站	215.15			9.70		96	96	60	96
哈煤集团广播电视大学	634.61			1.20	0.70	115	85	30	30
新疆兵团	**17060.50**	**6491.17**	**229.47**	**35.31**	**1.10**	**2248**	**1750**	**440**	**3684**

5.1 全国电大学校产权资产情况（续表 21）

	固定资产总值(万元)			图书、资料（万册）		计算机(台)		语音实验室座位数（个）	多媒体教室座位数（个）
	计	其中:教学、科研仪器设备资产		计	当年新增	计	其中:教学用		
		计	当年新增						
新疆兵团广播电视大学	2980.00	749.00	80.00	2.88		393	373	48	1361
农一师分校	999.00	143.00	29.00	2.30	0.20	116	82	40	300
农二师分校	1075.00	15.00	15.00	1.70		148	8		6
农三师分校	328.90	80.00		2.80		152	110		90
农四师分校	532.00	112.00		2.32		120	80	30	234
农五师分校	662.00	65.00	5.00	3.50		100	50	36	170
农六师分校	5010.00	3322.00	7.30	6.00	0.35	110	10	40	60
农七师分校	1150.00	229.00		2.41	0.30	318	318	48	224
农八师分校	688.00	275.00	30.00	1.90		190	160	40	160
农九师分校	1680.28	951.70	28.00	4.00	0.20	228	222	48	620
农十师分校	968.00	189.00	9.00	2.45		170	170	80	140
农十三师分校	441.32	70.47	13.17	0.80		41	41		278
农十二师分校	26.00	20.00	3.00						
乌市岗培中心	500.00	260.00		2.00		122	90	30	5
农十四师分校	20.00	10.00	10.00	0.25	0.05	40	36		36

5.2 全国电大非学校产权资产情况

	固定资产总值(万元)	图书(万册)	计算机(台)		教学用计算机(台)		语音实验室座位数(个)		多媒体教室座位数(个)	
			独立使用	共同使用	独立使用	共同使用	独立使用	共同使用	独立使用	共同使用
总　　计	**572503.25**	**5527.01**	**16615**	**63593**	**10547**	**40372**	**2546**	**17190**	**7647**	**105462**
中央电大直属院校	**4211.00**	**54.00**	**2**	**8600**				**3004**		**5912**
中央电大西藏学院		40.00						104		212
中央电大总参学院	4211.00	14.00		8600				2900		5700
中央电大北京学习中心										
中央电大残疾人教育学院			2							
北　　京	**42494.40**	**140.33**	**328**	**8047**	**200**	**6598**	**88**	**1377**	**730**	**25927**
东城分校		8.10		535		425		100		2010
西城分校	1296.00	10.71		647		647		84		1800
朝阳区分校	4428.78	7.70		988		893		175		2000
通州区分校	355.00	3.00		350		318		48		1140
房山分校	150.00			70		55				70
大兴分校	764.50			240		200		48		900
顺义分校	403.00	2.00		212		212		112		
首钢工作站	301.75	28.40		97		80		120		5520
文化局工作站		7.00					88		140	
北京市园林局工作站	195.20	2.80		82		70				300
供销合作总社分校	530.00	5.00	50	250				60	50	250
人行电教中心教学点	1600.00	2.30		100		100		50		150
北京卫校教学点	7774.81	9.92	68	1061	50	645		100	300	3350
海淀卫校工作站	2253.00	3.00		240		164		132		1430
联大商务学院教学点	2900.00	7.50	210	590	150	390		72	240	1337
市公务员培训中心工作站	639.00			123		123		56		600
电子科技学院工作站		17.00								
纺织工作站	2528.46	3.20		347		347		80		1512
中德中心教学点	4500.00	0.50		270		270				270
汽修学校工作站	1209.00	2.50		130		100				48
市工干院工作站	2369.11	5.55		131		131				1580
供销学校工作站		6.74		710		710		60		800
北京电大工贸技师学院工作站	8296.79	5.41		794		638				780
仪表学校工作站		2.00		80		80		80		80
天　　津	**36723.74**	**142.21**	**829**	**3084**	**779**	**2798**	**216**	**860**	**685**	**3265**
河北区工作站	47.00		224		224		104		105	
红桥区工作站	1232.56	6.90		488		460		52		639
塘沽分校	22003.00	55.65		1370		1370		434		1856
静海分校	2010.00	5.80		259		240		45		40
宁河县工作站	820.00	3.00								
劳动局工作站		11.92						80		200
物资集团公司工作站	570.00	3.40		352		320		45		100
一商集团有限公司工作站	400.00	19.60		300		260		56		100
公用局工作站	74.00	3.14	205		155		64		180	
台盟工作站	1.68	1.00		42		40		40		

5.2 全国电大非学校产权资产情况（续表 1）

	固定资产总值（万元）	图书（万册）	计算机(台)		教学用计算机（台）		语音实验室座位数（个）		多媒体教室座位数（个）	
			独立使用	共同使用	独立使用	共同使用	独立使用	共同使用	独立使用	共同使用
经委直属工作站	2618.00	5.40		273		108		108		330
天津铁路工程分校	1947.50	24.40	400		400		48		400	
天津市工程技工学校	5000.00	2.00								
河　　北	**510.00**	**1.00**		**80**		**80**				
石家庄广播电视大学	510.00									
张家口广播电视大学		1.00		80		80				
山　　西	**1057.00**	**6.00**		**245**						
晋中分校	1057.00	6.00								
长北铁路分校				245						
内 蒙 古	**3960.00**	**11.00**		**280**		**59**		**132**		**55**
锡林郭勒盟分校	3960.00	11.00		280		59		132		55
辽　　宁	**3505.00**	**57.30**		**534**		**400**		**170**		**848**
葫芦岛市电大分校		42.00								
辽宁省水利厅工作站	3505.00	15.30		534		400		170		848
长　　春		**4.00**								
长影影视艺术学校		4.00								
黑 龙 江	**35483.20**	**125.40**	**76**	**3256**	**66**	**2338**		**1830**		**5262**
黑河市广播电视大学	475.20	10.00		800		800				
伊春市广播电视大学	205.00	1.00		60		60				50
大庆广播电视大学	684.00		46	34	46	34		56		42
鸡西广播电视大学	15000.00	71.00		1208		860		1532		3400
七台河广播电视大学	16254.00	22.50		550				40		1060
省农垦广播电视大学	2865.00	20.90	30	604	20	584		202		710
哈 尔 滨	**1213.00**	**6.00**		**300**		**180**		**188**		**360**
呼兰分校				120				30		150
依兰分校								50		50
哈工大工会电视大学				100		100		60		100
通河分校		1.50		80		80		48		60
尚志分校	1213.00	4.50								
上　　海	**55586.66**	**108.88**	**170**	**7279**	**120**	**4382**	**120**	**1328**	**260**	**13177**
崇明分校		0.90		100		100				111
嘉定分校	7070.09	24.55		1491		983		338		4854
区县工业管理局分校	125.00	4.50		200		200				600
物资（集团）总公司分校	3236.00									
商业分校	7016.65	12.50		850		650		388		900
黄浦区经贸委分校				245						
闸北区分校	30095.20	38.72		2647		1300		350		1800
卢湾区分校	1503.75	5.69		585		319		108		920
杨浦分校	1226.97	8.00		311		150		52		800
普陀分校	3105.00	12.60		650		480		56		3192
石化分校	580.00	1.40	170		120		120		260	
邮电分校	1628.00	0.02		200		200		36		

5.2 全国电大非学校产权资产情况（续表 2）

	固定资产总值（万元）	图书（万册）	计算机(台)		教学用计算机（台）		语音实验室座位数（个）		多媒体教室座位数（个）	
			独立使用	共同使用	独立使用	共同使用	独立使用	共同使用	独立使用	共同使用
江　苏	**45932.95**	**11.98**	**2126**		**2126**		**112**		**60**	
江苏城市职业学院武进办学点			400		400					
江苏电大吴中学院	40000.00	11.98	1726		1726		112		60	
江苏电大通州学院	5932.95									
南　京	**4083.00**	**7.40**		**400**		**50**		**232**		**330**
高淳县分校	4083.00	7.40		400		50		112		280
浦口分校								120		50
浙　江		**26.10**						**50**	**570**	**300**
开化分校										200
台州广播电视大学		17.90								
松阳电大		8.20								
乐清分校									570	
衢化分校								50		100
宁　波	**13491.30**	**6.70**		**59**		**59**				**1060**
鄞县分校		6.70								
宁海学院				59		59				1060
象山分校	13491.30									
安　徽	**233.50**	**50.00**	**510**	**248**	**510**	**248**	**303**	**110**	**382**	**618**
安徽广播电视大学		11.00	510		510		303		382	
合肥分校	233.50	4.00		248		248				218
淮北分校		35.00						50		400
宿州分校								60		
福　建	**4116.00**	**42.87**	**1255**	**810**	**225**	**430**	**410**	**340**	**1030**	**1348**
南平分校				110						200
龙岩分校	20.00	2.56	150	150	60	60	60	40	120	30
高等职业技术学院	2816.00	36.40	255	385	165	370		230	250	908
检察院分校	300.00	0.50								
开放教育学院	980.00	3.41	850	165			350	70	660	210
厦　门	**112.00**	**0.35**		**102**		**4**			**208**	
厦门市司法局电大工作站	112.00	0.35		102		4			208	
江　西	**8.00**	**103.00**		**30**						
景德镇市分校	8.00			30						
电大吉安市分校		103.00								
山　东	**36995.56**	**45.26**	**750**	**3343**	**620**	**1750**	**435**	**410**	**290**	**3810**
淄博广播电视大学	2997.56		260		250		200			
滨州广播电视大学		3.00		65		50		50		100
泰安广播电视大学	804.00	4.86	130		110			80	210	
东营广播电视大学	18444.00	30.00		1778		1200		180		1000
胜利油田广播电视大学	1000.00			1500		500		100		2710
莱芜钢铁总厂广播电视大学	12250.00	7.40	360		260		235		80	
日照广播电视大学	1500.00									
青　岛				**60**		**60**		**42**		

5.2 全国电大非学校产权资产情况（续表 3）

	固定资产总值（万元）	图书（万册）	计算机(台)		教学用计算机（台）		语音实验室座位数（个）		多媒体教室座位数（个）	
			独立使用	共同使用	独立使用	共同使用	独立使用	共同使用	独立使用	共同使用
胶州分校								42		
即墨分校				60		60				
河　南	**27429.50**	**3702.30**	**76**	**2570**	**59**	**1917**		**745**	**110**	**8588**
省直分校	40.00	3600.00	23	117	23	117		200	110	920
焦作广播电视大学		42.30		653		500		262		1070
三门峡广播电视大学	27389.50	60.00	53	1800	36	1300		283		6598
湖　北	**5000.00**									
大冶有色金属公司分校	5000.00									
湖　南	**3102.00**	**8.20**	**268**		**268**		**48**		**662**	
长沙广播电视大学	391.00									
涟钢分校	2711.00	8.20	268		268		48		662	
广　东	**176.00**	**29.96**		**575**		**340**		**158**		**120**
省电力局分校	150.00	15.26		205				58		
鹤山市广播电视大学		12.00		330		300		100		120
普宁市广播电视大学		1.20								
云硫电大	26.00	1.50		40		40				
广　州	**10469.00**	**42.80**	**950**	**979**	**400**	**256**	**120**	**336**	**20**	**4374**
海珠区分校			120	360						200
法律专业工作站				269		56		56		2534
增城市广播电视大学	1500.00									
东方教学点	430.00	0.50	560		180		120		20	
金融分校	8459.00	42.30	150	350	100	200		120		1500
广州电大广大人文学院工作站	80.00		120		120			160		140
深　圳	**1987.70**	**6.50**	**3120**	**300**	**1610**		**108**		**139**	
深圳市广播电视大学	1014.70	4.00	3060		1550		108		93	
宝安分校	699.00									
龙岗分校				300						
深圳广播电视大学光明教学点	274.00	2.50	60		60				46	
广　西	**12596.00**	**34.52**	**42**	**2608**	**40**	**2346**		**539**		**3430**
南宁地区分校	2258.00	12.20		250		200		56		520
梧州地区分校	500.00			52		52		40		40
钦州市分校	4609.00			1080		1000		135		790
检察分校	1100.00									
防城港市工作站	2200.00	3.50	42	80	40	80		64		100
广西电大工商分校	1929.00	4.40		550		500		56		720
广西银行学校电大工作站		14.42		596		514		188		1260
四　川	**8745.00**	**67.95**	**2534**	**1607**	**1260**	**1179**	**1**	**334**	**480**	**2718**
四川广播电视大学	4512.00	55.20	2400	800	1200	800		100	400	2298
省建委分校	300.00	0.50		28		28		30		30
省级机关分校				135		135		135		135
乐山广播电视大学	750.00			150		150		20		50
攀枝花广播电视大学		1.15		188						

5.2 全国电大非学校产权资产情况（续表 4）

	固定资产总值（万元）	图书（万册）	计算机(台)		教学用计算机（台）		语音实验室座位数（个）		多媒体教室座位数（个）	
			独立使用	共同使用	独立使用	共同使用	独立使用	共同使用	独立使用	共同使用
眉山广播电视大学	1483.00	4.00	60	60	60	60	1	49	30	30
资阳广播电视大学	1700.00	6.60	74	240					50	175
四川电大直属学院甘洛工作站		0.50		6		6				
成　都	**8963.00**	**14.60**	**1500**		**1000**		**300**		**40**	
电子工业分校	8963.00	14.60	1500		1000		300		40	
重　庆	**2994.00**	**5.62**	**650**	**230**	**250**	**170**	**56**	**80**	**1060**	**200**
綦江县工作站	600.00									
铜梁县工作站	2000.00	0.10	400						200	
丰都县电大工作站	50.00	0.70		50		50		20		50
重庆电大物流学院	110.00		100	120	100	120	56		60	
重庆电大建筑工程学院	180.00	4.00	150	60	150				800	
秀山分校		0.82								
彭水分校	54.00									
云阳县电大工作站								60		150
贵　州		**50.00**								
毕节地区分校		50.00								
云　南	**116431.89**	**290.86**	**190**	**5378**	**130**	**4518**	**40**	**2129**	**140**	**14683**
玉溪广播电视大学	1929.82	5.80		120		100		100		240
红河分校	19605.00	41.33		1336		1300		344		1898
文山分校	5280.00	50.67		312		286		112		1006
曲靖分校	52350.80	65.49		780		690		360		7200
楚雄广播电视大学	12118.23	38.60		1200		790		251		650
大理分校		37.30								
临沧分校	8962.33	12.40		400		400		148		1120
德宏广播电视大学	4980.50	13.72		485		320		236		949
丽江分校	5985.21	17.79		500		417		540		1240
省检察分校				50		40				
昆钢分校	1170.00	5.90		195		175		38		380
烟草分校	4050.00	1.86	190		130		40		140	
陕　西	**5997.20**	**103.81**	**470**	**862**	**420**	**734**	**109**	**258**	**40**	**739**
航空工业局工作站	1337.00	6.20		219		219		40		128
省石油化学工业局工作站	408.00	0.21		43		15		26		26
省文化厅工作站	100.00	1.60		50						50
省电大商务厅工作站	10.00	43.00		80		80		80		120
陕西电大宝鸡农校教育中心	400.00	40.00								
陕西银行学校	2471.20	5.30	50	170	50	170	64			205
西安国际文化培训学院		0.50		100		100		112		160
陕西通信技术学院		6.00	250	150	200	100				
陕西外国语培训学院	1271.00	1.00	100		100		45		40	
陕西航天技术学院			70	50	70	50				50
西　安	**3159.00**	**23.48**	**165**	**1169**	**45**	**774**		**262**	**130**	**1129**
西安市广播电视大学	48.00	6.38	45	452	45	452		102	100	280

5.2 全国电大非学校产权资产情况（续表5）

	固定资产总值（万元）	图书（万册）	计算机(台)		教学用计算机（台）		语音实验室座位数（个）		多媒体教室座位数（个）	
			独立使用	共同使用	独立使用	共同使用	独立使用	共同使用	独立使用	共同使用
西安电大现代教育培训学院		2.70		100		100		100		90
莲湖区工作站	166.00	12.00		131						105
长安分校				80		80		60		300
西电公司工作站	1867.00			120		40				80
西安交通大学卫校教学班	450.00			71						124
翠华培训学院工作站		0.30	60	80						
富士日本语专修学院工作站				50		40				
蓝田分校	252.00	0.50	60						30	
高陵分校	376.00	1.60		85		62				150
甘　肃	**65557.21**	**122.16**	**386**	**7235**	**268**	**6735**	**30**	**1355**	**570**	**3967**
兰州市分校	7600.00	3.20		2000		2000		180		450
天水市分校	2791.00									
白银市分校	648.79	10.60	100	500					250	100
平凉市分校	31132.60	27.15		1275		1275		427		912
定西市分校	2800.00	2.00		360		360		120		300
张掖市分校	3893.79	13.74		671		671		70		260
酒泉市分校	5700.00	27.00		360		360		300		300
临夏分校	1320.00									200
陇南农校直属工作站	160.00	5.10	58	192	58	192		50	50	276
兰州石油化工公司工作站	812.00		120		120		30		180	
五零四厂电大工作站	393.24	1.93	108		90				90	
职业技术学院	1408.63	9.22		744		744		154		451
城建教学点	6717.16	7.22		1093		1093		54		568
中德培训中心教学点	180.00	15.00		40		40				150
青　海	**7365.70**	**63.17**	**215**	**2179**	**151**	**1274**	**50**	**586**	**41**	**2363**
海西州广播电视大学	97.00	12.00		250				2		6
海北州广播电视大学	2215.00	3.00		160		140		48		80
海南州广播电视大学	749.00	9.56		160		100		48		560
玉树州广播电视大学	436.00	3.60		120		30		54		200
果洛州广播电视大学	221.60	1.00		80		60				
平安县广播电视大学	150.00	2.00		202		202		50		200
乐都广播电视大学	91.10	2.00	50	160	50	65		30		560
互助县广播电视大学	600.00	20.00	145		100		40		40	
湟源县广播电视大学	328.00	0.05		150		80		48		40
民和县广播电视大学		0.75		260		160				240
青海黎明电大	210.00	0.48	20	5	1	1	10	10	1	
大通师范电大	1400.00	3.40		170		150		240		
湟中县广播电视大学		0.90		100		100				80
化隆县广播电视大学	250.00	1.20		55		50				50
海西州格尔木工作站	320.00			113						240
黄南州工作站	85.00	2.00		48		30				25
统计局电大	103.00	1.20		56		56		56		80

5.2 全国电大非学校产权资产情况（续表 6）

	固定资产总值（万元）	图书（万册）	计算机(台)		教学用计算机（台）		语音实验室座位数（个）		多媒体教室座位数（个）	
			独立使用	共同使用	独立使用	共同使用	独立使用	共同使用	独立使用	共同使用
青海省人事厅人才交流中心	110.00	0.03		90		50				2
宁　　夏	**378.00**	**5.60**		**298**		**250**		**150**		**520**
银川市工作站				50		50		50		100
吴忠市分校	217.00	5.60		200		200		100		200
贺兰县工作站	101.00									160
平罗电大工作站	60.00			48						60
新　　疆	**796.74**	**2.25**	**3**	**714**		**350**		**170**		**279**
巴音郭楞蒙古自治州电大	743.48			408		56		80		71
克孜勒苏广播电视大学	40.00	0.25								
喀什广播电视大学	13.26	2.00		150		150		90		208
伊犁州广播电视大学				50		50				
广电厅广播电视大学			3	106		94				
新疆兵团	**1639.00**	**3.45**		**132**		**93**		**15**		**80**
农十二师分校	1624.00	3.20		132		93				80
农十四师分校	15.00	0.25						15		

5.3 全国电大

	学校产权建筑面积												
	合计	教学辅助用房						行政办公用房	生活福利用房				
		计	教室	图书馆	实验室实习场所	体育馆	会堂		计	学生宿舍	学生食堂	教工单身宿舍	教工食堂
总计	**19757697**	**9172264**	**5572445**	**814143**	**2060867**	**373472**	**351337**	**2098685**	**6324650**	**4157516**	**890534**	**217327**	**122373**
中央电大	**39638**	**4885**	**4726**	**159**				**12257**					
中央电大直属院校	**1200**	**1100**	**700**	**100**			**300**	**100**					
中央电大八一学院													
中央电大总参学院													
中央电大 TCL 学习中心	1200	1100	700	100			300	100					
中央电大中国政法大学教学点													
北京	**244303**	**121660**	**79974**	**12018**	**20436**	**5257**	**3975**	**46429**	**56143**	**17848**	**4387**	**983**	**3291**
北京广播电视大学	51920	21233	12548	1900	6465		320	13714	9986			489	471
东城分校													
西城分校													
崇文分校	9129	4665	4231	214	120		100	3305	1159			90	
宣武分校													
朝阳区分校													
海淀工作站	14308	9960	8740	453	767			2668	1680				350
丰台区分校	4850	4750	4000	100	200		450	100					
石景山分校	24236	9617	8532	475	393		217	3245	11374	3788	1067		
通州区分校													
房山分校													
昌平分校	4422	3750	3550	100			100	182	490				280
平谷分校	4567	2597	2197		400			1170	800			50	150
怀柔分校													
密云分校	2318	1110	900		210			1040	168			30	
延庆分校	6682	4778	3048		1658		72	1098	806				586
大兴分校													
顺义分校													
门头沟分校	4983	4583	4523	60				400					
航天部三院工作站	3120	2700	2400		300			420					
首钢工作站													
燕山分校	3600	2642	2210	108	108		216	320	134			80	54
一商干校工作站	10993	8733	180	3620	240	4393	300	300	1960	1500	300	160	
文化局工作站													
水务局工作站	35351	9794	3951	3247	1496		1100	1868	11109	8578	1000		1000
北京市园林局工作站													
医药分校	17835	10375	3800	400	5375		800	5200	2260		300		100
供销合作总社分校	5400	5100	3500		1500		100	300					
矿山工作站	9541	5264	5044	112	108			4277					
国家统计局教学点	1000	900	900					100					
人行电教中心教学点	8000	4000	2900	700	200		200	1400	2600	1000	1000		300
北京卫校教学点													
崇文卫校工作站													
海淀卫校工作站													
联大商务学院教学点													
市公务员培训中心工作站													
电子科技学院工作站													
纺织工作站													
中德中心教学点													

校舍情况

单位：平方米

		正在施工面积	学校产权占地面积	非学校产权建筑面积									非学校产权占地面积
				合计	计		教学及辅助用房		行政办公用房		生活用房		
生活福利及其它用房	教工住宅				独立使用	共同使用	独立使用	共同使用	独立使用	共同使用	独立使用	共同使用	
936900	**2162098**	**643562**	**38612248**	**5194451**	**1294382**	**3900069**	**617494**	**2187657**	**142816**	**368338**	**534072**	**1344074**	**17219948**
	22496		**2671**	**5249**	**5249**		**1170**		**4079**				
			1200	**15773**	**15773**		**1308**		**11675**		**2790**		**206403**
				1365	1365		310		935		120		
				10350	10350				10350				
			1200										
				4058	4058		998		390		2670		6603
29634	**20071**		**254365**	**433960**	**57425**	**376535**	**35364**	**219265**	**7830**	**39468**	**14231**	**117802**	**722257**
9026	6987		24800										
				12665	3310	9355	2826	4240	484	2099		3016	9182
				44000		44000		30800		11200		2000	43000
1069			21000										
				7000	1000	6000		6000	1000				8000
				17109		17109		11924		1378		3807	34706
1330			13867										
			4500										
6519			25105										
				11764	2360	9404	2120	6180	240	3224			10656
				9680	1065	8615	340	5180	180	940	545	2495	13320
210			4500										
600			7225										
				2361	2361		850		1221		290		
138			1500										
220			9713										
				4700		4700		3200		1500			5000
				6420	4320	2100	2900	1700	1100		320	400	16668
			21134										
			4320										
				91237		91237		46100		1817		43320	187253
	504		2700										
			10993										
				550	550		500		50				550
531	12580		39996										
				17008	712	16296	417	13673	233		62	2623	74954
1860			23400										
				6800	4900	1900	1200	900	500		3200	1000	31000
			4800										
			1000	1000	1000		880		120				1000
300			7800	5000	1600	3400	1000	3000	600			400	6000
				40741	800	39941	700	19285	100	3882		16774	63700
				3620	3620		1586		1102		932		7333
				19156		19156		8429		1730		8997	21866
				1035	1035		600		35		400		7228
				12575		12575		5062		1331		6182	10000
				3000		3000		2000		1000			41614
				8766		8766		1814		1230		5722	8766
				8500		8500		8000		500			10000

	学校产权建筑面积												
	合计	教学辅助用房						行政办公用房	生活福利用房				
		计	教室	图书馆	实验室实习场所	体育馆	会堂		计	学生宿舍	学生食堂	教工单身宿舍	教工食堂
汽修学校工作站													
市工干院工作站													
供销学校工作站													
金融学院工作站	1092							1092					
北京电大工贸技师学院工作站、													
联大特教学院教学点	20956	5109	2820	529	896	864		4230	11617	2982	720	84	
天津	**481037**	**286811**	**190506**	**13597**	**70373**	**3669**	**8666**	**55473**	**121134**	**69364**	**11619**	**2890**	**5308**
天津广播电视大学	31632	11665	5952	926	3935		852	6046	6662	4457	1066		
新华分校	26368	21541	10060	662	9687		1132	4827					
南开分校	11222	4829	3893	172	764			4066	2327				
河东区工作站	5630	4750	4050	240	310		150	627	253				60
河西区工作站	33070	24953	17458	570	5925		1000	3211	4906	4000	600		210
河北区工作站													
红桥区工作站													
塘沽分校													
汉沽分校	2858	1595	1271	54	270			767	496				
大港分校	32017	9627	4806	1253	3568			3390	19000	6800			
东丽分校	8174	3715	2984	198	533			916	3543	1320	540		
津南区分校	55796	27393	8802		18591			8191	20212	16984	3228		
西青区工作站	2551	2176	1746	150	280			240	135				55
北辰分校	4810	2962	2496	34	432			840	960	528	48		384
武清分校	5630	4870	4020	90	760			440	320		150	90	30
静海分校													
宝坻分校	7706	6796	6634	162				250	660		120		60
宁河县工作站	11000	10500	7500	500	500	2000							
纺织局工作站	25484	14639	13957	100	582			613	6032	2830	681		
渤海化工集团公司工作站	19002	12602	11152	316	534		600	1750	1650	1000	100		50
劳动局工作站	200	160	160					40					
物资集团公司工作站	231	216	216					15					
房管局工作站	1509	1000	520	201	110	169		209	300	200	100		
建工局工作站	20006	15275	9847	873	4116		439	4026	705	207			
一商集团有限公司工作站	19964	7971	6546		1425			2622	6759	3600			
公用局工作站	18740	8040	7500	540				2200	8500	7070	430		
铁路分局工作站	9641	4163	3791	213	159			2138	3340	2911	429		
天港务局工作站	6900	3620	1990	150	790		690	1380	1900	700		1200	
财贸分校	15000	12000	9600	1200	500	500	200	100	2900	1500	500	100	500
政法管理干部学院工作站	4140	3460	1900	1000	260		300	80	600	200	300		100
台盟工作站													
经委直属工作站													
蓟县分校	32696	20000	15000	1000	2000	1000	1000	2696	10000	6500	500	1500	1000
旅游分校	33748	19150	15730	1401	1119		900	1525	13073	5063	1351		2659
天津铁路工程分校													
市政分校	31492	24823	9725	1472	12623		1003	1668	5001	2994	1276		
天津市劳动局旅游服务学校	3820	2320	1200	120	600		400	600	900	500	200		200
天津市工程技工学校													
河北	**407419**	**177063**	**114672**	**16644**	**39855**	**1435**	**4457**	**47506**	**91389**	**69795**	**11818**	**1524**	**720**
河北广播电视大学	38749	5650	2700	450	2500			8500	6902	4862	1800		240

校舍情况(续表1)

单位：平方米

生活福利及其它用房	教工住宅	正在施工面积	学校产权占地面积	非学校产权建筑面积 合计	计 独立使用	计 共同使用	教学及辅助用房 独立使用	教学及辅助用房 共同使用	行政办公用房 独立使用	行政办公用房 共同使用	生活用房 独立使用	生活用房 共同使用	非学校产权占地面积
				6918		6918		2719		2257		1942	7209
				28711		28711		18776		4297		5638	20720
				19194	80	19114		6588	80			12526	13436
			1092	28712	28712		19445		785		8482		44683
				15738		15738		13695		1083		960	24413
7831			24920										
31953	**17619**	**16868**	**667774**	**382252**	**119651**	**262601**	**69652**	**166525**	**10226**	**16423**	**39773**	**79653**	**1339821**
1139	7259		16723										
			45341										
2327			13478										
193			11322										
96			48426										
				62419	62419		44496		8200		9723		103672
				14762		14762		10081		3107		1574	20255
		16868		164939		164939		110485		2900		51554	610305
496			2858										
12200			119370										
1683			10382										
			100000										
80			5000										
	48		20646										
50			2079										
				29686		29686		19285		5721		4680	87458
480			13435										
	500		12000										14136
2521	4200		25858										
500	3000		29000										
			200										205513
													20010
			1509										
498			20024										
3159	2612			7708		7708		6706				1002	67932
1000													22949
			7690										
			6900										
300			25841										
			4000										
				320		320		320					4820
				15870		15870		6744		2072		7054	1333
500			54000										
4000			33000										
				57232	57232		25156		2026		30050		122698
731			31492										
			7200										
				29316		29316		12904		2623		13789	58740
7532	**91461**	**4567**	**508839**	**93257**	**37194**	**56063**	**12344**	**3203**	**8070**		**16780**	**52860**	**208102**
	17697		48024	20960	20960		5020		6420		9520		103335

5.3 全国电大

	学校产权建筑面积												
	合计	教学辅助用房						行政办公用房	生活福利用房				
		计	教室	图书馆	实验室实习场所	体育馆	会堂		计	学生宿舍	学生食堂	教工单身宿舍	教工食堂
石家庄广播电视大学	183537	101467	60547	9718	27219	1435	2548	13024	38143	34030	2869	1068	
唐山广播电视大学	15969	9477	7473	671	1053		280	1054	5438	3665	342		
秦皇岛广播电视大学	25817	9249	8849	400				3415	4505	3381	1124		
邯郸广播电视大学	3771	2694	2694					1077					
承德广播电视大学	12430	3188	1708	400	700		380	2392	3050	1800	500	100	200
邢台广播电视大学	4823	1472	1160	48	96		168	1050	741	320	240	96	
保定广播电视大学	21665	9740	9200	140	200		200	7200	4725	4025	500		200
张家口广播电视大学	16093	5438	4338	450	250		400	824	5503	2567	1096	260	80
沧州广播电视大学	9126	2226	1860	206	160			2220	1930	1000	300		
廊坊广播电视大学	17997	6997	5997	200	800			3000	8000	7000	1000		
衡水广播电视大学	12017	4209	2436	125	1167		481	2210	2309	1565	270		
省直分校													
电力分校	45425	15256	5710	3836	5710			1540	10143	5580	1777		
山　西	**141279**	**41662**	**32176**	**1567**	**6169**	**518**	**1232**	**27794**	**20306**	**12144**	**3051**	**700**	**800**
山西广播电视大学	77561	21614	18022	500	2692		400	12817	8670	5266	1167	400	
太原广播电视大学	7343												
大同分校	2720	571	463	108				1949	200	140	60		
阳泉分校	8229	2033	1164	170	699			2942	1001				
长治分校	5862	1885	1190		595		100	622	1864	1672	32		
晋城分校	13956	3532	3000	72	460			2050	3824	2700	660	300	
忻州分校	840	320	320					520					
晋中分校													
吕梁分校	1920	1120			1120			800					
临汾分校	2355	635	530	45	60			400	1200	300	100		800
运城分校	7256	3628	3328	300				3628					
朔州分校													
中条山有色分校	5237	2524	959	272	343	518	432	1066	1647	966	432		
长北铁路分校	4000	2400	2400						300	100			
公路系统分校	4000	1400	800	100	200		300	1000	1600	1000	600		
内蒙古	**174461**	**72407**	**54640**	**6624**	**9344**	**409**	**1390**	**26044**	**37927**	**16807**	**6836**	**1038**	**50**
内蒙古广播电视大学	64030	14003	11050	1523	1030		400	9061	11573	3720	1200		
呼和浩特市分校	1235	650	500	90	60			380	205				
包头分校	4314	2609	1512	577	420		100	1705					
赤峰市分校													
呼伦贝尔盟分校	6567	2261	1248	144	869			772	3534	2312	1222		
兴安盟分校	13450	3200	2750	300	150			2500	2470	1500	500		
哲里木盟分校	11000	5400	3800	800	800			1000	3600	3200	400		
锡林郭勒盟分校													
乌兰察布盟分校	6600	5600	5200	100			300	1000					
鄂尔多斯市分校	9431	3937	2517	816	195	409		1363	1721	1030	603	88	
巴盟广播电视大学	8122	3479	2379	260	350		490	1981	2662	1250	390	150	50
乌海市分校	5922	2810	1980	110	620		100	750	2362	1100	346		
内蒙古阿拉善盟广播电视大学	13840	7308	3414	660	3234			1412	5120	1195	175		
哲盟霍林河矿区电大	4800	3900	2790	494	616			520	380				
扎矿电大	12700	8400	7000	400	1000			2000	2300	1500	800		
大雁电大分校	12450	8850	8500	350				1600	2000		1200	800	
辽　宁	**333938**	**193507**	**108451**	**22978**	**51863**	**2838**	**7377**	**49028**	**91403**	**64099**	**14099**	**1363**	**3883**

校舍情况(续表 2)

单位：平方米

		正在施工面积	学校产权占地面积	非学校产权建筑面积									非学校产权占地面积
				合计	计		教学及辅助用房		行政办公用房		生活用房		
生活福利及其它用房	教工住宅				独立使用	共同使用	独立使用	共同使用	独立使用	共同使用	独立使用	共同使用	
176	30903	4567	220445	55293		55293		3203				52090	73447
1431			19602										
	8648		35575										
			812	5004	4234	770	1824		450		1960	770	13320
450	3800		9400										
85	1560		19085										
			23782										
1500	4328		9115										
630	2750		8666										
			30000										
474	3289		1000										
				12000	12000		5500		1200		5300		18000
2786	18486		83333										
3611	**51517**		**108906**	**31508**	**2000**	**29508**	**700**	**13112**	**400**	**5017**	**900**	**11379**	**78492**
1837	34460		32666										
	7343		7343	7235		7235		5378		1596		261	2400
			3400										
1001	2253		3066										
160	1491		3500										
164	4550		22600										
			1000										
				14603		14603		3864		3221		7518	64092
			854										
	120		5795										
			5200										
				2000	2000		700		400		900		9000
249			15282										
200	1300		4200	7670		7670		3870		200		3600	3000
			4000										
13196	**38083**		**459059**	**43903**	**2000**	**41903**		**17612**	**2000**	**9810**		**14481**	**53000**
6653	29393		60560										
205			2600										23000
			8200										
				2200	2000	200		200	2000				2500
			42278										
470	5280		16000										
	1000		20000										6000
				41703		41703		17412		9810		14481	21500
			7000										
	2410		50820										
822			18751										
916			31200										
3750			55650										
380			4800										
			110000										
			31200										
7959			**609729**	**83448**	**7881**	**75567**		**37856**	**120**	**630**	**7761**	**37081**	**340073**

5.3 全国电大

	学校产权建筑面积												
	合计	教学辅助用房						行政办公用房	生活福利用房				
		计	教室	图书馆	实验室实习场所	体育馆	会堂		计	学生宿舍	学生食堂	教工单身宿舍	教工食堂
辽宁广播电视大学	24224	9530	6816	1630	1084			8858	5836	3805	800		
鞍山广播电视大学	10747	8093	5495	1283	1105		210	988	1666	1108	318	40	200
抚顺广播电视大学	68873	38768	9362	4008	24208	1190		5663	24442	16671	3503		1970
本溪广播电视大学	12475	6748	4809	576	1085		278	4372	1355				320
锦州分校	7898	2740	1611	314	590		225	1206	3952	3382	450		120
丹东分校	20000	13880	12200	300	1000		380	3000	3120	2660	260		200
营口分校	29270	18076	12585	1716	2890	625	260	4183	7011	5200	1711		100
辽阳分校	5335	2885	1497	1388				558	1892	504	1388		
朝阳广播电视大学	9129	4717	3000	500	614		603	2385	2027	800	604	623	
阜新分校	9795	6657	3362	705	2139		451	1846	1292	700	150		
铁岭广播电视大学	4350	2715	1259	375	1081			1472	163				163
盘锦分校	67729	35029	21845	4570	7091	1023	500	8042	24658	20559	3035		
辽河石油勘探局广播电视大学	27953	21853	14350	3202	3801		500	2200	3900	2600	800	100	400
沈阳铁路局电大	15764	9324	7180	611	1313		220	1411	5029	3860	200	600	180
葫芦岛市电大分校	2746	2212			2212			534					
辽宁省水利厅工作站													
辽宁广播电视大学新民学院	7780	7200	600	1800	1200		3600	200	380	200	180		
辽宁广播电视大学海城学院	3270	1460	860		450		150	310	1500	450			200
辽宁广播电视大学东港学院	6600	1620	1620					1800	3180	1600	700		30
沈阳	**123126**	**63133**	**25525**	**7545**	**17880**	**10650**	**1533**	**16927**	**39460**	**20420**	**9040**	**400**	**1942**
沈阳广播电视大学	26124	21440	13027	6200	2213			1541	1943		1000		760
新城子分校	14498	7883	1510	130	4711	1300	232	147	6468	3800	1300	40	
康平分校	4580	1020	560	100	240		120	2970	590				200
法库分校	12050	8600	900	120	260	7200	120	1300	2150	1930	220		
苏家屯分校	24780	12436	3762	389	5898	2150	237	4637	7707	3500	812		102
东陵分校	17317	4016	1059	153	2724		80	2600	8295	6723	1492		80
新民分校	8440	3340	2240	150	640		310	1800	3300	800	1100	340	800
于洪分校	9254	3029	1440	177	978		434	525	5700	3100	2600		
辽中分校	6083	1369	1027	126	216			1407	3307	567	516	20	
大连	**88719**	**44833**	**29401**	**1911**	**10289**	**675**	**2557**	**9915**	**31803**	**9538**	**6513**	**989**	**3241**
大连广播电视大学	19451	7994	5561	510	341	675	907	2487	8802		824		642
庄河分校	7097	3084	2630	292	162			1242	2771	520	360	32	1859
普兰店分校	6443	4712	2600	156	1129		827	608	1123	656	275	20	172
瓦房店分校	24139	13277	5040	400	7837			600	10262	5150	3000	850	526
金州分校	10063	7195	7195					1260	1608	1082	526		
旅顺分校	3680	2060	1755	65			240	254	1366	252	78	15	27
长海分校	4269	890	740	15	120		15	360	3019	378	950	72	15
甘井子分校	3577	2121	1880	173			68	604	852				
大连开发区分校	10000	3500	2000	300	700		500	2500	2000	1500	500		
吉林	**291948**	**154016**	**89779**	**7510**	**50994**		**5733**	**36889**	**73215**	**47569**	**12182**	**2750**	**1880**
吉林广播电视大学	27580	5740	3800	980	480		480	5380	3950	2750	400		
中国科学院长春分校电大工作站													
法律分校	1500	100	100					150	1250	750			
吉林市分校	7046	4241	3461	170	565		45	940	659	522	137		
四平分校	6617	1108	810	54	100		144	550	1347	1047	300		
延边分校	35914	14683	9989	1506	1900		1288	7211	14020	8882	1494		580
通化分校	77868	49731	8680	1700	35982		3369	8241	18096	9037	2969	2600	1300

校舍情况(续表3)

单位：平方米

生活福利及其它用房	教工住宅	正在施工面积	学校产权占地面积	非学校产权建筑面积：合计	计：独立使用	计：共同使用	教学及辅助用房：独立使用	教学及辅助用房：共同使用	行政办公用房：独立使用	行政办公用房：共同使用	生活用房：独立使用	生活用房：共同使用	非学校产权占地面积
1231			20666	7881	7881				120		7761		1313
			22004										
2298			136117										
1035			12475										
			5690										
			20000										
			81000										
			21654										
			11212										
442			17300										
			9414										
1064			116000										
			82165										
189			24032										
			2400	17651		17651		7471		630		9550	153334
				57916		57916		30385				27531	185426
			11000										
850			8200										
850			8400										
7658	**3606**		**283690**	**25841**	**25841**		**6502**		**2721**		**16618**		
183	1200		25961	25841	25841		6502		2721		16618		
1328			37000										
390			6670										
			12050										
3293			53000										
	2406		46739										
260			67000										
			29970										
2204			5300										
11522	**2168**		**192804**										
7336	168		7067										
			8499										
			9012										
736			61560										
			17982										
994			10838										
1604			4269										
852			3577										
	2000		70000										
8834	**27828**		**398670**	**7868**	**7568**	**300**	**4005**	**300**	**3094**		**469**		**22100**
800	12510		8469										
				1392	1392		960		36		396		1500
500			300										
	1206		5642	6176	6176		3045		3058		73		20300
	3612		7750										
3064			117738										
2190	1800		66346										

	学校产权建筑面积												
	合计	教学辅助用房						行政办公用房	生活福利用房				
		计	教室	图书馆	实验室实习场所	体育馆	会堂		计	学生宿舍	学生食堂	教工单身宿舍	教工食堂
辽源分校	7235	3168	1781	343	997		47	1145	2922	875	197	70	
白山分校	10370	5385	5338	47				2362	2623	1388	955	80	
白城分校	85030	55030	45030	2100	7900			5000	25000	20000	5000		
松原分校	16000	4330	3850	130	350			2670	300				
长春市建筑职工大学	16788	10500	6940	480	2720		360	3240	3048	2318	730		
长春	**156576**	**76586**	**51630**	**3406**	**18450**		**3100**	**22505**	**56185**	**35210**	**8067**	**1828**	**1910**
长春市广播电视大学	26750	13860	12320	360	680		500	7243	5647	3630	1217	300	500
榆树市分校	11190	4600	4010	90	500			1000	5590	4800	500	290	
九台市分校	8846	3266	2780	56	430			1120	4460	3140	550	90	310
德惠分校	37000	18500	13500	1500	3500			900	17600	7000	3000		
农安县工作站	48000	23000	10000	1000	10000		2000	9000	16000	12000	2000	1000	1000
双阳区工作站	11500	6900	4000	200	2600		100	2000	2600	2000	500	100	
长影影视艺术学校	2090	1190	720		470			292	608	560		48	
长春电大交通学校工作站	11200	5270	4300	200	270		500	950	3680	2080	300		100
长春电大民进分校													
黑龙江	**365657**	**180186**	**114247**	**8506**	**29904**	**22030**	**5499**	**50246**	**90095**	**56708**	**13552**	**395**	**780**
黑龙江广播电视大学	113778	43425	13660	1430	5335	19000	4000	17977	18824	8692	2771		
齐齐哈尔市广播电视大学	13435	5135	3520	1065	550			2056	3194	2700	250		244
牡丹江市广播电视大学	69838	45126	37412		7714			2378	22334	21058	1276		
佳木斯广播电视大学	15017	10178	7068	560	1660		890	1440	3220	1720	828		
绥化地区广播电视大学	26972	16566	13737	979	1850			4301	6105	2937	1540	203	
黑河市广播电视大学	4866	3312	1803	339		1170		1300	254		254		
大兴安岭广播电视大学	6123	1748	764	238	544		202	1563	2812	650	291		
伊春市广播电视大学	4880	3064	2784	100	180			820	996				506
大庆广播电视大学	54309	21034	9543	987	8237	1860	407	12990	14686	10420	4006	60	
鸡西广播电视大学	43154	25722	20070	2452	3200			2870	11812	5631	1440		
鹤岗广播电视大学	5155	2056	1506	236	314			1051	2048		96	52	
双鸭山市广播电视大学													
七台河广播电视大学													
省农垦广播电视大学													
牡丹江林区广播电视大学	5880	1720	1380	120	220			1200	2960	2200	650	80	30
松花江林区广播电视大学	2250	1100	1000		100			300	850	700	150		
哈尔滨	**43399**	**24622**	**13304**	**1748**	**6910**	**1460**	**1200**	**7595**	**9682**	**5825**	**1000**	**90**	**525**
哈尔滨广播电视大学	12767	6720	4180	190	890	1460		1905	4142	1485	400	90	305
阿城电大分校	750	560	500	60				190					
呼兰分校	420	300	300					100	20				20
宾县分校	1880	970	660	60	120		130	730	180	120	60		
方正分校	1800	1300	800	500				500					
依兰分校	892	632	574	18	40			260					
哈尔滨文艺干校电大站	2300	1300	1100	200				250	750	250			200
哈工大工会电视大学													
双城分校	8490	5030	1200	200	3000		630	180	3280	3000	200		
通河分校													
木兰分校	1300	980	590	60	190		140	160	160	120	40		
延寿分校	1000	480	300	60	120			520					
巴彦分校	4500	2350	900	200	950		300	1500	650	500	150		
五常分校	4300	1500	1200	100	200			800	500	350	150		

校舍情况(续表 4)

单位：平方米

		正在施工面积	学校产权占地面积	非学校产权建筑面积									非学校产权占地面积
				合计	计		教学及辅助用房		行政办公用房		生活用房		
生活福利及其它用房	教工住宅				独立使用	共同使用	独立使用	共同使用	独立使用	共同使用	独立使用	共同使用	
1780			1800										
200			12485										
			127800										
300	8700		16640	300		300		300					300
			33700										
9170	**1300**		**299900**	**1200**	**800**	**400**	**500**	**400**	**300**				**5280**
			20400										
			10000										
370			11000										
7600			60000										
			130000										
			25600										
			2900										1200
1200	1300		40000										
				1200	800	400	500	400	300				4080
18660	**45130**		**563334**	**616719**	**24333**	**592386**	**9553**	**346679**	**4480**	**45550**	**10300**	**200157**	**1104831**
7361	33552		111600										
	3050		24079										
			144854										
672	179		47600	294		294		294					1500
1425			76531										
			6980	266860		266860		164098		25420		77342	224020
1871			4720										
490			9800	5000		5000		2800		1500		700	10000
200	5599		97000										2000
4741	2750		13800	212770		212770		119560		10440		82770	552800
1900			5030										
				4333	4333		3353		980				10000
				64317		64317		41369		2100		20848	160000
				63145	20000	43145	6200	18558	3500	6090	10300	18497	144511
			17235										
			4105										
2242	**1500**		**95483**	**4480**	**1000**	**3480**	**1000**	**3410**		**70**			**119500**
1862			10700										
			10000	1000	1000		1000						1500
			800										
			1800										
			8000										
			483										
300			2000										
				280		280		260		20			3000
80			5000										
				3200		3200		3150		50			15000
			4200										
			500										
			20000										
	1500		7000										

5.3 全国电大

	学校产权建筑面积												
	合计	教学辅助用房						行政办公用房	生活福利用房				
		计	教室	图书馆	实验室实习场所	体育馆	会堂		计	学生宿舍	学生食堂	教工单身宿舍	教工食堂
尚志分校	3000	2500	1000	100	1400			500					
上海	**464485**	**268133**	**178035**	**15658**	**55247**	**7232**	**11961**	**71844**	**123539**	**35715**	**11017**	**1689**	**6116**
上海电视大学	71806	33524	26849	3968	252		2455	20478	16835	4867	3206		503
虹口区分校	30135	13747	8853	651	3214	219	810	2794	13594			92	
闵行二分校	4025	3231	2977	94			160	794					
宝山分校	30857	15033	1924	475	12050		584	3285	12539	4300	500		1200
浦东新区分校	8222	5333	4903		50	280	100	1000	1889	693	362	98	
闵行一分校	6278	4053	2517	34	1502			815	1410		810		200
金山分校	3764	2513	2213	20	280			917	334				
松江分校	7406	6119	4869	150	1100			1097	190				
南汇分校	9472	6218	4721	600	897			800	2454	1500	300	200	344
奉贤分校	5777	3529	2929	90	390		120	639	1609	922	487	100	100
青浦分校	15811	4505	2406	416	1337	146	200	1294	10012	2663	638		82
崇明分校	9406	6280	5580	200	500			1100	2026	650	280	846	
嘉定分校													
区县工业管理局分校													
农工商集团分校													
物资（集团）总公司分校													
商业分校													
黄浦区经贸委分校	844	730	688	22	20			60	54				
长宁区分校	30477	14575	7135	683	2985	2263	1509	4283	11619	667	120		406
闸北区分校													
卢湾区分校													
杨浦分校													
黄浦分校	29787	16474	11300	935	4066		173	2767	10546			88	79
普陀分校													
静安区分校	59763	42890	28893	3869	9989	139		12025	4848			163	1038
西区分部	20417	9013	6619	484	1310	200	400	1255	10149	5271	1400	62	
工程大中山分校	79910	55795	32850	2206	13777	2668	4294	9212	14903	11279	1624		1624
石化分校													
邮电分校													
徐汇财贸分校													
徐汇分校	22553	13533	10896	459	1528		650	4962	4058	123		40	140
浦东新区农校教学点	11760	6491	4366	302		1317	506	1199	4070	2780	1290		
闵行农广校教学点	6015	4547	4547					1068	400				400
江苏	**2721824**	**1264494**	**731899**	**142580**	**320555**	**40849**	**28611**	**304459**	**1001687**	**677817**	**153522**	**20105**	**19515**
江苏广播电视大学	190235	66700	50197	9041	7462			43666	75651	37902	7577	1306	
镇江市广播电视大学	220512	97910	49653	6253	39000	3004		12004	93000	67914	14622	1385	
常州市广播电视大学	89173	52125	29202	5088	14339	782	2714	7119	29929	17152	6484	49	150
无锡市广播电视大学	88815	42337	26150	3446	9018	2593	1130	7184	37123	24181	5169		740
苏州市广播电视大学	81052	49012	23021	7094	13842	4134	921	4004	27570	20007	2644	600	463
南通市广播电视大学	298206	144814	96215	15461	29459	530	3149	22943	126039	90790	19853	2747	1483
扬州市广播电视大学	116118	52833	29125	4256	19452			12485	48800	36505	7550	1276	2650
徐州市广播电视大学	237400	94445	64475	7795	14870	1500	5805	58954	71341	48431	10770	3040	1500
淮安市广播电视大学	74210	37790	23770	4040	9980			5530	30890	18240	5000		
盐城市广播电视大学	143867	47033	31152	3266	9461	1938	1216	19982	41385	21538	7856	2212	5260
连云港广播电视大学	87131	28651	16550	6895	3056	1650	500	7530	24650	16200	6900	500	200

校舍情况(续表 5)

单位：平方米

生活福利及其它用房	教工住宅	正在施工面积	学校产权占地面积	非学校产权建筑面积									非学校产权占地面积
				合计	计		教学及辅助用房		行政办公用房		生活用房		
					独立使用	共同使用	独立使用	共同使用	独立使用	共同使用	独立使用	共同使用	
			25000										100000
69002	**969**		**415849**	**328382**	**37047**	**291335**	**18197**	**177857**	**5867**	**36686**	**12983**	**76792**	**358454**
8259	969		55904										
13502			21730	3694	3694						3694		128
			3731										
6539			29700										20000
736			8291	6485	6485		6085		200		200		8921
400			8985										
334			3716										
190			7633										
110			14000										
			4540										
6629			20999										
250			12050	800		800		600				200	22270
				67798		67798		31749		2573		33476	83316
				33761		33761		22761		4500		6500	26000
				4176	4176		2784		330		1062		1600
				1700		1700		1385		315			834
				33216		33216		22445		1600		9171	26664
54			860	300		300		300					
10426			23581	5255	5255						5255		
				92930		92930		56388		16031		20511	81481
				16384		16384		11006		2937		2441	22960
				7061		7061		5456		930		675	7314
10379			24000	6996	6996		3035		1249		2712		
				31137		31137		22017		6600		2520	40266
3647			48576	864	786	78	137		589		60	78	
3416			15267										
376			55956										
				6455	6455		3436		3019				2100
				6170		6170		3750		1200		1220	6400
				3200	3200		2720		480				1200
3755			40325										
			6000										7000
			10005										
130728	**151184**		**4910175**	**140918**	**140918**		**72356**		**5916**		**62646**		**262542**
28866	4218		158116										
9079	17598		440892										
6094			126085										
7033	2171		88739										
3856	466		136659	12335	12335		7619				4716		
11166	4410		499502										
819	2000		161877										
7600	12660		647357										
7650			177000										
4519	35467		274923										
850	26300		97438										

	学校产权建筑面积												
	合计	教学辅助用房						行政办公用房	生活福利用房				
		计	教室	图书馆	实验室实习场所	体育馆	会堂		计	学生宿舍	学生食堂	教工单身宿舍	教工食堂
泰州市广播电视大学	109350	51446	39150	2289	8047	500	1460	8909	27530	21392	3798	210	300
宿迁市广播电视大学	179300	97000	44000	27000	26000			43100	39200	34000	3200		
化工分校	46393	22077	12757	1334	6612		1374	1584	22732	12434	2231		
江苏城市职业学院武进办学点	98137	40697	19117	3175	11437	5750	1218	5385	52055	31721	7986	4436	1216
江苏电大宜兴学院	124372	78113	31688	14280	18090	10805	3250	6443	39816	29167	7842		2807
江苏电大张家港学院	61571	30865	20223	2153	2480	3009	3000	4445	26261	16257	5160	650	500
江苏电大昆山学院	34334	17480	11590	2181	3709			3812	13042	11007	1420		615
江苏电大常熟学院	79269	45686	18217	3891	20195	3004	379	6486	27097	22051	4446		600
江苏电大吴中学院													
江苏广播电视大学大丰学院	95113	41092	29092	4000	8000			4969	49052	33463	5966		100
江苏广播电视大学江都学院	54889	27420	17430	2780	7210			9810	15819	12036	3000	150	
江苏广播电视大学沛县学院	52048	30941	24190	1765	4986			3635	17472	13020	4002		450
江苏电大靖江学院	34801	16389	5426	3100	5113	1650	1100	890	14182	2960	2326	344	131
江苏电大通州学院	125528	51638	19509	1997	28737		1395	3590	51051	39449	7720	1200	350
南　京	**244264**	**114577**	**69129**	**13515**	**24337**	**2466**	**5130**	**36468**	**84775**	**64556**	**11212**	**1757**	**375**
南京市广播电视大学	105000	40129	21475	5748	7490	1566	3850	22949	41922	36950	4972		
江宁区分校	18411	6760	5750	250	760			1862	5410	5088	322		
六合县分校	13447	4570	3612	300	658			3481	5396	3115	626		
高淳县分校	29455	18675	6289	4350	8036			1637	9143	5296	2203		
溧水县分校	9440	3900	3500	150	250			520	2720	450	360	260	150
浦口分校	14959	4970	3700	270	900		100	890	7634	4372	1240	1447	100
玄武区分校	7000	5000	4400	100	200		300	1000	1000	800	150	50	
白下区分校													
秦淮区分校	1019	480	440	40				539					
建邺区分校	9000	6900	2200	1500	1700	900	600	660	1440	1340			100
鼓楼区分校	993	675	540	27	108			54	264				
下关区分校	22270	12965	9430	430	3105			2076	7229	5495	547		
雨花台区分校	6515	4190	3750	150	210		80	100	1925	1650	100		25
栖霞区分校	6755	5363	4043	200	920		200	700	692		692		
浙　江	**1117848**	**543018**	**373201**	**43690**	**100949**	**10599**	**14579**	**107130**	**444683**	**301499**	**72005**	**8510**	**20811**
浙江广播电视大学	64128	21228	12968	3298	2225	1240	1497	7271	25850	14405	2848	1416	390
杭州广播电视大学	61298	29882	23487	1196	5199			2000	29416	21354	5562		
萧山学院	50418	27517	12095	5789	6721	2912		3521	19380	15308	3804		70
余杭分校	16918	8189	4855	1126	2208			1603	5845	4470	1295		
富阳学院	27748	12360	7905	953	2958		544	2732	12530	7471	1847	265	923
临安分校	7166	1953	1230	180	543			800	4413	2037	307		
桐庐分校	18120	5273	4583				690	5040	7807	4809	756		756
建德分校	5050	3958	3519	251			188	754	338		232		
淳安学院	12670	6510	5300	210	500		500	2700	3460	1800	300		
嘉兴广播电视大学	29616	14828	13419	347	1062			6232	8556	6535	1475		
嘉善学院	11500	3826	3146	60	310		310	2085	5589	3162	1509		
平湖学院	11163	5471	5471						5692	3346	2346		
海盐学院	12894	7235	4452	365	2268		150	946	4713	3816	682	90	125
海宁学院	16000	11237	10364	225	450		198	563	4200	4200			
桐乡学院	7800	6700	5200	160	1120		220	1100					
湖州广播电视大学	162026	77228	21788	11921	37990	4316	1213	9786	75012	64313	6514		515
长兴学院	21870	15200	11400	1277	1843		680	840	5830	4618	758	404	

校舍情况(续表6)

单位：平方米

生活福利及其它用房	教工住宅	正在施工面积	学校产权占地面积	非学校产权建筑面积									非学校产权占地面积
				合计	计		教学及辅助用房		行政办公用房		生活用房		
					独立使用	共同使用	独立使用	共同使用	独立使用	共同使用	独立使用	共同使用	
1830	21465		302350										
2000			477200										
8067			81489										
6696			199000										
			243720										
3694			132000										
			86666										
			172665										
				128583	128583		64737		5916		57930		200461
9523			107387										
633	1840		11154										
			123776										
8421	3340		43200										
2332	19249		120980										62081
6875	**8444**	**13800**	**282286**	**4280**	**750**	**3530**	**600**	**3280**	**150**	**250**			**68465**
		10000	106720										
	4379		22840										
1655			22505										
1644													60343
1500	2300		27900										
475	1465		32912										
			14000										
				1780	750	1030	600	880	150	150			7000
			1083	2500		2500		2400		100			
			9000										
264													1122
1187		3800	16650										
150	300		18676										
			10000										
41858	**23017**	**11706**	**2507914**	**38931**	**11041**	**27890**	**6100**	**10790**	**1520**	**130**	**3421**	**16970**	**419940**
6791	9779		48330										
2500			30750										
198			96321										
80	1281		26270										
2024	126		27200										
2069			8491										
1486			56633										
106			6980										
1360			48000										
546			45090										
918			33000										
			16965										31100
			49950										
			15014										
			16000										20000
3670			409879										
50			43290										

5.3 全国电大

	学校产权建筑面积												
	合计	教学辅助用房						行政办公用房	生活福利用房				
		计	教室	图书馆	实验室实习场所	体育馆	会堂		计	学生宿舍	学生食堂	教工单身宿舍	教工食堂
德清学院	10783	1838	1080	112	486		160	800	8145	5350	1080	245	220
安吉分校	4151	2265	1465	80	720			398	1488	1488			
绍兴分校	8060	6060	6060					2000					
绍兴学院	5462	1874	1631	81	162			400	3188	1425	1120		
诸暨学院	12700	7068	7068					2500	3132	2530	602		
上虞学院	6640	4155	2855	650	650			805	1680	1080	600		
嵊州学院	5706	2258	1961	216	81			499	2949	761	352	470	
新昌分校	7380	3554	2754	182	182		436	647	3179	2174	938		
舟山广播电视大学	17081	10799	7052	1702	2045			1780	4502	3125	855	158	29
普陀工作站	740	600	580	20				100	40				
岱山工作站	4500	2885	2485	320	80			820	795		330		
嵊泗工作站	800	600	540	20			40	200					
金华广播电视大学	75882	32229	23848		4849	923	2609	2557	41096	32837	8259		
兰溪分校	1740	1300	1200		100			240					
武义分校	17271	8800	6900	600	1300			1000	7471	4333	2538		
永康学院	44181	18272	12978	1871	3423			2895	19204	13924	4224		1056
义乌学院	10409	1627	1627					2147	6635	3164	1854	1617	
东阳学院	7808	2040	1440	120	240		240	528	5240		3600	240	1400
浦江分校	2072	1872	1499		373			200					
磐安工作站	495	345	300	45				120	30				
衢州广播电视大学	9550	5185	4785	400				1162	3203	2603	600		
柯城分校	2206	2106	1806	40	180		80	100					
江山分校	2406	1864	1864					464	78				78
常山分校	3300	2280	2217	63				570	450				400
开化分校	2000	1120	720	100	300			800	80				
龙游分校	900	900	900										
台州广播电视大学	29675	25320	20191		4729		400	4355					
临海学院	11750	9000	8550	300			150	550	2200	2000			
黄岩分校	1720	600	550	50				820	300				
温岭分校	5192	3005	2455	110	220		220	1483	704				
仙居学院	8800	3151	2601	550				1727	3922	1847	2075		
玉环学院	18068	13639	13109		530			450	3547	860		1125	375
三门学院	6614	1442	1396	46				596	4576	600	316	400	2028
天台学院	25523	7185	6400	305	480			280	18000	8000			10000
丽水广播电视大学	4220	1670	1150	130	270		120	380	1170	620	150	300	
缙云分校	12970	5976	3156	140	1863		817	1244	5750	2800	1100		450
遂昌分校	1500	1200	1200					300					
松阳电大													
景宁分校	2000	1200	1000	120	80			200					
云和分校	893	733	693	40				160					
龙泉分校	6960	5360	5000	60	300			1600					
庆元工作站	2241	491	491					1572	178		82		
青田分校	5146	4000	3500	50		300	150	200	946	800	146		
温州广播电视大学	16015	6864	5734	500	630			580	8571	7258	1313		
永嘉学院	48963	19681	11073	3400	5208			9609	19673	15837	2926		910
瓯海分校	20716	14485	11400	505	1200	800	580	2070	4161	2600	126	1200	100
平阳分校	2011	1285	1010	40	180		55	200	270	100	100		

校舍情况(续表 7)

单位：平方米

生活福利及其它用房	教工住宅	正在施工面积	学校产权占地面积	非学校产权建筑面积 合计	计 独立使用	计 共同使用	教学及辅助用房 独立使用	教学及辅助用房 共同使用	行政办公用房 独立使用	行政办公用房 共同使用	生活用房 独立使用	生活用房 共同使用	非学校产权占地面积
1250			28638										
			10005										16000
			8560										
643			13517										
			14200										
			28348										
1366			8440										
67			17980										
335			19366										
40			667										
465			990										
			1000										
			113249										
	200		988										
600			27328										
	3810		132195										
			306660										
			20000										
			1640										
30			1330										
			22744										
			4500										
			390										
50			3300										
80				200		200		200					2500
			1029	1200	1200		300		870		30		5400
			59030	26360		26360		9390				16970	127590
200			7000										
300			1971										
704			5676										
			75337										
1187	432		14000										
1232			9219										
	58		216108										
100	1000		4469										
1400			46534										
			6760										180000
				2580	1250	1330	600	1200	650	130			
	600		1980										
			1215										
			20000										
96			2733										
			522										
			20694	6991	6991		3600				3391		
		9609	99990										
135			10800										
70	256		2200										

5.3 全国电大

	学校产权建筑面积												
	合计	教学辅助用房						行政办公用房	生活福利用房				
		计	教室	图书馆	实验室实习场所	体育馆	会堂		计	学生宿舍	学生食堂	教工单身宿舍	教工食堂
瑞安分校	2694	2489	2489						205				205
乐清分校	1000	880	880					120					
文成分校	7700	4014	3906			108		960	2726	2121	375		
学洞头分校	10300	6600	2250	2200	2150			880	2820	935	830		
泰顺工作站	4280	1401	650	30	511		210	466	2413	1020	415	270	511
苍南分校	952	768	704	64				184					
衢化分校	1100	600	600					500					
经贸分校	13988	2980	1784	170			1026	350	10658	2926	2185		
工商学院	34376	9630	6886	750	898		1096	3025	16246	11445	2259		220
特教学院	9873	4878	3596	150	1132			564	4431	3292	420	310	50
宁　波	**146791**	**86728**	**45043**	**4048**	**27394**	**6684**	**3559**	**13198**	**46865**	**26208**	**7816**	**3522**	**2706**
宁波广播电视大学	20852	10162	3213	1518	4591		840	3847	6843	5564	590		249
鄞县分校	16571	6697	4170		2527			2263	7611	5938	200	796	20
余姚学院	26878	13183	4200	1030	4834	1560	1559	1914	11781	6300	1868	75	170
慈溪学院	5471	4886	4446	60	380			465	120			60	
宁海学院	900	600	600					300					
象山分校	8933	7423	7423					1510					
奉化分校	3871	2241	1711	80	450			350	1280	797	262		
镇海工作站	44703	28666	10170	1000	12372	5124		1139	14898	6223	3910	1241	1957
镇海炼油化工公司工作站	3200	2920	850	140	1800		130	280					
江北工作站	6746	3180	2270	70	140		700	400	3166	1266	720	1080	100
北仑工作站	4100	3270	3090	100			80	480	350			200	150
宁波东钱湖旅游度假区电大工作站	4566	3500	2900	50	300		250	250	816	120	266	70	60
安　徽	**423826**	**199462**	**119978**	**17897**	**48976**	**6576**	**6035**	**52716**	**132731**	**99658**	**18990**	**4178**	**773**
安徽广播电视大学	46703	20384	6553	573	13258			7858	10900	8250	800		350
合肥分校	20704	13432	12749	403	280			1218	1997	1420	310		
蚌埠分校	13877	5007	3288	506	653		560	1129	4022	2976	576		
芜湖市分校	4599	3219	2669	350	200			1130	250				
淮南分校	123465	43409	24086	10450	5873	2000	1000	9181	70875	58126	12156	273	
淮北分校	2080	1630	1390	40	200			370	80			80	
马鞍山分校	39976	18334	8735	1582	3666	3676	675	8059	13583	9221	239		223
铜陵分校	6107	4659	3259	400	400		600	625	823			500	
黄山市分校	3460	2900	2600	90			210	510	50				
安庆市分校	49086	25507	20049	978	2824		1656	8333	7930	4200	2370	860	
六安分校	4211	1738	1698	40				566					
阜阳分校	27480	25280	9900	180	15000		200	2200					
宣城分校	30700	8900	5000	1000	1000	900	1000	2000	9800	7000	1200	1400	200
巢湖分校	23513	8763	4040	323	4400			4842	7949	6112	1062	325	
滁州市分校	4087	3172	2472	200	500			915					
池州分校	5516	4168	3329	489	350			1348					
宿州分校	8343	3563	3178	223	162			1220	1162			60	
省直分校	2494	1622	1278		210		134	872					
亳州分校	7425	3775	3705	70				340	3310	2353	277	680	
福　建	**365648**	**201779**	**125051**	**21412**	**44929**	**6096**	**4291**	**48685**	**94951**	**66544**	**18064**	**1102**	**983**
福建广播电视大学	46154	22580	9480	2950	9050	1100		10517	13057	9050	3610	397	
福州分校	129700	79801	34091	14468	27359	2653	1230	5945	43954	35599	8295		60
三明分校	8522	4316	2795	107	414	1000		614	379		152		

校舍情况(续表 8)

单位：平方米

		正在施工面积	学校产权占地面积	非学校产权建筑面积									非学校产权占地面积
				合计	计		教学及辅助用房		行政办公用房		生活用房		
生活福利及其它用房	教工住宅				独立使用	共同使用	独立使用	共同使用	独立使用	共同使用	独立使用	共同使用	
			1964										
			1000	1600	1600		1600						1600
230		2097	17000										
1055			48691										33350
197			6738										
			11206										
			1300										1200
5547			11880										
2322	5475		30000										
359			6670										1200
6613			**390347**	**55801**		**55801**		**25596**		**1800**		**28405**	**335831**
440			34647										
657			25266	13495		13495		5800				7695	242788
3368			119988										
60			5900										
			2785	17000		17000		12650		1800		2550	17200
			37406	25306		25306		7146				18160	75843
221			5336										
1567			138170										
			3200										
			10219										
			6200										
300			1230										
9132	**38917**	**12997**	**1662224**	**83336**	**62716**	**20620**	**47931**	**20620**	**7952**		**6833**		**179380**
1500	7561		54020	31736	31736		18685		7143		5908		93600
267	4057		23717	50500	30000	20500	29075	20500			925		63860
470	3719		25758										
250			7182										
320			510956										
			1241										3000
3900		3076	80667										
323			3600										
50			2500										
500	7316		76014										
	1907		1619										
			26973										
	10000		72000										
450	1959		707340										
			3600	60	60				60				
			41532										
1102	2398		5693	120		120		120					18000
			2494	920	920		171		749				920
		9921	15318										
8258	**20233**	**4000**	**651626**	**102723**	**24013**	**78710**	**15168**	**57360**	**4880**	**5220**	**3965**	**16130**	**433489**
			61018										
			295312										
227	3213		3333										

5.3 全国电大

	学校产权建筑面积												
	合计	教学辅助用房						行政办公用房	生活福利用房				
		计	教室	图书馆	实验室实习场所	体育馆	会堂		计	学生宿舍	学生食堂	教工单身宿舍	教工食堂
宁德分校	27332	16806	14978	608	1220			5070	4320	3850	470		
南平分校	16823	10257	8189	294	653	873	248	3203	2122	1166	58		85
漳州分校	20384	9661	8041	910		470	240	4079	6644	3956	1102	115	50
泉州分校	28525	15580	14050	400	350		780	10530	2415	1190	780		
龙岩分校	20997	12677	11449	380	703		145	1043	4167	2917	615	590	
莆田分校	28834	12889	8094	675	3720		400	3000	6295	4195	450		450
高等职业技术学院													
农业银行分校	18636	3804	2856	180			768	1649	10568	3981	2192		338
检察院分校	4000	4000	4000										
永安分校	7330	3656	2256	200	1200			1874					
邵武分校	5311	3002	2382	180	260		180	811	1030	640	340		
漳浦分校	3100	2750	2390	60			300	350					
开放教育学院													
厦　　门	**28405**	**27945**	**26225**	**1060**	**600**		**60**	**100**	**360**			**70**	
厦门市广播电视大学	20145	20145	20145										
厦门电大同安区工作站													
厦门市杏林区电大工作站	1760	1300	1080	60	100		60	100	360			70	
厦门市湖里区电大工作站													
厦门市司法局电大工作站													
厦门市思明区电大工作站	6500	6500	5000	1000	500								
江　　西	**290351**	**114500**	**84574**	**8509**	**11536**	**6405**	**3476**	**28854**	**114193**	**69917**	**17119**		**240**
江西广播电视大学	75790	25730	17230	1800	6400		300	4800	45260	33760	6500		
南昌市分校	9424	4205	4099	53	53			368	2015				
景德镇市分校	5951	3322	2876	48	248		150	900	448				
九江市分校	37595	13850	12750	720	380			5300	14705	6627	660		
萍乡市分校	8712	5560	4956	216	100		288	1102	1050	800	200		
新余市分校	6780	2500	1950	100	450			600	2600	2000	500		
鹰潭市分校	10112	5700	5183	71	221	225		500	1000	900	100		
赣州广播电视大学	12900	6300	5904	246	150			300	2820	2260	540		
宜春广播电视大学	16158	4758	3881	351	526			3109	3985	1052	1467		
电大吉安市分校	47554	21887	9727	3386	2141	5500	1133	2602	23065	9627	4072		
上饶广播电视大学	39365	14688	10918	1018	467	680	1605	6793	13565	9991	2300		240
抚州广播电视大学	13280	3600	3300	100	200			980	2800	2400	400		
九江船舶工业公司分校	6730	2400	1800	400	200			1500	880	500	380		
山　　东	**1039283**	**418492**	**240553**	**48114**	**102385**	**9663**	**17777**	**89329**	**371578**	**259921**	**65073**	**7817**	**5086**
山东广播电视大学	86459	12925	11359	1566				16561	25027	17496	6437		1094
济南广播电视大学	71226	29035	22628	1056	3662	90	1599	5268	22660	13149	4726	790	
烟台广播电视大学	62974	19043	11758	3438	2277		1570	4379	29849	26630	2500		
潍坊广播电视大学	180324	57573	23289	7754	18966	3680	3884	16319	59987	35317	7758	2843	1298
淄博广播电视大学	74909	24432	15912	1822	5194		1504	8703	19095	10193	3682	638	262
威海市广播电视大学	20048	4222	3772				450	6514	4312	2292	700		1320
临沂广播电视大学	8300	2100	1600	190	310			2150	4050	2600	840	260	200
德州广播电视大学	16895	2560	1658	266	636			1641	7280	3578	1500		
滨州广播电视大学													
菏泽广播电视大学	5026	4026	3000	400	400	226		1000					
聊城广播电视大学	207974	118242	63452	15000	28813	4667	6310	9130	80602	62565	16339	1698	
泰安广播电视大学													

校舍情况(续表 9)

单位：平方米

生活福利及其它用房	教工住宅	正在施工面积	学校产权占地面积	非学校产权建筑面积 合计	计 独立使用	计 共同使用	教学及辅助用房 独立使用	教学及辅助用房 共同使用	行政办公用房 独立使用	行政办公用房 共同使用	生活用房 独立使用	生活用房 共同使用	非学校产权占地面积
	1136		43000										
813	1241		21836	2420	460	1960	360	1960	100				4370
1421			39729	630	630		420		210				
445			19800	3000	3000		2000		1000				2640
45	3110		23103	3788	2288	1500	1378	1500	790		120		10689
1200	6650		37694	4305	1585	2720	660	2600	180	120	745		
				72590	4660	67930	1080	46700	480	5100	3100	16130	211536
4057	2615		85571										954
		4000		1190	190	1000	70	1000	120				6000
	1800		1000										
50	468		3675										
			16555										
				14800	11200	3600	9200	3600	2000				197300
290			**90517**	**3500**	**2800**	**700**	**2260**	**700**	**540**				**2100**
			86399										
				2000	2000		1820		180				
290			1558										
			1000	1000	300	700		700	300				1000
				500	500		440		60				1100
			1560										
26917	**32804**		**416064**										**30**
5000			108934										
2015	2836		2264										
448	1281		3967										30
7418	3740		11500										
50	1000		8984										
100	1080		10666										
	2912		1400										
20	3480		6460										
1466	4306		13153										
9366			71609										
1034	4319		144751										
	5900		28380										
	1950		3996										
33681	**159884**		**1689360**	**330313**	**57340**	**272973**	**29440**	**159111**	**5700**	**15846**	**22200**	**98016**	**2180350**
	31946		106173										
3995	14263		178865										
719	9703		52830										
12771	46445		262130										
4320	22679												176835
	5000		25789										
150			56610										
2202	5414		46952										
				9728		9728		4176		1400		4152	36685
			36685										
			506253	28600		28600		28600					
				3950	1000	2950	400	1050	600			1900	45000

5.3 全国电大

	学校产权建筑面积												
	合计	教学辅助用房						行政办公用房	生活福利用房				
		计	教室	图书馆	实验室实习场所	体育馆	会堂		计	学生宿舍	学生食堂	教工单身宿舍	教工食堂
枣庄广播电视大学	52000	19000	15000	600	2400	1000		3000	19665	13000	3000	1363	512
济宁广播电视大学	169291	84930	49861	10602	22467		2000	6313	66276	49751	11906		400
东营广播电视大学													
胜利油田广播电视大学	49684	27877	9730	3824	14323			2914	18893	11706	3931	225	
莱芜钢铁总厂广播电视大学													
鲁中冶金矿山公司广播电视大学	2050	1100	900	200				950					
日照广播电视大学	24399	9433	5033	1200	2800		400	3338	11628	9794	1350		
荣成市广播电视大学	7724	1994	1601	196	137		60	1149	2254	1850	404		
青　岛	**187619**	**81284**	**49745**	**5910**	**17400**	**3765**	**4464**	**21251**	**72647**	**49873**	**11656**	**884**	**1623**
青岛广播电视大学	6860	5820	5300	440	80			1000	40			40	
莱西分校	17119	6656	3258	608	1893	405	492	3126	7337	4896	843	200	
平度分校	21559	7728	5238	650	1468		372	1031	7065	3253	1700	324	551
胶州分校	10089	4400	1461	260	2179		500	1540	4149	2000	900	200	120
胶南分校	8730	2710	2130	140	180	60	200	1970	4050	2200	1400	120	100
即墨分校	30240	11731	5331		6400			2797	12510	9830	1665		
黄岛分校	12612	4720	3400	620			700	3000	4892	3794	848		
崂山分校	28500	17300	9300	1500	3000	2500	1000	3000	8200	5900	1500		800
城阳分校	46100	18800	13000	1600	2200	800	1200	3000	20800	18000	2800		
李沧区分校	5810	1419	1327	92				787	3604				52
河　南	**1740723**	**702628**	**343952**	**76853**	**218069**	**22760**	**40994**	**125129**	**569881**	**446420**	**76316**	**12548**	**5599**
河南广播电视大学	136094	40709	35702	3679	1328			10852	64773	52199	10488		
省直分校													
郑州广播电视大学	56340	21504	15195	2455	3465		389	5100	29277	26259	2343	105	
开封市广播电视大学	8163	5352	4242	300	810			969	1476	1200	276		
洛阳市广播电视大学	22470	7300	5700	500	600		500	3550	6620	4820	1600		100
新乡广播电视大学	41330	10770	6670	600	1650		1850	4700	11710	6000	4700	100	200
焦作广播电视大学	15000	5000	2500	1000	500		1000	3000	5000	1500	1000	1600	500
安阳广播电视大学	10904	3006	2726	80	200			2779	1210	490	490		
濮阳广播电视大学	3907	2927	2777	150				980					
鹤壁广播电视大学	29134	15000	10670	720	2010	800	800	400	4874	4072	330	62	26
商丘广播电视大学	421044	156789	58576	24155	45658	10000	18400	10428	73968	61968	10000		2000
三门峡广播电视大学	290649	164200	40810	18670	95080	5450	4190	23650	102799	75300	15060		1418
平顶山广播电视大学	191123	70939	37797	7970	18871	2860	3441	10932	80454	59840	5860	4620	1064
驻马店广播电视大学	143474	39555	24300	3150	5505	1400	5200	17520	72169	66869	4800	400	100
许昌广播电视大学	10502	3575	1840	356	832		547	1227	5700	3990	546	924	
信阳广播电视大学	12670	2380	2060	100	220			1475	3827	3110	200	417	
南阳广播电视大学	37888	13380	10065	482	683	2150		2800	12508	6673	2150	3200	
周口广播电视大学	3000	2000	1500	100	100	100	200	1000					
漯河广播电视大学	228481	104920	59547	6836	36687		1850	11857	71288	56514	12893	620	
郑州铁路局广播电视大学	25917	11802	8115	1230	1690		767	4000	10115	7616	1780		191
中原油田广播电视大学	8470	4000	3000	200	400		400	2600	1870	1000	300	300	
济源广播电视大学	11240	9040	4860	2920	1200		60	2110					
河南省工商行政管理分校	32923	8480	5300	1200	580		1400	3200	10243	7000	1500	200	
湖　北	**724355**	**267329**	**192199**	**18028**	**36464**	**7302**	**13336**	**63165**	**245516**	**166843**	**33551**	**13706**	**1625**
湖北广播电视大学	139740	61976	60267	1709				7108	54656	47098	6677	410	
黄冈广播电视大学	107646	30148	16125	4273	7099	1716	935	9543	36954	25678	4881	1143	336
孝感市广播电视大学	39022	12637	10377	797	1023		440	8016	12611	8416	1533	2044	

校舍情况(续表 10)

单位：平方米

生活福利及其它用房	教工住宅	正在施工面积	学校产权占地面积	非学校产权建筑面积 合计	计 独立使用	计 共同使用	教学及辅助用房 独立使用	教学及辅助用房 共同使用	行政办公用房 独立使用	行政办公用房 共同使用	生活用房 独立使用	生活用房 共同使用	非学校产权占地面积
1790	10335		70000										
4219	11772		211038										
				231695		231695		125285		14446		91964	1780830
3031			65475										
				31400	31400		19400		4500		7500		86000
			440										
484			58120	24940	24940		9640		600		14700		55000
	2327		12000										
8611	**12437**		**470481**										**1680**
			2476										
1398			20020										
1237	5735		87180										
929			66700										
230			29900										1680
1015	3202		63365										
250			34160										
			55328										
	3500		103896										
3552			7456										
28998	**343085**	**5781**	**2002229**	**2680**	**340**	**2340**	**210**	**2130**	**130**	**210**			**845304**
2086	19760		296815										
			390	2680	340	2340	210	2130	130	210			9700
570	459		5469										
	366		6337										
100	5000		40900										
710	14150		33975										
400	2000												32000
230	3909		10050										
			3800										
384	8860		45000										
	179859		218678										
11021													800004
9070	28798		510400										
	14230	5781	279930										
240			6670										
100	4988		13000										
485	9200		40678										
			5000										
1261	40416		340736										
528			27668										
270			26688										
	90		53360										
1543	11000		36685										3600
29791	**148345**		**1076592**										**5100**
471	16000		83399										
4916	31001		17628										
618	5758		77195										

5.3 全国电大

	学校产权建筑面积												
	合计	教学辅助用房						行政办公用房	生活福利用房				
		计	教室	图书馆	实验室实习场所	体育馆	会堂		计	学生宿舍	学生食堂	教工单身宿舍	教工食堂
咸宁地区广播电视大学	32951	10602	7836	547	1868		351	2408	8740	4890	1082	408	
荆州地区广播电视大学	39476	11637	8509	1094	1064		970	4709	9198	6217	1290	981	50
宜昌市广播电视大学	36000	4330	3000	480	350		500	3000	13490	6050	600	490	150
黄石广播电视大学	32351	12351	10000	1000	1351			5000	10000	5000	3000		
十堰市广播电视大学	13633	6549	4790	860	899			2420	4664	3960	704		
襄樊广播电视大学	83771	28364	18940	2707	3628		3089	6406	28218	15128	2627	4800	200
恩施自治州广播电视大学	16000	8000	6000	500	500		1000	1300	3200	2200	760	240	
大冶有色金属公司分校	12516	4220	1550	314	1896		460	839	2537	1598	91		
天门市广播电视大学	22090	10428	4870	50	1380	4000	128	300	7942	5862	1800	280	
潜江市广播电视大学	7650	4880	4780	100				240	880	520	360		
仙桃广播电视大学	15200	5570	5100	150	200		120	2000	3930	1870	500	60	200
江汉油田分校	62947	36018	17898	2177	10814	1586	3543	4269	22660	18414	3788		
湖北广播电视大学钟祥分校	31600	9700	4800	1000	2100		1800	3000	12900	4500	2400	2000	500
随州广播电视大学	31762	9919	7357	270	2292			2607	12936	9442	1458	850	189
武　汉	**666167**	**314829**	**151750**	**42054**	**89586**	**23210**	**8229**	**49967**	**296723**	**233496**	**30724**	**5926**	**1757**
武汉市广播电视大学	338095	143618	75504	29784	32942		5388	29222	165255	142570	15441		240
江岸区分校													
武昌区分校	4748	1578	1164	123	291			856	2314	2084	230		
桥口区分校	2711	1154	1092	62				249					
汉阳区分校	2358	1613	1212	65	147		189	618	127				57
青山区分校	2558	1928	1836	92				180	450	350			
洪山区工作站	5295	2206	2063	40	103			908	2181	633		1548	
东西湖区分校	3901	1640	1328	108	44		160	1382	879		280		
汉南区分校	2200	1500	600	100	800			200	500	300	100	100	
江夏区分校	10354	8342	6038	204	2100			1832	180			30	
蔡甸区分校	2736	997	923	20	54			126	1613	1253	40		
黄陂区分校	7577	1610	1305	65	80		160	377	3250	2150	800		300
新洲区分校	6402	3213	2649	56	56	56	396	188	3001	1867	104		
武汉钢铁公司分校	270434	143197	55161	11255	52331	22554	1896	13463	113774	81289	12729	4049	960
3303 分校	6798	2233	875	80	638	600	40	366	3199	1000	1000	199	200
江汉区电大分校													
湖　南	**564386**	**223292**	**127467**	**12812**	**47900**	**26507**	**8606**	**52253**	**185634**	**138040**	**29178**	**4314**	**3076**
湖南广播电视大学	102446	49422	15204	2045	21022	10147	1004	15443	36188	31034	2923	140	1461
长沙广播电视大学	3680	2580	1740	120	720			1100					
株洲广播电视大学	25817	14912	13803	682	427			6225	2480				
湘潭广播电视大学	35960	9562	6480	880	2202			1357	23095	15205	3744	3308	838
衡阳市广播电视大学	35554	13048	9772	386	290		2600	4570	9886	6190	3200	340	156
邵阳广播电视大学	10888	3151	2661	180	310			1163	3882	3015	380		
岳阳广播电视大学	18924	6938	5632	208	518		580	2000	5518	4468	1050		
娄底广播电视大学	36010	13020	10400	680	1290		650	6196	4180	3360	820		
零陵分校	9410	3220	1840	120	460		800	381	3409	1794	800	120	20
郴州广播电视大学	24751	11900	7392	490	2548		1470	2061	6070	4186	980		
益阳广播电视大学	11129	3209	2561	162	486			788	1778	1458	212		
常德广播电视大学	29564	14684	12914	340	1430			1207	10768	9030	1738		
怀化广播电视大学	19091	6741	2326	791	3134		490	753	7722	6470	196	206	
湘西民族广播电视大学	94600	30000	15000	1250	3000	10750		2600	27000	19000	8000		
张家界市广播电视大学	14910	5580	3300	140	1840		300	1090	3920	2220	760	200	300

校舍情况(续表 11)

单位：平方米

		正在施工面积	学校产权占地面积	非学校产权建筑面积									非学校产权占地面积
生活福利及其它用房	教工住宅			合计	计		教学及辅助用房		行政办公用房		生活用房		
					独立使用	共同使用	独立使用	共同使用	独立使用	共同使用	独立使用	共同使用	
2360	11201		77856										
660	13932		28412										
6200	15180		68890										
2000	5000		32351										
			9333										
5463	20783		161077										
	3500		13000										
848	4920		12000										5000
	3420		24675										
	1650		9314										100
1300	3700		26147										
458			318315										
3500	6000		62000										
997	6300		55000										
24820	**4648**	**46630**	**1695146**	**6055**	**6055**		**3633**		**1540**		**882**		**4636**
7004		13506	818717										
				3122	3122		1500		740		882		2173
			9600										
	1308		2279										
70			2610										
100			6667										
			2065										
599			7236										
			5000										
150			28549										
320			3333										
	2340		6900										
1030			14000										
14747		33124	781392										
800	1000		6798										
				2933	2933		2133		800				2463
11026	**103207**	**58512**	**1131789**	**39845**	**39845**		**24151**		**4308**		**11386**		**54159**
630	1393		133466										
			3000	7640	7640		5939		1621		80		7423
2480	2200		19637										
	1946		99900										
	8050		60694										
487	2692		64655										
	4468		18927										
	12614		115300										
675	2400		27922										
904	4720		18926										
108	5354		10763										
	2905		74000										
850	3875		17314										
	35000		54000										
440	4320		23580										

5.3 全国电大

	学校产权建筑面积												
	合计	教学辅助用房						行政办公用房	生活福利用房				
		计	教室	图书馆	实验室实习场所	体育馆	会堂		计	学生宿舍	学生食堂	教工单身宿舍	教工食堂
津市分校	10225	3549	1860	218	759		712	280	4026	2359	775		301
岳阳石化总厂广播电视大学	23211	12082	2168	420	3884	5610		1439	4390	1029	100		
卫生分校													
涟钢分校													
药学分校	58216	19694	12414	3700	3580			3600	31322	27222	3500		
广　东	**1129509**	**624007**	**422283**	**37967**	**123494**	**13350**	**26913**	**96959**	**299307**	**189116**	**36157**	**25327**	**3369**
广东广播电视大学	22604	5315	2606	1120	864		725	14785	1944	504	440		
法律分校	1050	950	920	30				100					
省电力局分校													
省公路局分校	11771	4050	3000	400	300		350	600	4430	3800	250	80	125
广东电大深圳拱北海关分校	3426	1774	1364	410				1002	170			70	
珠海市广播电视大学	13913	11752	8628		1265	1629	230	1611	550	150	400		
斗门广播电视大学													
汕头广播电视大学	34686	23469	14916	1988	4585	840	1140	4327	6191	940	1176	300	
汕头广播电视大学潮阳电大	9473	5673	3900	100	1493		180	2500	1300			1200	100
汕头广播电视大学澄海电大	46550	22077	13829		8248			3612	20861	15610	4382		
韶关市广播电视大学	8612	7408	4634	675	1404	20	675	498	706	378		328	
韶关市曲江区广播电视大学	8018	4239	3212	262	765			474	2794	1148	364		
仁化广播电视大学	6627	2354	2147	78	129			733	931		290		
新丰县广播电视大学	3679	1645	1320	88			237	481	1553	1259	101	193	
广东省翁源县广播电视大学	23400	6665	3400	340	2300		625	880	9713	4400	1100		
始兴县广播电视大学	5370	3266	2666	200	200		200	669	1435	982	453		
南雄市广播电视大学	3239	2170	1200	120	500	130	220	469	600	240	120	120	60
乐昌市广播电视大学	6418	2452	1536	247	494		175	447	2227	1799	275		
乳源瑶族自治县广播电视大学	5722	1609	1200	200	209			400					
汕尾市广播电视大学	17910	12635	9955	140	2240		300	560	3134			1055	
海丰县广播电视大学	7340	3650	3350	150	150			350	2556	150		150	
陆丰市广播电视大学	3740	2738	1767	52	667		252	206	796				40
陆河县广播电视大学	3060	2640	1940		280		420	300	120				
梅州市广播电视大学	10050	9340	8460	30	100	250	500	660	50				
梅江区广播电视大学	7300	6500	6400	30	70			300	500				
蕉岭县广播电视大学	3538	2410	1530	180	700			500	628				
大埔县广播电视大学	3980	3280	2180	300	600		200	500	200			200	
丰顺县广播电视大学	9420	5920	4880	70	570		400	550	2450	2300	150		
五华县广播电视大学	5510	3200	2500	100	300	150	150	200	910	360	250	200	80
广东省兴宁市广播电视大学	3814	3276	2738	331	40		167	518	20				
平远县广播电视大学	4600	2800	2400	80	120		200	600	1200	1080	120		
惠州市广播电视大学	16813	8371	7545	452	302	72		2024	6418	5148	1084		48
惠阳区广播电视大学	8474	6374	5900	200	274			800	500			300	200
惠东县广播电视大学	1300	1050	900	100			50	200	50				
博罗县广播电视大学	6785	6425	5785	120	200		320	340	20			20	
龙门县广播电视大学	2476	1405	1199	30	176			677	80				
东莞市广播电视大学	13830	10770	10267	503				1235	725	320			
中山市广播电视大学	11593	8703	7303	500	300		600	1054	1836	1836			
江门市广播电视人学	27690	13816	8729	1350	1530	1172	1035	2295	7757	3996	610	440	105
新会市广播电视大学	5060	3880	1862	94	1924			1180					
台山磐石电视大学	9253	5277	3713	300	950		314	1620	2356	1100	376		50

校舍情况(续表12)

单位：平方米

生活福利及其它用房	教工住宅	正在施工面积	学校产权占地面积	非学校产权建筑面积									非学校产权占地面积
				合计	计		教学及辅助用房		行政办公用房		生活用房		
					独立使用	共同使用	独立使用	共同使用	独立使用	共同使用	独立使用	共同使用	
591	2370		28005										
3261	5300		16700										
			20000	14830	14830		8470		280		6080		
				17375	17375		9742		2407		5226		43000
600	3600	58512	325000										3736
45338	**109236**	**9814**	**2013626**	**33322**	**9341**	**23981**	**5935**	**13480**	**1769**	**1000**	**1637**	**9501**	**133060**
1000	560		13172										
			1050										
				16501		16501		9500		1000		6001	37600
175	2691		26116										
100	480		4130										
		420	33091										
				4078	4078		1802		759		1517		5149
3775	699		11016										
			16142										
869			92000										
			131630										
1282	511		8018										
641	2609		16576										
			19262										
4213	6142		50195										
			7700										
60			15000										
153	1292		9323										
	3713		4220										
2079	1581		14608										
2256	784		5000										
756			8438										
120			6000										
50			4600										
500			8200										
628			7998										
			2898										
	500		20000										
20	1200		5510										
20			1250										
			14647										
138			17706										
	800		8474										
50			600										
			2700										
80	314		3300										
405	1100		12624										
			1300										
2606	3822		34465										
			10000										
830			14733										

5.3 全国电大

	学校产权建筑面积												
	合计	教学辅助用房						行政办公用房	生活福利用房				
		计	教室	图书馆	实验室实习场所	体育馆	会堂		计	学生宿舍	学生食堂	教工单身宿舍	教工食堂
开平市广播电视大学	19731	11258	3626	384	6062	1186		467	8006	2455	1679	2410	142
恩平市广播电视大学	19679	13707	3581	3253	3620		3253	1528	3594	2559	895		100
鹤山市广播电视大学	5408	3020	2760	196	64			170	2218			1858	
佛山广播电视大学	18665	15212	4739	498	9242		733	2122	1331			904	427
三水广播电视大学	309							309					
高明广播电视大学	4480	3580	2950	150	300	180		350	550	370	180		
阳江市广播电视大学	17145	13625	9643	412	3120		450	1000	2520	1560	260		
阳春市广播电视大学	17398	9714	6101	625	2398		590	1169	5595	4362	377		
湛江市广播电视大学	28400	13200	9100	600	2300	200	1000	1400	4200	3600	600		
雷州市广播电视大学	6115	2281	1826	105	210		140	175	741	605	136		
徐闻县广播电视大学	11489	2794	2649	65	80			1200	995	500	50	360	35
遂溪县广播电视大学	4530	3200	2200	400	300	300		580	750	500	250		
吴川市广播电视大学	12000	4920	3800	320	800			820	1600	1200	400		
廉江市广播电视大学	12410	7137	3537	2828	484		288	834	939	625	202	104	
茂名广播电视大学	38181	13854	8520	728	2886	300	1420	1881	12272	8156	952	130	
高州市广播电视大学	6550	4000	3000	100	600		300	500	2050	1650	300		
信宜市广播电视大学	47700	24700	12200	1500	7500	3000	500	3500	11500	9000	800	1500	
电白广播电视大学	11930	2720	1800	400	140		380	900	4070	3600	300		
化州市广播电视大学	26650	10500	8000	800	1200		500	1800	6350	4500	310	600	110
肇庆广播电视大学	18334	5649	3515	468	1450	216		2005	10680	6196	354	1060	
高要市广播电视大学	3120	2630	2390	90	150			250	240				
四会市广播电视大学	35599	23909	14685	1084	6900		1240	2594	9096	4481	1229	2830	100
广宁县广播电视大学	11593	5578	4118	980	480			240	5775	3845	400	160	18
德庆县广播电视大学	19080	8230	6620	150	960		500	460	8480	8300	180		
封开县广播电视大学	2840	2000	1520	180	300			320	520	300	220		
怀集县广播电视大学	7049	5893	5147	243	503			658	498		324	102	
清远市广播电视大学	9806	6542	5239	185	1118			280	2474	1446	248	510	40
英德电大	24547	10322	3694	1906	2606	1597	519	1057	11453	7786	2460		
佛冈县广播电视大学	7231	2557	1404	93	1060			296	1898	1640	258		
阳山县广播电视大学	28966	12966	3308	800	8858			1600	11601	7728	800	1933	130
连山壮族瑶族自治县广播电视大学	3011	1587	962	105	200	320		120	536	324	212		
连南瑶族自治县广播电视大学	3712	2300	1140		960		200	200	330	200	40		
连州市广播电视大学	12870	7570	4500	220	2320		530	1650	650	300			150
潮州广播电视大学	18460	16165	13535	350	2200		80	675	1620	1200	420		
饶平县广播电视大学	2615	2160	1580	130	290		160	346	109		109		
潮安广播电视大学	2100	1300	940	120	240			420	380			220	
揭阳广播电视大学	4400	3650	2850	100	300		400	300	450			450	
普宁市广播电视大学	1370	1000	600	80	120		200	190	180			80	
广东省揭西县广播电视大学	2000	1275	1115	40	120			300	425				
惠来县广播电视大学	7390	4358	3758	100	500			702	30				30
揭东县广播电视大学	11369	4370	3500	420	450			1100	5899	2012	500	1510	100
河源广播电视大学	49441	23434	16976	688	4570		1200	547	22916	19356	1851	1409	300
和平县广播电视大学	16843	10908	10628	52	228				5935	5585	200		150
龙川广播电视大学	5450	3400	2800	200	400			200	1850	1200	500	100	50
紫金县广播电视大学	10377	5200	4087	120	528		465	1777	2000	1600	200	120	
连平县广播电视大学	9079	3970	1600	150	1690	80	450	500	4609	2500	1909		
云浮市广播电视大学	21197	12332	11621	175	536			780	7317	3105	444		179

校舍情况(续表13)

单位：平方米

		正在施工面积	学校产权占地面积	非学校产权建筑面积									非学校产权占地面积
				合计	计		教学及辅助用房		行政办公用房		生活用房		
生活福利及其它用房	教工住宅				独立使用	共同使用	独立使用	共同使用	独立使用	共同使用	独立使用	共同使用	
1320			47524										
40	850		117269										
360			5048	7480		7480		3980				3500	80000
			16657										
			309	2640	2640		2040		480		120		2664
			4082										
700			16943										
856	920		16482										
	9600		18884	1473	1473		1093		380				1213
	2918		6859										
50	6500		16500										
			4000										
	4660		17000										
8	3500		5250										
3034	10174		17467										
100			5600										
200	8000		55000										
170	4240		15300										
830	8000		71928										
3070			7858										
240			13500										
456			119500										
1352			30000										
	1910		63750										
			300										
72			3743										
230	510		11322										
1207	1715		111389										
	2480		8000										
1010	2799	9394	54823										
	768		5336										
90	882		4666										
200	3000		8350										
			2482										
			4024										
160			10670										
			3368										
100			5000	1150	1150		1000		150				1150
425			1100										
	2300		6018										
1777			11369										
	2544		46000										
			32570										
			11000										
80	1400		60000										
200			26480										5284
3589	768		46667										

	学校产权建筑面积												
	合计	教学辅助用房						行政办公用房	生活福利用房				
		计	教室	图书馆	实验室实习场所	体育馆	会堂		计	学生宿舍	学生食堂	教工单身宿舍	教工食堂
云硫电大	850	510	450		60			250	90	90			
罗定市广播电视大学	3650	3270	2470	100	450		250	250	130		100	30	
新兴电大	12018	5000	3300	1300	400			700	6318	3800	1000	1100	
郁南电大	1320	1220	1000	40	80	100		100					
南海广播电视大学	47030	26516	16622	1944	6250	200	1500	4500	16014	13380	2246		200
顺德广播电视大学	7928	5486	2796	620	662	1408		630	1812		321	1191	300
广　州	**525384**	**309907**	**175148**	**20665**	**56498**	**47973**	**9623**	**48370**	**150708**	**95693**	**25413**	**7713**	**3203**
广州市广播电视大学	93645	54413	34880	7730	9793	700	1310	16370	22779	16928	3841	700	1310
东山区分校	6300	5587	5534	53				470	243			198	45
海珠区分校	6828	4291	3662	200	429			455	2082	1916	166		
荔湾分校	12695	9374	6323	644	1467	724	216	1993	1328	390	409	70	108
越秀区分校	18313	17107	4874	606	2045	9266	316	950	256		256		
天河区分校	3226	2420	1700	90	370	150	110	240	566	360			50
开发区分校	2262	1904	1168	112	225		399	318	40				
市轻工业局分校	133225	75640	14829	4182	22548	30965	3116	4936	52024	27722	3710	4386	260
侨光分校	15892	9127	6727	1000	1400			1251	5514	4714	800		
机电局分校	44137	21666	12730	1129	5185	1974	648	9861	12610	11238	1372		
法律专业工作站	38041	15724	6819	1503	2085	3494	1823	2358	19959	13588	3625	834	880
市二轻局工作站	31324	13910	10910	500	2500			1428	11227	10227	800		200
番禺区广播电视大学	11112	5985	3840	240	1800		105	595	1000			750	250
从化市分校	6944	4283	3691	150	442			481	2180	1010	234	75	
花都区广播电视大学	37238	21338	17938	720	1800		880	2200	8900	6600	2300		
增城市广播电视大学	54045	40620	37180	120	3320			3225	7900		7600	300	
市银行学校电大工作站	1357	918	543	86	289			439					
东方教学点													
金融分校													
广东科学技术职业学院电大工作站	8800	5600	1800	1600	800	700	700	800	2100	1000	300	400	100
广州电大广大人文学院工作站													
深　圳	**108266**	**50196**	**31293**	**3557**	**8989**	**3900**	**2457**	**16924**	**33115**	**16149**	**2691**	**372**	**707**
深圳市广播电视大学	19986	11379	8103	376	2900			2877	292			172	
蛇口分校	8450	5790	3640	1500		450	200	2660					
宝安分校	19246	7450	6479	272	242		457	4095	5108	1553	425		425
沙头角分校													
南山分校	17397	2973	1860	237			876	2806	11618	3900	596		
龙岗分校	9025	6484	3437	489	2358		200	2341	200			200	
罗湖分校	25500	10486	6313	583	3166		424	1683	13331	9212	1670		
福田分校	8662	5634	1461	100	323	3450	300	462	2566	1484			282
深圳广播电视大学光明教学点													
广　西	**147362**	**57540**	**41349**	**4479**	**8319**	**1743**	**1650**	**19258**	**25804**	**17992**	**3101**	**720**	
广西广播电视大学	51314	15960	10885	1377	3148		550	11009	7547	4952	690		
区直分校	6386	2023	385	100	195	1343		620	843	593	100		
南宁广播电视大学	10804	3492	2756	192	544			1294	2522	2364	78		
柳州市广播电视大学	14196	7912	5402	820	1450		240	1156					
桂林市分校	17149	10088	6870	700	1518	400	600	800	2670	984	110		
梧州市分校	11282	5170	3890	510	510		260	1230	1396	1136	260		
南宁地区分校	1848	360	360						240			240	
柳州地区分校	3232	1487	1159	164	164			650	130	100	30		

校舍情况(续表 14)

单位：平方米

生活福利及其它用房	教工住宅	正在施工面积	学校产权占地面积	非学校产权建筑面积									非学校产权占地面积
				合计	计		教学及辅助用房		行政办公用房		生活用房		
					独立使用	共同使用	独立使用	共同使用	独立使用	共同使用	独立使用	共同使用	
			850										
			3420										
418			102584										
			1200										
188			41193										
			33300										
18686	**16399**		**700177**	**109303**	**75463**	**33840**	**13253**	**14001**	**2278**	**8236**	**59932**	**11603**	**98461**
	83		35871	3900	3900						3900		2537
			148										
			59700	4800	4800		2480		180		2140		5700
351			23052										
			13743										
156													5500
40			13043										4000
15946	625		99660	27676	27676		5248		654		21774		9824
			13333	4546	4546						4546		2500
			75333										
1032			95077	24124		24124		9375		6508		8241	
	4759		43742										
	3532		10097										
861			6195										
	4800		16650										
	2300		136500	17815	17815		1005		444		16366		
			233										
				10520	9520	1000	4520	400	1000		4000	600	40000
				15922	7206	8716		4226		1728	7206	2762	3400
300	300		17800										
			40000										25000
13196	**8031**		**74789**	**18042**	**15842**	**2200**	**8997**	**700**	**3585**		**3260**	**1500**	**103430**
120	5438		6492	6000	5300	700	3000	700	1700		600		99143
			6400	1500		1500						1500	
2705	2593		22448										
			4355	8038	8038		4940		1495		1603		
7122			13497										
			4209										
2449			7388										
800			10000										
				2504	2504		1057		390		1057		4287
3991	**44760**		**126326**	**132893**	**28840**	**104053**	**10194**	**51223**	**2730**	**6645**	**15916**	**46185**	**241117**
1905	16798		23250										
150	2900		4400	3210	3210		1000		110		2100		6670
80	3496		3893										
	5128		6000										
1576	3591		14188										
	3486		4662										
	1248		1003	33439		33439		18079		1392		13968	33439
	965		9920										

5.3 全国电大

	学校产权建筑面积												
	合计	教学辅助用房						行政办公用房	生活福利用房				
		计	教室	图书馆	实验室实习场所	体育馆	会堂		计	学生宿舍	学生食堂	教工单身宿舍	教工食堂
梧州地区分校	2030	150	150					650	130				
百色民族分校	8864	2435	2113	148	174			831	3352	2279	923		
钦州市分校													
北海市分校	.4214	2346	2193	153				535	433	353	80		
检察分校													
贵港市电大分校	7880	4400	3990	110	300			300	3180	2500	200	480	
防城港市工作站													
玉林商校工作站	8163	1717	1196	205	316			183	3361	2731	630		
广西电大工商分校													
广西银行学校电大工作站													
海　南	**22659**	**5978**	**3288**	**1000**	**1220**		**470**	**1500**	**4590**	**3870**	**400**		
海南广播电视大学	22659	5978	3288	1000	1220		470	1500	4590	3870	400		
四　川	**625880**	**248802**	**185233**	**14874**	**31437**	**7028**	**10230**	**91368**	**187566**	**116886**	**25573**	**14324**	**3678**
四川广播电视大学	120310	43078	20884	5950	13276		2968	20258	54073	33197	7578	1501	1773
省建委分校	2940	2440	2030	150	200		60	300	200				
省级机关分校	4943	3128	2822	150	36		120	670					
成都铁路局分校	32105	7869	4600	200	3069			2200	22036	6673	1863	8900	
德阳广播电视大学	31427	21630	21210	50	370			5771	4026	1586	192		
绵阳广播电视大学	28936	13445	7245	295	465	4662	778	2826	8765	7665	580		
广元广播电视大学	14918	4119	3735		384			3116	3859	3559	300		
四川电大遂宁教学点	50022	14963	11568	850	1745		800	9437	17122	12101	3716		105
雅安分校	8118	3479	3359	120				1231	2798	2698	100		
乐山广播电视大学	14887	7896	6296	400	400	500	300	1108	3069	2742	250		
内江广播电视大学	16751	3809	2789	500	520			815	4633	4037	596		
自贡广播电视大学	37314	30351	27670	400	410	870	1001	1230	4413	2380	1200	113	720
宜宾广播电视大学	21509	10942	8965	807	580		590	1535	4645	3421	400		
泸州广播电视大学	59183	12391	9275	990	2126			4660	19594	11493	2612	2450	730
南充广播电视大学	37205	10980	8605	660	230	596	889	15565	3726	1900	480	140	
达州广播电视大学	56308	17556	14521	769	1166	400	700	9500	14571	11419	2578		
甘孜分校	1973	450	380	35			35	450	1073	517	191		
凉山广播电视大学	2900	800	600		140		60	700					
攀枝花广播电视大学	14231	9424	7524		1200		700	2407	2400	2400			
巴中广播电视大学	6250	4500	4500					1250	500		500		
广安广播电视大学	24588	10682	7100	900	2682			1200	7706	4400	600	600	
眉山广播电视大学	2353	2023	2023					330					
资阳广播电视大学	1800	1600	1200		400			200					
四川电大直属学院蓬溪分校	7600	3000	2000	400	200		400	1000	1400	1000	400		
四川电大直属学院射洪分校	4800	2300	1100	200	300		700	600	1400	800	300		
四川电大直属学院大英分校	2060	648	432	54	108		54	240	372		80	100	
四川电大直属学院西昌分院	5680	720	500	120	100			400	1560	780	200	300	100
四川电大直属学院雷波工作站	4560	715	380	130	130		75	1072	577		397		
四川电大直属学院宁南工作站	5640	2840	1020	620	1200			400	2400	1940	460		
四川电大直属学院甘洛工作站	2630	330	300	30				300					
四川电大直属学院越西工作站	190	130	60	70				60					
四川电大直属学院昭觉工作站	995	400	400					417	178	178			
四川电大直属学院美姑工作站	754	164	140	24				120	470			220	250
成　都	**94158**	**53956**	**39391**	**1842**	**10766**	**1157**	**800**	**11110**	**13701**	**8807**	**1221**	**360**	**280**

校舍情况(续表 15)

单位：平方米

生活福利及其它用房	教工住宅	正在施工面积	学校产权占地面积	非学校产权建筑面积 合计	计 独立使用	计 共同使用	教学及辅助用房 独立使用	教学及辅助用房 共同使用	行政办公用房 独立使用	行政办公用房 共同使用	生活用房 独立使用	生活用房 共同使用	非学校产权占地面积
130	1100		600	1000		1000		800				200	2000
150	2246		12239										
				37005		37005		18984		3000		15021	66065
	900		8600										
				5320	5320		850		720		3750		1000
			19571										
				3000	900	2100	700	800	200	300		1000	35000
	2902		18000										
				19410	19410		7644		1700		10066		24483
				30509		30509		12560		1953		15996	72460
320	**10591**		**61283**										
320	10591		61283										
27105	**98144**	**17461**	**1457139**	**66542**	**28661**	**37881**	**20338**	**19673**	**3823**	**1440**	**4500**	**16768**	**197416**
10024	2901		201788	27923	22053	5870	14720	3270	2833	100	4500	2500	101757
200			900	1600		1600		900		100		600	1600
	1145		6800										1000
4600			31905										
2248			57674										
520	3900	8129	29987										
	3824	7535	184885										
1200	8500		99789										
	610		2790										
77	2814		19659	21876	4308	17568	3518	3390	790	510		13668	16243
	7494		6000										
	1320		30968										
824	4387		68420										
2309	22538		50801										
1206	6934		25813										
574	14681	1797	112374										
365			792	5186		5186		5186					5186
	1400		3400										
			14667	1686		1686		1606		80			1686
			15901										
2106	5000		32000										
			6000	8271	2300	5971	2100	5321	200	650			13932
													56012
	2200		6666										
300	500		2300										
192	800		6640										
180	3000		3118										
180	2196		5243										
			418054										
	2000		4000										
			3028										
			940										
			3837										
3033	**15391**		**107126**	**144891**	**144891**		**73573**		**5082**		**66236**		**233578**

	学校产权建筑面积												
	合 计	教学辅助用房						行政办公用房	生活福利用房				
		计	教 室	图书馆	实验室实习场所	体育馆	会 堂		计	学生宿舍	学生食堂	教工单身宿舍	教工食堂
成都广播电视大学	11900	9550	8550	300	200		500	1400	50				
龙泉分校	2328	1520	1435	85				728	80				
彭州分校	4096	1017	977	40				401	383	383			
新都分校	4203	1177	1177					282	490	450			
双流分校	3850	3620	3300	60	200	60		230					
崇州分校	5900	2300	1740	140	420			600					
邛崃分校	5000	2000	1600	100	200		100	500	1000	200	300	200	
郫县分校	5119	3081	2281	50	750			654	56		37		
温江分校	4863	3805	3805					168					
金堂分校	9081	5120	880	120	4000	120		387	1310	640	80	90	
五冶分校	4826	3927	2650	200	120	877	80	605	294		224	70	
蒲江分校	14222	6558	4500	120	1938			2000	5664	5004	380		280
电子工业分校	12370	6156	3256	402	2378		120	2380	2874	1730	100		
新津分校	2700	1525	1300	25	100	100		275	900	100			
青羊分校	2400	1900	1340	100	460			300	200				
旅游分校	1300	700	600	100				200	400	300	100		
重　庆	**574986**	**240654**	**162585**	**12382**	**35882**	**9807**	**19998**	**53741**	**219372**	**145425**	**29213**	**4194**	**455**
重庆广播电视大学	137263	50578	22082	6753	17398	2385	1960	12791	49731	45231	4500		
渝中区分校	1870	1640	1600	40				200	30				30
重庆铁路分校	9876	730	320	100			310	100	4846	350	415		
重庆钢铁公司分校	7010	6610	4226	200	1884		300	400					
南岸分校	5930	5730	4600	200	530		400	200					
九龙坡分校	1601	895	613	40	192		50	198	508			153	
江北区工作站	6000	4000	3550	200	100		150	2000					
沙坪坝区电大分校	8340	5381	4467	246	248		420	1400	272	272			
永川市广播电视大学	22755	10500	7000	200	900		2400	4100	6247	4000	800	350	50
北碚区工作站	9772	5806	5575	231				1772	1564	464			
万盛区工作站	816	696	576	80	40			120					
荣昌分校	11230	6441	4991		600		850	800	3989	1910	625		
綦江县工作站	25700	12500	8300		2080	1800	320	1400	11800	5000	1400		
合川广播电视大学	7051	3130	2480	200	150		300	600	3321	1730	319	97	
长寿分校	15843	9043	2843	200	1000		5000	2800	4000	2000	2000		
铜梁县工作站	1910	810	600	50	60		100	100	1000	800	80	100	20
渝北分校	1900	1650	650	100	400	400	100	250					
潼南县工作站	8022	6490	5190	350	650		300	192	1340	1040	300		
大足县工作站	3488	2848	890	130	108	1600	120	240	400		400		
巴南分校	6686	3983	3660	219	104			860	1843	1583	260		
江津广播电视大学	19230	11293	10641		488		164	1377	6560	4860	1700		
大渡口分校	1288	806	806					321	161			140	21
璧山分校	11334	3300	2400	100	500		300	1200	1000	400	200	300	
万州广播电视大学	12057	1681	1345	110	78		148	648	2485	1620	204	30	
涪陵广播电视大学	16307	4450	2500	250	500		1200	2462	2895	1320	375		
黔江广播电视大学	5555	3655	3600	55					1900	1900			
南川分校													
垫江分校	14000	6800	3100	200		1600	1900	2974	4226	3166	1060		
丰都县电大工作站	820	560	430	40	90			260					
武隆分校	30525	10270	6958	150	3162			576	12427	10019	2408		

校舍情况(续表 16)

单位：平方米

生活福利及其它用房	教工住宅	正在施工面积	学校产权占地面积	非学校产权建筑面积									非学校产权占地面积
				合计	计		教学及辅助用房		行政办公用房		生活用房		
					独立使用	共同使用	独立使用	共同使用	独立使用	共同使用	独立使用	共同使用	
50	900		7459										
80			6031										
	2295		3042										
40	2254		2743										
			3850										
	3000		4230										
300	1500		2000										
19	1328		5779										
	890		2260										
500	2264		6996										
			6336										
			23400										
1044	960		21400	144891	144891		73573		5082		66236		233578
800			2700										
200			4900										
			4000										
40085	**61219**	**176483**	**1715800**	**41688**	**31802**	**9886**	**13134**	**7535**	**4306**	**1450**	**14362**	**901**	**54604**
	24163	145826	884583										
			1030										
4081	4200		7267										
			5987										
			3300										2790
355			1527	2597	2062	535	2040	535	22				2597
			8610										
	1287		23800										2000
1047	1908		33300										
1100	630		7932										
			2016										
1454			20000										
5400			1000										6500
1175			6456										
			16675										
			1000	7600	7600		3000		1000		3600		5000
			1900										
			5588										
			45000										
			11493										
			29763										
			1288										
100	5834		10060										
631	7243		46076										
1200	6500		13986										
			6670										
				3019	3019		2099		920				1400
			29400										
			500										7000
	7252	10757	40582										

5.3 全国电大

	学校产权建筑面积												
	合计	教学辅助用房						行政办公用房	生活福利用房				
		计	教室	图书馆	实验室实习场所	体育馆	会堂		计	学生宿舍	学生食堂	教工单身宿舍	教工食堂
梁平县电大工作站	3246	2191	1648	150	108		285	192	863	863			
重庆电大经贸学院	56971	21171	19671		1500			800	35000	29000	6000		
重庆电大物流学院													
重庆电大建筑工程学院													
酉阳分校	39940	10748	8502	300	488	1458		3511	25681	9873	1855	1072	
秀山分校	1250	720	440	80	162		38	450	80				80
石柱分校	5385	2553	1248	114	228		963	300	2532	1143	190		
彭水分校	6500	1820	1000	240	430		150	180	2460	1850	460	150	
奉节县电大工作站	3500	1720	1600	120				980	800	640	160		
云阳县电大工作站	1334	900	500		250		150	300	134				
巫山分校	12134	5501	5012	184	305			1775	4858	3101	1501		
巫溪电大工作站	580	300	225		75			118					
城口电大工作站	1170	950	880	70				220					
开县电大工作站	7905	4154	2056	200	684	564	650	1200	2551	932	191	574	54
忠县电大工作站													
铜梁分校	14000	2510	1440	400	200		470	650	10840	2600	400		200
重庆电大企业管理学院	12160	2330	1650	80	100		500	2500	7330	4470	1000	1228	
市药监局电大工作站	4732	810	720		90			224	3698	3288	410		
贵　州	**182298**	**103569**	**60762**	**9409**	**15733**	**15615**	**2050**	**19905**	**52644**	**20223**	**6374**	**12833**	**517**
贵州广播电视大学	52744	34287	17867	3000	7820	5300	300	5000	13457	6159	1200		
贵阳市分校	6596	5107	4689	96			322	1047	442	442			
遵义地区分校	2139	1839	1839					300					
安顺地区分校	9920	6620	6620					3300					
黔南州分校	2886	1050	520	50	120	200	160	258	798	600		18	
黔东南州分校	18497	6209	3602	113	1994	500		2231	10057	4007	1386		517
黔西南州分校	9926	3579	2995	164	420			1135	2812	920	520	400	
毕节地区分校	5406	2766	2380				386	1160	1480	1120	360		
六盘水市分校													
铜仁分校	4900	2546	2266				280	870	1484	1204	80		
水城钢铁公司分校	17000	11000	3600	1200	3000	3000	200	3000	3000	2400	600		
航天管理局工作站	6430	1850	1300	200	350			380	1200	1000	200		
黎阳机械公司工作站	3890	2540	840	100	1500		100	50	1300	800	400		
贵航技校电大工作站	41964	24176	12244	4486	529	6615	302	1174	16614	1571	1628	12415	
云　南	**608737**	**275216**	**124520**	**35147**	**99134**	**4561**	**11854**	**48154**	**196397**	**95220**	**20096**	**4991**	**3173**
云南广播电视大学	65267	25483	10206	2778	9997		2502	9719	14978	9263	900	868	900
昆明广播电视大学	12519	6021	3679	570	1142		630	1658	4840	2820	1300		
玉溪广播电视大学	28327	12702	7694	2200	2808			2083	7997	4830	1372		
思茅广播电视大学	4998	1080	961	119				178	2515	1426	221	671	
西双版纳广播电视大学	45054	14367	9938	686	2782	961		2164	14986	10054	2786	798	
红河分校													
文山分校													
曲靖分校													
昭通分校	78290	37475	17467	8274	8432		3302	4148	36667	24657	3514		
楚雄广播电视大学													
大理分校	300599	138435	53832	18416	63948		2239	22872	90904	26265	7998	979	
保山分校	12698	5004	2550	108	86	1988	272	612	5210	4394	229		
临沧分校													

校舍情况(续表 17)

单位：平方米

生活福利及其它用房	教工住宅	正在施工面积	学校产权占地面积	非学校产权建筑面积 合计	计 独立使用	计 共同使用	教学及辅助用房 独立使用	教学及辅助用房 共同使用	行政办公用房 独立使用	行政办公用房 共同使用	生活用房 独立使用	生活用房 共同使用	非学校产权占地面积
			7514										
		15000	153180										
				14021	14021		5435		754		7832		8780
		4900		12031	4100	7931		6000	1170	1030	2930	901	10667
12881			63307										
			1250										1250
1199			11734										
	2040		17849										
			2788										
134			1534										
256			134552										
	162		120										
			1336										4200
800			8015										
			1500	2420	1000	1420	560	1000	440	420			2420
7640			22000										
632			12332										
			10000										
12697	**6180**	**8000**	**695314**	**6902**	**3857**	**3045**	**2476**	**2910**	**824**	**135**	**557**		**6000**
6098			348135										
			3976	700	700		476		224				
			2000										
		8000	9920										
180	780		31345										
4147			33800										
972	2400		7243										
			20010	3045		3045		2910		135			
				3157	3157		2000		600		557		4500
200			2667										
			17000										
	3000		6667										
100			40000										
1000			172551										1500
72917	**88970**	**58654**	**2808600**	**945418**	**164682**	**780736**	**60142**	**398554**	**4237**	**32975**	**100303**	**349207**	**3288236**
3047	15087		494714										
720			17424										
1795	5545												28327
197	1225		18009										
1348	13537	16100	105322										
				174199		174199		67161		14518		92520	446639
				126517		126517		73709		1719		51089	372334
				206734		206734		131449		4580		70705	1159172
8496			171445										
				88360		88360		31922		3233		53205	423333
55662	48388		1630968	146161	146161		50338				95823		
587	1872		9641										
				62944		62944		29328		3141		30475	427788

	学校产权建筑面积												
	合计	教学辅助用房						行政办公用房	生活福利用房				
		计	教室	图书馆	实验室实习场所	体育馆	会堂		计	学生宿舍	学生食堂	教工单身宿舍	教工食堂
德宏广播电视大学													
丽江分校													
文山州民族干部学校	7275	2422	1220	90	130		982	720	4133	2120	250	1575	120
怒江电大分校	25934	17153	6123	471	8947	312	1300	779	6008	4891	120		
个旧分校	14363	8532	5429	870	306	1300	627	2245	3586	2130			1456
煤炭分校	6779	2858	2471	131	256			216	3705	2000	1008		697
省检察分校	2662	1284	1000	284				310	868	370	398	100	
昆明市总工会分校	3972	2400	1950	150	300			450					
昆钢分校													
烟草分校													
云南省电大政法分校													
陕　西	**621962**	**267485**	**151789**	**12997**	**65496**	**27574**	**9629**	**50570**	**209260**	**136404**	**27511**	**12165**	**7208**
陕西省广播电视大学	116419	36968	30063	600	5667		638	10108	43304	37526	3683	254	544
延安分校	15460	7797	4017	200	2620		960	3399	4264	2500	240		100
榆林地区分校	16791	8220	5856	828	1536			1481	7090	4068	867		
咸阳市分校	4595	2833	2617	64	32		120	882	880	480	160	240	
宝鸡市分校	6620	4280	3920	80	120		160	1330	1010	820	80		20
安康分校	5838	2245	1717	75	453			1079	1543	1543			
汉中分校	8340	2100	1400	100	500		100	1900	4340	3500	840		
渭南分校	8655	800	500	60	240			570	925	865	60		
商洛地区分校	7060	4100	3000	100	1000			1000	1960	1000		800	
铜川市分校	1800	1600	1378	60	162			200					
航空工业局工作站	50828	25659	12607	879	11733	80	360	9419	11650	6790	380	200	3600
省电子工业局工作站	11370	5100	4100	400	400		200	4000	2270	1000	500	340	430
兵器工业管理局工作站	7417	4312	2312	550	400	750	300	620	1500	730	260	350	80
省冶金局工作站	13900	13000	12000	200	600	200		500	400	400			
省石油化学工业局工作站	20116	5516	1380	512	2800	638	186	680	13920	6820	2318	362	
陕西省纺织公司工作站	78264	29708	12343	2380	11884	1976	1125	1217	25523	19780	2402		
省水利厅工作站	48420	32200	4800	600	5000	20000	1800	1600	8620	3000	400	1600	400
省文化厅工作站													
高新分校	7221	1200	720	160	320			939	3682	2100	500	400	
省电大商务厅工作站													
新城分校	4560	3850	3350	100	300		100	420	290				20
工运学院电大	16584	8673	7123	450	710		390	500	1448		570	100	200
西安艺师教育中心	2900	2000	700	100	200	400	600	200	700	300	400		
陕西省中医学校	7278	3135	2100	500	535			860	3283	3000	283		
陕西电大宝鸡农校教育中心	26705	9559	2150	1095	2420	3030	864	1768	7672	2267	2156	1065	1374
陕西银行学校													
西安国际文化培训学院													
西安工程技术学院	11960	4680	2600	80	1200	500	300	2000	5280	2600	500	400	200
陕西省机电工程学校	85587	31317	20725	2235	8357			2028	41935	27795	8555	3951	
陕西通信技术学院	22784	9343	3000	120	4897		1326	809	9632	3180	1500	1883	200
陕西广播电视大学镇安财校教学点	2352	1140	880	100	60		100	230	982	100	60	100	40
陕西外国语培训学院													
西安铁路高级工学校	9670	5075	3800	75	1200			400	4195	3665	410	120	
陕西航天技术学院	968	275	131	144				231	462	175	287		
陕西省理工学校	1500	800	500	150	150			200	500	400	100		

校舍情况(续表 18)

单位：平方米

生活福利及其它用房	教工住宅	正在施工面积	学校产权占地面积	非学校产权建筑面积 合计	计 独立使用	计 共同使用	教学及辅助用房 独立使用	教学及辅助用房 共同使用	行政办公用房 独立使用	行政办公用房 共同使用	生活用房 独立使用	生活用房 共同使用	非学校产权占地面积
				44693		44693		19445		3110		22138	174177
				50913		50913		22851		1918		26144	98616
68			11900										
997	1994		115391										
			33850										
			21345										
	200		3583										
	1122		3600										
				26376		26376		22689		756		2931	114280
				18521	18521		9804		4237		4480		17661
		42554	171408										25909
25972	**94647**	**19500**	**1141074**	**106948**	**45029**	**61919**	**19230**	**42926**	**4050**	**5052**	**21749**	**13941**	**895376**
1297	26039		179789	3800	3800						3800		1800
1424			12320										
2155			18806										
			91330										
90			15600										4727
	971		5022										
			5802	800		800		800					
	6360	17900	28650										
160			6000										
			750										
680	4100		91878	23134	1634	21500		17100		2000	1634	2400	43867
			5400										
80	985		8024										
			5200										
4420			1720	11219		11219		5040		720		5459	900
3341	21816		103251										
3220	6000	1600	60										
				700		700		500		200			1000
682	1400		8470										
				11500	150	11350	120	7680	30	1470		2200	68000
270			6900	27900	27900		14810		3140		9950		233345
578	5963		21000										
			9478										
			6260										
810	7706		61500										41046
				15200		15200		11306		662		3232	39857
				2095	945	1150	280	500	80		585	650	33334
1580			36600										
1634	10307		154000										
2869	3000		240000										400000
682			894										
				10600	10600		4020		800		5780		27500
			9670										
			5000										
			1700										

5.3 全国电大

	学校产权建筑面积												
	合计	教学辅助用房						行政办公用房	生活福利用房				
		计	教室	图书馆	实验室实习场所	体育馆	会堂		计	学生宿舍	学生食堂	教工单身宿舍	教工食堂
西　　安	**8340**	**3510**	**2489**	**273**	**450**		**298**	**2570**	**2220**	**700**		**150**	**430**
西安市广播电视大学	6548	2620	1754	210	400		256	2060	1868	700			328
西安电大现代教育培训学院													
莲湖区工作站													
长安分校	640	420	420					120	100				
临潼分校	1152	470	315	63	50		42	390	252			150	102
西电公司工作站													
莲湖科技学校工作站													
西安交通大学卫校教学班													
西安电大北洋工作站													
翠华培训学院工作站													
富士日本语专修学院工作站													
蓝田分校													
西安培明进修学院教学班													
高陵分校													
甘　　肃	**473883**	**196131**	**143687**	**10189**	**26887**	**6665**	**8703**	**56336**	**132629**	**75798**	**14773**	**10971**	**329**
甘肃广播电视大学	43288	8306	5309	460	2137		400	4289	15513	6153	400	474	
兰州市分校	2227	1677	1417	130	130			385	165			165	
天水市分校	21087	8934	7731				1203	1950	5888	4585	334		
白银市分校	26000	8700	7000	600	500	400	200	10300	7000	5000	200	600	100
金昌分校	4956	1952	1140	71	566		175	350	1326				
嘉峪关市分校	8660	5560	3640	100	1820			900	2200	1500	700		
庆阳市分校	17789	1972	1470	73	74		355	4094	5014	2109	150	515	
平凉市分校	4820	1728	1500	57	171			2042	1050	750	300		
陇南市分校	36401	9985	9253	732				8796	9542	420		6854	
定西市分校	14888	11168	10338	300	500		30	250	870	740	130		
武威市分校	74102	37810	24306	2294	7630		3580	4566	22530	13813	5420	342	
张掖市分校	4010	1320	992	20	128	60	120	220	320	160		60	
酒泉市分校	12500	7700	6600	200	600		300	510	2490	1140	500		
甘南分校	5610	3348	2424		924			192	52				
临夏分校	10880	9500	8000		1500			930	450				
四O四厂分校	2950	1388	728	140	420		100	252	1310	150			
省农垦分校	45000	11840	9430	740	670		1000	5780	13760	12000	1160	600	
农垦河西分校	14704	8791	2100	90	1551	4800	250	1650	4263	3500	310	68	35
滨河集团分校	18504	10019	8795		1224				8485	3081	1064	987	
水电部五局工作站	26444	16172	9967	2100	2500	1405	200	1400	8872	4165	2000	186	194
武威卫生学校电大工作站	45889	17021	11820	1431	3770			6000	9956	7194	1055		
陇南农校直属工作站													
兰州石油化工公司工作站													
五零四厂电大工作站													
省财贸学校电大工作站	24031	8857	7615	579			663	1140	9153	7338	750		
职业技术学院													
城建教学点													
中德培训中心教学点													
甘肃电大兰州铁路技工学校教学点	9143	2383	2112	72	72		127	340	2420	2000	300	120	
青　　海	**56299**	**30627**	**15861**	**1104**	**8252**	**3110**	**2300**	**7192**	**13080**	**4998**	**1520**	**2380**	**1180**
青海广播电视大学	10000	3400	2000	700			700	5500	1100	500		300	300

校舍情况(续表 19)

单位：平方米

生活福利及其它用房	教工住宅	正在施工面积	学校产权占地面积	非学校产权建筑面积									非学校产权占地面积
				合计	计		教学及辅助用房		行政办公用房		生活用房		
					独立使用	共同使用	独立使用	共同使用	独立使用	共同使用	独立使用	共同使用	
940	**40**		**8804**	**64445**	**22415**	**42030**	**15196**	**28383**	**3139**	**6191**	**4080**	**7456**	**117394**
840			5830	18867	11467	7400	5680	6700	2211	700	3576		35787
				5500	600	4900	600	2900		1500		500	16000
				2059		2059		1045		1014			2140
100			640	2000	200	1800		1800	200				4000
	40		2334										
				16484		16484		9484		1440		5560	28275
				400	400		360		40				400
				4463		4463		3026		637		800	10138
				510	375	135	285	135	90				510
				4600	3500	1100	3200	1000	300	100			5000
				300	30	270		270	30				650
				3143	3143		2471		168		504		6340
				2700	2700		2600		100				4000
				3419		3419		2023		800		596	4154
30758	**88787**	**12823**	**1247918**	**513064**	**23945**	**489119**	**8330**	**263881**	**12510**	**119899**	**3105**	**105339**	**1369123**
8486	15180		13915	19143		19143		11044		1386		6713	27538
			3702	15601		15601		13176		1600		825	39000
969	4315		19679										94934
1100			265693	23510		23510		10000		10000		3510	261932
1326	1328		3200										
			36685										
2240	6709		19418										
			2380	227017		227017		93892		94298		38827	207658
2268	8078		2268										
	2600	12823	45599	20640		20640		12680		1600		6360	52800
2955	9196		175412										
100	2150		3700	47354		47354		29042		2930		15382	361993
850	1800		10050	7980	720	7260		7260	720				155100
52	2018		5160										
450			36000	25000		25000		25000					35000
1160			7200										
	13620		304700										
350			67723										
3353			90000										
2327			27000										
1707	12912		67700										
				12180		12180		9520		840		1820	4606
				13980	13980		2680		11000		300		10000
				3215	3215		2050		760		405		15743
1065	4881		25616										
				68296		68296		40361		2586		25349	94910
				19148		19148		8306		4289		6553	4909
				10000	6030	3970	3600	3600	30	370	2400		3000
	4000		15118										
3002	**5400**		**15150**	**101326**	**420**	**100906**	**300**	**67519**	**120**	**6474**		**26913**	**987033**
			10655										

	学校产权建筑面积												
	合计	教学辅助用房						行政办公用房	生活福利用房				
		计	教室	图书馆	实验室实习场所	体育馆	会堂		计	学生宿舍	学生食堂	教工单身宿舍	教工食堂
海西州广播电视大学	290	200	140	10	30	10	10	90					
海北州广播电视大学	26960	11100	7100	240	1560	1100	1100	400	10060	3100	1200	2000	880
海南州广播电视大学													
玉树州广播电视大学													
果洛州广播电视大学													
平安县广播电视大学													
乐都广播电视大学	388	350	266		84			38					
互助县广播电视大学													
湟源县广播电视大学													
民和县广播电视大学													
大通师范电大													
湟中县广播电视大学	16491	14371	5591	100	6300	2000	380	720	1400	1200	200		
化隆县广播电视大学													
循化县广播电视大学	2170	1206	764	54	278		110	444	520	198	120	80	
海西州格尔木工作站													
黄南州工作站													
统计局电大													
青海省人事厅人才交流中心													
宁　夏	**255731**	**123326**	**54090**	**12661**	**54620**		**1955**	**30962**	**84225**	**53391**	**14945**	**3474**	
宁夏广播电视大学	110533	44709	14567	5055	24322		765	10067	38539	30594	5784		
石嘴山分校	1992	1562	862	40	272		388	430					
银川市工作站	1800	830	830					390	580	360			
吴忠市分校	1002	930	540	40	120		230	72					
工业职业学院电大分校	41851	21834	11889	6685	3260			4280	15737	3156	3056		
青铜峡市工作站	1820	720	360	120	120		120	960	140				
盐池县工作站	400							400					
同心县工作站	424							424					
中卫分校	65846	37146	11799		25347			9122	19578	11624	4480	3474	
永宁县工作站	3662	1512	1404	108				300	1850	1200	650		
贺兰县工作站	4860	3660	3280	200	180			1200					
平罗电大工作站	520	280	180		100			240					
铁路分局分校	4000	1419	1100	57	162		100	419	2162	1362	500		
灵武县电大工作站	3900	2500	2000	200			300	650	750	650	100		
西吉电大工作站	430	300	160	24	64		52	130					
隆德县电大工作站	9048	3776	3171	62	543			452	4820	4445	375		
海原县电大工作站	1118	718	718					400					
宁夏广播电视大学中宁教学点	305	130	130					106	69				
原州区电大工作站	2220	1300	1100	70	130			920					
新　疆	**563646**	**270366**	**158217**	**56860**	**31656**	**1560**	**22073**	**55566**	**147446**	**82399**	**18164**	**12875**	**2082**
新疆广播电视大学	9187	1141	723	111			307	7754	292				
乌鲁木齐广播电视大学	50395	16340	11605	1138	2230		1367	2372	15189	7124	3402		
哈密广播电视大学	19551	5967	1834	217	3082		834	5395	2339	1259	426		
昌吉广播电视大学	72274	33143	26174	1298	2631	1450	1590	5770	20853	11894	4084	924	
克拉玛依广播电视大学	34998	15861	10807	2954	2100			7609	11528	5360	2249		
阿勒泰广播电视大学	13828	7877	4060	832	2334	60	591	4020	1931	1191	600		
塔城广播电视大学	9650	3150	2160	220	370		400	1200	2900	1700	400	700	
巴音郭楞蒙古自治州电大	13134	9801	6730	200	2671		200	2176	1157	799	358		

校舍情况(续表 20)

单位：平方米

生活福利及其它用房	教工住宅	正在施工面积	学校产权占地面积	非学校产权建筑面积 合计	计 独立使用	计 共同使用	教学及辅助用房 独立使用	教学及辅助用房 共同使用	行政办公用房 独立使用	行政办公用房 共同使用	生活用房 独立使用	生活用房 共同使用	非学校产权占地面积
				20998		20998		20000				998	31975
2880	5400												153410
				23717		23717		7656		1803		14258	130000
				3825		3825		1908		452		1465	5500
				4418		4418		2338		300		1780	28681
				8000		8000		6000		1000		1000	53
													11500
				5030		5030		3780				1250	32666
				5740		5740		4400		360		980	8300
				8357		8357		6438		303		1616	446700
				459		459		432		27			58000
				10370		10370		8520		650		1200	40000
				3079		3079		1242		271		1566	14668
122			4495										
				4088		4088		3100		988			4785
				2145		2145		1245		100		800	16675
				680		680		460		220			800
				420	420		300		120				420
12415	**17218**	**159000**	**940538**	**3528**	**1228**	**2300**	**920**	**2240**	**308**	**60**			**70491**
2161	17218	159000	513590										
			7320										
220			1000	800		800		800					5000
			1020	680	680		680						16280
9525			280140										
140			3600										
			700	600		600		600					500
			2743	548	548		240		308				
			34256										
			24000										
													8111
			400	900		900		840		60			40600
300			5100										
			6000										
			5400										
			33333										
			10000										
69			602										
			11334										
31926	**90268**	**3000**	**1374846**	**12873**	**8056**	**4817**	**3232**	**4110**	**457**	**540**	**4367**	**167**	**54327**
292			2293										
4663	16494		27530										
654	5850		22423										
3951	12508		235856										
3919			168000										
140			72620										36600
100	2400		5000										
		3000	36290	4375		4375		3835		540			3455

5.3 全国电大

	学校产权建筑面积												
	合计	教学辅助用房						行政办公用房	生活福利用房				
		计	教室	图书馆	实验室实习场所	体育馆	会堂		计	学生宿舍	学生食堂	教工单身宿舍	教工食堂
阿克苏分校	14260	10000	8800		850		350	2450	340			340	
博尔塔拉蒙古自治州电大	34129	15931	12625	516	2019		771	2104	12094	6705	637	200	1000
奎屯市广播电视大学	2400	1650	1200	50	200	50	150	300	450				
克孜勒苏广播电视大学	6917	1645	1645						1723	1301	422		
喀什广播电视大学	50880	15144	10657	677	3228		582	3466	11480	8105	656		320
和田广播电视大学	14203	3481	3316	45			120	1150	2887	2092	90		
伊犁州广播电视大学	19863	11622	8830	560	1112		1120	2000	6241	5190	787	100	164
石河子广播电视大学	6826	3726	3385	58			283	210	2890	2686	204		
吐鲁番分校	19903	5924	2669	631	2624			1865	12114	3540	1089	7485	
乌石化广播电视大学	20950	14600	6600	600	6000		1400	1750	4600	1150			
广电厅广播电视大学													
司法厅工作站	136898	89827	32252	46575			11000	2727	27822	19471	2152		198
哈煤集团广播电视大学	13400	3536	2145	178	205		1008	1248	8616	2832	608	3126	400
新疆兵团	**139922**	**40033**	**31928**	**2284**	**3240**	**374**	**2207**	**14944**	**48081**	**32611**	**4975**	**3400**	**1147**
新疆兵团广播电视大学	14059	6339	4727	366	538	244	464	1155	4677	3781	643		86
农一师分校	14247	2994	2316	120	150		408	1456	7137	5882	580	140	130
农二师分校	8314	1700	1593	107				843	3824	2813	239		541
农三师分校	9600	4204	3618	106	280		200	500	3496	500	250	100	200
农四师分校	16945	2690	2145	165	380			600	4180	3800	230	150	
农五师分校	9100	1575	1003	332			240	801	2780	1558	516	140	
农六师分校	13259	1826	898	428	500			198	5275	2354	171	2750	
农七师分校	22468	5250	4900	150	200			6650	5750	4400	850	120	120
农八师分校	6826	3726	3385	58			283	210	2890	2686	204		
农九师分校	12101	2431	1611	190	500	130		794	4104	3093	497		
农十师分校	7243	4262	3152	190	500		420	1297	1684	664	590		
农十三师分校	4140	1616	1280	72	72		192	240	2284	1080	205		70
农十二师分校													
乌市岗培中心	1620	1420	1300		120			200					
农十四师分校													

校舍情况(续表 21)

单位：平方米

		正在施工面积	学校产权占地面积	非学校产权建筑面积									非学校产权占地面积
				合计	计		教学及辅助用房		行政办公用房		生活用房		
生活福利及其它用房	教工住宅				独立使用	共同使用	独立使用	共同使用	独立使用	共同使用	独立使用	共同使用	
	1470		5330										
3552	4000		176279										
450			2400										
	3549		27050	442		442		275				167	442
2399	20790		343351										
705	6685		19714										
			62300										
			13908										
			41292										230
3450			30000										
				8056	8056		3232		457		4367		13600
6001	16522		31610										
1650			51600										
5948	**36864**	**3966**	**284715**	**11044**	**330**	**10714**	**100**	**4716**	**100**	**1131**	**130**	**4867**	**18983**
167	1888		12605										
405	2660		14000										
231	1947		4863										
2446	1400		7260										
	9475		30350										
566	3944		49417										
	5960		30001										
260	4818		78400										
			13908										
514	4772		17682										
430		3966	20583										
929			4146										
				10594		10594		4596		1131		4867	16983
			1500										
				450	330	120	100	120	100		130		2000

VI 发展与比较

DEVELOPMENT AND COMPARISON

本章从分析统计数据的角度，对全国广播电视大学的历史发展和现状，与全国普通高等学校和其他成人高等学校同期的有关统计数据进行比较。通过图和表的形式，展示全国广播电视大学、全国普通高等学校和其他成人高等学校的发展状况。

主要内容包括：

1．1979 年至 2009 年全国高等院校学生和教职工发展情况比较；

2．全国高等院校网络教育本、专科学生情况；

3．全国省级电大高等学历教育学生数比较；

4．全国电大非学历教育结业生数比较；

5．全国省级电大教职工数比较；

6．全国各省电大高等学历教育学生数占当地人口数的比例。

指标解释

• 普通高校：指按国家规定的设置标准和审批程序批准举办的，通过全国普通高等教育统一招生考试，招收高中毕业生为主要培养对象，实施高等学历教育的全日制大学、独立设置的学院和高等专科学校、高等职业学校及其他机构（独立学院和分校、大专班）。

• 成人高校：指按国家规定的设置标准和审批程序批准举办的，通过全国成人高等教育统一招生考试，招收具有高中毕业或同等学历的人员为主要培养对象，利用函授、业余、脱产等多种形式对其实施高等学历教育的学校。包括：职工高等学校、农民高等学校、管理干部学院、教育学院、独立函授学院、广播电视大学、其他机构（承担国家成人招生计划任务不计校数的机构）。

• 普高成人教育：指普通高等学校举办的成人本、专科学历教育。

• 其他成人高校：指广播电视大学以外的全国成人高等学校。

• 全国高校：指全国普通高等学校和成人高等学校。

• 成人高教：即成人高等教育，指普通高等学校和成人高等学校举办的成人本、专科学历教育。

简要说明

1．本章引用的教育统计数据除全国广播电视大学的数据外，有关普通高校、成人高校的数据引自教育部发展规划司当年印发的《中国教育事业发展统计简况》；全国高等网络教育院校的有关数据引自教育部教育管理信息中心；全国人口数据引自《中国统计年鉴 2009》。

2．表 6.3、6.4、6.5、6.6 各省级电大的数据包括省校及下属各分校、工作站等的数据。

6.1.1　全国普通高校、成人高校、广播电视大学毕业生、

年	毕业生数						招生数					
	合计	普通高校	成人高校				合计	普通高校	成人高校			
			小计	普高举办的成人教育	其他成人高校	电大			小计	普高举办的成人教育	其他成人高校	电大
1979	8.51	8.51	/	—	—	—	/	27.5	/	/	/	9.77
1980	25.07	14.66	10.41	1.30	9.11	—	48.47	28.1	20.37	7.23	5.20	7.94
1981	23.38	13.96	9.42	0.70	8.72	—	/	27.9	/	5.61	3.85	—
1982	68.41	45.72	22.69	3.19	10.30	9.20	58.92	31.5	27.42	3.91	5.01	18.50
1983	47.15	33.53	13.62	1.68	5.15	6.79	80.78	39.1	41.68	8.87	9.25	23.56
1984	45.09	28.70	16.39	5.33	9.36	1.70	94.86	47.5	47.36	12.25	14.52	20.59
1985	66.33	31.63	34.70	6.27	11.91	16.52	140.68	61.9	78.78	23.53	27.94	27.31
1986	84.29	39.28	45.01	7.11	13.02	24.88	113.64	57.2	56.44	15.13	19.79	21.52
1987	101.32	53.19	48.13	10.61	19.63	17.89	111.53	61.7	49.83	16.90	19.93	13.00
1988	130.74	55.35	75.39	20.06	27.83	27.50	136.80	66.97	69.83	24.76	25.88	19.19
1989	107.55	57.62	49.93	15.81	21.00	13.12	117.55	59.71	57.84	25.28	20.11	12.45
1990	110.24	61.36	48.88	16.87	19.96	12.05	110.13	60.89	49.24	20.76	17.26	11.22
1991	123.47	61.43	62.04	26.12	19.63	16.29	108.54	61.99	46.55	20.42	15.78	10.35
1992	112.20	60.42	51.78	26.24	13.44	12.10	134.59	75.42	59.17	21.38	23.43	14.36
1993	101.19	57.07	44.12	13.66	20.66	9.80	179.17	92.90	86.27	25.30	39.11	21.86
1994	109.28	63.74	45.54	17.82	17.65	10.07	168.48	89.98	78.50	50.13	5.15	23.22
1995	144.15	80.54	63.61	25.44	22.39	15.78	183.97	92.59	91.38	46.74	24.58	24.25
1996	161.01	83.86	77.15	34.40	23.74	19.01	206.70	96.58	110.12	48.12	25.79	32.03
1997	172.38	82.91	89.47	45.35	25.41	18.71	211.66	100.04	111.62	52.46	27.87	31.29
1998	182.88	82.98	99.90	42.88	39.69	17.33	239.76	108.36	131.40	54.39	45.75	31.50
1999	174.93	84.76	90.17	47.65	24.03	18.49	281.22	154.86	126.36	66.74	29.57	33.05
2000	192.14	94.98	97.16	55.16	23.00	19.00	404.05	220.61	183.44	104.88	35.35	43.21
2001	207.49	103.63	103.86	61.42	20.72	21.72	503.41	268.28	235.13	143.55	35.89	55.69
2002	265.16	133.73	131.43	80.35	23.18	27.90	587.85	320.50	267.35	171.75	36.21	59.39
2003	371.90	187.75	184.15	117.00	27.07	40.08	443.71	382.17	61.54	00.00	00.00	61.54
2004	466.36	239.12	227.24	147.28	28.89	51.07	732.68	447.34	285.34	178.27	31.06	76.01
2005	524.65	306.80	217.85	138.93	18.36	60.56	762.58	504.46	258.12	163.26	21.40	73.46
2006	525.60	377.47	148.13	63.82	11.17	73.14	800.58	546.05	254.53	159.80	18.40	76.33
2007	686.05	447.79	238.26	151.09	17.81	69.36	830.85	565.92	264.93	167.73	17.44	79.76
2008	739.66	511.95	227.71	146.44	16.26	65.01	896.71	607.66	289.05	180.35	15.88	92.82
2009	780.99	531.10	249.89	172.55	15.54	61.80	935.71	639.49	296.22	180.40	14.38	101.44
累计	**6859.57**	**4035.54**	**2824.03**	**1502.53**	**564.63**	**756.87**	/	**5945.17**	/	/	/	**1126.61**

注：本表学生数为高等教育本、专科学生数。

招生、在校生、教职工数比较表（1979—2009年）

单位：万人

在校生数						教职工数							
合计	普通高校	成人高校				合计	其中:专任教师	普通高校		其他成人高校		电大	
		小计	普高举办的成人教育	其他成人高校	电大			计	其中:专任教师	计	其中:专任教师	计	其中:专任教师
/	102.0	/	/	/	9.75	63.32	27.01	57.4	23.66	5.00	2.96	0.92	0.39
269.80	114.4	155.40	18.78	119.82	16.80	69.65	28.01	63.2	24.69	5.21	2.77	1.24	0.55
262.50	127.9	134.60	22.65	94.91	17.04	73.12	28.27	66.6	24.99	5.03	2.63	1.49	0.65
232.70	115.4	117.30	19.73	71.72	25.85	81.70	33.48	73.0	28.70	6.44	3.69	2.06	1.09
233.50	120.7	112.80	26.45	44.94	41.41	86.52	35.77	76.3	30.29	7.94	4.33	2.28	1.15
268.89	139.6	129.29	31.91	37.47	59.91	91.85	38.33	80.4	31.50	9.09	5.66	2.36	1.17
342.80	170.3	172.50	49.30	55.84	67.36	101.44	41.35	87.1	34.43	11.86	5.80	2.48	1.12
373.57	188.0	185.57	56.31	68.82	60.44	111.12	45.78	93.1	37.24	14.95	7.23	3.07	1.31
381.70	195.9	185.80	61.28	67.93	56.59	115.71	46.97	96.9	38.54	16.46	7.52	2.35	0.91
379.36	206.6	172.76	63.51	63.87	45.38	118.85	47.71	99.4	39.32	17.03	7.42	2.42	0.97
382.31	208.2	174.11	70.95	61.42	41.74	120.09	48.49	100.4	39.74	17.12	7.72	2.57	1.03
372.94	206.3	166.64	72.53	53.34	40.77	120.66	48.26	100.5	39.46	16.55	7.68	3.61	1.12
351.71	204.4	147.31	72.37	41.47	33.47	121.35	48.00	100.9	39.08	16.61	7.39	3.84	1.53
366.31	218.44	147.87	56.21	58.62	33.04	121.95	47.65	101.36	38.76	16.56	7.26	4.03	1.63
439.84	253.55	186.29	58.13	84.30	43.86	122.59	47.73	102.12	38.78	16.17	7.15	4.30	1.80
515.03	279.86	235.17	112.77	67.61	54.79	125.03	49.13	104.03	39.64	16.25	7.40	4.75	2.09
547.65	290.64	257.01	133.87	68.61	58.72	125.92	49.89	104.06	40.07	16.84	7.55	5.02	2.27
583.28	302.11	281.17	142.91	69.04	69.22	125.00	50.11	103.58	40.25	16.00	7.35	5.42	2.51
616.60	317.44	299.16	148.95	71.57	78.64	125.18	50.75	103.15	40.45	16.49	7.67	5.54	2.63
711.91	340.87	371.04	161.41	120.81	88.82	106.58	50.69	85.57	40.73	15.43	7.29	5.58	2.67
760.26	408.59	351.67	182.84	73.66	95.17	108.55	51.14	88.11	42.57	14.69	5.75	5.75	2.82
989.89	556.09	433.80	241.87	77.07	114.86	130.52	55.92	111.28	46.28	13.03	6.51	6.21	3.13
1286.12	719.07	567.05	333.38	82.57	151.10	139.54	62.40	121.44	53.19	11.55	5.85	6.55	3.36
1574.97	903.36	671.61	432.98	87.67	150.96	147.65	70.99	130.36	61.84	10.35	5.46	6.94	3.69
1666.57	1108.56	558.01	315.98	60.60	181.43	162.46	81.78	145.26	72.47	9.40	5.06	7.80	4.25
1932.57	1333.50	599.07	345.69	52.71	200.67	177.57	95.04	161.07	85.84	8.55	4.82	7.95	4.38
2198.93	1561.78	637.15	365.76	50.28	221.11	190.26	105.68	174.21	96.58	7.92	4.57	8.13	4.53
2461.95	1738.84	723.11	454.67	51.43	217.01	203.07	116.79	187.26	107.60	7.32	4.36	8.49	4.83
2615.09	1884.90	730.19	461.09	46.56	222.54	212.72	125.81	197.45	116.83	6.66	4.02	8.61	4.96
2796.61	2021.03	775.58	488.88	43.25	243.45	219.95	132.64	205.10	123.75	6.27	3.83	8.58	5.06
2954.20	2144.66	809.54	487.16	37.77	284.61	225.64	138.26	211.15	129.53	5.86	3.63	8.63	5.10
/	/	/	/	/	/	/	/	/	/	/	/	/	/

6.1.2 全国普通高校、成人高校与电大毕业生发展情况比较图
（1990—2009年）

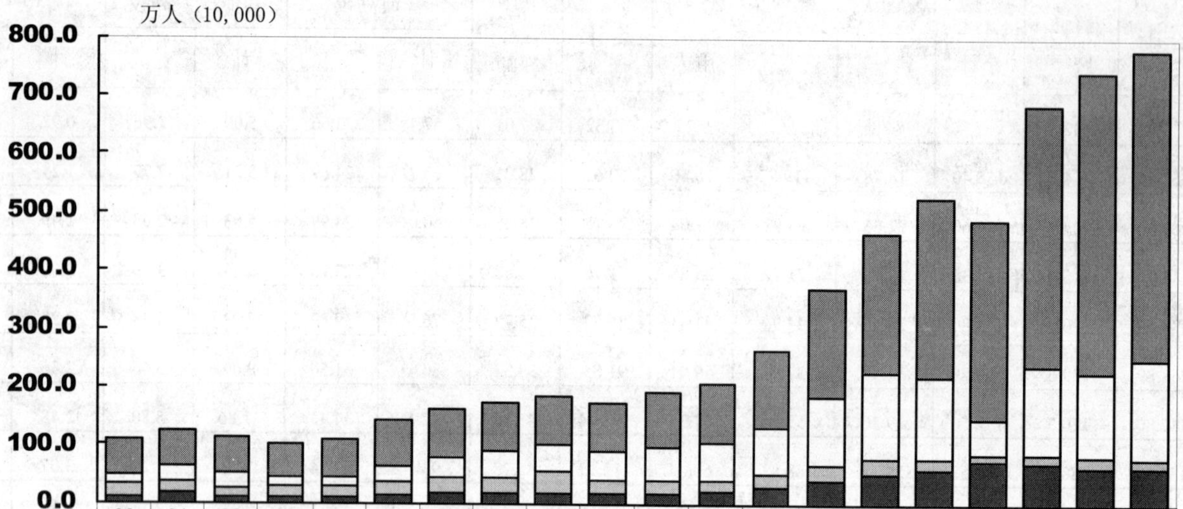

	90	91	92	93	94	95	96	97	98	99	00	01	02	03	04	05	06	07	08	09
普 通 高 校	61.4	61.4	60.4	57.1	63.7	80.5	83.9	82.9	83	84.8	94.98	103.9	133.7	187.8	239.1	306.8	337.5	447.8	512	531.1
普高成人教育	16.9	26.1	26.2	13.7	17.8	25.4	34.4	45.4	42.9	47.7	55.16	61.42	80.35	117.0	147.3	138.9	63.82	151.1	146.4	172.6
其他成人高校	20	19.6	13.4	20.7	17.7	22.4	23.7	25.4	39.7	24	23	20.72	23.18	27.07	28.89	18.36	11.17	17.81	16.26	15.54
广播电视大学	12.1	16.3	12.1	9.8	10.1	15.8	19	18.7	17.33	18.49	19	21.72	27.90	40.08	51.07	60.56	73.14	69.36	65.01	61.8

6.1.3 电大毕业生在全国高校、成人高等教育、成人高校毕业生中所占比例
（1990—2009年）

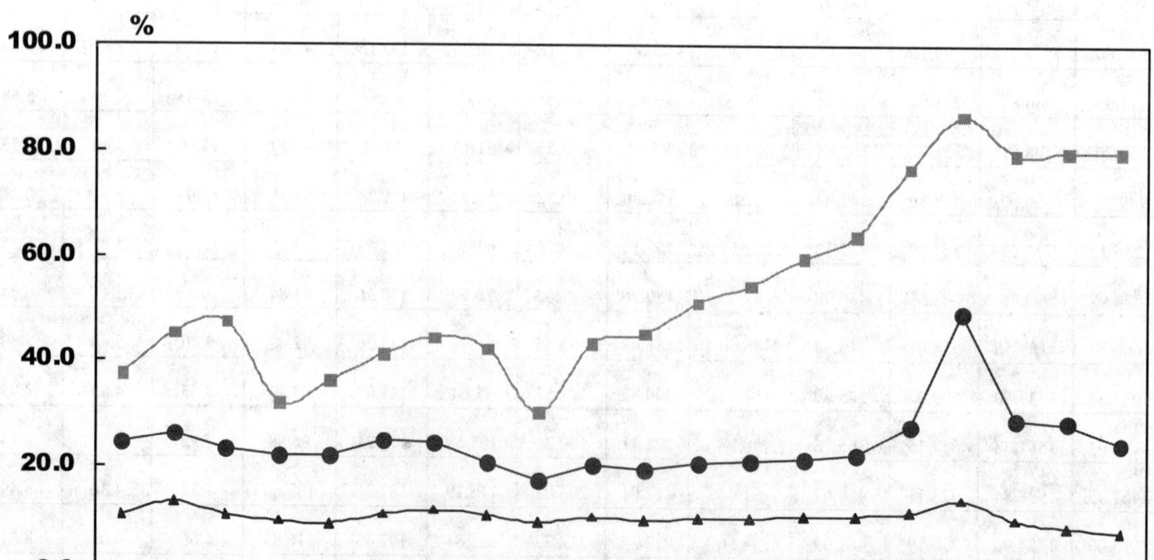

	90	91	92	93	94	95	96	97	98	99	00	01	02	03	04	05	06	07	08	09
在成人高校中	37.64	45.35	47.38	32.17	36.33	41.34	44.47	42.41	30.39	43.49	45.24	51.18	54.62	59.69	63.87	76.74	86.75	79.57	79.99	79.91
在成人高教中	24.7	26.3	23.4	22.2	22.1	24.8	24.6	20.9	17.34	20.51	19.56	20.91	21.23	21.76	22.47	27.8	49.38	29.11	28.55	24.73
在全国高校中	10.9	13.2	10.8	9.7	9.2	11	11.8	10.9	9.48	10.57	9.9	10.47	10.52	10.78	10.95	11.54	13.92	10.11	8.79	7.9

6.1.4 全国普通高校、成人高校与电大招生发展情况比较图
（1990－2009年）

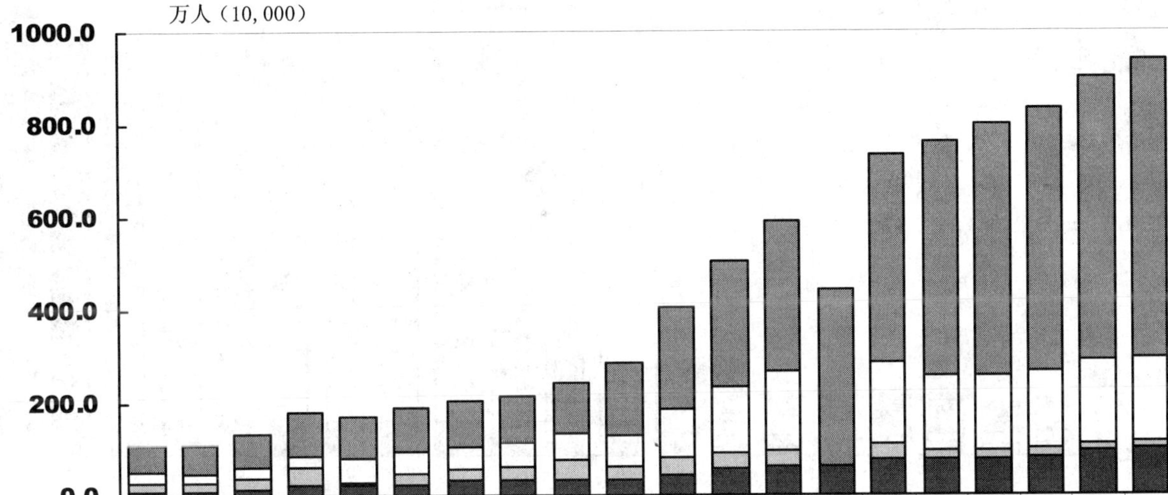

	90	91	92	93	94	95	96	97	98	99	00	01	02	03	04	05	06	07	08	09
普通高校	60.9	62	75.4	92.9	90	92.6	96.6	100	108.4	154.9	220.6	268.3	320.5	382.2	447.3	504.5	546.1	565.9	607.7	639.5
普高成人教育	20.8	20.4	21.4	25.3	50.1	46.7	48.1	52.5	54.4	66.7	104.9	143.6	171.8	0	178.3	163.3	159.8	167.7	180.4	180.4
其他成人高校	17.3	15.8	23.4	39.1	5.2	24.6	25.8	27.9	45.8	29.6	35.35	35.89	36.21	0	31.06	21.4	18.4	17.44	15.88	14.38
广播电视大学	11.2	10.4	14.4	21.9	23.2	24.25	32.03	31.29	31.5	33.05	43.21	55.69	59.39	61.54	76.01	73.46	76.33	79.76	92.82	101.4

6.1.5 电大招生在全国高校、成人高等教育、成人高校招生中所占比例
（1990－2009年）

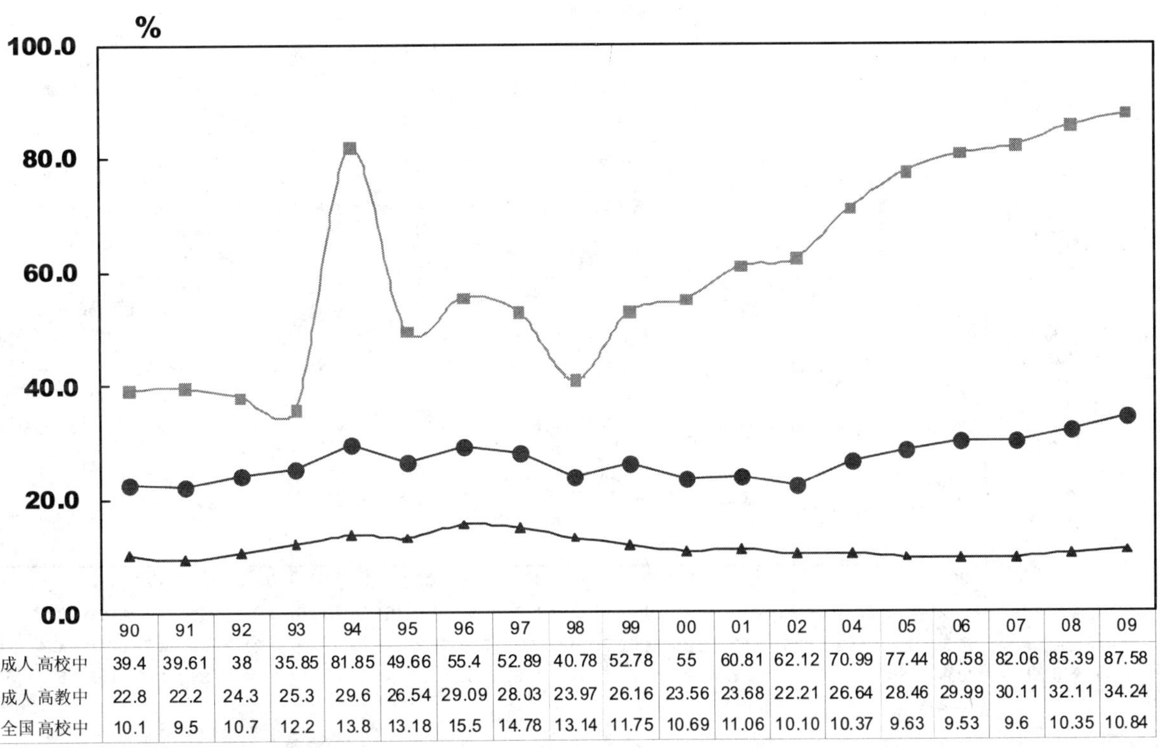

	90	91	92	93	94	95	96	97	98	99	00	01	02	04	05	06	07	08	09
在成人高校中	39.4	39.61	38	35.85	81.85	49.66	55.4	52.89	40.78	52.78	55	60.81	62.12	70.99	77.44	80.58	82.06	85.39	87.58
在成人高教中	22.8	22.2	24.3	25.3	29.6	26.54	29.09	28.03	23.97	26.16	23.56	23.68	22.21	26.64	28.46	29.99	30.11	32.11	34.24
在全国高校中	10.1	9.5	10.7	12.2	13.8	13.18	15.5	14.78	13.14	11.75	10.69	11.06	10.10	10.37	9.63	9.53	9.6	10.35	10.84

6.1.6 全国普通高校、成人高校与电大在校生发展情况比较图
（1990—2009年）

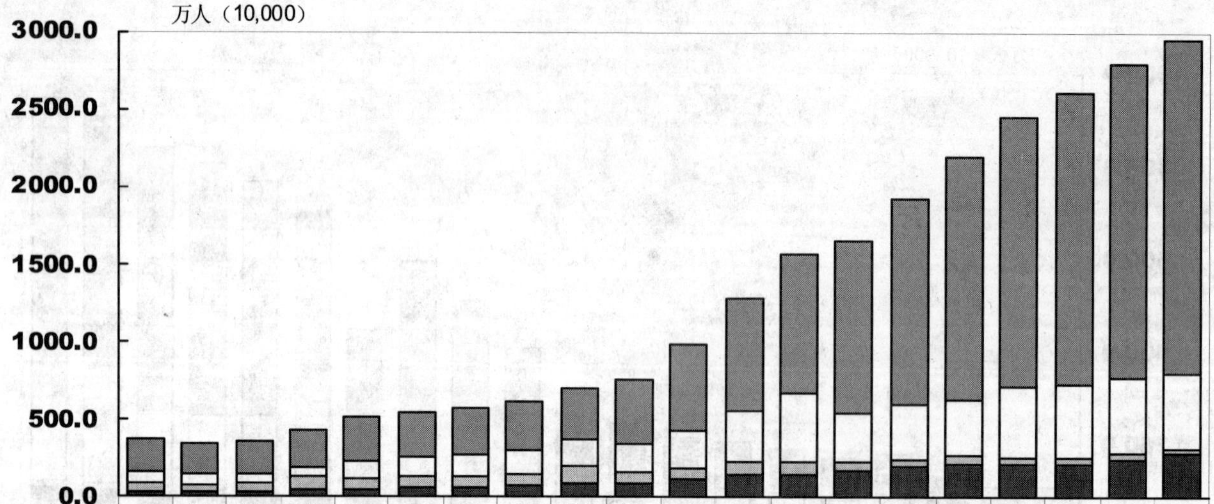

	90	91	92	93	94	95	96	97	98	99	00	01	02	03	04	05	06	07	08	09
普 通 高 校	206.3	204.4	218.4	253.6	279.9	290.6	302.1	317.4	340.9	408.6	556.1	719.1	903.4	1109	1334	1562	1739	1885	2021	2145
普高成人教育	72.5	72.4	56.2	58.1	112.8	133.9	142.9	149	161.4	182.8	241.9	333.4	433	316	345.7	365.8	454.7	461.1	488.9	487.2
其他成人高校	53.3	41.5	58.6	84.3	67.6	68.6	69	71.6	120.8	73.3	77.07	82.57	87.67	60.6	52.71	50.28	51.43	46.56	43.25	37.77
广播电视大学	40.8	33.5	33	43.9	54.8	58.72	69.22	78.64	88.82	95.17	114.9	151.1	151	171.4	200.7	221.1	217	222.5	243.5	284.6

6.1.7 电大在校生在全国高校、成人高等教育、成人高校在校生中所占比例
（1990—2009年）

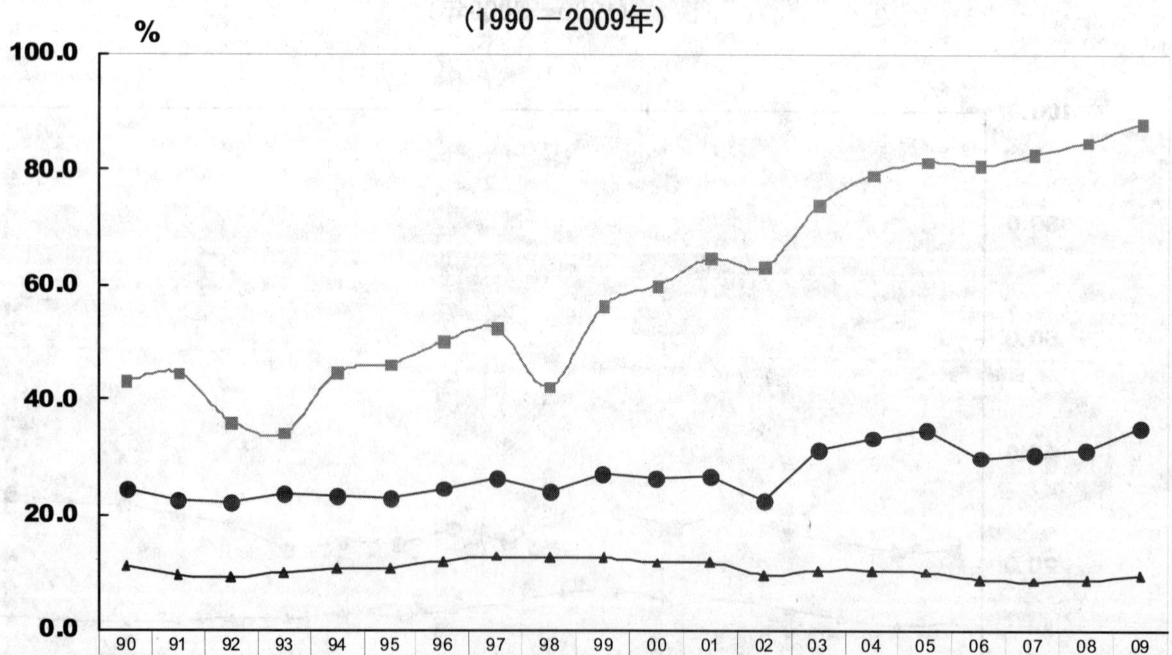

	90	91	92	93	94	95	96	97	98	99	00	01	02	03	04	05	06	07	08	09
在成人高校中	43.32	44.66	36.05	34.22	44.76	46.12	50.07	52.35	42.37	56.37	59.84	64.66	63.26	73.87	79.2	81.47	80.84	82.7	84.91	88.28
在成人高教中	24.5	22.7	22.2	23.5	23.3	22.85	24.62	26.29	23.94	27.06	26.48	26.65	22.48	31.27	33.49	34.7	30.01	30.48	31.39	35.26
在全国高校中	10.9	9.5	9	10	10.6	10.72	11.87	12.75	12.48	12.52	11.6	11.75	9.58	10.34	10.38	10.06	8.82	8.51	8.71	9.63

6.1.8 全国普通高校、其他成人高校与电大教职工发展情况比较图（1990—2009年）

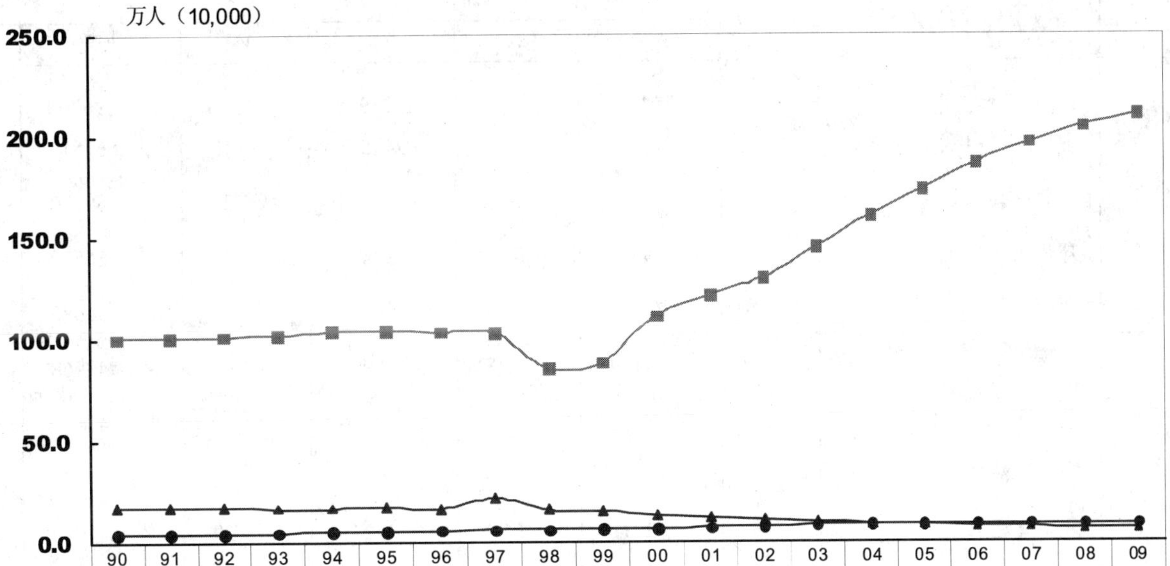

	90	91	92	93	94	95	96	97	98	99	00	01	02	03	04	05	06	07	08	09
普通高校	100.5	100.9	101.4	102.1	104	104.1	103.6	103.2	85.6	88.1	111.3	121.4	130.4	145.3	161.1	174.2	187.3	197.5	205.1	211.2
其他成人高校	16.6	16.6	16.6	16.2	16.3	16.8	16	21.5	15.4	14.7	13	11.6	10.35	9.40	8.55	7.92	7.32	6.66	6.27	5.86
广播电视大学	3.6	3.8	4	4.3	4.8	5	5.4	5.5	5.6	5.8	6.2	6.6	6.90	7.80	7.95	8.13	8.49	8.61	8.58	8.63

6.1.9 全国普通高校、其他成人高校与电大专任教师发展情况比较图（1990—2009年）

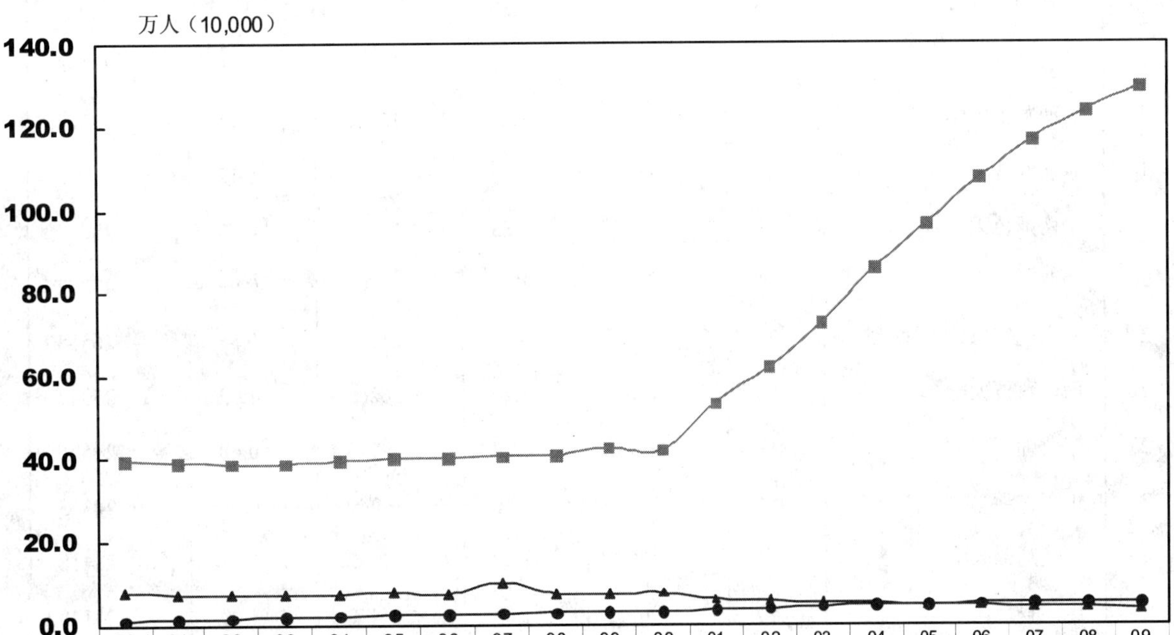

	90	91	92	93	94	95	96	97	98	99	00	01	02	03	04	05	06	07	08	09
普通高校	39.5	39.1	38.8	38.8	39.6	40.1	40.3	40.5	40.7	42.6	42	53.2	61.84	72.47	85.84	96.58	107.6	116.8	123.8	129.5
其他成人高校	7.7	7.4	7.3	7.2	7.4	7.6	7.4	10	7.3	7.2	7.5	5.9	5.46	5.06	4.82	4.57	4.36	4.02	3.83	3.63
广播电视大学	1.1	1.5	1.6	1.8	2.1	2.3	2.5	2.6	2.7	2.8	3	3.4	3.70	4.25	4.38	4.53	4.83	4.96	5.06	5.1

6.2 2009年全国高等学历本、专科网络教育学生情况

单位：人

序号	学校名称	专业数	毕业生		招生		在校生	
			人数	%	人数	%	人数	%
	总　计		**954063**	**100**	**1596534**	**100**	**4096790**	**100**
1	中央广播电视大学	67	543396	56.96	943833	59.12	2663515	65.01
2	东北财经大学	20	17671	1.85	19724	1.24	59120	1.44
3	郑州大学	37	5629	0.59	20471	1.28	56550	1.38
4	西南大学	64	20879	2.19	26331	1.65	50680	1.24
5	中南大学	22	14154	1.48	26995	1.69	49968	1.22
6	西南交通大学	35	8392	0.88	22306	1.40	47597	1.16
7	中国石油大学（华东）	35	17007	1.78	16706	1.05	45607	1.11
8	北京交通大学	46	12312	1.29	22241	1.39	43988	1.07
9	华中科技大学	24	6237	0.65	9405	0.59	43069	1.05
10	中国人民大学	20	8400	0.88	18893	1.18	42815	1.05
11	四川大学	40	5834	0.61	20663	1.29	42467	1.04
12	浙江大学	34	16614	1.74	16664	1.04	40554	0.99
13	中国农业大学	28	8847	0.93	17028	1.07	36462	0.89
14	北京大学	19	9356	0.98	5996	0.38	36057	0.88
15	大连理工大学	36	5667	0.59	15633	0.98	35767	0.87
16	重庆大学	20	9847	1.03	20105	1.26	34190	0.83
17	陕西师范大学	29	11491	1.20	15208	0.95	33328	0.81
18	东北农业大学	33	3617	0.38	17913	1.12	31888	0.78
19	华南师范大学	27	7937	0.83	12423	0.78	28634	0.70
20	西北工业大学	26	9510	1.00	15768	0.99	27877	0.68
21	北京航空航天大学	20	6735	0.71	8821	0.55	26558	0.65
22	西南科技大学	28	11460	1.20	16266	1.02	25042	0.61
23	东北师范大学	19	9341	0.98	9513	0.60	24526	0.60
24	山东大学	54	6672	0.70	14249	0.89	24365	0.59
25	福建师范大学	35	11494	1.20	12933	0.81	23418	0.57
26	电子科技大学	40	9685	1.02	17420	1.09	23178	0.57
27	北京邮电大学	13	4292	0.45	8432	0.53	23173	0.57
28	中国医科大学	9	2177	0.23	11002	0.69	21884	0.53

6.2 2009年全国高等学历本、专科网络教育学生情况（续表 1）

单位：人

序号	学校名称	专业数	毕业生		招生		在校生	
			人数	%	人数	%	人数	%
29	北京师范大学	22	6325	0.66	9572	0.60	21023	0.51
30	同济大学	41	11330	1.19	7816	0.49	19807	0.48
31	西安交通大学	21	3579	0.38	12367	0.77	19488	0.48
32	北京理工大学	17	2054	0.22	6330	0.40	19336	0.47
33	中国石油大学	18	3955	0.41	13722	0.86	19120	0.47
34	北京语言大学	22	2927	0.31	8728	0.55	19085	0.47
35	武汉理工大学	52	15431	1.62	6382	0.40	17607	0.43
36	上海交通大学	32	5457	0.57	7085	0.44	17231	0.42
37	中国地质大学	46	6493	0.68	10981	0.69	17055	0.42
38	兰州大学	21	1753	0.18	8263	0.52	17026	0.42
39	华东师范大学	31	4126	0.43	7546	0.47	16903	0.41
40	中山大学	30	5156	0.54	6599	0.41	16502	0.40
41	江南大学	30	5926	0.62	8695	0.54	15954	0.39
42	华南理工大学	29	4613	0.48	5675	0.36	15789	0.39
43	四川农业大学	35	3971	0.42	11615	0.73	15273	0.37
44	西南财经大学	22	5773	0.61	5536	0.35	14505	0.35
45	华中师范大学	30	5907	0.62	6565	0.41	14257	0.35
46	北京科技大学	25	2303	0.24	8467	0.53	14016	0.34
47	华东理工大学	28	7067	0.74	3667	0.23	13101	0.32
48	南开大学	19	2354	0.25	7639	0.48	12659	0.31
49	武汉大学	54	6142	0.64	8744	0.55	11041	0.27
50	西安电子科技大学	28	2535	0.27	2117	0.13	10920	0.27
51	哈尔滨工业大学	23	3191	0.33	2789	0.17	10435	0.25
52	对外经济贸易大学	20	9020	0.95	5410	0.34	9946	0.24
53	北京中医药大学	12	2789	0.29	3965	0.25	9139	0.22
54	天津大学	16	2506	0.26	5836	0.37	8377	0.20
55	东南大学	21	1487	0.16	2612	0.16	7911	0.19
56	吉林大学	20	1408	0.15	3234	0.20	7359	0.18
57	北京外国语大学	2	744	0.08	1513	0.09	6857	0.17

6.2 2009年全国高等学历本、专科网络教育学生情况(续表 2)

单位：人

序号	学校名称	专业数	毕业生		招生		在校生	
			人数	%	人数	%	人数	%
58	中国传媒大学	16	1469	0.15	1445	0.09	6637	0.16
59	复旦大学	20	3280	0.34	1994	0.12	6216	0.15
60	南京大学	9	1393	0.15	2726	0.17	5596	0.14
61	厦门大学	16	844	0.09	2524	0.16	4788	0.12
62	中央音乐学院	2	947	0.10	2112	0.13	4295	0.10
63	中国科学技术大学	18	2158	0.23	586	0.04	3088	0.08
64	中国地质大学（北京）	19	0	0.00	1067	0.07	2365	0.06
65	东北大学	22	2212	0.23	1377	0.09	2273	0.06
66	上海外国语大学	13	482	0.05	291	0.02	1521	0.04
67	东华大学	5	42	0.00	0	0.00	12	0.00
68	湖南大学	18	261	0.03	0	0.00	0	0.00

注：按在校生数排序。

6.3 2009年全国各省电大高等学历教育学生数比较

单位：人

序号	学校	毕业生			招生			在校生		
		计	开放教育	统招本、专科	计	开放教育	统招本、专科	计	开放教育	统招本、专科
	总计	**605870**	**532144**	**73726**	**981762**	**911233**	**70529**	**2760338**	**2579083**	**181255**
1	江苏	39909	27709	12200	54654	44285	10369	179643	157088	22555
2	广东	50070	48888	1182	63780	63503	277	159216	158271	945
3	浙江	38923	35543	3380	54951	50455	4496	150210	139974	10236
4	四川	25514	19153	6361	42051	34512	7539	122555	102917	19638
5	北京	17022	16387	635	29013	28428	585	111886	110088	1798
6	湖南	19775	15635	4140	53162	49951	3211	111282	101314	9968
7	安徽	31089	30677	412	39535	37869	1666	102799	100277	2522
8	陕西	19432	17919	1513	31694	29087	2607	101582	96267	5315
9	河南	25088	21918	3170	33157	30680	2477	101577	96154	5423
10	河北	19629	18420	1209	37655	37119	536	96710	95130	1580
11	山东	23024	22015	1009	40525	40258	267	95626	93317	2309
12	重庆	23391	13095	10296	36787	27821	8966	92266	66840	25426
13	湖北	12867	9528	3339	49274	47255	2019	86198	79477	6721
14	福建	11802	11647	155	21528	20331	1197	73744	71458	2286
15	山西	12641	11331	1310	27702	27031	671	72205	70256	1949
16	广西	19401	19210	191	11694	11398	296	68370	67880	490
17	贵州	12118	11316	802	22352	20959	1393	67770	64146	3624
18	甘肃	17703	16291	1412	22891	19813	3078	63645	57794	5851
19	江西	12606	12227	379	30059	27571	2488	63185	60484	2701
20	广州	14929	14736	193	20719	20235	484	63051	62247	804
21	天津	14450	13466	984	21044	20740	304	60625	58761	1864
22	辽宁	12857	12857	0	18157	18157	0	52052	52052	0
23	云南	9283	6899	2384	11458	10629	829	51946	46655	5291
24	黑龙江	8996	8426	570	14462	13463	999	49438	45567	3871
25	内蒙古	13387	12808	579	19370	18702	668	48075	46570	1505
26	新疆	9413	9217	196	18382	17719	663	46353	44669	1684
27	南京	5126	3376	1750	8509	7436	1073	42101	36535	5566
28	宁波	9576	7659	1917	11334	9817	1517	41096	36665	4431
29	西安	5797	5109	688	14350	13619	731	40070	38361	1709
30	成都	7315	4690	2625	13065	9607	3458	38063	30228	7835
31	吉林	5928	3275	2653	14838	13109	1729	37683	33120	4563
32	深圳	7902	7712	190	10996	10907	89	37183	36433	750
33	大连	9261	8342	919	10413	9783	630	29215	27862	1353
34	武汉	4252	3360	892	13142	12885	257	28854	28074	780
35	上海	6732	6712	20	11286	11286	0	28201	28201	0
36	沈阳	7505	7289	216	7829	7491	338	27875	27391	484
37	哈尔滨	2772	2593	179	6975	6668	307	23427	22859	568
38	宁夏	5034	3830	1204	7838	6708	1130	20044	16954	3090
39	长春	2254	1133	1121	5668	5143	525	15904	14582	1322
40	青岛	2722	2629	93	4031	3967	64	15265	15175	90
41	新疆兵团	2306	2272	34	5495	5165	330	14960	14424	536
42	厦门	1128	1109	19	3136	3101	35	10309	10208	101
43	青海	2880	2880	0	3881	3835	46	9972	9826	146
44	海南	2061	856	1205	2920	2735	185	8107	6532	1575

注: (1)按在校生数排序；(2)“开放教育”内含注册视听生学生数；(3)本表不含中央电大直属学院的学生数。

6.4 2009年全国电大非学历教育(进修及培训)结业生数比较

单位：人次

		进修及培训											
		合计	一周至一月内	一月至半年内	半年至一年内	一年以上	在进修及培训中			在进修及培训中			
							计	资格证书培训	岗位证书培训	计	外语	会计	计算机
	总计	**1616654**	**757231**	**701175**	**115140**	**43108**	**837518**	**316950**	**520568**	**252577**	**37615**	**90613**	**124349**
1	上海	338087	48743	281210	6361	1773	272551	12810	259741	37628	6907	22492	8229
2	重庆	182704	9160	171898		1646	7441	2098	5343	176	91	85	
3	甘肃	132658	128792	3758		108	74656	36258	38398	28803	723	2802	25278
4	浙江	122291	48364	72024	1691	212	24892	8072	16820	17898	2453	12059	3386
5	安徽	91408	24450	550	66408		19461	18528	933	4527	200	700	3627
6	山东	72131	61793	7458	2880		61707	45735	15972	17250			17250
7	四川	62959	48964	11400	2250	345	18763	6796	11967	14049	50	633	13366
8	湖南	56871	41675	3023	2060	10113	29928	19206	10722	2761		300	2461
9	沈阳	56050	31000	17050	8000		40900	17900	23000	27800	2800	12000	13000
10	河北	55164	7175	46889	1100		4829	4681	148	478			478
11	江苏	43897	28923	13462	1249	263	30085	11958	18127	26184	2635	10212	13337
12	陕西	36713	34036	2677			35536	35216	320	1300		100	1200
13	河南	35166	32316	2850			15430	5700	9730	5921	5921		
14	中央电大	30503	26378	4125			27995	4995	23000	1758	1758		
15	北京	30464	23826	5824	814		3868	1869	1999	3783	2089	1138	556
16	新疆	26661	15671	10723	219	48	15589	14473	1116	6865	336	5668	861
17	吉林	25702	25599	103			18359	2156	16203				
18	辽宁	24927		1097		23830	24910	1030	23880				
19	内蒙古	22570	16136	66	6368		18570	16275	2295	167			167
20	福建	22237	18518	3495	174	50	5824	1561	4263	5848	1432	1908	2508
21	广东	19879	9977	5424	4478		9261	4528	4733	10355	2622	6261	1472
22	天津	18578	7915	5017	2194	3452	7764	4867	2897	5331	655	2697	1979
23	湖北	14508	9641	4867			14508	10022	4486	198	30		168
24	武汉	12839	10046	2263	256	274	5720	377	5343	3052	40		3012
25	西安	11265	2936	7249	280	800	6200	4380	1820	8339	1300	691	6348
26	南京	10437	6793	2294	1350		7277	4962	2315	4703	2105	2080	518
27	青岛	8479	7068	527	884		7564	813	6751	1322	31	1166	125
28	宁夏	7965	7753	212			2090	1328	762	1913	7		1906
29	黑龙江	7624	1732	5892			5732	4814	918	471			471
30	广州	7021	1514	3713	1794		4561	2809	1752	3696	57	2967	672
31	山西	6533	6533				6260	6260		375	103		272
32	贵州	5297	5270	27			927	927					
33	中央电大直属院校	4274			4274		156	156		4274	2315	1381	578
34	成都	3816	3486	330			3471	1044	2427	2807	610	2007	190
35	新疆兵团	2102	1868	40		194	194	194					
36	江西	1889	978	855	56		1236	920	316	636		57	579
37	深圳	1155	663	492			1109	662	447	964	89	845	30
38	大连	826		826			478	86	392	348	256	92	
39	长春	727	183	544						87			87
40	宁波	586	375	211			516	336	180				
41	厦门	491	223	268									
42	广西	366	366				366	128	238	366		128	238
43	云南	300		300			300		300				
44	海南	286	144	142			286		286	144		144	
45	哈尔滨	248	248				248	20	228				

6.5 2009年全国各地电大高等学历教育学生数占当地人口数的比例

序号	行政区划	人口数		毕业生数		招生数		在校生数	
		万人	%	人	1/10,000	人	1/10,000	人	1/10,000
		1	2	3	4=3/1	5	6=5/1	7	8=7/1
	总　计	**132802**	**100.00**	**606056**	**4.56**	**981988**	**7.39**	**2762327**	**20.80**
1	北　京	1695	1.28	17022	10.04	29013	17.12	111886	66.01
2	天　津	1176	0.89	14450	12.29	21044	17.89	60625	51.55
3	河　北	6989	5.26	19629	2.81	37655	5.39	96710	13.84
4	山　西	3411	2.57	12641	3.71	27702	8.12	72205	21.17
5	内蒙古	2414	1.82	13387	5.55	19370	8.02	48075	19.92
6	辽　宁	4315	3.25	29623	6.87	36399	8.44	109142	25.30
7	吉　林	2734	2.06	8182	2.99	20506	7.50	53587	19.60
8	黑龙江	3825	2.88	11768	3.08	21437	5.60	72865	19.05
9	上　海	1888	1.42	6732	3.56	11286	5.98	28201	14.93
10	江　苏	7677	5.78	45035	5.87	63163	8.23	221744	28.88
11	浙　江	5120	3.86	48499	9.47	66285	12.95	191306	37.36
12	安　徽	6135	4.62	31089	5.07	39535	6.44	102799	16.76
13	福　建	3604	2.71	12930	3.59	24664	6.84	84053	23.32
14	江　西	4400	3.31	12606	2.87	30059	6.83	63185	14.36
15	山　东	9417	7.09	25746	2.73	44556	4.73	110891	11.78
16	河　南	9429	7.10	25088	2.66	33157	3.52	101577	10.77
17	湖　北	5711	4.30	17119	3.00	62416	10.93	115052	20.15
18	湖　南	6380	4.80	19775	3.10	53162	8.33	111282	17.44
19	广　东	9544	7.19	72901	7.64	95495	10.01	259450	27.18
20	广　西	4816	3.63	19401	4.03	11694	2.43	68370	14.20
21	海　南	854	0.64	2061	2.41	2920	3.42	8107	9.49
22	四　川	8138	6.13	32829	4.03	55116	6.77	160618	19.74
23	重　庆	2839	2.14	23391	8.24	36787	12.96	92266	32.50
24	贵　州	3793	2.86	12118	3.20	22352	5.89	67770	17.87
25	云　南	4543	3.42	9283	2.04	11458	2.52	51946	11.43
26	西　藏	287	0.22	186	0.65	226	0.79	1989	6.93
27	陕　西	3762	2.83	25229	6.71	46044	12.24	141652	37.65
28	甘　肃	2628	1.98	17703	6.74	22891	8.71	63645	24.22
29	青　海	554	0.42	2880	5.20	3881	7.00	9972	17.99
30	宁　夏	618	0.47	5034	8.15	7838	12.69	20044	32.45
31	新　疆	2131	1.60	11719	5.50	23877	11.21	61313	28.77

注：1.表中人口数据摘自国家统计局的《中国统计年鉴2009》。人口数中，全国总计包括中国人民解放军现役军人数，但不包括香港、澳门特别行政区和台湾省数据，分省数据中未包括中国人民解放军现役军人数。

2.电大高等学历教育学生数为①开放教育本科（专科起点）、专科（含“一村一”学生数）②高职③成招专科(含专升本)④电大注册视听生四类办学形式的学生数之和。

3.全国电大学生数总计中不包括除中央电大西藏学院外的其它中央电大直属院校；省级电大学生数按行政区域分别填列。

4.表中，如“4=3/1”表示编号为4的列中值等于编号为3的列中数字除以编号为1的列中数字，其它相同。第4、6、8列的数字表示每万人口中电大相应的学生数。

6.6 2009年全国各省电大教职工数比较

单位：人

序号	学校	教职工 人数	教职工 %	其中 高级职称	其中 中级职称	其中 初级职称	其中 无职称
	总计	**85398**	**100**	**18646**	**32900**	**18535**	**15317**
1	江苏	9664	11.32	1904	3963	2414	1383
2	广东	5045	5.91	583	2068	1131	1263
3	浙江	4352	5.10	1018	1871	871	592
4	山东	3777	4.42	965	1300	904	608
5	云南	3775	4.42	802	1335	993	645
6	四川	3428	4.01	788	1288	519	833
7	河南	3048	3.57	587	1304	633	524
8	天津	2952	3.46	901	1078	552	421
9	湖北	2883	3.38	584	1188	634	477
10	陕西	2734	3.20	606	980	650	498
11	新疆	2663	3.12	504	1048	576	535
12	甘肃	2616	3.06	412	990	700	514
13	湖南	2610	3.06	576	1086	547	401
14	黑龙江	2561	3.00	806	831	486	438
15	重庆	2466	2.89	497	916	506	547
16	辽宁	2291	2.68	599	820	498	374
17	武汉	2204	2.58	540	708	533	423
18	上海	2180	2.55	302	973	411	494
19	北京	2168	2.54	414	791	517	446
20	安徽	1869	2.19	302	726	505	336
21	福建	1624	1.90	317	640	376	291
22	河北	1600	1.87	478	593	281	248
23	广州	1530	1.79	297	591	401	241
24	吉林	1408	1.65	364	627	274	143
25	贵州	1141	1.34	135	468	308	230
26	宁夏	1076	1.26	334	414	183	145
27	广西	1065	1.25	185	427	223	230
28	内蒙古	1028	1.20	330	369	176	153
29	江西	1013	1.19	296	325	217	175
30	成都	935	1.09	124	355	206	250
31	山西	854	1.00	202	287	127	238
32	青岛	808	0.95	182	286	250	90
33	沈阳	714	0.84	260	240	79	135
34	新疆兵团	672	0.79	173	254	121	124
35	深圳	659	0.77	126	172	81	280
36	西安	653	0.76	146	223	106	178
37	南京	588	0.69	138	250	166	34
38	长春	513	0.60	151	191	80	91
39	大连	512	0.60	248	159	48	57
40	青海	511	0.60	184	223	48	56
41	宁波	485	0.57	97	264	81	43
42	哈尔滨	433	0.51	127	164	81	61
43	厦门	175	0.20	48	84	18	25
44	海南	115	0.13	14	30	24	47

注：(1)按教职工数排序；(2)本表不含中央电大和中央电大直属院校数据。

VII 附　录

APPENDIX

本章由广播电视大学信息代码和全国广播电视大学通讯名录两部分组成。

1．广播电视大学信息代码（2010 版）包括：

（1）全国广播电视大学学校名称代码；

（2）全国广播电视大学专业分类目录代码。

全国广播电视大学学校名称代码（2010 版）是 2009 版的续版。

全国广播电视大学专业分类目录代码（2010 版），是根据教育部颁布的“高等学校本科专业目录（统计用）”改编而成。

2．全国广播电视大学通讯名录由两部分组成：

（1）全国省级以上广播电视大学学校通讯录；

（2）全国省级以上广播电视大学校级领导和校办、教务处负责人。

说　明

1．随着全国广播电视大学的发展，电大的专业设置在进行适应性的改变，省级广播电视大学及其下属分校、工作站的机构也在不断调整和变化。为体现这些新的调整和变化，《全国广播电视大学信息代码》亦在不断更新和完善。本次更新后的版本称为 2009 版。新版本的信息代码仍与教育部教育管理信息中心、发展规划司统计处的信息代码兼容，适用于全国电大系统内部的数据共享。各省（市）电大自行编制的有关代码，仍可在本省（市）电大内部继续使用，但在向中央广播电视大学上报报表和数据时，必须使用或转换成中央广播电视大学发布的统一代码。

2．全国广播电视大学学校名称代码为“一校一码，新校新码”，不得随意改动。

3．新建立的学校由上一级广播电视大学根据已有学校的代码顺序，给予新的“学校名称代码”。“学校名称代码”一经给出将永远保留，不得调换或挪用。新建立的广播电视大学的学校名称，按当地教育行政部门批文和学校公章为准，学校的级别也按批文的规定填报。

4．“全国广播电视大学学校名称代码”表中，在学校名称前标有“*”的学校，表示该校在上学年度或若干年前停止上报《高等教育基层统计报表》，其学校名称及代码仍继续保留。

7.1.1 全国广播电视大学学校名称代码

全国广播电视大学学校名称代码根据教育部现行的学校代码加工编制而成，由全码和简码两部分组成。简码在全国电大系统内部使用，适用于全国各级电大填报电大版《高等教育基层统计报表》，按学校名称简码向上级电大上报时使用。全码在省级电大汇总电大版《高等教育基层统计报表》后，填报教育部《高等教育基层统计报表》时使用。

简码和全码的定义如下：

1、学校名称简码以八位数字表示。其中第一、二位表示电大所在的省、自治区、直辖市，第三位不为"0"表示所在省的计划单列市，后五位数字为"0"的，表示为省、自治区、直辖市、计划单列市和独立设置的省级广播电视大学。第四、五、六位不为"0"，第七、八位为"0"的，表示省级电大下属的分校和直接管理的电大工作站。第七、八位不为"0"代表县级广播电视大学。

简码第一、二、三位为省级电大编码位。第四、五、六位为电大分校和省校直接管理的工作站的顺序编码位。第七、八位为县级电大顺序编码位。

2、学校名称全码以十八位数字表示。由填报教育部《高等教育基层统计报表》用到的十位数字编码和上述全国电大内部使用的八位学校名称简码组成。

全码前五位是全国成人高校代码。其中第一位数字表示学校类别，如普通高校、中等专业学校、成人高等学校、成人中等专业学校、军事院校等，广播电视大学属成人高等学校，第一位数字为"5"。第二至第五位为该类别内学校名称的数字代码。

第六、七位表示办学类型码。如大学、专门学院、高等专科学校、大专班、广播电视大学、独立设置的短期职业大学等，广播电视大学的代码为"46"。

第八、九、十位表示学校举办者码。如教育部代码为"360"，北京市教委代码为"911"。

第十一至十八位的数字所代表的意义同简码的第一至八位。

简码	学校名称	全码
01000000	**中央广播电视大学**	**511614636001000000**
01100000	**中央电大直属学院**	**511614636001100000**
01100100	中央电大西藏学院	511614636001100100
01100200	中央电大八一学院	511614636001100200
01100300	中央电大总参学院	511614636001100300
01100400	中央电大北京学习中心	511614636001100400
01100500	中央电大太原学习中心	511614636001100500
01100600	中央电大南海学习中心	511614636001100600
01100700	中央电大 TCL 学习中心	511614636001100700
01100800	*中央电大东北财大学习中心	511614636001100800
01100900	中央电大北大医学部教学点	511614636001100900
01101000	中央电大中国政法大学教学点	511614636001101000
01101100	中央电大残疾人教育学院	511614636001101100
01101200	中央电大空军学院	511614636001101200
11000000	**北京广播电视大学**	**511604691111000000**
11000100	东城分校	511604691111000100
11000200	西城分校	511604691111000200
11000300	崇文分校	511604691111000300
11000400	宣武分校	511604691111000400
11000500	朝阳区分校	511604691111000500
11000600	海淀工作站	511604691111000600
11000700	丰台区分校	511604691111000700
11000800	石景山分校	511604691111000800
11000900	通州区分校	511604691111000900
11001000	房山分校	511604691111001000
11001100	昌平分校	511604691111001100
11001200	平谷分校	511604691111001200
11001300	怀柔分校	511604691111001300
11001400	密云分校	511604691111001400
11001500	延庆分校	511604691111001500
11001600	大兴分校	511604691111001600
11001700	顺义分校	511604691111001700
11001800	门头沟分校	511604691111001800
11001900	*铁道部机关工作站	511604691111001900
11002000	*交通部机关工作站	511604691111002000
11002100	*广电部工作站	511604691111002100
11002200	*航天部一院工作站	511604691111002200
11002300	航天部二院工作站	511604691111002300
11002400	航天部三院工作站	511604691111002400
11002500	*市委机关工作站	511604691111002500
11002600	*电力分校	511604691111002600
11002700	*建材工业总公司工作站	511604691111002700
11002800	*邮政局工作站	511604691111002800
11002900	*一轻局工作站	511604691111002900
11003000	*二轻工业总公司工作站	511604691111003000
11003100	*邮局工作站	511604691111003100
11003200	*统计局工作站	511604691111003200
11003300	*审计局工作站	511604691111003300

简码	学校名称	全码
11003400	*档案局工作站	51160469111003400
11003500	*汽车工业联合总公司工作站	51160469111003500
11003600	*市劳动服务公司工作站	51160469111003600
11003700	首钢工作站	51160469111003700
11003800	*金融分校	51160469111003800
11003900	*石油部工作站	51160469111003900
11004000	*机电部工作站	51160469111004000
11004100	燕山分校	51160469111004100
11004200	一商干校工作站	51160469111004200
11004300	文化局工作站	51160469111004300
11004400	*市政工程局工作站	51160469111004400
11004500	*化工工业总公司工作站	51160469111004500
11004600	*石化总公司工作站	51160469111004600
11004700	*燕山石化总公司工作站	51160469111004700
11004800	*市总社工作站	51160469111004800
11004900	*中国科学院工作站	51160469111004900
11005000	*二七厂工作站	51160469111005000
11005100	*公用局工作站	51160469111005100
11005200	*新华社工作站	51160469111005200
11005300	*电子工业部工作站	51160469111005300
11005400	水务局工作站	51160469111005400
11005500	*北京市财政局工作站	51160469111005500
11005600	北京市园林局工作站	51160469111005600
11005700	医药分校	51160469111005700
11005800	供销合作总社分校	51160469111005800
11005900	矿山工作站	51160469111005900
11006000	国家统计局教学点	51160469111006000
11006100	人行电教中心教学点	51160469111006100
11006200	北京卫校教学点	51160469111006200
11006300	崇文卫校工作站	51160469111006300
11006400	*北京市地税局办学点	51160469111006400
11006500	海淀卫校工作站	51160469111006500
11006600	联大商务学院教学点	51160469111006600
11006700	市公务员培训中心工作站	51160469111006700
11006800	电子科技学院工作站	51160469111006800
11006900	纺织工作站	51160469111006900
11007000	国培中心教学点	51160469111007000
11007100	中德中心教学点	51160469111007100
11007200	汽修学校工作站	51160469111007200
11007300	市建职大工作站	51160469111007300
11007400	市工干院工作站	51160469111007400
11007500	市农职院工作站	51160469111007500
11007600	供销学校工作站	51160469111007600
11007700	金融学院工作站	51160469111007700
11007800	北京电大工贸技师学院工作站	51160469111007800
11007900	仪表学校工作站	51160469111007900
11008000	联大特教学院教学点	51160469111008000
11009800	*机关学习中心	51160469111009800

简　码	学　校　名　称	全　　码
12000000	**天津广播电视大学**	**51171469121200000**
12000100	＊直属学院	51171469121200010
12000200	新华分校	51171469121200020
12000300	南开分校	51171469121200030
12000400	河东区工作站	51171469121200040
12000500	河西区工作站	51171469121200050
12000600	河北区工作站	51171469121200060
12000700	红桥区工作站	51171469121200070
12000800	塘沽分校	51171469121200080
12000900	汉沽分校	51171469121200090
12001000	＊汉沽科协工作站	51171469121200100
12001100	大港分校	51171469121200110
12001200	东丽分校	51171469121200120
12001300	津南区分校	51171469121200130
12001400	西青区工作站	51171469121200140
12001500	北辰分校	51171469121200150
12001600	武清分校	51171469121200160
12001700	静海分校	51171469121200170
12001800	宝坻分校	51171469121200180
12001900	宁河县工作站	51171469121200190
12002000	＊一轻局工作站	51171469121200200
12002100	＊二轻局工作站	51171469121200210
12002200	＊冶金局工作站	51171469121200220
12002300	化工局工作站	51171469121200230
12002400	纺织局工作站	51171469121200240
12002500	＊医药管理局工作站	51171469121200250
12002600	＊电子仪表局工作站	51171469121200260
12002700	机械工业局工作站	51171469121200270
12002800	渤海化工集团公司工作站	51171469121200280
12002900	大港石油管理局工作站	51171469121200290
12003000	＊飞鸽集团公司工作站	51171469121200300
12003100	＊石化公司工作站	51171469121200310
12003200	天津铁厂工作站	51171469121200320
12003300	计委工作站	51171469121200330
12003400	财政局工作站	51171469121200340
12003500	劳动局工作站	51171469121200350
12003600	＊工商银行工作站	51171469121200360
12003700	物资集团公司工作站	51171469121200370
12003800	房管局工作站	51171469121200380
12003900	建工局工作站	51171469121200390
12004000	一商集团有限公司工作站	51171469121200400
12004100	公用局工作站	51171469121200410
12004200	铁路分局工作站	51171469121200420
12004300	天港务局工作站	51171469121200430
12004400	财贸分校	51171469121200440
12004500	政法管理干部学院工作站	51171469121200450
12004600	＊公安局工作站	51171469121200460
12004700	＊民革中山工作站	51171469121200470
12004800	台盟工作站	51171469121200480

简码	学校名称	全码
12004900	*铁道物资工作站	51171469121212004900
12005000	经委直属工作站	51171469121212005000
12005100	蓟县分校	51171469121212005100
12005200	*出版局工作站	51171469121212005200
12005400	*开发区工作站	51171469121212005400
12005700	旅游分校	51171469121212005700
12005800	天津铁路工程分校	51171469121212005800
12005900	市政分校	51171469121212005900
12006000	*河北校区	51171469121212006000
12006100	天津市劳动局旅游服务学校	51171469121212006100
12006200	天津广播电视大学经管学院	51171469121212006200
12006300	天津广播电视大学文法学院	51171469121212006300
12006400	天津市工程技工学校	51171469121212006400
12006500	天津广播电视大学外语学院	51171469121212006500
12006600	天津广播电视大学滨海分院	51171469121212006600
12006700	*天津广播电视大学农教学院	51171469121212006700
12006800	*天津广播电视大学高职学院	51171469121212006800
12006900	*天津广播电视大学继教学院	51171469121212006900
12007000	天津广播电视大学理工学院	51171469121212007000
13000000	**河北广播电视大学**	**51177469131313000000**
13000100	石家庄广播电视大学	51177469131313000100
13000200	唐山广播电视大学	51177469131313000200
13000300	秦皇岛广播电视大学	51177469131313000300
13000400	*石家庄地区分校	51177469131313000400
13000500	邯郸广播电视大学	51177469131313000500
13000600	*邯郸地区分校	51177469131313000600
13000700	承德广播电视大学	51177469131313000700
13000800	*承德地区分校	51177469131313000800
13000900	邢台广播电视大学	51177469131313000900
13001000	*邢台地区分校	51177469131313001000
13001100	保定广播电视大学	51177469131313001100
13001200	*保定地区分校	51177469131313001200
13001300	张家口广播电视大学	51177469131313001300
13001400	*张家口地区分校	51177469131313001400
13001500	沧州广播电视大学	51177469131313001500
13001600	*沧州地区分校	51177469131313001600
13001700	廊坊广播电视大学	51177469131313001700
13001800	衡水广播电视大学	51177469131313001800
13001900	*华北石油分校	51177469131313001900
13002000	省直分校	51177469131313002000
13002100	电力分校	51177469131313002100
13002200	*检察分校	51177469131313002200
14000000	**山西广播电视大学**	**51187469141414000000**
14000100	太原广播电视大学	51187469141414000100
14000200	大同分校	51187469141414000200
14000300	阳泉分校	51187469141414000300
14000400	长治分校	51187469141414000400
14000500	晋城分校	51187469141414000500

简 码	学 校 名 称	全 码
14000600	*雁北分校	511874691414000600
14000700	忻州分校	511874691414000700
14000800	晋中分校	511874691414000800
14000900	吕梁分校	511874691414000900
14001000	临汾分校	511874691414001000
14001100	运城分校	511874691414001100
14001200	朔州分校	511874691414001200
14001300	中条山有色分校	511874691414001300
14001400	长北铁路分校	511874691414001400
14001500	*省档案系统分校	511874691414001500
14001600	*农村金融系统分校	511874691414001600
14001800	公路系统分校	511874691414001800
15000000	**内蒙古广播电视大学**	**511924691515000000**
15000100	呼和浩特市分校	511924691515000100
15000200	包头分校	511924691515000200
15000300	赤峰市分校	511924691515000300
15000400	呼伦贝尔盟分校	511924691515000400
15000500	兴安盟分校	511924691515000500
15000600	哲里木盟分校	511924691515000600
15000700	锡林郭勒盟分校	511924691515000700
15000800	乌兰察布盟分校	511924691515000800
15000900	鄂尔多斯市分校	511924691515000900
15001000	巴盟广播电视大学	511924691515001000
15001100	乌海市分校	511924691515001100
15001200	内蒙古阿拉善盟广播电视大学	511924691515001200
15001300	*大兴安岭林业广播电视大学	511924691515001300
15001400	呼和浩特铁路局分校	511924691515001400
15001500	哲盟霍林河矿区电大	511924691515001500
15001600	扎矿电大	511924691515001600
15001700	大雁电大分校	511924691515001700
15001800	*外国语学院	511924691515001800
21000000	**辽宁广播电视大学**	**511964692121000000**
21000100	鞍山广播电视大学	511964692121000100
21000200	抚顺广播电视大学	511964692121000200
21000300	本溪广播电视大学	511964692121000300
21000400	锦州分校	511964692121000400
21000500	丹东分校	511964692121000500
21000600	营口分校	511964692121000600
21000700	辽阳分校	511964692121000700
21000800	朝阳广播电视大学	511964692121000800
21000900	阜新分校	511964692121000900
21001000	铁岭广播电视大学	511964692121001000
21001100	盘锦分校	511964692121001100
21001200	辽河石油勘探局广播电视大学	511964692121001200
21001300	*鞍钢广播电视大学	511964692121001300
21001400	沈阳铁路局电大	511964692121001400
21001500	*省工商银行分校	511964692121001500
21001600	*省人事厅工作站	511964692121001600

简　码	学 校 名 称	全　码
21001700	＊省劳动局工作站	51196469212100170O
21001800	＊省直工作站	511964692121001800
21001900	＊省财政厅工作站	511964692121001900
21002000	＊省档案局工作站	511964692121002000
21002100	葫芦岛市电大分校	511964692121002100
21002200	辽宁省水利厅工作站	511964692121002200
21002300	辽宁广播电视大学新民学院	511964692121002300
21002400	辽宁广播电视大学海城学院	511964692121002400
21002500	辽宁广播电视大学东港学院	511964692121002500
21100000	**沈阳广播电视大学**	**518484692121100000**
21100100	新城子分校	518484692121100100
21100200	康平分校	518484692121100200
21100300	法库分校	518484692121100300
21100400	苏家屯分校	518484692121100400
21100500	东陵分校	518484692121100500
21100600	新民分校	518484692121100600
21100700	于洪分校	518484692121100700
21100800	辽中分校	518484692121100800
21200000	**大连广播电视大学**	**518494692121200000**
21200100	庄河分校	518494692121200100
21200200	普兰店分校	518494692121200200
21200300	瓦房店分校	518494692121200300
21200400	金州分校	518494692121200400
21200500	旅顺分校	518494692121200500
21200600	长海分校	518494692121200600
21200700	甘井子分校	518494692121200700
21200800	大连开发区分校	518494692121200800
22000000	**吉林广播电视大学**	**512304692222000000**
22000100	＊第一汽车制造厂工作站	512304692222000100
22000200	＊省工商银行工作站	512304692222000200
22000300	＊七九三厂工作站	512304692222000300
22000400	＊省工商银行工作站	512304692222000400
22000500	＊省物资局工作站	512304692222000500
22000600	＊省电力局工作站	512304692222000600
22000700	中国科学院长春分校电大工作站	512304692222000700
22000800	法律分校	512304692222000800
22000900	＊直属分校	512304692222000900
22001000	＊省林业厅工作站	512304692222001000
22001100	吉林市分校	512304692222001100
22001200	四平分校	512304692222001200
22001300	延边分校	512304692222001300
22001400	通化分校	512304692222001400
22001500	辽源分校	512304692222001500
22001600	白山分校	512304692222001600
22001700	白城分校	512304692222001700
22001800	松原分校	512304692222001800
22001900	＊艺术分校	512304692222001900

简码	学校名称	全码
22002000	*农行电大	512304692222002000
22002100	长春市建筑职工大学	512304692222002100
22100000	**长春市广播电视大学**	**518874692222100000**
22100200	榆树市分校	518874692222100200
22100300	九台市分校	518874692222100300
22100400	*德惠分校	518874692222100400
22100500	农安县工作站	518874692222100500
22100600	*农行长春管理干部学院工作站	518874692222100600
22100700	*宽城区工作站	518874692222100700
22100800	*朝阳区工作站	518874692222100800
22100900	双阳区工作站	518874692222100900
22101000	*双阳区工交干校	518874692222101000
22101100	*客车厂工作站	518874692222101100
22101200	*长春市轻工业学校	518874692222101200
22101300	长春市人才中心电大站	518874692222101300
22101400	*长春电大特教部	518874692222101400
22101500	长影影视艺术学校	518874692222101500
22101600	*长春电大艺术设计分校	518874692222101600
22101700	长春电大交通学校工作站	518874692222101700
22101900	长春电大民进分校	518874692222101900
23000000	**黑龙江广播电视大学**	**512444692323000000**
23000100	齐齐哈尔市广播电视大学	512444692323000100
23000200	牡丹江市广播电视大学	512444692323000200
23000300	佳木斯广播电视大学	512444692323000300
23000400	*松花江地区电大工作站	512444692323000400
23000500	绥化地区广播电视大学	512444692323000500
23000600	黑河市广播电视大学	512444692323000600
23000700	大兴安岭广播电视大学	512444692323000700
23000800	伊春市广播电视大学	512444692323000800
23000900	大庆广播电视大学	512444692323000900
23001000	鸡西广播电视大学	512444692323001000
23001100	鹤岗广播电视大学	512444692323001100
23001200	双鸭山市广播电视大学	512444692323001200
23001300	七台河广播电视大学	512444692323001300
23001400	省农垦广播电视大学	512444692323001400
23001500	牡丹江林区广播电视大学	512444692323001500
23001600	松花江林区广播电视大学	512444692323001600
23001700	*省工商银行分校	512444692323001700
23001800	*省司法厅分校	512444692323001800
23001900	*富锦分校	512444692323001900
23002000	*铁力市分校	512444692323002000
23002200	*直属分校	512444692323002200
23100000	**哈尔滨广播电视大学**	**518764692323100000**
23100100	阿城电大分校	518764692323100100
23100200	呼兰分校	518764692323100200
23100300	宾县分校	518764692323100300
23100400	方正分校	518764692323100400

简码	学校名称	全码
23100500	依兰分校	518764692323100500
23100600	*阿城继电器厂电大分校	518764692323100600
23100700	*市轻工分校	518764692323100700
23100800	*哈铁分局工作站	518764692323100800
23100900	哈尔滨文艺干校电大站	518764692323100900
23101000	*市物资局干校电大工作站	518764692323101000
23101100	*市税务干校电大工作站	518764692323101100
23101200	*市工商银行教育中心	518764692323101200
23101300	*东安工学院电大站	518764692323101300
23101400	*哈飞工学院电大工作站	518764692323101400
23101500	哈工大工会电视大学	518764692323101500
23101600	*东北林大电大工作站	518764692323101600
23101700	*热电厂电大工作站	518764692323101700
23101800	*哈量工学院电大工作站	518764692323101800
23101900	*滨江电器电大工作站	518764692323101900
23102000	*道里区电大工作站	518764692323102000
23102100	*哈电子仪器厂电大工作站	518764692323102100
23102200	*铁路成人中等机械学校	518764692323102200
23102300	*气化厂分校	518764692323102300
23102400	*黑龙江涤纶厂职工学校	518764692323102400
23105100	双城分校	518764692323105100
23105200	通河分校	518764692323105200
23105300	木兰分校	518764692323105300
23105400	延寿分校	518764692323105400
23105500	巴彦分校	518764692323105500
23105600	五常分校	518764692323105600
23105700	尚志分校	518764692323105700
31000000	**上海电视大学**	**512524693131000000**
31000100	虹口区分校	512524693131000100
31000200	闵行二分校	512524693131000200
31000300	宝山分校	512524693131000300
31000400	浦东新区分校	512524693131000400
31000500	闵行一分校	512524693131000500
31000600	金山分校	512524693131000600
31000700	松江分校	512524693131000700
31000800	南汇分校	512524693131000800
31000900	奉贤分校	512524693131000900
31001000	青浦分校	512524693131001000
31001100	崇明分校	512524693131001100
31001200	嘉定分校	512524693131001200
31001300	*水产分校	512524693131001300
31001400	*公用局分校	512524693131001400
31001500	区县工业管理局分校	512524693131001500
31001600	农工商集团分校	512524693131001600
31001700	*建筑工程局分校	512524693131001700
31001800	*建材工业管理局分校	512524693131001800
31001900	*审计局分校	512524693131001900
31002000	物资（集团）总公司分校	512524693131002000

简码	学校名称	全码
31002100	*环卫局分校	512524693131002100
31002200	*房地产局分校	512524693131002200
31002300	商业分校	512524693131002300
31002400	*宝冶分校	512524693131002400
31002500	黄浦区经贸委分校	512524693131002500
31002600	长宁区分校	512524693131002600
31002700	闸北区分校	512524693131002700
31002800	*徐汇区工作站	512524693131002800
31002900	卢湾区分校	512524693131002900
31003000	杨浦分校	512524693131003000
31003100	黄浦分校	512524693131003100
31003200	普陀分校	512524693131003200
31003300	静安区分校	512524693131003300
31003400	*南市区工作站	512524693131003400
31003500	*外经贸委工作站	512524693131003500
31003600	*二轻局工作站	512524693131003600
31003700	*交通部三航局工作站	512524693131003700
31003800	*化工局工作站	512524693131003800
31003900	*仪表局工作站	512524693131003900
31004000	*民航华东局工作站	512524693131004000
31004100	*机电工业管理局工作站	512524693131004100
31004200	*医药局工作站	512524693131004200
31004300	西区分部	512524693131004300
31004400	*冶金局工作站	512524693131004400
31004500	工程大中山分校	512524693131004500
31004700	*航天局工作站	512524693131004700
31004800	*航道局工作站	512524693131004800
31004900	*港务局工作站	512524693131004900
31005000	*宝钢二十冶工作站	512524693131005000
31005100	*计算机公司工作站	512524693131005100
31005200	*船舶公司工作站	512524693131005200
31005300	*卫生局工作站	512524693131005300
31005400	*文化局工作站	512524693131005400
31005500	*粮食局工作站	512524693131005500
31005600	*出版局工作站	512524693131005600
31005700	*交运局工作站	512524693131005700
31005800	*外贸局工作站	512524693131005800
31005900	*第一商业局工作站	512524693131005900
31006000	*市政工程管理局工作站	512524693131006000
31006100	*市机关事务管理局工作站	512524693131006100
31006200	*上海铁路局工作站	512524693131006200
31006300	*海运局工作站	512524693131006300
31006400	*市供销合作社工作站	512524693131006400
31006500	*市住宅建设总公司工作站	512524693131006500
31006600	石化分校	512524693131006600
31006700	*高桥石化公司工作站	512524693131006700
31006800	*长江轮船公司工作站	512524693131006800
31006900	邮电分校	512524693131006900
31007000	*华东电力局工作站	512524693131007000

简码	学校名称	全码
31007100	*检察院工作站	512524693131007100
31007200	*工商局工作站	512524693131007200
31007300	*沪东科技进修学院工作站	512524693131007300
31007400	*农工民主党市委工作站	512524693131007400
31007500	*市社联工作站	512524693131007500
31007600	*市民建工商联工作站	512524693131007600
31007700	*市退休教育者协会工作站	512524693131007700
31007800	*工会工作站	512524693131007800
31007900	*九三学社市委工作站	512524693131007900
31008000	*民盟法商进修学院工作站	512524693131008000
31008100	*扬浦集体事业管理局工作站	512524693131008100
31008200	*虹口集体事业管理局工作站	512524693131008200
31008300	*南汇集体事业管理局工作站	512524693131008300
31008400	*黄浦区管理局工作站	512524693131008400
31008500	*黄浦区教育学院工作站	512524693131008500
31008600	*人房工作站	512524693131008600
31008700	*中科院分院工作站	512524693131008700
31008800	徐汇财贸分校	512524693131008800
31008900	*建设分校	512524693131008900
31009000	*浦东新区分部	512524693131009000
31009100	徐汇分校	512524693131009100
31009200	浦东新区农校教学点	512524693131009200
31009300	闵行农广校教学点	512524693131009300
32000000	**江苏广播电视大学**	**512554693232000000**
32000100	镇江市广播电视大学	512554693232000100
32000200	常州市广播电视大学	512554693232000200
32000300	无锡市广播电视大学	512554693232000300
32000400	苏州市广播电视大学	512554693232000400
32000500	南通市广播电视大学	512554693232000500
32000600	扬州市广播电视大学	512554693232000600
32000700	徐州市广播电视大学	512554693232000700
32000800	淮安市广播电视大学	512554693232000800
32000900	盐城市广播电视大学	512554693232000900
32001000	连云港广播电视大学	512554693232001000
32001100	泰州市广播电视大学	512554693232001100
32001200	宿迁市广播电视大学	512554693232001200
32001300	*农垦分校	512554693232001300
32001400	化工分校	512554693232001400
32001500	江苏城市职业学院武进办学点	512554693232001500
32001600	江苏电大宜兴学院	512554693232001600
32001700	江苏电大张家港学院	512554693232001700
32001800	江苏电大昆山学院	512554693232001800
32001900	江苏电大常熟学院	512554693232001900
32002000	江苏电大吴中学院	512554693232002000
32002100	江苏广播电视大学大丰学院	512554693232002100
32002200	江苏广播电视大学江都学院	512554693232002200
32002300	江苏广播电视大学沛县学院	512554693232002300
32002400	江苏电大靖江学院	512554693232002400

简码	学校名称	全码
32002500	江苏电大通州学院	512554693232002500
32100000	**南京市广播电视大学**	**513964693232100000**
32100100	江宁区分校	513964693232100100
32100200	*江浦县分校	513964693232100200
32100300	六合县分校	513964693232100300
32100400	高淳县分校	513964693232100400
32100500	溧水县分校	513964693232100500
32100600	*南京化学集团公司分校	513964693232100600
32100700	*南京钢铁厂分校	513964693232100700
32100800	*扬子石化公司分校	513964693232100800
32100900	*金陵石化公司电大	513964693232100900
32101000	*金融分校	513964693232101000
32101100	*大厂分校	513964693232101100
32101200	浦口分校	513964693232101200
32101300	玄武区分校	513964693232101300
32101400	白下区分校	513964693232101400
32101500	秦淮区分校	513964693232101500
32101600	建邺区分校	513964693232101600
32101700	鼓楼区分校	513964693232101700
32101800	下关区分校	513964693232101800
32101900	雨花台区分校	513964693232101900
32102000	栖霞区分校	513964693232102000
32102100	*晨光机器厂工作站	513964693232102100
32102200	*青龙山林场教学点	513964693232102200
32102300	*七二〇厂工作站	513964693232102300
32102400	*七一四厂工作站	513964693232102400
32102500	*农业银行培训中心工作站	513964693232102500
33000000	**浙江广播电视大学**	**512584693333000000**
33000100	杭州广播电视大学	512584693333000100
33000101	萧山学院	512584693333000101
33000102	余杭分校	512584693333000102
33000103	富阳学院	512584693333000103
33000104	临安分校	512584693333000104
33000105	桐庐分校	512584693333000105
33000106	建德分校	512584693333000106
33000107	淳安学院	512584693333000107
33000200	嘉兴广播电视大学	512584693333000200
33000201	嘉善学院	512584693333000201
33000202	平湖学院	512584693333000202
33000203	海盐学院	512584693333000203
33000204	海宁学院	512584693333000204
33000205	桐乡学院	512584693333000205
33000300	湖州广播电视大学	512584693333000300
33000301	长兴学院	512584693333000301
33000302	德清学院	512584693333000302
33000303	安吉分校	512584693333000303
33000400	绍兴分校	512584693333000400
33000401	绍兴学院	512584693333000401

简码	学校名称	全码
33000402	诸暨学院	512584693333000402
33000403	上虞学院	512584693333000403
33000404	嵊州学院	512584693333000404
33000405	新昌分校	512584693333000405
33000500	舟山广播电视大学	512584693333000500
33000501	普陀工作站	512584693333000501
33000502	岱山工作站	512584693333000502
33000503	嵊泗工作站	512584693333000503
33000600	金华广播电视大学	512584693333000600
33000601	兰溪分校	512584693333000601
33000602	武义分校	512584693333000602
33000603	永康学院	512584693333000603
33000604	义乌学院	512584693333000604
33000605	东阳学院	512584693333000605
33000606	浦江分校	512584693333000606
33000607	磐安工作站	512584693333000607
33000700	衢州广播电视大学	512584693333000700
33000701	柯城分校	512584693333000701
33000702	江山分校	512584693333000702
33000703	常山分校	512584693333000703
33000704	开化分校	512584693333000704
33000705	龙游分校	512584693333000705
33000800	台州广播电视大学	512584693333000800
33000801	临海学院	512584693333000801
33000802	黄岩分校	512584693333000802
33000803	温岭分校	512584693333000803
33000804	仙居学院	512584693333000804
33000805	玉环学院	512584693333000805
33000806	三门学院	512584693333000806
33000807	天台学院	512584693333000807
33000900	丽水广播电视大学	512584693333000900
33000901	缙云分校	512584693333000901
33000902	遂昌分校	512584693333000902
33000903	松阳电大	512584693333000903
33000904	景宁分校	512584693333000904
33000905	云和分校	512584693333000905
33000906	龙泉分校	512584693333000906
33000907	庆元工作站	512584693333000907
33000908	青田分校	512584693333000908
33001000	温州广播电视大学	512584693333001000
33001001	永嘉学院	512584693333001001
33001002	瓯海分校	512584693333001002
33001003	平阳分校	512584693333001003
33001004	瑞安分校	512584693333001004
33001005	乐清分校	512584693333001005
33001006	文成分校	512584693333001006
33001007	学洞头分校	512584693333001007
33001008	泰顺工作站	512584693333001008
33001009	苍南分校	512584693333001009

简码	学校名称	全码
33001100	*检察分校	512584693333001100
33001200	衢化分校	512584693333001200
33001300	*省商业厅分校	512584693333001300
33001400	*电视艺术分校	512584693333001400
33001500	经贸分校	512584693333001500
33001600	*警察分校	512584693333001600
33001700	*财税分校	512584693333001700
33001800	工商学院	512584693333001800
33001900	特教学院	512584693333001900
33100000	**宁波广播电视大学**	**518854693333100000**
33100100	鄞县分校	518854693333100100
33100200	余姚学院	518854693333100200
33100300	慈溪学院	518854693333100300
33100400	宁海学院	518854693333100400
33100500	象山分校	518854693333100500
33100600	奉化分校	518854693333100600
33100700	镇海工作站	518854693333100700
33100800	镇海炼油化工公司工作站	518854693333100800
33100900	江北工作站	518854693333100900
33101000	北仑工作站	518854693333101000
33101100	宁波东钱湖旅游度假区电大工作站	518854693333101100
34000000	**安徽广播电视大学**	**513884693434000000**
34000100	合肥分校	513884693434000100
34000200	蚌埠分校	513884693434000200
34000300	芜湖市分校	513884693434000300
34000400	淮南分校	513884693434000400
34000500	淮北分校	513884693434000500
34000600	马鞍山分校	513884693434000600
34000700	铜陵分校	513884693434000700
34000800	黄山市分校	513884693434000800
34000900	安庆市分校	513884693434000900
34001000	六安分校	513884693434001000
34001100	阜阳分校	513884693434001100
34001200	宣城分校	513884693434001200
34001300	巢湖分校	513884693434001300
34001400	滁州市分校	513884693434001400
34001500	池州分校	513884693434001500
34001600	宿州分校	513884693434001600
34001700	省直分校	513884693434001700
34001800	*省国防工办分校	513884693434001800
34001900	*省检察院分校	513884693434001900
34002000	*纺织分校	513884693434002000
34002100	亳州分校	513884693434002100
35000000	**福建广播电视大学**	**512704693535000000**
35000100	福州分校	512704693535000100
35000200	三明分校	512704693535000200
35000300	宁德分校	512704693535000300

简码	学校名称	全码
35000400	南平分校	51270469353500 0400
35000500	漳州分校	512704693535000500
35000600	泉州分校	512704693535000600
35000700	龙岩分校	512704693535000700
35000800	莆田分校	512704693535000800
35000900	高等职业技术学院	512704693535000900
35001000	农业银行分校	512704693535001000
35001100	检察院分校	512704693535001100
35001200	永安分校	512704693535001200
35001300	邵武分校	512704693535001300
35001400	漳浦分校	512704693535001400
35001500	继续教育学院	512704693535001500
35001600	开放教育学院	512704693535001600
35100000	**厦门市广播电视大学**	**518334693535100000**
35100100	厦门电大同安区工作站	518334693535100100
35100200	*厦门市开元区电大工作站	518334693535100200
35100300	厦门市杏林区电大工作站	518334693535100300
35100400	厦门市湖里区电大工作站	518334693535100400
35100500	厦门市司法局电大工作站	518334693535100500
35100600	厦门市思明区电大工作站	518334693535100600
36000000	**江西广播电视大学**	**512814693636000000**
36000100	南昌市分校	512814693636000100
36000200	景德镇市分校	512814693636000200
36000300	九江市分校	512814693636000300
36000400	萍乡市分校	512814693636000400
36000500	新余市分校	512814693636000500
36000600	鹰潭市分校	512814693636000600
36000700	赣州广播电视大学	512814693636000700
36000800	宜春广播电视大学	512814693636000800
36000900	电大吉安市分校	512814693636000900
36001000	上饶广播电视大学	512814693636001000
36001100	抚州广播电视大学	512814693636001100
36001200	*省人民银行分校	512814693636001200
36001300	九江船舶工业公司分校	512814693636001300
36001400	*省科学院工作站	512814693636001400
36001500	省检察分校	512814693636001500
36001600	省人事厅工作站	512814693636001600
36001700	*财税分校	512814693636001700
36001800	*南昌铁路工作站	512814693636001800
36001900	*省国税局工作站	512814693636001900
36002000	*丰矿工作站	512814693636002000
36002100	*江西省统计培训中心	512814693636002100
36002200	*江西医药培训中心	512814693636002200
36002300	*南昌消防电大工作站	512814693636002300
36002400	*南昌市建筑教育培训中心	512814693636002400
37000000	**山东广播电视大学**	**512864693737000000**
37000100	济南广播电视大学	512864693737000100

简码	学校名称	全码
37000200	烟台广播电视大学	512864693737000200
37000300	潍坊广播电视大学	512864693737000300
37000400	淄博广播电视大学	512864693737000400
37000500	威海市广播电视大学	512864693737000500
37000600	临沂广播电视大学	512864693737000600
37000700	德州广播电视大学	512864693737000700
37000800	滨州广播电视大学	512864693737000800
37000900	菏泽广播电视大学	512864693737000900
37001000	聊城广播电视大学	512864693737001000
37001100	泰安广播电视大学	512864693737001100
37001200	枣庄广播电视大学	512864693737001200
37001300	济宁广播电视大学	512864693737001300
37001400	东营广播电视大学	512864693737001400
37001500	胜利油田广播电视大学	512864693737001500
37001600	*齐鲁石化公司广播电视大学	512864693737001600
37001700	*济南铁路局广播电视大学	512864693737001700
37001800	莱芜钢铁总厂广播电视大学	512864693737001800
37001900	鲁中冶金矿山公司广播电视大学	512864693737001900
37002000	省直工作处	512864693737002000
37002100	日照广播电视大学	512864693737002100
37002200	莱芜市广播电视大学	512864693737002200
37002300	荣成市广播电视大学	512864693737002300
37100000	**青岛广播电视大学**	**518584693737100000**
37100100	莱西分校	518584693737100100
37100200	平度分校	518584693737100200
37100300	胶州分校	518584693737100300
37100400	胶南分校	518584693737100400
37100500	即墨分校	518584693737100500
37100600	黄岛分校	518584693737100600
37100700	崂山分校	518584693737100700
37100800	城阳分校	518584693737100800
37100900	李沧区分校	518584693737100900
41000000	**河南广播电视大学**	**512874694141000000**
41000100	省直分校	512874694141000100
41000200	郑州广播电视大学	512874694141000200
41000300	开封市广播电视大学	512874694141000300
41000400	洛阳市广播电视大学	512874694141000400
41000500	新乡广播电视大学	512874694141000500
41000600	焦作广播电视大学	512874694141000600
41000700	安阳广播电视大学	512874694141000700
41000800	濮阳广播电视大学	512874694141000800
41000900	鹤壁广播电视大学	512874694141000900
41001000	商丘广播电视大学	512874694141001000
41001100	三门峡广播电视大学	512874694141001100
41001200	平顶山广播电视大学	512874694141001200
41001300	驻马店广播电视大学	512874694141001300
41001400	许昌广播电视大学	512874694141001400
41001500	信阳广播电视大学	512874694141001500

简码	学校名称	全码
41001600	南阳广播电视大学	512874694141001600
41001700	周口广播电视大学	512874694141001700
41001800	漯河广播电视大学	512874694141001800
41001900	郑州铁路局广播电视大学	512874694141001900
41002000	中原油田广播电视大学	512874694141002000
41002100	＊黄委会分校	512874694141002100
41002200	＊检察系统电大分校	512874694141002200
41002300	济源广播电视大学	512874694141002300
41002400	河南省工商行政管理分校	512874694141002400
42000000	**湖北广播电视大学**	**513054694242000000**
42000100	黄冈广播电视大学	513054694242000100
42000200	孝感市广播电视大学	513054694242000200
42000300	咸宁地区广播电视大学	513054694242000300
42000400	荆州地区广播电视大学	513054694242000400
42000500	＊十堰广播电视大学	513054694242000500
42000600	宜昌市广播电视大学	513054694242000600
42000700	黄石广播电视大学	513054694242000700
42000800	十堰市广播电视大学	513054694242000800
42000900	＊沙市市广播电视大学	513054694242000900
42001000	襄樊广播电视大学	513054694242001000
42001100	＊宜昌市广播电视大学	513054694242001100
42001200	＊荆门市广播电视大学	513054694242001200
42001300	＊鄂州广播电视大学	513054694242001300
42001400	恩施自治州广播电视大学	513054694242001400
42001500	＊省直属机关广播电视大学	513054694242001500
42001600	＊荆门石化总厂分校	513054694242001600
42001700	＊工商银行湖北省分行分校	513054694242001700
42001800	＊检察分校	513054694242001800
42001900	＊农业银行分校	513054694242001900
42002000	＊葛洲坝分校	513054694242002000
42002100	大冶有色金属公司分校	513054694242002100
42002200	天门市广播电视大学	513054694242002200
42002300	潜江市广播电视大学	513054694242002300
42002400	仙桃广播电视大学	513054694242002400
42002500	江汉油田分校	513054694242002500
42002600	＊省总工会分校	513054694242002600
42002800	湖北广播电视大学钟祥分校	513054694242002800
42002900	武汉钢铁集团鄂钢公司职工大学	513054694242002900
42006800	随州广播电视大学	513054694242006800
42006900	＊老河口广播电视大学	513054694242006900
42007000	＊三峡广播电视大学	513054694242007000
42007100	＊新河口电大工作站	513054694242007100
42007200	＊花园教学中心	513054694242007200
42009900	＊黄冈市卫生电大分校	513054694242009900
42100000	**武汉市广播电视大学**	**500464694242100000**
42100100	江岸区分校	500464694242100100
42100200	武昌区分校	500464694242100200
42100300	桥口区分校	500464694242100300

简码	学校名称	全码
42100400	汉阳区分校	500464694242100400
42100500	＊武昌区分校	500464694242100500
42100600	青山区分校	500464694242100600
42100700	洪山区工作站	500464694242100700
42100800	东西湖区分校	500464694242100800
42100900	汉南区分校	500464694242100900
42101000	江夏区分校	500464694242101000
42101100	蔡甸区分校	500464694242101100
42101200	黄陂区分校	500464694242101200
42101300	新洲区分校	500464694242101300
42101400	＊机械工业局分校	500464694242101400
42101500	＊电子工业局分校	500464694242101500
42101600	＊化工局分校	500464694242101600
42101700	＊医药管理局分校	500464694242101700
42101800	＊一轻工业局分校	500464694242101800
42101900	＊二轻局分校	500464694242101900
42102000	＊纺织局分校	500464694242102000
42102100	＊交通委员会分校	500464694242102100
42102200	＊武汉港务管理局分校	500464694242102200
42102300	＊长江航务管理局分校	500464694242102300
42102400	＊粮食局分校	500464694242102400
42102500	＊公用局分校	500464694242102500
42102600	＊公安局分校	500464694242102600
42102700	＊档案局分校	500464694242102700
42102800	＊冶金工业局分校	500464694242102800
42102900	＊市商业管理委员会分校	500464694242102900
42103000	＊劳动人事工作站	500464694242103000
42103100	＊仪表工业总公司工作站	500464694242103100
42103200	＊武汉汽车工业公司分校	500464694242103200
42103300	＊长江轮船总公司工作站	500464694242103300
42103400	武汉钢铁公司分校	500464694242103400
42103500	＊武汉冶金设备制造公司工作站	500464694242103500
42103600	＊江岸车辆厂分校	500464694242103600
42103700	3303 分校	500464694242103700
42103800	＊武汉汽轮发电机厂分校	500464694242103800
42103900	＊石油化工厂分校	500464694242103900
42104000	＊邮科院分校	500464694242104000
42104100	＊长航局分校	500464694242104100
42104200	＊汉阳区分校	500464694242104200
42104300	＊武钢分校	500464694242104300
42104400	＊武汉铁路分校	500464694242104400
42104500	江汉区电大分校	500464694242104500
42104600	＊统计局分校	500464694242104600
43000000	**湖南广播电视大学**	**513064694343000000**
43000100	＊直属分校	513064694343000100
43000200	长沙广播电视大学	513064694343000200
43000300	株洲广播电视大学	513064694343000300
43000400	湘潭广播电视大学	513064694343000400

简码	学校名称	全码
43000500	衡阳市广播电视大学	51306469434300500
43000600	邵阳广播电视大学	51306469434300600
43000700	岳阳广播电视大学	51306469434300700
43000800	娄底广播电视大学	51306469434300800
43000900	零陵分校	51306469434300900
43001000	郴州广播电视大学	51306469434301000
43001100	益阳广播电视大学	51306469434301100
43001200	常德广播电视大学	51306469434301200
43001300	怀化广播电视大学	51306469434301300
43001400	湘西民族广播电视大学	51306469434301400
43001500	张家界市广播电视大学	51306469434301500
43001600	津市分校	51306469434301600
43001700	岳阳石化总厂广播电视大学	51306469434301700
43001800	*省人民检察院分校	51306469434301800
43001900	*省司法厅法律分校	51306469434301900
43002000	卫生分校	51306469434302000
43002100	涟钢分校	51306469434302100
43002200	药学分校	51306469434302200
44000000	**广东广播电视大学**	**51315469444400000**
44000100	*省人民银行分校	51315469444400100
44000200	*工商银行分校	51315469444400200
44000300	*煤炭分校	51315469444400300
44000400	法律分校	51315469444400400
44000500	省电力局分校	51315469444400500
44000600	省公路局分校	51315469444400600
44000700	*检察分校	51315469444400700
44000800	广东电大深圳拱北海关分校	51315469444400800
44000900	珠海市广播电视大学	51315469444400900
44000901	斗门广播电视大学	51315469444400901
44001000	汕头广播电视大学	51315469444401000
44001001	汕头广播电视大学潮阳电大	51315469444401001
44001002	汕头广播电视大学澄海电大	51315469444401002
44001100	韶关市广播电视大学	51315469444401100
44001101	韶关市曲江区广播电视大学	51315469444401101
44001102	仁化广播电视大学	51315469444401102
44001103	新丰县广播电视大学	51315469444401103
44001104	广东省翁源县广播电视大学	51315469444401104
44001105	始兴县广播电视大学	51315469444401105
44001106	南雄市广播电视大学	51315469444401106
44001107	乐昌市广播电视大学	51315469444401107
44001108	乳源瑶族自治县广播电视大学	51315469444401108
44001200	汕尾市广播电视大学	51315469444401200
44001201	海丰县广播电视大学	51315469444401201
44001202	陆丰市广播电视大学	51315469444401202
44001203	陆河县广播电视大学	51315469444401203
44001300	梅州市广播电视大学	51315469444401300
44001301	梅江区广播电视大学	51315469444401301
44001302	蕉岭县广播电视大学	51315469444401302

简 码	学 校 名 称	全 码
44001303	大埔县广播电视大学	5131546944444001303
44001304	丰顺县广播电视大学	5131546944444001304
44001305	五华县广播电视大学	5131546944444001305
44001306	广东省兴宁市广播电视大学	5131546944444001306
44001307	平远县广播电视大学	5131546944444001307
44001400	惠州市广播电视大学	5131546944444001400
44001401	惠阳区广播电视大学	5131546944444001401
44001402	惠东县广播电视大学	5131546944444001402
44001403	博罗县广播电视大学	5131546944444001403
44001404	龙门县广播电视大学	5131546944444001404
44001500	东莞市广播电视大学	5131546944444001500
44001600	中山市广播电视大学	5131546944444001600
44001700	江门市广播电视大学	5131546944444001700
44001701	新会市广播电视大学	5131546944444001701
44001702	台山磐石电视大学	5131546944444001702
44001703	开平市广播电视大学	5131546944444001703
44001704	恩平市广播电视大学	5131546944444001704
44001705	鹤山市广播电视大学	5131546944444001705
44001800	佛山广播电视大学	5131546944444001800
44001801	三水广播电视大学	5131546944444001801
44001802	高明广播电视大学	5131546944444001802
44001900	阳江市广播电视大学	5131546944444001900
44001901	阳春市广播电视大学	5131546944444001901
44002000	湛江市广播电视大学	5131546944444002000
44002001	雷州市广播电视大学	5131546944444002001
44002002	徐闻县广播电视大学	5131546944444002002
44002003	遂溪县广播电视大学	5131546944444002003
44002004	吴川市广播电视大学	5131546944444002004
44002005	廉江市广播电视大学	5131546944444002005
44002100	茂名广播电视大学	5131546944444002100
44002101	高州市广播电视大学	5131546944444002101
44002102	信宜市广播电视大学	5131546944444002102
44002103	电白广播电视大学	5131546944444002103
44002104	化州市广播电视大学	5131546944444002104
44002200	肇庆广播电视大学	5131546944444002200
44002201	高要市广播电视大学	5131546944444002201
44002202	四会市广播电视大学	5131546944444002202
44002203	广宁县广播电视大学	5131546944444002203
44002204	德庆县广播电视大学	5131546944444002204
44002205	封开县广播电视大学	5131546944444002205
44002206	怀集县广播电视大学	5131546944444002206
44002300	清远市广播电视大学	5131546944444002300
44002301	英德电大	5131546944444002301
44002302	佛冈县广播电视大学	5131546944444002302
44002303	阳山县广播电视大学	5131546944444002303
44002304	连山壮族瑶族自治县广播电视大学	5131546944444002304
44002305	连南瑶族自治县广播电视大学	5131546944444002305
44002306	连州市广播电视大学	5131546944444002306
44002400	潮州广播电视大学	5131546944444002400

简码	学校名称	全码
44002401	饶平县广播电视大学	513154694444002401
44002402	潮安广播电视大学	513154694444002402
44002500	揭阳广播电视大学	513154694444002500
44002501	普宁市广播电视大学	513154694444002501
44002502	广东省揭西县广播电视大学	513154694444002502
44002503	惠来县广播电视大学	513154694444002503
44002504	揭东县广播电视大学	513154694444002504
44002600	河源广播电视大学	513154694444002600
44002601	和平县广播电视大学	513154694444002601
44002602	龙川广播电视大学	513154694444002602
44002603	紫金县广播电视大学	513154694444002603
44002604	连平县广播电视大学	513154694444002604
44002700	云浮市广播电视大学	513154694444002700
44002701	云硫电大	513154694444002701
44002702	罗定市广播电视大学	513154694444002702
44002703	新兴电大	513154694444002703
44002704	郁南电大	513154694444002704
44002800	南海广播电视大学	513154694444002800
44002900	顺德广播电视大学	513154694444002900
44100000	**广州市广播电视大学**	**513934694444100000**
44100100	东山区分校	513934694444100100
44100200	海珠区分校	513934694444100200
44100300	*芳村区分校	513934694444100300
44100400	荔湾分校	513934694444100400
44100500	越秀区分校	513934694444100500
44100600	天河区分校	513934694444100600
44100700	开发区分校	513934694444100700
44100800	*纺织分校	513934694444100800
44100900	*邮政局电大站	513934694444100900
44101000	*建筑分校	513934694444101000
44101100	*广州造船厂分校	513934694444101100
44101200	*化工总公司分校	513934694444101200
44101300	市轻工业局分校	513934694444101300
44101400	侨光分校	513934694444101400
44101500	机电局分校	513934694444101500
44101600	*电信分校	513934694444101600
44101700	*橡胶分校	513934694444101700
44101800	法律专业工作站	513934694444101800
44101900	*电器分校	513934694444101900
44102000	*锅炉工业公司教学班	513934694444102000
44102100	*市工商银行工作站	513934694444102100
44102200	*石化分校	513934694444102200
44102300	市二轻局工作站	513934694444102300
44102400	番禺区广播电视大学	513934694444102400
44102500	从化市分校	513934694444102500
44102600	花都区广播电视大学	513934694444102600
44102700	增城市广播电视大学	513934694444102700
44102800	*包装工业总公司工作站	513934694444102800

简码	学校名称	全码
44102900	*黄埔造船分校	513934694444102900
44103100	*珠江工作站	513934694444103100
44103900	*白云区分校	513934694444103900
44104000	*珠江电大	513934694444104000
44104100	市银行学校电大工作站	513934694444104100
44104200	东方教学点	513934694444104200
44104300	*广师电大	513934694444104300
44104400	*信孚电大	513934694444104400
44104500	*华南科技学校	513934694444104500
44104600	*广州市港务局工作站	513934694444104600
44104700	*黄埔卫校	513934694444104700
44104800	*广州卫校	513934694444104800
44104900	*南方工商学校	513934694444104900
44105000	*白云卫校	513934694444105000
44105100	*市政建设学校	513934694444105100
44105200	*维城电大	513934694444105200
44105300	*黄埔区电大	513934694444105300
44105400	金融分校	513934694444105400
44105500	*劳教电大	513934694444105500
44105600	*统计工作站	513934694444105600
44105700	*南方专修学院	513934694444105700
44105800	*羊城分校	513934694444105800
44105900	*贸易学校工作站	513934694444105900
44106000	*理工学校工作站	513934694444106000
44106100	广东科学技术职业学院电大工作站	513934694444106100
44106200	广州市广播电视大学广大人文学院工作站	513934694444106200
44200000	**深圳市广播电视大学**	**518884694444200000**
44200100	蛇口分校	518884694444200100
44200200	宝安分校	518884694444200200
44200300	沙头角分校	518884694444200300
44200400	南山分校	518884694444200400
44200500	龙岗分校	518884694444200500
44200600	罗湖分校	518884694444200600
44200700	福田分校	518884694444200700
44200800	深圳广播电视大学光明教学点	518884694444200800
45000000	**广西广播电视大学**	**513384694545000000**
45000100	区直分校	513384694545000100
45000200	南宁广播电视大学	513384694545000200
45000300	柳州市广播电视大学	513384694545000300
45000400	桂林市分校	513384694545000400
45000500	梧州市分校	513384694545000500
45000600	*柳州铁路局分校	513384694545000600
45000700	南宁地区分校	513384694545000700
45000800	柳州地区分校	513384694545000800
45000900	*桂林地区分校	513384694545000900
45001000	梧州地区分校	513384694545001000
45001100	玉林师范学院分校	513384694545001100
45001200	百色民族分校	513384694545001200

简码	学校名称	全码
45001300	*河池地区民族分校	51338469454500l300
45001400	钦州市分校	51338469454500l400
45001500	北海市分校	51338469454500l500
45001600	检察分校	51338469454500l600
45001700	*农业银行工作站	51338469454500l700
45001800	*区总工会电大工作站	51338469454500l800
45001900	贵港市电大分校	51338469454500l900
45002000	*警官学校工作站	513384694545002000
45002100	防城港市工作站	513384694545002100
45002200	玉林商校工作站	513384694545002200
45002500	广西电大工商分校	513384694545002500
45002600	*水利工作站	513384694545002600
45002700	广西银行学校电大工作站	513384694545002700
45002800	*防城港市电大分校	513384694545002800
46000000	**海南广播电视大学**	**518654694646000000**
46000100	海南电大五指山分校	518654694646000100
46000200	*文昌分校	518654694646000200
46000300	*琼山分校	518654694646000300
46000400	*儋县分校	518654694646000400
46000500	*海南农垦分校	518654694646000500
46000600	*通什农垦牙挽分校	518654694646000600
46000700	*陵水分校	518654694646000700
46000800	*海南电大兴隆分校	518654694646000800
51000000	**四川广播电视大学**	**513414695151000000**
51000100	省建委分校	513414695151000100
51000200	省级机关分校	513414695151000200
51000300	成都铁路局分校	513414695151000300
51000400	德阳广播电视大学	513414695151000400
51000500	绵阳广播电视大学	513414695151000500
51000600	广元广播电视大学	513414695151000600
51000700	四川电大遂宁应用职业技术学校教学点	513414695151000700
51000800	雅安分校	513414695151000800
51000900	乐山广播电视大学	513414695151000900
51001000	内江广播电视大学	513414695151001000
51001100	自贡广播电视大学	513414695151001100
51001200	宜宾广播电视大学	513414695151001200
51001300	泸州广播电视大学	513414695151001300
51001400	南充广播电视大学	513414695151001400
51001500	达州广播电视大学	513414695151001500
51001600	*万县市广播电视大学	513414695151001600
51001700	*黔江地区分校	513414695151001700
51001800	*涪陵广播电视大学	513414695151001800
51001900	*阿坝分校	513414695151001900
51002000	甘孜分校	513414695151002000
51002100	凉山广播电视大学	513414695151002100
51002200	攀枝花广播电视大学	513414695151002200
51002300	*省检察院分校	513414695151002300
51002400	巴中广播电视大学	513414695151002400

简码	学校名称	全码
51002500	广安广播电视大学	5134146951510025OO
51002600	眉山广播电视大学	513414695151002600
51002800	资阳广播电视大学	513414695151002800
51003000	阿坝广播电视大学	513414695151003000
51003100	四川广播电视大学直属学院蓬溪分校	513414695151003100
51003200	四川广播电视大学直属学院射洪分校	513414695151003200
51003300	四川广播电视大学直属学院大英分校	513414695151003300
51003400	四川广播电视大学直属学院西昌分院	513414695151003400
51003500	四川广播电视大学直属学院雷波工作站	513414695151003500
51003600	四川广播电视大学直属学院宁南工作站	513414695151003600
51003700	四川广播电视大学直属学院甘洛工作站	513414695151003700
51003800	四川广播电视大学直属学院越西工作站	513414695151003800
51003900	四川广播电视大学直属学院昭觉工作站	513414695151003900
51004000	四川广播电视大学直属学院美姑工作站	513414695151004000
51100000	**成都广播电视大学**	**518864695151100000**
51100100	龙泉分校	518864695151100100
51100200	彭州分校	518864695151100200
51100300	新都分校	518864695151100300
51100400	双流分校	518864695151100400
51100500	崇州分校	518864695151100500
51100600	邛崃分校	518864695151100600
51100700	郫县分校	518864695151100700
51100800	温江分校	518864695151100800
51100900	*大邑分校	518864695151100900
51101000	*无缝钢管厂工作站	518864695151101000
51101100	金堂分校	518864695151101100
51101200	五冶分校	518864695151101200
51101300	蒲江分校	518864695151101300
51101400	*都江堰分校	518864695151101400
51101500	电子工业分校	518864695151101500
51101600	*青白江分校	518864695151101600
51101700	新津分校	518864695151101700
51101800	青羊分校	518864695151101800
51101900	*财会分校	518864695151101900
51102000	*特教分校	518864695151102000
51102100	旅游分校	518864695151102100
51107100	*石化公司电大工作站	518864695151107100
51200000	**重庆广播电视大学**	**518664695051200000**
51200100	渝中区分校	518664695051200100
51200200	重庆铁路分校	518664695051200200
51200300	重庆钢铁公司分校	518664695051200300
51200400	南岸分校	518664695051200400
51200500	*渝中区工作站	518664695051200500
51200600	*江津市工作站	518664695051200600
51200700	九龙坡分校	518664695051200700
51200800	江北区工作站	518664695051200800
51200900	沙坪坝区电大分校	518664695051200900
51201000	永川市广播电视大学	518664695051201000

简码	学校名称	全码
51201100	北碚区工作站	518664695051201100
51201200	万盛区工作站	518664695051201200
51201300	荣昌分校	518664695051201300
51201400	綦江县工作站	518664695051201400
51201500	*大渡口区工作站	518664695051201500
51201600	合川广播电视大学	518664695051201600
51201700	长寿分校	518664695051201700
51201800	铜梁县工作站	518664695051201800
51201900	渝北分校	518664695051201900
51202000	潼南县工作站	518664695051202000
51202100	大足县工作站	518664695051202100
51202200	巴南分校	518664695051202200
51202300	江津广播电视大学	518664695051202300
51202400	大渡口分校	518664695051202400
51202500	璧山分校	518664695051202500
51202600	万州广播电视大学	518664695051202600
51202700	涪陵广播电视大学	518664695051202700
51202800	黔江广播电视大学	518664695051202800
51202900	南川分校	518664695051202900
51203000	垫江分校	518664695051203000
51203100	丰都县电大工作站	518664695051203100
51203200	武隆分校	518664695051203200
51203300	梁平县电大工作站	518664695051203300
51203400	重庆电大经贸学院	518664695051203400
51203500	重庆电大物流学院	518664695051203500
51203700	重庆电大建筑工程学院	518664695051203700
51203800	酉阳分校	518664695051203800
51203900	秀山分校	518664695051203900
51204000	石柱分校	518664695051204000
51204100	彭水分校	518664695051204100
51204200	奉节县电大工作站	518664695051204200
51204300	云阳县电大工作站	518664695051204300
51204400	巫山分校	518664695051204400
51204500	巫溪电大工作站	518664695051204500
51204600	城口电大工作站	518664695051204600
51204700	开县电大工作站	518664695051204700
51204800	忠县电大工作站	518664695051204800
51204900	铜梁分校	518664695051204900
51205000	*市检察院第二分院工作站	518664695051205000
51205100	重庆电大企业管理学院	518664695051205100
51205200	市药监局电大工作站	518664695051205200
51205300	*市统计局电大工作站	518664695051205300
51205800	*沙坪坝区分校	518664695051205800
51208600	*莱芜广播电视大学	518664695051208600
52000000	**贵州广播电视大学**	**513524695252000000**
52000100	省直分校	513524695252000100
52000200	贵阳市分校	513524695252000200
52000300	遵义地区分校	513524695252000300

简码	学校名称	全码
52000400	安顺地区分校	513524695252000400
52000500	黔南州分校	513524695252000500
52000600	黔东南州分校	513524695252000600
52000700	黔西南州分校	513524695252000700
52000800	毕节地区分校	513524695252000800
52000900	六盘水市分校	513524695252000900
52001000	铜仁分校	513524695252001000
52001100	*贵州建设广播电视大学	513524695252001100
52001200	贵州水晶集团电大工作站	513524695252001200
52001300	*贵阳铁路分局分校	513524695252001300
52001400	*贵航集团分校	513524695252001400
52001500	水城钢铁公司分校	513524695252001500
52001600	*省检察院分校	513524695252001600
52001700	*省监管局分校	513524695252001700
52001800	航天管理局工作站	513524695252001800
52001900	黎阳机械公司工作站	513524695252001900
52002000	*第四机械工业局工作站	513524695252002000
52002100	*贵州省劳动和社会保障厅电大工作站	513524695252002100
52002200	*贵阳经济技术开发区工作站	513524695252002200
52002300	*贵阳冶金工作站	513524695252002300
52002400	贵航技校电大工作站	513524695252002400
53000000	**云南广播电视大学**	**513574695353000000**
53000100	昆明广播电视大学	513574695353000100
53000200	玉溪广播电视大学	513574695353000200
53000300	思茅广播电视大学	513574695353000300
53000400	西双版纳广播电视大学	513574695353000400
53000500	红河分校	513574695353000500
53000600	文山分校	513574695353000600
53000700	曲靖分校	513574695353000700
53000800	昭通分校	513574695353000800
53000900	*东川工作站	513574695353000900
53001000	楚雄广播电视大学	513574695353001000
53001100	大理分校	513574695353001100
53001200	保山分校	513574695353001200
53001300	临沧分校	513574695353001300
53001400	德宏广播电视大学	513574695353001400
53001500	丽江分校	513574695353001500
53001600	*云南广播电视大学直属学院	513574695353001600
53001700	*中甸县工作站	513574695353001700
53001800	文山州民族干部学校	513574695353001800
53001900	怒江电大分校	513574695353001900
53002000	*东川矿务局工作站	513574695353002000
53002100	个旧分校	513574695353002100
53002200	云南省有色地质电大分校	513574695353002200
53002300	*省农行分校	513574695353002300
53002400	*省人行分校	513574695353002400
53002500	煤炭分校	513574695353002500
53002600	*交通分校	513574695353002600

简码	学校名称	全码
53002700	昆明陆军学院分校	513574695353002700
53002800	*省工商行分校	513574695353002800
53002900	省检察分校	513574695353002900
53003000	*电力分校	513574695353003000
53003100	*云锡分校	513574695353003100
53003200	昆明市总工会分校	513574695353003200
53003300	*昆明铁路局分校	513574695353003300
53003400	*省公路局分校	513574695353003400
53003500	*省农垦分校	513574695353003500
53003600	昆钢分校	513574695353003600
53003700	烟草分校	513574695353003700
53003800	*省工青妇分校	513574695353003800
53003900	*易门矿务局分校	513574695353003900
53004000	*商业分校	513574695353004000
53005100	*云南大学工作站	513574695353005100
53005200	*云南工业大学工作站	513574695353005200
53005300	*昆明工学院工作站	513574695353005300
53005400	*云南电大教学点	513574695353005400
53005500	*云南财贸学院工作站	513574695353005500
53005700	*云南民族学院工作站	513574695353005700
53005800	*云南师范大学工作站	513574695353005800
53006600	*校本部	513574695353006600
53006700	云南省电大政法分校	513574695353006700
61000000	**陕西省广播电视大学**	**513704696161000000**
61000100	延安分校	513704696161000100
61000200	榆林地区分校	513704696161000200
61000300	咸阳市分校	513704696161000300
61000400	宝鸡市分校	513704696161000400
61000500	安康分校	513704696161000500
61000600	汉中分校	513704696161000600
61000700	渭南分校	513704696161000700
61000800	商洛地区分校	513704696161000800
61000900	铜川市分校	513704696161000900
61001000	航空工业局工作站	513704696161001000
61001100	省电子工业局工作站	513704696161001100
61001200	兵器工业管理局工作站	513704696161001200
61001300	*航天部陕西管理局工作站	513704696161001300
61001400	*核工业局工作站	513704696161001400
61001500	*西安铁路分校	513704696161001500
61001600	省冶金局工作站	513704696161001600
61001700	*民盟省委会工作站	513704696161001700
61001800	*民革省委会工作站	513704696161001800
61001900	*省石油化学工业局工作站	513704696161001900
61002000	*西安电子科技大学工作站	513704696161002000
61002100	*工商银行陕西分行工作站	513704696161002100
61002200	*省建材局工作站	513704696161002200
61002300	*西北电业管理局工作站	513704696161002300
61002400	*省邮电管理局工作站	513704696161002400

简码	学校名称	全码
61002500	*省广播电视厅工作站	513704696161002500
61002600	*陕西省城市经济学校	513704696161002600
61002700	*省建筑工程总公司工作站	513704696161002700
61002800	陕西省纺织公司工作站	513704696161002800
61002900	*省机械工业局工作站	513704696161002900
61003000	西安有色工作站	513704696161003000
61003100	*〇一二基地工作站	513704696161003100
61003200	*西安陆军学院工作站	513704696161003200
61003300	*省司法厅工作站	513704696161003300
61003400	*铁道部第一工程局工作站	513704696161003400
61003500	省水利厅工作站	513704696161003500
61003600	*省医药总公司工作站	513704696161003600
61003700	*省府干部学校工作站	513704696161003700
61003800	*省保险分公司工作站	513704696161003800
61003900	*省交通厅工作站	513704696161003900
61004000	*省档案局工作站	513704696161004000
61004100	*人民银行陕西分行工作站	513704696161004100
61004200	省文化厅工作站	513704696161004200
61004300	*省检察院工作站	513704696161004300
61004400	*省测绘局工作站	513704696161004400
61004500	*省干部培训教育中心	513704696161004500
61004600	*西安船舶工业总公司工作站	513704696161004600
61004700	*直属分校	513704696161004700
61004800	*省煤碳厅工作站	513704696161004800
61004900	*省财政厅工作站	513704696161004900
61005000	*国税局工作站	513704696161005000
61005200	*省卫生厅工作站	513704696161005200
61005300	*省对外经贸委工作站	513704696161005300
61005400	*省农业厅工作站	513704696161005400
61005500	*陕西教育学院工作站	513704696161005500
61005600	*省警官职业学校工作站	513704696161005600
61005700	高新分校	513704696161005700
61005800	*省科协电大工作站	513704696161005800
61005900	*省电大商务厅工作站	513704696161005900
61006000	*经贸委电大工作站	513704696161006000
61006200	*陕西师大电大工作站	513704696161006200
61006300	*省电大直属教学部	513704696161006300
61006400	*农业银行电大工作站	513704696161006400
61006500	新城分校	513704696161006500
61006600	*安康经贸管理专修学	513704696161006600
61006700	工运学院电大	513704696161006700
61006800	*青干院	513704696161006800
61006900	*陕西经贸培训学院	513704696161006900
61007000	西安艺师教育中心	513704696161007000
61007200	陕西省中医学校	513704696161007200
61007300	*服装学院电大	513704696161007300
61007800	*西安医学专修学院	513704696161007800
61008000	*陕西电大长安工作站	513704696161008000
61008200	*省计生协工作站	513704696161008200

简码	学校名称	全码
61008600	陕西广播电视大学宝鸡农校教育中心	513704696161008600
61008700	陕西银行学校	513704696161008700
61008800	＊陕西广播电视大学西安市卫校电大教学中心	513704696161008800
61008900	西安国际文化培训学院	513704696161008900
61009000	＊陕西工业职业技术学院	513704696161009000
61009100	西安公交总公司教育中心	513704696161009100
61009200	西安工程技术学院	513704696161009200
61009300	西安信息技术学院	513704696161009300
61009500	咸阳职业技术学院	513704696161009500
61009600	＊陕西省机电工程学校	513704696161009600
61009700	陕西城镇建设开发工作站	513704696161009700
61009800	陕西省机械高级技工学校	513704696161009800
61010000	陕西通信技术学院	513704696161010000
61010300	亚大艺术教育中心	513704696161010300
61010400	陕西广播电视大学镇安财校教学点	513704696161010400
61010500	陕西外国语培训学院	513704696161010500
61010700	西安铁路高级工学校	513704696161010700
61010800	陕西航天技术学院	513704696161010800
61010900	陕西省理工学校	513704696161010900
61100000	**西安市广播电视大学**	**518714696161100000**
61100100	＊西安电大城东分校	518714696161100100
61100200	西安电大现代教育培训学院	518714696161100200
61100300	莲湖区工作站	518714696161100300
61100400	＊灞桥区工作站	518714696161100400
61100500	＊未央区工作站	518714696161100500
61100600	长安分校	518714696161100600
61100700	临潼分校	518714696161100700
61100800	＊周至县工作站	518714696161100800
61100900	户县分校	518714696161100900
61101000	西电公司工作站	518714696161101000
61101100	＊纺织局工作站	518714696161101100
61101200	＊人事局工作站	518714696161101200
61101300	＊劳动局工作站	518714696161101300
61101400	＊审计局工作站	518714696161101400
61101500	＊莲湖经委教学班	518714696161101500
61101600	＊莲湖职校	518714696161101600
61101700	莲湖科技学校工作站	518714696161101700
61101800	＊市百货公司	518714696161101800
61101900	＊西华分校教学班	518714696161101900
61102000	＊市公安局文化分校	518714696161102000
61102100	＊纺织品公司	518714696161102100
61102200	西安交通大学卫校教学班	518714696161102200
61102300	西安电大北洋工作站	518714696161102300
61102400	＊市二院教学班	518714696161102400
61102500	＊标缝公司教学班	518714696161102500
61102600	＊西影厂工作站	518714696161102600
61102700	＊市卫生局教学班	518714696161102700
61102800	＊利君集团工作站	518714696161102800

简　码	学　校　名　称	全　　码
61102900	＊兴华业大	518714696161102900
61103000	＊农械厂	518714696161103000
61103100	＊市检察院工作站	518714696161103100
61103200	＊市机械技工学校教学班	518714696161103200
61103300	翠华培训学院工作站	518714696161103300
61103400	＊市护理学会电大班	518714696161103400
61103500	＊西安音乐教学班	518714696161103500
61103700	＊第二炮兵工程学院教学班	518714696161103700
61103800	＊咸宁教学班	518714696161103800
61103900	富士日本语专修学院工作站	518714696161103900
61104000	蓝田分校	518714696161104000
61104100	＊省中医药研究院教学班	518714696161104100
61104200	＊韩城进校工作站	518714696161104200
61104400	＊市卫生职校工作站	518714696161104400
61104500	涉外旅游专修学院工作站	518714696161104500
61104600	＊西京培训学院教学班	518714696161104600
61104700	＊西安联大艺术系教学班	518714696161104700
61104800	＊试飞院工作站	518714696161104800
61104900	西安培明进修学院教学班	518714696161104900
61105000	＊振华教学班	518714696161105000
61105100	＊西安教育学院工作站	518714696161105100
61105400	＊陕西经管院教学班	518714696161105400
61105500	高陵分校	518714696161105500
61105600	＊骊山科技学院教学班	518714696161105600
61105700	＊大荔师范工作站	518714696161105700
61105800	＊广播影视学院教学班	518714696161105800
61105900	＊北方医院医科教学班	518714696161105900
61106000	＊周至教育中心教学班	518714696161106000
61106100	＊西安电大现代职校	518714696161106100
61106200	＊西铁卫校工作站	518714696161106200
61106300	＊成人教育培训学院工作站	518714696161106300
61106400	＊商务学校教学班	518714696161106400
61106500	＊邮设厂技校教学点	518714696161106500
61106600	＊户县秦隆职校教学班	518714696161106600
61106700	中交一公院工作站	518714696161106700
61106800	＊艺术学院	518714696161106800
61106900	＊西安电大城中分校	518714696161106900
61107000	＊华阴工作站	518714696161107000
61107100	＊铜川矿务局教学班	518714696161107100
61107200	＊宜川工作站	518714696161107200
61107300	＊潼关工作站	518714696161107300
61107400	西安电大市卫生学校教学班	518714696161107400
61107500	＊西安广播电视大学城南分校	518714696161107500
61107600	＊西安广播电视大学城西分校	518714696161107600
61107700	＊西安广播电视大学城北分校	518714696161107700
62000000	**甘肃广播电视大学**	**513744696262000000**
62000100	兰州市分校	513744696262000100
62000200	天水市分校	513744696262000200

简 码	学校名称	全 码
62000300	白银市分校	51374469626200030 0
62000400	金昌分校	513744696262000400
62000500	嘉峪关市分校	513744696262000500
62000600	庆阳市分校	513744696262000600
62000700	平凉市分校	513744696262000700
62000800	陇南市分校	513744696262000800
62000900	定西市分校	513744696262000900
62001000	武威市分校	513744696262001000
62001100	张掖市分校	513744696262001100
62001200	酒泉市分校	513744696262001200
62001300	甘南分校	513744696262001300
62001400	临夏分校	513744696262001400
62001500	*兰州铁路局分校	513744696262001500
62001600	四〇四厂分校	513744696262001600
62001700	*省检察院分校	513744696262001700
62001800	省农垦分校	513744696262001800
62001900	农垦河西分校	513744696262001900
62002000	玉门石油管理局分校	513744696262002000
62002100	滨河集团分校	513744696262002100
62002300	直属学院	513744696262002300
62002400	兰州铁路分校	513744696262002400
62002500	*兰州钢铁集团公司工作站	513744696262002500
62002600	*省工商银行工作站	513744696262002600
62002700	*省农业银行工作站	513744696262002700
62002800	省人民银行工作站	513744696262002800
62002900	*甘肃省乡镇企业分校	513744696262002900
62003000	*天水海林轴承厂工作站	513744696262003000
62003100	水电部五局工作站	513744696262003100
62003200	武威卫生学校电大工作站	513744696262003200
62003300	陇南农校直属工作站	513744696262003300
62003400	兰州石油化工公司工作站	513744696262003400
62003500	*武威铁路分局电大工作站	513744696262003500
62003600	五零四厂电大工作站	513744696262003600
62003700	*省交通干部学校电大工作站	513744696262003700
62003800	*省统计局电大工作站	513744696262003800
62003900	省财贸学校电大工作站	513744696262003900
62004000	*职业技术学院省经校分院	513744696262004000
62004100	*职业技术学院	513744696262004100
62004200	城建教学点	513744696262004200
62004300	中德培训中心教学点	513744696262004300
62004400	甘肃电大兰州铁路技工学校教学点	513744696262004400
63000000	**青海广播电视大学**	**513824696363000000**
63000100	*西宁铁路分局分校	513824696363000100
63000200	*石油管理局分校	513824696363000200
63000300	海西州广播电视大学	513824696363000300
63000400	海北州广播电视大学	513824696363000400
63000500	海南州广播电视大学	513824696363000500
63000600	*东地区广播电视大学	513824696363000600

简码	学校名称	全码
63000700	玉树州广播电视大学	513824696363000700
63000800	果洛州广播电视大学	513824696363000800
63000900	*黄南州广播电视大学	513824696363000900
63001000	平安县广播电视大学	513824696363001000
63001100	乐都广播电视大学	513824696363001100
63001200	互助县广播电视大学	513824696363001200
63001300	湟源县广播电视大学	513824696363001300
63001400	民和县广播电视大学	513824696363001400
63001500	青海黎明电大	513824696363001500
63001600	*大通农广校电大	513824696363001600
63001700	大通师范电大	513824696363001700
63001800	*交通工作站	513824696363001800
63001900	*档案局广播电视大学	513824696363001900
63002000	*海西德令哈职业高中电大	513824696363002000
63002100	湟中县广播电视大学	513824696363002100
63002200	化隆县广播电视大学	513824696363002200
63002300	循化县广播电视大学	513824696363002300
63002400	*西宁职工进修学校	513824696363002400
63002500	*平安工作站	513824696363002500
63002600	*海西州教育局教学班	513824696363002600
63002700	*海西州大柴旦工作站	513824696363002700
63002800	*海西州都兰工作站	513824696363002800
63002900	*青海省银行学校教学点	513824696363002900
63003000	*青海省人才交流中心电大教学点	513824696363003000
63003100	海西州格尔木工作站	513824696363003100
63003200	*海西州乌兰县电大工工作站	513824696363003200
63003300	*海西州天峻县电大工作站	513824696363003300
63003400	*海西分校	513824696363003400
63003500	省直属分校	513824696363003500
63003600	*海西州卫生职业中专	513824696363003600
63003700	*循化广播电视大学	513824696363003700
63003800	黄南州工作站	513824696363003800
63003900	*海北广播电视大学	513824696363003900
63004000	*果洛电大	513824696363004000
63004100	*湟源广播电视大学	513824696363004100
63004200	*海南州电大	513824696363004200
63004300	*校部	513824696363004300
63004400	*化隆广播电视大学	513824696363004400
63004500	*大通职校	513824696363004500
63004600	统计局电大	513824696363004600
63004700	*海东广播电视大学	513824696363004700
63004800	青海省人事厅人才交流中心	513824696363004800
64000000	**宁夏广播电视大学**	**513834696464000000**
64000100	石嘴山分校	513834696464000100
64000200	银川市工作站	513834696464000200
64000300	吴忠市分校	513834696464000300
64000400	*固原市工作站	513834696464000400
64000500	*检察分校	513834696464000500

简码	学校名称	全码
64000600	*电力系统分校	51383469646400060 0
64000700	*劳动人事厅工作站	513834696464000700
64000800	*自治区审计局工作站	513834696464000800
64000900	*西北轴承厂工作站	513834696464000900
64001000	*固原地区电大工作站	513834696464001000
64001100	*青铜峡铝厂工作站	513834696464001100
64001200	工业职业学院电大分校	513834696464001200
64001300	*西北煤机总厂工作站	513834696464001300
64001400	青铜峡市工作站	513834696464001400
64001500	*中宁县工作站	513834696464001500
64001600	盐池县工作站	513834696464001600
64001700	同心县工作站	513834696464001700
64001800	中卫分校	513834696464001800
64001900	永宁县工作站	513834696464001900
64002000	贺兰县工作站	513834696464002000
64002100	*石碳井矿物局工作站	513834696464002100
64002200	平罗电大工作站	513834696464002200
64002300	*监狱局工作站	513834696464002300
64002400	*陶乐县工作站	513834696464002400
64002500	*宁夏卫生干部培训中心	513834696464002500
64002600	铁路分局分校	513834696464002600
64002700	*惠农县电大工作站	513834696464002700
64002800	灵武县电大工作站	513834696464002800
64002900	西吉电大工作站	513834696464002900
64003000	隆德县电大工作站	513834696464003000
64003100	海原县电大工作站	513834696464003100
64003200	*青铜峡铝厂电大工作站	513834696464003200
64003300	*农校系统电大分校	513834696464003300
64003500	宁夏广播电视大学中宁教学点	513834696464003500
64004000	原州区电大工作站	513834696464004000
65000000	**新疆广播电视大学**	**513874696565000000**
65000100	乌鲁木齐广播电视大学	513874696565000100
65000200	哈密广播电视大学	513874696565000200
65000300	昌吉广播电视大学	513874696565000300
65000400	克拉玛依广播电视大学	513874696565000400
65000500	阿勒泰广播电视大学	513874696565000500
65000600	塔城广播电视大学	513874696565000600
65000700	巴音郭楞蒙古自治州电大	513874696565000700
65000800	阿克苏分校	513874696565000800
65000900	博尔塔拉蒙古自治州电大	513874696565000900
65001000	奎屯市广播电视大学	513874696565001000
65001100	克孜勒苏广播电视大学	513874696565001100
65001200	喀什广播电视大学	513874696565001200
65001300	和田广播电视大学	513874696565001300
65001400	伊犁州广播电视大学	513874696565001400
65001500	石河子广播电视大学	513874696565001500
65001700	吐鲁番分校	513874696565001700
65001800	*铁路广播电视大学	513874696565001800

简码	学校名称	全码
65001900	*钢铁公司工作站	51387469656500l900
65002000	*可可托海工作站	51387469656500200 0
65002100	*劳改局工作站	51387469656500210 0
65002200	*机械电子工业厅分校	513874696565002200
65002300	*自治区工商局广播电视大学	513874696565002300
65002400	*交通厅教学点	513874696565002400
65002500	*农行干校工作站	513874696565002500
65002600	*新疆工商银行工作站	513874696565002600
65002700	乌石化广播电视大学	513874696565002700
65002800	*乌鲁木齐铁路局工作站	513874696565002800
65002900	广电厅广播电视大学	513874696565002900
65003000	*审计局工作站	513874696565003000
65003100	司法厅工作站	513874696565003100
65003200	*乌拉泊工作站	513874696565003200
65003300	*社科联电大教学点	513874696565003300
65003400	*粮食学校电大教学点	513874696565003400
65003500	*检察院工作站	513874696565003500
65003600	*公安司法干部学院工作站	513874696565003600
65003700	*伊犁地区工作站	513874696565003700
65003800	哈煤集团广播电视大学	513874696565003800
65003900	*乌市干校工作站	513874696565003900
65004000	*七泉湖化工厂电大教学点	513874696565004000
65004100	*财政厅广播电视大学	513874696565004100
65004900	*塔西南石油电视大学	513874696565004900
65005600	*工学院电大	513874696565005600
65100000	**新疆兵团广播电视大学**	**512104696565100000**
65100100	农一师分校	512104696565100100
65100200	农二师分校	512104696565100200
65100300	农三师分校	512104696565100300
65100400	农四师分校	512104696565100400
65100500	农五师分校	512104696565100500
65100600	农六师分校	512104696565100600
65100700	农七师分校	512104696565100700
65100800	农八师分校	512104696565100800
65100900	农九师分校	512104696565100900
65101000	农十师分校	512104696565101000
65101100	农十三师分校	512104696565101100
65101200	农十二师分校	512104696565101200
65101300	*警校工作站	512104696565101300
65101400	乌市岗培中心	512104696565101400
65101500	农十四师分校	512104696565101500

注：学校名称前有“*”的学校，表示该校为以往曾设置过的学校，但2009年未按独立设置的分校(工作站)填报《高等教育基层统计报表》。

7.1.2 全国广播电视大学专业分类目录代码

该代码是在教育部 2007 年颁布的高等学校本科专业分类目录代码的基础上改编而成的。

专业分类目录的数字代码由八位阿拉伯数字组成，第一、二位数字表示学科门类，第三、四位数字表示二级类，第五至第八位数字表示该二级类内的专业代码。其中，第五、六位数字为“99”，表示该专业未列入教育部颁布的高等学校专业分类目录中。

现所列专业分类目录包括了中央广播电视大学的统设专业和地方电大自开专业。各校除在专业名称栏填报实设专业名称外，还须根据专业性质填写和录入相近的专业编号。若无相近专业编号，则前四位数字仍填学科门类及二级类别号，而第五至第八位填“9999”，并在键入专业编号同时，录入汉字的实设专业名称，以便加工处理。

专业代码	专 业 名 称
01	**哲学**
0101	**哲学类**
01010100	哲学
01010200	逻辑学
01010300	宗教学
01010400	伦理学
02	**经济学**
0201	**经济学类**
02010100	经济学
02010200	国际经济与贸易
02010300	财政学
02010400	金融学
02010500	国民经济管理
02010600	贸易经济
02010700	保险
02010800	环境经济
02010900	金融工程
02011000	税务
02011100	信用管理
02011200	网络经济学
02011300	体育经济
02011400	投资学
02011500	环境资源与发展经济学
02011600	海洋经济学
02011700	国际文化贸易
02012000	经济与金融
02019901	世界经济学
02019902	政治经济学
02019903	物资经济
02019904	商业经济
02019905	基本建设经济
02019906	农业经济
02019907	投资经济
02019908	水运经济
02019909	市场经济
02019910	对外贸易经济
02019911	国际贸易
02019912	国际商业贸易
02019913	边境贸易
02019914	商业外贸
02019915	医药外贸
02019916	外事外贸
02019917	化工经营与外贸
02019918	工业技术与外贸
02019919	工业外贸
02019920	进出口业务
02019921	财政税收
02019922	金融
02019923	金融与证券

专业代码	专 业 名 称
02019924	金融证券电算化
02019925	金融与计算机
02019926	金融与保险
02019927	国际金融
02019928	国际贸易与金融
02019929	农村金融
02019930	财政金融
02019931	证券投资
02019932	信贷
02019933	货币银行学
02019934	社会保险
02019935	国际保险
03	**法学**
0301	**法学类**
03010100	法学
03010200	知识产权法
03010300	知识产权
03012000	监狱学
03019901	法学基础理论
03019902	法律
03019903	律师
03019904	律师公证
03019905	国防军事法律
03019906	经济法
03019907	涉外经济法
03019908	国际经济法
03019909	国际法
03019910	劳改法
03019911	劳动改造学
03019912	司法
03019913	检察
03019914	法律文秘
0302	**马克思主义理论类**
03020100	科学社会主义与国际共产主义运动
03020200	中国革命史与中国共产党党史
03029901	马列主义理论
0303	**社会学类**
03030100	社会学
03030200	社会工作
03030300	家政学
03030400	人类学
03030500	女性学
03039901	人口学
0304	**政治学类**
03040100	政治学与行政学
03040200	国际政治
03040300	外交学
03040400	思想政治教育

专业代码	专业名称
03040500	国际文化交流
03040600	国际政治经济学
03040700	国际事务
03049901	政治教育
03049902	政治管理
0305	**公安学类**
03050100	治安学
03050200	侦查学
03050300	边防管理
03050400	火灾勘查
03050500	禁毒学
03050600	警犬技术
03050700	经济犯罪侦查
03050800	边防指挥
03050900	消防指挥
03051000	警卫学
03051100	公安情报学
03051200	犯罪学
03051300	公安管理学
03059901	公安
03059902	公安保卫
03059904	公安内勤
03059905	安全管理
03059906	安全防范
03059907	安全技术学
03059908	出入境管理
03059909	武警指挥
03059910	警察管理
03059911	劳改劳教管理
04	**教育学**
0401	**教育学类**
04010100	教育学
04010200	学前教育
04010300	特殊教育
04010400	教育技术学
04010500	小学教育
04010600	艺术教育
04010700	人文教育
04010800	科学教育
04010900	言语听觉科学
04011000	华文教育
04019901	教育心理学
04019902	幼儿教育
04019903	幼儿师范
04019904	小学师资(理科方向)
04019905	小学师资(文史方向)
04019906	初等教育
04019907	学校教育
04019908	中等师范

专业代码	专业名称
04019909	高等师范
04019910	技工师范
04019911	电视师专
04019912	电化教育
04019913	国防军事教育
04019914	劳动技术教育
04019915	卫师中文
04019916	农业师资
04019917	农业中学师资
04019918	乡镇企业师资
04019919	职业学校师资
04019920	音乐教育
04019921	美术教育
0402	**体育学类**
04020100	体育教育
04020200	运动训练
04020300	社会体育
04020400	运动人体科学
04020500	民族传统体育
04020600	运动康复与健康
04020700	休闲体育
04029901	体育基础理论
04029902	举重
04029903	摔跤
04029904	体操
04029905	击剑
04029906	球类运动
04029907	田径运动
04029908	游泳运动
04029909	冰上运动
04029910	武术
04029911	警察体育
04029912	体育管理
04029913	体育生物科学
04029914	运动医学
04029915	体育保健康复
0403	**职业技术教育类**
04030100	农艺教育
04030200	园艺教育
04030300	特用作物教育
04030400	林木生产教育
04030500	特用动物教育
04030600	畜禽生产教育
04030700	水产养殖教育
04030800	应用生物教育
04030900	农业机械教育
04031000	农业建筑与环境控制教育
04031100	农产品储运与加工教育
04031200	农业经济管理教育
04031300	机械制造工艺教育

专业代码	专业名称
04031400	机械维修及检测技术教育
04031500	机电技术教育
04031600	电气技术教育
04031700	汽车维修工程教育
04031800	应用电子技术教育
04031900	制浆造纸工艺教育
04032000	印刷工艺教育
04032100	橡塑制品成型工艺教育
04032200	食品工艺教育
04032300	纺织工艺教育
04032400	染整工艺教育
04032500	化工工艺教育
04032600	化工分析与检测技术教育
04032700	建筑材料工程教育
04032800	建筑工程教育
04032900	服装设计与工艺教育
04033000	装潢设计与工艺教育
04033100	旅游管理与服务教育
04033200	食品营养与检验教育
04033300	烹饪与营养教育
04033400	财务会计教育
04033500	文秘教育
04033600	市场营销教育
04033700	职业技术教育管理
04039901	信息技术教育
05	**文学**
0501	**中国语言文学类**
05010100	汉语言文学
05010200	汉语言
05010300	对外汉语
05010400	中国少数民族语言文学
05010500	古典文献
05010600	中国语言文化
05010700	应用语言学
05019901	古典文学
05019902	中国文学
05019903	汉语言文学教育
05019904	文学创作
05019905	应用中文
05019906	中文与计算机
05019907	语言学
05019908	彝语
05019909	蒙语翻译
05019910	维语翻译
05019911	现代文员
05019912	现代文秘
05019913	文秘
05019914	文秘与公关
05019915	文秘与行政管理
05019916	涉外企业事业秘书

专业代码	专业名称
05019917	涉外经济管理与秘书
05019918	涉外秘书及办公自动化
05019919	企管秘书
05019920	经济管理文秘
05019921	商务秘书
05019922	中英文秘书
05019923	蒙文秘书
05019924	军事文秘
05019925	办公自动化
0502	**外国语言文学类**
05020100	英语
05020200	俄语
05020300	德语
05020400	法语
05020500	西班牙语
05020600	阿拉伯语
05020700	日语
05020800	波斯语
05020900	朝鲜语
05021000	菲律宾语
05021100	梵语巴利语
05021200	印度尼西亚语
05021300	印地语
05021400	柬埔寨语
05021500	老挝语
05021600	缅甸语
05021700	马来语
05021800	蒙古语
05021900	僧加罗语
05022000	泰语
05022100	乌尔都语
05022200	希伯莱语
05022300	越南语
05022400	豪萨语
05022500	斯瓦希里语
05022600	阿尔巴尼亚语
05022700	保加利亚语
05022800	波兰语
05022900	捷克语
05023000	罗马尼亚语
05023100	葡萄牙语
05023200	瑞典语
05023300	塞尔维亚—克罗地亚语
05023400	土耳其语
05023500	希腊语
05023600	匈牙利语
05023700	意大利语
05023800	捷克语—斯洛伐克语
05023900	泰米尔语
05024000	普什图语

专业代码	专 业 名 称
05024100	世界语
05024200	孟加拉语
05024300	尼泊尔语
05024400	塞尔维亚语—克罗地亚语
05024500	荷兰语
05024600	芬兰语
05024700	乌克兰语
05024800	韩国语
05024900	商务英语
05025000	塞尔维亚语
05025100	克罗地亚语
05025200	挪威语
05025300	丹麦语
05025400	冰岛语
05025500	翻译
05029901	商务英语
05029902	科技日语
05029903	科技英语
05029904	旅游英语
05029905	外贸俄语
05029906	外贸日语
05029907	外贸英语
05029908	应用外语及外经贸
05029909	英语兼泰语
05029910	英语兼缅语
05029911	外国语言文学
05029912	英语教育
05029913	俄语教育
0503	**新闻传播学类**
05030100	新闻学
05030200	广播电视新闻学
05030300	广告学
05030400	编辑出版学
05030500	传播学
05030600	媒体创意
05039901	新闻传播学
05039902	新闻采编
05039903	国际新闻
05039904	体育新闻
05039905	网络传播
05039906	编辑采访
0504	**艺术类**
05040100	音乐学
05040200	作曲与作曲技术理论
05040300	音乐表演
05040400	绘画
05040500	雕塑
05040600	美术学
05040700	艺术设计学
05040800	艺术设计

专业代码	专 业 名 称
05040900	舞蹈学
05041000	舞蹈编导
05041100	戏剧学
05041200	表演
05041300	导演
05041400	戏剧影视文学
05041500	戏剧影视美术设计
05041600	摄影
05041700	录音艺术
05041800	动画
05041900	播音与主持艺术
05042000	广播电视编导
05042100	影视教育
05042200	艺术学
05042300	影视学
05042400	广播影视编导
05042500	书法学
05042600	照明艺术
05042700	会展艺术与技术
05042800	音乐科技与艺术
05042900	中国画
05049901	民族音乐
05049902	戏曲作曲
05049903	器乐
05049904	音乐教育
05049905	壁画
05049906	连环画年画
05049908	工艺绘画
05049909	工艺图案
05049910	工艺雕刻
05049911	工艺美术学
05049912	美术史
05049913	美术教育
05049914	美术
05049915	工业美术
05049916	漆器美术
05049917	商业美术
05049918	书装美术
05049919	特艺美术
05049920	造型美术
05049921	服装美术
05049922	广告艺术设计
05049923	环境艺术设计
05049924	染织艺术设计
05049925	装潢艺术设计
05049926	装饰艺术设计
05049927	电脑美术设计
05049928	服装艺术设计
05049929	服装表演及设计
05049930	丝绸美术品种设计

专业代码	专 业 名 称
05049931	装潢
05049932	包装装潢
05049933	家俱设计
05049934	室内设计
05049935	织绣工艺
05049936	舞蹈史与舞蹈理论
05049937	舞蹈教育
05049938	舞蹈
05049939	中国古典舞蹈表演
05049940	中国民间舞蹈表演
05049941	中国民族舞蹈表演
05049942	戏剧表演
05049943	话剧表演
05049944	歌剧表演
05049945	京剧表演
05049946	电影表演
05049947	影视表演
05049948	电视导演
05049949	文艺编导
05049950	服装模特编排
05049951	电视编辑
05049952	电视影片编辑
05049953	文艺编辑
05049954	编剧
05049955	电影文学
05049956	戏曲文学
05049957	广播电视文学
05049958	戏剧创作
05049959	电影评论
05049960	电影美术设计
05049961	舞台美术设计
05049962	舞台美术化妆
05049963	舞台灯光
05049964	电影摄影
05049965	电视新闻摄影
05049966	新闻摄影
05049967	艺术摄影
05049968	电影录音
05049969	节目主持
05049970	艺术教育
05049971	电视艺术
05049972	广播电视节目制作
05049973	影视艺术技术
05049974	影视美术
05049975	影视动画设计
05049976	动漫设计与制作
06	**历史学**
0601	**历史学类**
06010100	历史学
06010200	世界历史

专业代码	专 业 名 称
06010300	考古学
06010400	博物馆学
06010500	民族学
06010600	文物保护技术
06019901	政史
06019902	政治历史教育
06019903	旅游史地
07	**理学**
0701	**数学类**
07010100	数学与应用数学
07010200	信息与计算科学
07010300	数理基础科学
07019901	数理逻辑学
07019902	经济数学
07019903	计算技术
07019904	计算数学及其应用软件
07019905	数学教育
0702	**物理学类**
07020100	物理学
07020200	应用物理学
07020300	声学
07020400	核物理
07029901	磁学
07029902	固体物理
07029903	光学物理
07029904	光电子物理
07029905	电子物理
07029906	红外物理
07029907	晶体物理
07029908	理论物理
07029909	近代物理
07029910	等离子体物理
07029911	半导体物理
07029912	化学物理
07029913	激光物理
07029914	真空物理
07029915	低温物理
07029916	金属物理
07029917	压电铁电物理
07029918	气体放电物理
07029919	技术物理
07029920	加速器物理
07029921	实验核物理
07029922	原子核物理学及核技术
07029923	物理实验技术
07029924	矿山工程物理
07029925	物理师资
0703	**化学类**
07030100	化学

专业代码	专 业 名 称
07030200	应用化学
07030300	化学生物学
07030400	分子科学与工程
07039901	无机化学
07039902	有机化学
07039903	分析化学
07039904	高分子化学
07039905	稀有元素化学
07039906	半导体化学
07039907	物理化学
07039908	电化学
07039909	放射化学
07039910	催化化学
07039911	半导体物理化学
07039912	环境分析化学
07039913	电厂化学
07039914	化学教育
0704	**生物科学类**
07040100	生物科学
07040200	生物技术
07040300	生物信息学
07040400	生物信息技术
07040500	生物科学与生物技术
07040600	动植物检疫
07040700	生物化学与分子生物学
07040800	医学信息学
07040900	植物生物技术
07041000	动物生物技术
07041100	生物资源科学
07041200	生物安全
07049901	病毒学
07049902	细胞生物学
07049903	微生物学
07049904	昆虫学
07049905	寄生虫学
07049906	动物学
07049907	生理学
07049908	人体及动物生理学
07049909	动物生理学
07049910	植物生理学
07049911	植物学
07049912	植物生态学
07049913	植物遗传学
07049914	遗传学
07049915	生物物理
07049916	生物化学
07049917	实验动物学
07049918	工业微生物学
07049919	生物学教育
0705	**天文学类**
07050100	天文学
07059901	天体物理
0706	**地质学类**
07060100	地质学
07060200	地球化学
07069901	地质力学
07069902	区域地质学
07069903	古生物学及地层学
07069904	遥感地质
07069905	化学地质
07069906	数学地质
07069907	放射性地质
07069908	岩矿及地球化学
07069909	构造地质力学
07069910	大地构造地球物理
0707	**地理科学类**
07070100	地理科学
07070200	资源环境与城乡规划管理
07070300	地理信息系统
07070400	地球信息科学与技术
07079901	自然地理
07079902	经济地理
07079903	地理学教育
0708	**地球物理学类**
07080100	地球物理学
07080200	地球与空间科学
07080300	空间科学与技术
0709	**大气科学类**
07090100	大气科学
07090200	应用气象学
07099901	天气动力学
07099902	大气物理学与大气环境
07099903	大气探测
07099904	气象探测技术
07099905	天气预报
0710	**海洋科学类**
07100100	海洋科学
07100200	海洋技术
07100300	海洋管理
07100400	军事海洋学
07100500	海洋生物资源与环境
07109901	海洋光学
07109902	海洋化学
07109903	海洋气象学
07109904	海洋植物学
07109905	海洋动物学
07109906	海洋地质地貌
07109907	海洋地质地球物理

专业代码	专业名称
0711	**力学类**
07110100	理论与应用力学
07119901	理论力学
07119902	固体力学
07119903	流体力学
07119904	传热传质流体力学
07119905	爆炸力学
07119906	应用力学
07119907	数学力学
07119908	力学
07119909	一般力学
07119910	飞行器结构力学
07119911	船舶力学
07119912	船舶流体力学
07119913	船舶结构力学
07119914	水工建筑力学
0712	**电子信息科学类**
07120100	电子信息科学与技术
07120200	微电子学
07120300	光信息科学与技术
07120400	科技防卫
07120500	信息安全
07120600	信息科学技术
07120700	光电子技术科学
07129901	电波传播与天线
07129902	无线电学
07129903	电子信息技术
07129904	电子学与信息系统
07129905	电子学
07129906	光电子学
07129907	核电子学
07129908	半导体微电子学
07129909	波谱及量子电子学
07129910	技术光学
0713	**材料科学类**
07130100	材料物理
07130200	材料化学
0714	**环境科学类**
07140100	环境科学
07140200	生态学
07140300	资源环境科学
07149901	环境保护学
07149902	环境生物学
07149903	环境保护与治理
0715	**心理学类**
07150100	心理学
07150200	应用心理学
0716	**统计学类**
07160100	统计学
07169901	计划统计
07169902	数理统计
07169903	工业统计
07169904	工商统计
07169905	商业统计
07169906	统计与计算机
0717	**系统理论类**
07170100	系统理论
07170200	系统科学与工程
08	**工学**
0801	**地矿类**
08010100	采矿工程
08010200	石油工程
08010300	矿物加工工程
08010400	勘查技术与工程
08010500	资源勘查工程
08010600	地质工程
08010700	矿物资源工程
08010800	煤及煤层气工程
08010900	地下水科学与工程
08019901	采煤
08019902	采油
08019903	油田开发
08019904	油田化学
08019905	选煤
08019906	煤炭综合利用
08019907	地质矿产勘查技术
08019908	放射性地球物理勘探
08019909	非金属矿产地球物理勘探
08019910	金属及非金属地球物理勘探
08019911	海洋地球物理勘探
08019912	石油地球物理勘探
08019913	石油地质与勘探
08019914	石油矿场地球物理
08019915	航空物探
08019916	探矿工程
08019917	地质
08019918	海洋地质
08019919	水文地质与工程地质
08019920	岩矿分析
08019921	岩石矿物学
08019922	地质矿产资源开发
08019923	采矿技术
08019924	选矿技术
08019925	油气藏分析技术
08019926	油田化学应用技术
0802	**材料类**
08020100	冶金工程

专业代码	专业名称
08020200	金属材料工程
08020300	无机非金属材料工程
08020400	高分子材料与工程
08020500	材料科学与工程
08020600	复合材料与工程
08020700	焊接技术与工程
08020800	宝石及材料工艺学
08020900	粉体材料科学与工程
08021000	再生资源科学与技术
08021100	稀土工程
08021200	高分子材料加工工程
08021300	生物功能材料
08029901	高温冶金
08029902	精密冶金
08029903	化学冶金
08029904	特种冶金
08029905	稀有金属冶金
08029906	有色金属冶金
08029907	矿冶工程
08029908	冶金分析化学
08029909	冶金炉
08029910	冶金热工热能利用
08029911	冶金物理化学
08029912	电厂金属
08029913	炼铁
08029914	炼焦化学
08029915	金属冶炼
08029916	金属冶炼与压力加工
08029917	金属压力加工
08029918	金属物理测试
08029919	轧钢
08029920	高分子材料
08029921	无机材料
08029922	光学材料
08029923	感光材料
08029924	耐火材料
08029925	碳素材料
08029926	陶瓷材料
08029927	技术陶瓷
08029928	建筑材料工程
08029929	水泥
08029930	材料结构与性能
08029931	硅酸盐工艺
08029932	再生资源加工工艺
08029933	黄金珠宝鉴定
0803	**机械类**
08030100	机械设计制造及其自动化
08030200	材料成型及控制工程
08030300	工业设计
08030400	过程设备与控制工程

专业代码	专业名称
08030500	机械工程及自动化
08030600	车辆工程
08030700	机械电子工程
08030800	汽车服务工程
08030900	制造自动化与测控技术
08031000	微机电系统工程
08031100	制造工程
08031200	体育装备工程
08039901	机械
08039902	机械设计
08039903	机械制造
08039904	机械设备安装
08039905	机械强度及振动
08039906	机械设备和管理
08039907	轴承设计制造
08039908	模具设计与制造
08039909	模具
08039910	港口机械设计制造
08039911	港运机械
08039912	起重运输机械
08039913	地质及勘探机械
08039914	石油矿场机械
08039915	石油炼厂机械
08039916	煤矿机械
08039917	矿山机械
08039918	冶金机械
08039919	透平机械
08039920	轧钢机械
08039921	重型机械
08039922	动力机械
08039923	水力机械
08039924	气体动力机械
08039925	热能动力机械
08039926	热力发动机
08039927	煤矿机械化
08039928	铁道工程机械
08039929	筑路工程机械
08039930	建筑机械
08039931	农业机械
08039932	林业机械
08039933	渔业机械
08039934	化工机械
08039935	制氧工艺及设备
08039936	热加工工艺及设备
08039937	金属热处理工艺设备
08039938	塑性成形工艺及设备
08039939	焊接工艺及设备
08039940	压力容器焊接
08039941	锅炉
08039942	锅炉压力容器

专业代码	专 业 名 称
08039943	锅炉与热能利用
08039944	锻压工艺及设备
08039945	铸造工艺及设备
08039946	铸造
08039947	产品造型设计
08039948	机械加工工艺设备
08039949	机制工艺及自动化
08039950	木工机械
08039951	造纸机械
08039952	丝绸机械
08039953	橡胶机械
08039954	塑料机械
08039955	陶瓷机械
08039956	粮油机械
08039957	制糖机械
08039958	制盐机械
08039959	食品机械
08039960	商业机械
08039961	钟表机械
08039962	卷烟机械
08039963	包装机械
08039964	邮电机械
08039965	流体传动及控制
08039966	流体机械及流体工程
08039967	液压技术应用
08039968	真空技术及设备
08039969	压缩机
08039970	机车
08039971	机车柴油机
08039972	内燃机车
08039973	电力机车
08039974	铁道车辆
08039975	民航特种车辆
08039976	汽车与拖拉机
08039977	拖拉机
08039978	汽车工程
08039979	汽车运用与维修
08039980	内燃机制造与维修
08039981	机电安装
08039982	机电产品设计
08039983	机电工程
08039984	机电设备
08039985	电机与电器
08039986	电器制造
08039987	机电工艺与设备
08039988	机电一体化
08039989	矿山机电
08039990	纺织机电
08039991	农用机电
08039992	实用机电技术

专业代码	专 业 名 称
08039993	市政机电管理
08039994	汽车检测与维修技术
08039995	汽车技术服务与营销
08039996	汽车
0804	**仪器仪表类**
08040100	测控技术与仪器
08040200	电子信息技术及仪器
08049901	电磁测量技术仪表
08049902	电信仪表
08049903	电子仪表仪器
08049904	工业自动化仪表
08049905	化工仪表
08049906	化工自动化及仪表
08049907	机械仪表
08049908	机械制造业量仪
08049909	计量技术与管理
08049910	计时仪器
08049911	检测技术自动仪表
08049912	摄影仪器与工程
08049913	生物医学仪器
08049914	陀螺仪及导航仪器
08049915	陀螺仪及精密仪器
08049916	医用电子仪器维修
08049917	质量工程与检测
08049918	热工仪表及自动化
08049919	热工检测与控制技术
0805	**能源动力类**
08050100	热能与动力工程
08050200	核工程与核技术
08050300	工程物理
08050400	能源与环境系统工程
08050500	能源工程及自动化
08050600	能源动力系统及自动化
08050700	风能与动力工程
08050800	核技术
08050900	辐射防护与环境工程
08051000	核化工与核燃料工程
08051100	核反应堆工程
08059901	工业热工
08059902	工业热工及热能利用
08059903	化工热能工程
08059904	节能
08059905	能源利用
08059906	热能转换工程
08059907	电厂热能动力工程
08059908	水电站动力设备
08059909	热电厂集控
08059910	燃气供应工程
08059911	燃气输配
08059912	制冷

专业代码	专 业 名 称
08059913	制冷设备低温技术
08059914	制冷设备与维修
08059915	制冷与空调技术
08059916	反应堆工程
08059917	核化学工程
08059918	原子能
08059919	工程热物理
08059920	物理分离
0806	**电气信息类**
08060100	电气工程及其自动化
08060200	自动化
08060300	电子信息工程
08060400	通信工程
08060500	计算机科学与技术
08060600	电子科学与技术
08060700	生物医学工程
08060800	电气工程与自动化
08060900	信息工程
08061000	光源与照明
08061100	软件工程
08061200	影视艺术技术
08061300	网络工程
08061400	信息显示与光电技术
08061500	集成电路设计与集成系统
08061600	光电信息工程
08061700	广播电视工程
08061800	电气信息工程
08061900	计算机软件
08062000	电力工程与管理
08062100	微电子制造工程
08062200	假肢矫形工程
08062300	数字媒体艺术
08062400	医学信息工程
08062500	信息物理工程
08062600	医疗器械工程
08062700	智能科学与技术
08062800	数字媒体技术
08062900	医学影像工程
08063000	真空电子技术
08063100	电磁场与无线技术
08063400	信息与通信工程
08069901	发电厂及电力系统
08069902	电力系统
08069903	电力系统及自动化
08069904	电磁场工程
08069905	电线电缆
08069906	高电压与绝缘技术
08069907	输电线路工程
08069908	供用电技术
08069909	发配电

专业代码	专 业 名 称
08069910	用电管理
08069911	电气设备维修与管理
08069912	建筑电气
08069913	水电站自动化
08069914	机床数控技术
08069915	微机控制技术
08069916	电信工程
08069917	无线电电子工程
08069918	无线电技术
08069919	无线电通信
08069920	船舶无线电技术
08069921	电视发送
08069922	铁道通讯
08069923	铁道无线通信
08069924	铁道有线通信
08069925	铁道信号
08069926	铁路通信信号管理
08069927	程控交换
08069928	实用电子技术
08069929	办公自动化设备运用与维修
08069930	声像技术
08069931	计算机辅助设计及管理
08069932	计算机应用
08069933	软件开发与应用
08069934	数字媒体设计与制作
08069935	多媒体技术
08069936	应用电子技术
08069937	计算机网络技术
08069938	网络系统管理
08069939	信息系统开发与维护
08069940	网站编程
08069941	计算机及应用
08069942	数控技术
0807	**土建类**
08070100	建筑学
08070200	城市规划
08070300	土木工程
08070400	建筑环境与设备工程
08070500	给水排水工程
08070600	城市地下空间工程
08070700	历史建筑保护工程
08070800	景观建筑设计
08070900	水务工程
08071000	建筑设施智能技术
08071100	给排水科学与工程
08071200	建筑电气与智能化
08071300	景观学
08071400	风景园林
08072400	道路桥梁与渡河工程
08079901	建筑设计与装饰

专业代码	专业名称
08079902	室内外设计
08079903	城镇规划
08079904	城镇建筑
08079905	工业与民用建筑
08079906	化工、工民建
08079907	基建
08079908	城镇建设
08079909	建筑结构工程
08079910	地下建筑工程
08079911	房屋建筑工程
08079912	海洋石油建筑工程
08079913	市政工程
08079914	公路与城市道路工程
08079915	道路与桥梁
08079916	隧道与桥梁
08079917	建筑与环境
08079918	建筑施工与管理
08079919	装修
08079920	建筑装饰技术
08079921	城市燃气工程
08079922	城市热能供应工程
08079923	供热通风与空调工程
08079924	道路试验与检测
08079925	工程预算
08079926	工程监理
08079927	城市轨道交通工程技术
08079928	建筑工程技术
0808	**水利类**
08080100	水利水电工程
08080200	水文与水资源工程
08080300	港口航道与海岸工程
08080400	港口海岸与治河工程
08080500	水资源与海洋工程
08089901	水利工程
08089902	水电工程及工程管理
08089903	陆地水文
08089904	地下水开发利用
08089905	港口水工建筑
0809	**测绘类**
08090100	测绘工程
08090200	遥感科学与技术
08090300	空间信息与数字技术
08099901	航空勘测
08099902	摄影测量与遥感
08099903	地籍测量与土地管理
08099904	矿山测量
0810	**环境与安全类**
08100100	环境工程
08100200	安全工程

专业代码	专业名称
08100300	水质科学与技术
08100400	灾害防治工程
08100500	环境科学与工程
08100600	环境监察
08100700	雷电防护科学与技术
08109901	环境监测及保护
08109902	环境设计
08109903	环境监测
08109904	电厂环境工程
08109905	环境保护
08109906	矿山安全技术
0811	**化工与制药类**
08110100	化学工程与工艺
08110200	制药工程
08110300	化工与制药
08110400	化学工程与工业生物工程
08110500	资源科学与工程
08119901	化轻工程
08119902	生物化学工程
08119903	盐业化学工程
08119904	盐化工
08119905	煤化工
08119906	燃料化工
08119907	火药化工
08119908	精细化工
08119909	基本有机化工
08119910	轻工化工
08119911	日用化工
08119912	石油加工
08119913	石油炼制
08119914	石油化工工艺
08119915	无机化工工艺
08119916	有机化工工艺
08119917	电镀工艺
08119918	化工分析
08119919	化学分析
08119920	化学清洗
08119921	化学纤维
08119922	无机化学分析
08119923	轻工有机合成
08119924	合成纤维
08119925	合成橡胶
08119926	橡胶制品
08119927	胶凝材料及制品
08119928	洗涤剂
08119929	冶金药剂
08119930	染料及中间体
08119931	塑料
08119932	玻璃
08119933	硅酸盐

专业代码	专 业 名 称
08119934	电化学及化学电源
08113335	应用电化学
08119936	农药生产及应用
08119937	医药化工
08119938	生化制药工艺
0812	**交通运输类**
08120100	交通运输
08120200	交通工程
08120300	油气储运工程
08120400	飞行技术
08120500	航海技术
08120600	轮机工程
08120700	物流工程
08120800	海事管理
08120900	交通设备信息工程
08121000	交通建设与装备
08129901	铁道运输
08129902	海洋运输业务
08129903	总图运输设计
08129904	铁道工程
08129905	铁道自动化
08129906	交通管理工程
08129907	航政管理
08129908	汽车运用技术
08129909	石油储存与运输
08129910	国际货运代理
0813	**海洋工程类**
08130100	船舶与海洋工程
08139901	舰船工程
08139902	船舶工程
08139903	船舶动力装置
08139904	船舶锅炉
08139905	船舶机制工艺设备
08139906	船舶内燃机
08139907	船舶制造与维修
08139908	船舶机械制造与维修
0814	**轻工纺织食品类**
08140100	食品科学与工程
08140200	轻化工程
08140300	包装工程
08140400	印刷工程
08140500	纺织工程
08140600	服装设计与工程
08140700	食品质量与安全
08140800	酿酒工程
08140900	葡萄与葡萄酒工程
08141000	轻工生物技术
08141100	农产品质量与安全
08141200	非织造材料与工程
08141300	数字印刷
08141400	植物资源工程
08141500	粮食工程
08141600	乳品工程
08149901	食品分析
08149902	食品化学
08149903	食品加工
08149904	食品营养
08149905	食品工艺
08149906	食品检验
08149907	肉食品卫生检验
08149908	烹饪
08149909	制糖工程
08149911	油脂工程
08149912	发酵工程
08149913	制糖工艺
08149914	制盐工艺
08149916	发酵工艺
08149917	仓储工艺
08149918	油脂加工工艺
08149919	香料香精工艺
08149920	粮油储藏
08149921	粮油储检
08149922	轻工粮食食品
08149923	粮食加工
08149924	农副产品加工
08149925	饲料加工
08149926	皮革工程
08149927	皮革工艺
08149928	皮革制品
08149929	烟草工程
08149930	烟草工艺
08149931	卷烟
08149932	制浆造纸
08149933	制浆造纸工程
08149934	制浆造纸工艺
08149935	日用玻璃
08149936	陶瓷工艺
08149937	制鞋工艺
08149938	塑料成型加工工艺
08149939	商品检验与养护
08149940	玩具设计与制造
08149941	家具设计与制造
08149942	印刷工艺
08149943	针织工程
08149944	棉纺
08149945	棉织
08149946	棉花加工与检验
08149947	毛纺
08149948	毛麻绢纺

专业代码	专 业 名 称
08149949	印染工艺
08149950	染整工艺
08149951	纺织材料
08149952	纺织材料及纺织品设计
08149953	服装设计与制作
0815	**航空航天类**
08150100	飞行器设计与工程
08150200	飞行器动力工程
08150300	飞行器制造工程
08150400	飞行器环境与生命保障工程
08150500	航空航天工程
08150600	工程力学与航天航空工程
08150700	航天运输与控制
08150800	质量与可靠性工程
08159901	飞机制造工艺
08159902	飞机发动机维修
08159903	飞机电气设备维修
08159904	飞机仪表设备维修
08159905	飞机无线电维修
08159906	地面通讯设备维修
08159907	航空工程
08159908	航行管制
08159909	飞行器强度与实验技术
0816	**武器类**
08160100	武器系统与发射工程
08160200	探测制导与控制技术
08160300	弹药工程与爆炸技术
08160400	特种能源工程与烟火技术
08160500	地面武器机动工程
08160600	信息对抗技术
08160700	武器系统与工程
08169901	常规武器
08169902	军工测试技术与应用
08169903	弹药工程
08169904	引信设计与制造
0817	**工程力学类**
08170100	工程力学
08170200	工程结构分析
0818	**生物工程类**
08180100	生物工程
08189901	微生物工程
0819	**农业工程类**
08190100	农业机械化及其自动化
08190200	农业电气化与自动化
08190300	农业建筑与能源工程
08190400	农业水利工程
08190500	农业工程
08190600	生物系统工程

专业代码	专 业 名 称
08199901	农业机械修理
08199902	拖拉机修理及零件制造
0820	**林业工程类**
08200100	森林工程
08200200	木材科学与工程
08200300	林产化工
08209901	林产加工
08209902	采伐运输机械化
08209903	林区道路工程
08209904	人造板
0821	**公安技术类**
08210100	刑事科学技术
08210200	消防工程
08210300	安全防范工程
08210400	交通管理工程
08210500	核生化消防
08210600	公安视听技术
08219901	痕迹检验
08219902	文件鉴定
08219903	法化学
08219904	公共安全图像技术
08219905	火灾原因技术鉴定
08219906	安全工程
08219907	道路交通事故防治工程
09	**农学**
0901	**植物生产类**
09010100	农学
09010200	园艺
09010300	植物保护
09010400	茶学
09010500	烟草
09010600	植物科学与技术
09010700	种子科学与工程
09010800	应用生物科学
09010900	设施农业科学与工程
09019901	农作物栽培
09019902	果树及蔬菜
09019903	甘蔗
09019904	种植
09019905	中草药种植
09019906	作物遗传育种
09019907	植物生理生化
09019908	植物病理
09019909	热带园艺
09019910	热带植物保护
09019911	农业推广
09019912	农业化肥使用
0902	**草业科学类**

专业代码	专业名称
09020100	草业科学
09029901	草原
0903	**森林资源类**
09030100	林学
09030200	森林资源保护与游憩
09030300	野生动物与自然保护区管理
09039901	农林
09039902	经济林
09039903	防护林
09039904	森林病虫害防治
0904	**环境生态类**
09040100	园林
09040200	水土保持与荒漠化防治
09040300	农业资源与环境
09049901	农业生态
0905	**动物生产类**
09050100	动物科学
09050200	蚕学
09050300	蜂学
09059901	动物生产
09059902	动物遗传育种
09059903	畜牧
09059904	农牧
09059905	农畜产品加工贮藏
09059906	农业昆虫
09059907	农业生物物理
09059908	农业微生物
09059909	生物能源
09059910	经济动物饲养
09059911	特种动物养殖
09059912	野生动物繁殖利用
09059913	实验动物
09059914	家禽及禽病防治
0906	**动物医学类**
09060100	动物医学
09060200	动物药学
09069901	动物生理生化
09069902	畜牧兽医
0907	**水产类**
09070100	水产养殖学
09070200	海洋渔业科学与技术
09070300	水族科学与技术
09079901	水产加工
09079902	海洋捕捞
10	**医学**
1001	**基础医学类**
10010100	基础医学

专业代码	专业名称
1002	**预防医学类**
10020100	预防医学
10020200	卫生检验
10020300	妇幼保健医学
10020400	营养学
10029901	工业卫生技术
10029902	生理卫生
10029903	卫生管理
10029904	卫生环境化学
10029905	卫生统计
10029906	卫生学
10029907	营养
10029908	医学基础理论
10029909	妇幼卫生
1003	**临床医学与医学技术类**
10030100	临床医学
10030200	麻醉学
10030300	医学影像学
10030400	医学检验
10030500	放射医学
10030600	眼视光学
10030700	康复治疗学
10030800	精神医学
10030900	医学技术
10031000	听力学
10031100	医学实验学
10031200	医学美容技术
10039901	儿科医学
10039902	五官医学
10039903	计划生育医学
10039904	学校医学
10039905	航海医学
10039906	精神病学与精神卫生
10039907	医学营养学
10039909	医疗
10039910	西医
10039911	西医士
10039912	助产士
10039913	乡村医生
10039914	计划生育医士
10039915	临床检验
10039917	计划生育管理
1004	**口腔医学类**
10040100	口腔医学
10040200	口腔修复工艺学
10049901	口腔修复
1005	**中医学类**
10050100	中医学
10050200	针灸推拿学

专业代码	专业名称
10050300	蒙医学
10050400	藏医学
10050500	中西医临床医学
10050600	维医学
10059901	药用植物学
10059902	中医骨伤科学
10059903	中医士
10059904	中医护理
1006	**法医学类**
10060100	法医学
1007	**护理学类**
10070100	护理学
10079901	高护
1008	**药学类**
10080100	药学
10080200	中药学
10080300	药物制剂
10080400	中草药栽培与鉴定
10080500	藏药学
10080600	中药资源与开发
10080700	应用药学
10080900	海洋药学
10081000	药事管理
10081100	蒙药学
10089901	药理学
10089902	临床药学
10089903	药物分析
10089904	毒理学
10089905	药检
10089906	制药
10089907	抗菌素制造
10089908	药品质量监督管理
10089909	中药商品管理
10089910	药品经营与管理
11	**管理学**
1101	**管理科学与工程类**
11010100	管理科学
11010200	信息管理与信息系统
11010300	工业工程
11010400	工程管理
11010500	工程造价
11010600	房地产经营管理
11010700	产品质量工程
11010800	项目管理
11010900	管理科学与工程
11019901	经济信息学
11019902	情报工程
11019903	科技信息
11019904	标准化
11019905	管理信息系统
11019906	计算机管理
11019907	计算机信息管理
11019908	工业企业管理
11019909	工业企业生产管理
11019910	工业管理工程
11019911	生产布局
11019912	质量检验与管理
11019913	交通管理
11019914	交通运输管理
11019915	运输管理
11019916	汽车运输管理
11019917	公路运输管理
11019918	运输材料技术管理
11019919	铁道运输管理
11019920	铁道物资管理工程
11019921	邮电管理工程
11019922	邮电企业管理
11019923	通讯设备管理
11019924	设备管理
11019925	市政工程预算管理
1102	**工商管理类**
11020100	工商管理
11020200	市场营销
11020300	会计学
11020400	财务管理
11020500	人力资源管理
11020600	旅游管理
11020700	商品学
11020800	审计学
11020900	电子商务
11021000	物流管理
11021100	国际商务
11021200	物业管理
11021300	特许经营管理
11021400	连锁经营管理
11021500	资产评估
11021700	商务策划管理
11021800	酒店管理
11029901	国际企业管理
11029902	国际工商管理
11029903	外企管理
11029904	企业管理
11029905	现代企业管理
11029906	工商企业管理
11029907	商业企业管理
11029908	乡镇企业管理
11029909	商务管理
11029910	经济管理

专业代码	专业名称
11029911	涉外经济管理
11029912	城乡经济管理
11029913	水利经济管理
11029914	劳动经济管理
11029915	地质经济与管理
11029916	石油工业经济管理
11029917	铁道运输经济管理
11029918	冶金工业经济管理
11029919	动力工业经济管理
11029920	采矿工业经济管理
11029921	纺织工业经济管理
11029922	电子工业经济管理
11029923	化学工业经济管理
11029924	机械工业经济管理
11029925	建筑工业经济管理
11029926	建筑经营管理
11029927	经营与管理
11029928	物资经营与外贸
11029929	房地产经营管理
11029930	经济信息管理
11029931	计量管理
11029932	科技经营管理
11029933	机电产品管理
11029934	计划与预算管理
11029935	材料管理
11029936	物资供销与计算机管理
11029937	物资供应与管理
11029938	供销
11029939	外贸营销
11029940	现管与市场营销
11029941	市场营销与广告
11029942	外贸与经营
11029943	商品检测技术与管理
11029944	价格学
11029945	工业会计与审计
11029946	财务会计与审计
11029947	财政审计
11029948	商业审计
11029949	现代会计及管理
11029950	财务会计
11029951	工业会计
11029952	商业会计
11029953	投资会计
11029954	电算会计
11029955	国际会计
11029956	涉外财务会计
11029957	基建财务会计
11029958	铁道运输会计
11029959	市场营销与会计
11029960	会计统计
11029961	会计仓储
11029962	会计电算化
11029963	会计与统计核算
11029964	财会与计算机
11029965	物资财会
11029966	交通财会
11029967	金融财会
11029968	涉外财务管理
11029969	基建财务与信用
11029970	房地产评估
11029972	贸易经纪人
11029973	科技经纪
11029974	饭店管理
11029975	旅游与酒店管理
11029976	旅游
11029977	保税储运
11029978	导游
11029979	城市轨道交通运营管理
11029980	注册会计师
1103	**公共管理类**
11030100	行政管理
11030200	公共事业管理
11030300	劳动与社会保障
11030400	土地资源管理
11030500	公共关系学
11030600	高等教育管理
11030700	公共政策学
11030800	城市管理
11030900	公共管理
11031000	文化产业管理
11031100	会展经济与管理
11031200	国防教育与管理
11031300	航运管理
11031400	劳动关系
11031500	公共安全管理
11031600	体育产业管理
11031700	食品经济管理
11039901	工商行政管理
11039902	教育行政
11039903	蒙行政管理
11039904	公共事业管理(卫生事业管理方向)
11039905	公共事业管理(教育管理方向)
11039906	人事管理
11039907	土地管理
11039908	文化艺术事业管理
11039909	群众文化
11039910	商业文化
11039911	企业文化
11039912	海关管理
11039913	报关与货运

专业代码	专 业 名 称
11039914	社区管理
1104	**农业经济管理类**
11040100	农林经济管理
11040200	农村区域发展
11049901	现代农业技术与经营
11049902	乡镇管理
11049903	渔业经济管理
1105	**图书档案学类**
11050100	图书馆学
11050200	档案学
11050300	信息资源管理
11059901	图书情报
11059902	图书出版发行学
11059903	档案管理
11059904	文秘档案
11059905	文书档案

7.2.1 全国省级以上电大学校通讯录

校　别	邮　编	通 讯 地 址	长途区号	办公室电话	总机电话	传真号
中央电大	100031	北京市复兴门内大街160号	010	66419048	66490114	66419025
北　京	100081	北京市海淀区皂君庙甲4号	010	82192016		82192114
天　津	300191	天津市南开区迎水道1号	022	23679931		23679972
河　北	050071	河北省石家庄市和平西路481号	0311	87041337		87047810
山　西	030027	山西省太原市千峰北路109号	0351	6622223		6622221
内蒙古	010010	内蒙古呼和浩特市赛罕区新华东街34号	0471	4603558		4601096
辽　宁	110034	辽宁省沈阳市皇姑区黄河北大街50号	024	86120754		86800250
沈　阳	110003	辽宁省沈阳市和平区十四纬路7号	024	23218337		23218530
大　连	116021	辽宁省大连市西岗区白云新村绕山路3-1号	0411	84337128		84315884
吉　林	130022	吉林省长春市人民大街6815号	0431	85379216		85384123
长　春	130051	吉林省长春市宽城区西广大街535号	0431	82857710		82857709
黑龙江	150080	黑龙江省哈尔滨市南岗区和兴路92号	0451	86301309		86301645
哈尔滨	150001	黑龙江省哈尔滨市南岗区一曼街259号	0451	53648718		53629941
上　海	200092	上海市杨浦区阜新路25号	021	65834279		65028212
江　苏	210036	江苏省南京市江东北路399号	025	86265300		86265318
南　京	210002	江苏省南京市白下区游府西街46号	025	82212100		82212180
浙　江	330012	浙江省杭州市振华路6号	0571	88087063	88078549	88842657
宁　波	315016	浙江省宁波市文教路1号	0574	87210566		87200008
安　徽	230022	安徽省合肥市桐城南路398号	0551	3636792		3635732
福　建	350003	福建省福州市铜盘路15号	0591	87833115		87848924
厦　门	361008	福建省厦门市前埔南路1263号	0592	5909025		5909001
江　西	330046	江西省南昌市洪都北大道86号	0791	8520539		8512930
山　东	250014	山东省济南市历下区经十一路21号	0531	82626612		82600740
青　岛	266012	山东省青岛市大连路16号	0532	82736328		82711442
河　南	450008	河南省郑州市黄河路124号	0371	65954188		65936344
湖　北	430074	湖北省武汉市洪山区鲁巷民院路82号	027	87776492		87776491
武　汉	430033	湖北省武汉市桥口区中山大道192号	027	83791876		83750859
湖　南	410004	湖南省长沙市青园路168号	0731	82821718		82821123
广　东	510091	广东省广州市下塘西路1号	020	83502785		83594914
广　州	510091	广东省广州市麓景西路41号	020	83481493		83481422
深　圳	518001	广东省深圳市解放路4006号	0755	82116807		25575453
广　西	530022	广西南宁市东宝路2号	0771	5851916		5854063
海　南	570105	海南省海口市龙华二横路15号	0898	66225540		66211471
四　川	610073	四川省成都市一环路西三段3号	028	87778170		87769438
成　都	610051	四川省成都市建设北路一段7号	028	83395833		83399944
重　庆	400052	重庆市九龙坡区九龙科技园区华龙大道1号	023	68466100		68613575
贵　州	550001	贵州省贵阳市八鸽岩路138号	0851	6823537		6839464
云　南	650223	云南省昆明市学府路113号	0871	5134049		5122427
陕　西	710068	陕西省西安市含光北路32号	029	82069000		82069222
西　安	710002	陕西省西安市五味十字48号	029	87619720	87613838	87619822
甘　肃	730030	甘肃省兰州市城关区南滨河东路571号	0931	8828004		8828191
青　海	810008	青海省西宁市五四西路7号	0971	7327619		7327619
宁　夏	750002	宁夏银川市金凤区黄河东路670号	0951	5044116		5044105
新　疆	830049	新疆乌鲁木齐市新华南路654号	0991	8531549		8530767
新疆兵团	830001	新疆乌鲁木齐市二道湾路一巷100号	0991	8826464		8827640

7.2.2 全国省级以上电大学校领导及有关部门负责人情况

校　别	姓　名	性别	职　务	主管工作	电　话	备　注
中央电大	葛道凯	男	校　长	主持全面工作	(010)66490088	教育部职业教育与成人教育司司长
	阮智勇	男	党委书记、副校长	党委、行政管理、出版集团等	66490606	
	严　冰	男	副校长	教学资源、评估、督导、信息化建设等	66490568	
	张　辉	男	党委副书记	中专教育，党工妇团、文化建设等	66490598	
	李林曙	男	副校长	教学、教务、考试等	66490688	
	张少刚	男	党委副书记	纪检，新闻宣传、科研、外事等	66490588	
	李彦忠	男	校办主任		66490605	
	郭青春	女	教务处处长		66490558	
北　京	赵国森	男	党委书记	主持党委全面工作	(010)82192001	
	胡晓松	男	校　长	主持行政全面工作	82192002	
	梁小瑞	女	副校长	教学、人事、工会等	82192006	
	张有声	男	副校长	规划科研外事继续教育等	82192007	
	周　宏	男	副校长	安保行政技术中心后勤等	82192008	
	符悦群	女	纪委书记	纪委离退休宣传文化团委	82192009	
	蒋　饶	女	副校长	招生资源建设学习支持服务	82192005	
	张　钧	男	校办主任		82192100	
	李春英	女	教务处处长		82192028	
天　津	李绍洪	男	党委书记	主持党委全面工作	(021)23675688	
	冯雪飞	男	校　长	主持全面行政工作	23679976	
	吴惟义	男	党委副书记	党委、团委	23675639	
	王晓明	女	副校长	高职学院、滨海分院等	23679975	
	赵京华	男	副校长	教务处、五学院等	23679977	
	王繁珍	男	副校长	技术中心、远教中心等	23679969	
	陆春来	男	纪委书记	后勤、纪检、保卫等	23679971	
	王晓光	男	校办主任		23678319	
	王有起	男	教务处处长		23678351	
河　北	张俊芳	女	党委书记、校长	主持党政全面工作	(0311)87050232	
	孙志平	男	党委副书记	开放教育学院中专后勤	87829413	
	张云霞	女	党委副书记	学生处直属学院团委	87829409	
	张金强	男	副校长	现教中心教材中心	87046368	
	胡晓燕	女	纪委书记	纪检审计继续教育工会	87834057	
	赵贵河	男	副校长	教务处教学指导中心	87815407	
	赵建华	男	副校长	人事处科研处	87829417	
	武喜春	男	校长助理	开放教育学院	87829416	
	张志刚	男	校办主任		87044982	
	王　琴	女	教务处处长		87042687	
山　西	李全贵	男	党委书记	主持全面工作	(0351)6622202	
	李　伟	男	党委副书记	党务、纪检	6856006	
	傅月晟	男	副校长	办公室、人事	6622201	
	张耀斌	男	副校长	教务、技术中心	6622200	
	王瑞芬	女	副校长	教学	6622326	
	周崇信	男	校办主任		6622216	
	吴　斌	男	教务处处长		6622235	
内蒙古	孟　和	男	党委书记	主持党委全面工作	4605388	
	韩　竞	男	校　长	主持行政全面工作	(0471)4605108	
	于　洋	男	党委副书记、纪委书记	党建、思政	4605559	
	张利生	男	副校长	教学、教辅	4605098	
	哈　萨	女	副校长	教务、科研	4602415	

全国省级以上电大学校领导及有关部门负责人情况 (续表 1)

校 别	姓 名	性别	职 务	主管工作	电 话	备 注
	李建军	男	副校长	行政、后勤工作	4605689	
	范治光	男	校办主任		4601327	
	薄进军	男	教务处处长		4601621	
辽 宁	张海波	男	党委书记	主持党委全面工作	(024)86800550	
	姜 军	男	校 长	主持行政全面工作	86806706	
	于克谦	男	党委副书记	党委党校办工会基建	86800877	
	苏 杰	女	副校长	科研资产督导资源	86801606	
	蔡 羽	男	副校长	教务教学开放教技	86115020	
	任庆国	男	副校长	高职教务各系实训工厂	86801306	
	齐 宁	女	副校长	学生招就图书馆总务	86130658	
	邢亚峻	男	纪委书记	纪检继教中专保卫	86110167	
	吴文彩	女	校办主任		86120751	
	吴应斌	男	教务处处长		86120755	
沈 阳	冯双鹏	男	党委书记	主持党委全面工作	(024)23218412	
	谭惠苓	女	校长兼党委副书记	主持行政全面工作	23218387	
	孙 勇	男	党委副书记、纪委书记	纪检监察审计	23217708	
	齐 舒	男	党委副书记	宣传统战学团	23212220	
	郗兴汉	男	副校长	保卫继教中专工会	23218880	
	陈玉和	男	副校长	后勤国资现教奥鹏	23218405	
	关德章	男	副校长	教务学院计算机教材	23218525	
	周东辉	女	副校长	系统科研规划招生	23218872	
	王 威	女	校办主任		23218281	
	陈 靖	女	教务处处长		23218384	
大 连	任维达	男	党委书记	主持党务全面工作	(0411)84337023	
	李献诚	男	党委副书记校长	主持行政全面工作	84337017	
	于永利	男	党委副书记纪委书记	纪委工会学生招生	84337061	
	高 博	男	副校长	图书馆科研处继教院	84327288	
	刘西平	男	副校长	教务教学系技术中心	84337107	
	王龙伟	男	校办主任		84327088	
	房 刚	男	教务处处长		84325388	
吉 林	王乃成	男	党委书记	主持党委全面工作	(0431)85379200	
	杨树林	男	校 长	行政、教学、教务	85379201	
	白志敏	男	副校长	中专远程技术中心设备	85379206	
	沈鹏云	男	正校级调研员	继续教育、科研	85379202	
	王桂荣	女	纪委书记	纪检监察办公室老干部	85379205	
	毛春辉	男	校办主任		85379298	
	吴 限	男	教务处处长		85379231	
长 春	孙久山	男	党委书记	主持党务全面工作	(0431)82857700	
	韩会民	男	校 长	人事、财务	82857701	
	闫继学	男	副校长	后勤、图书馆	82857703	
	刘 凯	男	纪检书记	纪检	82857705	
	黄建如	女	副校长	继续教育	82857706	
	温 平	男	副校长	工会	82857707	
	赵铁瑛	女	校长助理	教学、招生	82857708	
	张海昶	男	校办主任		82857710	
	吴 琨	女	教务处处长		82857728	
黑龙江	姜树卿	男	党委书记、副校长	主持全面工作	(0451)86302010	
	郑吉南	男	党委副书记	党务、常务	86301989	

全国省级以上电大学校领导及有关部门负责人情况(续表2)

校　别	姓　名	性别	职　务	主管工作	电　话	备　注
	姜玉田	男	副校长	教务、教学	86345966	
	孟　江	男	副校长	学生处、后勤	86343077	
	金时穆	男	校办主任		86305895	
	曹力群	女	教务处处长		86311028	
哈尔滨	王景春	男	党委书记、校长	主持全面工作	(0451)53623832	
	邵英民	男	党委副书记	党群、职业学院、科研	53623830	
	黄　岩	男	副校长	继续教育教育技术后勤	53637581	
	李岩峰	男	校办主任		53634970	
	刘　前	男	教务处处长		53656011	
上　海	张德明	男	党委书记、校长	主持全面工作	(021)65834275	
	李惠康	男	党委副书记	组织人事非学历教育	65834280	
	王　民	男	副校长	教育技术服务、对外合作办学	65834276	
	陈　信	男	副校长	教务教学管理、电大系统管理	65834278	
	徐　皓	男	副校长	教学教务管理、评估督导等	25653131	
	王连华	男	副校长	资产设备管理基建保卫	65834294	
	范　军	女	校办主任		25653908	
	王国清	女	教务处处长		25653146	
江　苏	彭坤明	男	党委书记	主持党委全面工作	(025)86265302	
	唐金土	男	校长、党委副书记	主持行政全面工作	86265301	
	吴汉德	男	党委副书记	宣传、学生、继续教育	86265303	
	马良生	男	副校长	招生、科研	86265309	
	叶晓风	男	副校长	开放、教学资源建设	86265305	
	吴　进	男	副校长	保卫、后勤、基建	86265308	
	崔新有	男	副校长	教学	86265307	
	王达红	女	纪委书记	纪检、党群	86265306	
	王爱国	男	校办主任		86265311	
	范建新	男	教务处处长		86265558	
南　京	沈雅芬	女	党委书记	主持党委全面工作	(025)82212101	
	夏桂松	男	校　长	主持行政全面工作	82212102	
	王韧农	女	党委副书记	纪委、学生、工会	82212103	
	杨晓祥	男	副校长	财务、图书	82212105	
	徐　祥	男	副校长	教务、开放、教学	82212106	
	周跃雄	男	副校长	教务、招生、系部	82212107	
	秦怀建	男	副校长	远教中心、后勤	82212108	
	金　燕	女	校办主任		82212100	
	林　岚	女	教务处处长		82212127	
浙　江	方志刚	男	党委书记、校长	主持党政全面工作	(0571)88820091	
	张一军	男	党委副书记兼纪委书记	党务纪检直属学院	88088708	
	龚祥国	男	副校长	教学教务	88828402	
	余　杰	男	副校长	科研网络总务	88806792	
	王友宝	男	党委委员校长助理	继续教育培训	88059655	
	王正东	男	校办主任		89983228	
	杨金来	男	教务处处长		88824513	
宁　波	朱中人	男	党委书记	主持党务全面工作	(0574)87217528	
	许亚南	女	校　长	主持行政全面工作	87212766	
	丁振华	男	副校长	教学、科研	87218608	
	唐登富	男	副校长	办学、工会	87212808	
	邱承彪	男	副校长	行政、后勤	87228066	

全国省级以上电大学校领导及有关部门负责人情况(续表3)

校别	姓名	性别	职务	主管工作	电话	备注
	陈　敏	女	纪委书记	纪委	87220055	
	陈晓红	男	校办主任		87214439	
	黄静芝	女	教务处处长		87210063	
安　徽	洪祥生	男	党委书记	主持党委全面工作	(0551)3629001	
	郑汉华	男	副书记、校长	主持行政全面工作	3029002	
	郭化兰	女	副书记、纪委书记	纪检宣传学生工作	3629118	
	李向荣	男	副校长	开院网院科研中专	3635638	
	周先宁	女	副校长	教务教学教材电教	3636702	
	张　勇	男	校办主任		3629008	
	史增民	男	教务处处长		3636281	
福　建	叶辉玲	女	党委书记	主持党委全面工作	(0591)87834386	
	叶文华	男	校　长	主持行政全面工作	87857354	
	王振杰	男	党委副书记、纪委书记	纪委、工会、宣传等	87273088	
	夏良玉	男	党委副书记	行政后勤基建学生等	87851641	
	高扬明	男	副校长	财务科研教材资产等	87854411	
	康乃美	男	副校长	教学、教务、考试等	87847077	
	吴国荣	男	副校长	远教、继教、信息等	87854406	
	沈光辉	男	校办主任		87803034	
	王家钧	男	教务处处长		87844890	
厦　门	潘世平	男	党委书记	党委会、组织、人事	(0592)5909009	
	刘德发	男	党委副书记、代校长	行政教学、统战、财务	5909090	
	胡全军	男	党委副书记、副校长	党务宣传工会科研	5909088	
	易　化	男	党委副书记、纪委书记	纪检监察、学生	5909011	
	温国庆	男	党委委员、副校长	行政、保卫、基建	5909017	
	高　荣	女	副校长	教学、开放教育	5909020	
	张黎宁	男	党委委员、副校长	后勤、实验实训中心	5909012	
	吴小健	男	校办主任		5909026	
	吴松青	男	教务处处长		5909010	
江　西	王占铭	男	党委书记	主持党委全面工作	(0791)6222486	
	沈建华	男	党委副书记、校长	主持行政全面工作	8501618	
	林顺珠	女	党委委员、副校长	校办宣传团委工会保卫	8503243	
	方志远	男	副校长	总务继教中专	8500718	
	刘紫春	男	纪委书记	组织人事纪检高职	8502505	
	钟志贤	男	副校长	教务招生科研学报	8520016	
	李国敏	男	校长助理、开放学院院长	开放网络图书	8520524	
	杨近铭	男	校办主任		8520547	
	陈江鸿	男	教务处处长		8500349	
山　东	张兴民	男	教育厅副厅长、校党委书记	组织人事、党务管理	(0531)82626601	
	王卫东	男	校党委副书记、校长	财务计考后勤基建	82626618	
	薛伟平	女	纪委书记	纪检、监察、工会	82626606	
	陈　骥	男	副校长	教务教学、科研、招生	82626608	
	周子健	男	副校长	学生、团委、安全保卫	82626669	
	王浙民	男	副校长	办公室、宣传部	82626617	
	殷炳芳	男	校办副主任		82626616	
	战长友	男	教务处处长		82626631	
青　岛	毕可荣	男	党委书记	主持党委全面工作	(0532)82730519	
	黄同华	男	校　长	主持行政全面工作	82724193	
	王继军	男	副校长	后勤、社区	82732064	

全国省级以上电大学校领导及有关部门负责人情况(续表4)

校别	姓名	性别	职务	主管工作	电话	备注
	陈心颖	男	副校长	继教、技术中心	82730425	
	常瑞娟	女	纪委书记、工会主席	纪委、工会、团委	82732389	
	李　宏	女	副校长	教务导学科研开放教育	82710095	
	姜俊杰	男	校办主任		82736328	
	孙丽青	女	教务处处长		82712452	
河　南	乔新国	男	党委书记	主持党委全面工作	(0371)65525191	
	温海昌	男	校长、党委副书记	主持行政全面工作	65951612	
	李爱华	女	党委副书记、纪委书记	校办人事纪检教材	65956550	
	闻金宝	男	党委副书记、副校长	后勤、继教、中专	65945838	
	高自双	男	党委副书记	宣教科外督导省直	65953503	
	张庆元	男	副校长	教务学生教指现教	65934560	
	丁胡成	男	副校长	工会、农医、图书馆	65931865	
	朱铁午	男	校办主任		65953796	
	蒋文龙	男	教务处处长		65927717	
湖　北	曾祺林	男	党委书记	党委、组织人事部	(027)87588881	
	骆家宽	男	校　长	行政终身教育继教院	87588882	
	梅　华	男	副书记	纪委办工会离退休处	87588835	
	李一农	男	副校长	基建办公室、保卫处	87788315	
	唐洪均	男	副校长	教学、学生工作处	87588636	
	宋移安	男	副校长	宣传后勤远程教育中心	87588883	
	胡　雄	男	副校长	教务处、导学中心	87587686	
	袁绪发	男	校长助理	湖北省现代技术学校	87588830	
	汤春来	男	校办主任		87588563	
	施　斌	男	教务处处长		87526389	
武　汉	黄凤凯	男	党委书记	党委、组织人事处	(027)81655808	
	廖世平	男	校　长	行政、财务	87996688	
	戴向军	男	党委副书记	党务纪检老干学生	81655803	
	马　蜂	男	副校长	电大	81655806	
	郑　瑛	男	副校长	科研、图书馆	87996618	
	刘　力	男	副校长	教学、实习技能培训	81655800	
	冯继航	男	副校长	后勤、基建、校办	87996629	
	陈运生	男	副校长	招毕办、中专	87996621	
	吴祖村	男	校办主任		83791876	
	胡广龙	男	教务处处长		83780163	
湖　南	陈建民	男	书　记	主持党委全面工作	(0731)82822968	
	杜纯梓	男	校　长	主持行政全面工作	82821726	
	刘演林	男	副书记	高职	82822868	
	曹利君	女	正校级督导员	系统建设	82821086	
	周　宇	男	副校长	终身教育、继续教育	82821742	
	刘建军	男	副校长	后勤、科研	82821728	
	杨建伟	男	纪委书记	审计	82821741	
	彭思毛	男	副校长	开放教育	88223380	
	汤筱飞	男	副校级督导员	工会	88223381	
	刘建宏	男	校办主任		82821729	
	成京联	女	教务处处长		82821976	
广　东	梅醒斌	男	党委书记	党办人事统战	(020)83499509	
	杨炳生	男	校长、党委副书记	校办财务审计	83593000	
	李海燕	女	党委副书记、纪委书记	纪监审学生招就工会	83508082	

全国省级以上电大学校领导及有关部门负责人情况（续表5）

校别	姓名	性别	职务	主管工作	电话	备注
	李　江	女	副校长	教务处考试中心图书馆	83490609	
	陈少兵	男	副校长	科研教材学报	83588874	
	余嘉强	男	副校长	后勤基建网络开放校报	83503385	
	孙　平	男	副校长	资产设备继教	83596080	
	宋　波	男	校办主任		83573878	
	陈显强	男	教务处处长		83504363	
广　州	舒　扬	男	党委书记	学校党委全面工作	(020)83481293	
	张晓华	男	校长、党委副书记	学校行政全面工作	83481301	
	朱　健	男	党委副书记、纪委书记	纪委、工会、学生	83481290	
	李文斐	女	副校长	教学、科研、教材	83481303	
	陈贵生	男	副校长	总务后勤	83481300	
	王洪兵	男	校办主任		83481339	
	孙　彬	男	教务处处长		83481431	
深　圳	邓孟忠	男	党委书记、校长	主持全面工作	(0755)82116790	
	王　亮	男	副校长	技术中心远研所继教院	82116800	
	胡新生	男	副校长、纪委书记	教务学生与招生残教院	82116805	
	谢江田	男	校办主任		82116815	
	熊　锟	男	教务处处长		82116831	
广　西	崔　践	男	党委书记	主持党委全面工作	(0771)5851621	
	毛汉领	男	校　长	主持行政全面工作	5851281	
	韦泽红	女	党委副书记	纪检、工会工作	5851516	
	宋志生	男	副校长	行政等	5879000	
	胡泽民	男	副校长	教学、科研等	5892595	
	赵啸海	男	副校长	学工等	5874768	
	陆　云	女	副校长	继续教育等	5853044	
	王玉成	男	调研员	后勤等	5878019	
	黄全胜	男	校办主任		5885296	
	杨　雄	男	教务处处长		5862173	
海　南	李红梅	女	党委书记	主持党委全面工作	(0898)66201806	
	陈洪清	男	校长、副书记	主持行政全面工作	66111923	
	谢越华	男	副校长	党委日常、科研后勤	66201366	
	张福生	男	副校长	教学教务招生学生	66226824	
	张君玉	女	校办主任		66225540	
	邢谷若	男	教务处处长		66249928	
四　川	杜幼文	男	党委书记、校长	主持全面工作	(028)87769252	
	李　毅	男	党委副书记、副校长	党务人事教学科研中专	87761262	
	韦盛奇	男	副校长	教务信息继教	87761723	
	赵邦友	男	纪委书记	纪检网络思政办	87762851	
	李建川	男	副校长	教学资源后勤	87763015	
	刘　强	男	校办主任		87761361	
	康曙光	男	教务处处长		87763280	
成　都	陈　雄	男	党委书记	主持党委全面工作	(027)83396608	
	赵　刚	男	校长、党委副书记	主持行政全面工作	83390617	
	李　奇	男	副书记、纪委书记	监审、科研、工会	83396609	
	朱太文	男	党委副书记	系统招生学生中专	83396610	
	周继平	男	副校长	教技总、国资继教	83395622	
	苗培彬	男	副校长	资源、直属学院	83393605	
	汪亚丽	女	校办主任		83395833	

全国省级以上电大学校领导及有关部门负责人情况(续表6)

校别	姓名	性别	职务	主管工作	电话	备注
	李海霞	女	教务处处长		83314372	
重庆	刘建生	男	党委书记、常务副校长、院长	主持党政全面工作	(023)68600854	
	李国渝	男	党委副书记、副院长	高职教学、党建、群团	68465099	
	王林	男	副校长、副院长	总务、基建、安全保卫	68465055	
	周志钢	男	副校长、副院长	电大教学、系统建设	68465069	
	周祥瑜	男	副校长、副院长	科研教育技术开放教育	68466311	
	李奇	男	副校长、副院长	招生、学生工作	68465019	
	王利华	女	纪委书记	纪检监察、继续教育	68465617	
	彭学杰	男	校长助理、院长助理	电大教务教学教育技术	68465018	
	方慧	女	校办主任		68637883	
	吴海东	男	教务处处长		68460712	
贵州	李近华	男	党委书记	主持党委全面工作	(0851)6827166	
	汤会琳	男	党委副书记、校长	主持行政全面工作	6823206	
	江龙华	男	党委副书记	宣传、思政、统战等	6830760	
	刘真祥	男	副校长	教务、教学等	6837828	
	龚辉	男	副校长	科研、图书、资源等	6826811	
	钱庆生	男	副校长	后勤、保卫等	6822531	
	郭万才	男	纪委书记	纪委全面工作	6830743	
	朱永梅	女	校长助理巡视员	工会、离退休	6813292	
	袁亚波	男	校办主任		6823663	
	辛小林	男	教务处处长		6823893	
云南	陈鲁雁	男	党委书记	主持党委全面工作	(0871)5165336	
	徐彬	男	校长	主持行政全面工作	5190123	
	史惠君	女	党委副书记	协助书记分管党委工作	5182854	
	李昭明	男	副校长	干部在线、教学现代化建设	5133936	
	辉国政	男	副校长	财务资产后勤保卫	5157922	
	刘泉	男	纪委书记	组织统战纪检离退休工会	5199300	
	罗骥	男	副校长	教学	5132354	
	何云葵	女	副校长	成教继续教育中职教育	5195088	
	张平	男	副校长	开放教育学生管理思政管理	5142104	
	贵斌	男	校办主任		5134700	
	张卫平	男	教务处处长		5118903	
陕西	王拴凡	男	党委书记	主持党委全面工作	(029)82069069	
	王振龙	男	党委副书记、校长	主持行政全面工作	81896002	
	徐晓曦	男	纪委书记	纪监审职业教育支持服务	81896005	
	杜开展	男	副校长	培训教育技术后勤保卫	81896118	
	田季生	男	副校长	教务、教学、开放教育	81896007	
	李海宁	男	校办主任		81896158	
	刘志选	男	教务处处长		82069025	
西安	黄新南	男	党委书记	主持党委全面工作	(029)87613838	兼
	张宁	男	党委副书记、校长	主持行政全面工作	87619836	
	黄雁琴	女	纪检书记	纪检	87619821	
	付河新	男	校办主任		87613838	
	徐勇	男	教务处处长		87613838	
甘肃	陈炳璋	男	党委书记、校长	党政全面、财务、人事	(0931)8419387	
	纪平	男	副校长	教务教学教材中专	8825244	
	熊进	女	副校长	办公室宣传工会科研	8724316	
	卫孺勤	男	副校长	技术图书继教社区	8725018	

全国省级以上电大学校领导及有关部门负责人情况（续表 7）

校别	姓名	性别	职务	主管工作	电话	备注
	李彦荣	男	纪委书记	纪检监察审计后勤基建	8822106	
	曹向东	男	校办主任		8883498	
	艾 军	女	教务处处长		8822018	
青 海	陈永贵	男	党委书记兼校长	主持全面工作	(0971)7327601	
	赵志鹏	男	党委副书记	党务、校办、组织人事	7327602	
	李宝安	男	副校长	开院、职院、继教学院	7327606	
	庞晓玲	女	副校长	教务、教学、技术中心	7327603	
	傅学彬	男	校办主任		7327611	
	赵金满	男	教务处处长		7327631	
宁 夏	张怀斌	男	党委书记	主持党委全面工作	(0951)5035786	
	撒承贤	男	校长、党委副书记	主持行政全面工作	5036033	
	田淑卿	女	党委副书记、纪检书记	纪委和学生工作	5017920	
	马少先	男	副校长	人事开放教育继续教育	5018913	
	王冀川	男	副校长	网络和后勤工作	5019325	
	孔 斌	女	副校长	中高职教育实验实训	5044918	
	马忠国	男	校办主任		5043807	
	赵建宁	男	教务处处长		5054646	
新 疆	牛小波	男	党委书记	主持党委全面工作	(0991)852809	
	帕塔木·巴拉提	女	校 长	主持行政全面工作	8525389	
	胡少云	男	党委副书记	党务、学生	8530909	
	张谊苏	男	党委副书记	党建、工会	8528289	
	哈力甫·艾克木	男	纪检委书记	纪检监察	8526819	
	尹承昆	男	副校长	远教、教务	8528880	
	阿里木·亚可夫	男	副校长	直属、信息	8528681	
	努拉力·阿不力哈克	男	副校长	后勤、继教	8534122	
	何新夏	女	校办主任		8528929	
	王晓扬	女	教务处处长		8528827	
新疆兵团	吕 雄	男	党委书记	组织人事、科研	(0991)8822004	
	任建军	男	党委副书记、校长	教学、财务、基建	8826543	
	魏振珊	男	党委委员、副校长	招生、总务	8836113	
	褚怀强	男	党委委员、副校长	教务、评估	8823955	
	翁淑英	女	校办主任		8826464	
	宋娟丽	女	教务处处长		8821064	